江南文化研究

江南文化与中国社会研究专辑

—第4辑—

Studies of Jiangnan Culture

浙江省社会科学重点研究基地
浙江师范大学江南文化研究中心

學苑出版社

图书在版编目（CIP）数据

江南文化与中国社会研究／浙江师范大学江南文化研究中心编．－北京：学苑出版社，2010.6

ISBN 978-7-5077-3583-3

Ⅰ．①江… Ⅱ．①浙… Ⅲ．①文化史－研究－华东地区 ②社会发展史－研究－中国 Ⅳ．①K295②K207

中国版本图书馆CIP数据核字（2010）第100250号

责任编辑：杨 雷
装帧设计：徐徐书装
出版发行：学苑出版社
社　　址：北京市丰台区南方庄2号院1号楼
邮政编码：100079
网　　址：www.book001.com
电子信箱：xueyuan@public.bta.net.cn
销售电话：010-67675512　67678944　67601101（邮购）
经　　销：新华书店
印 刷 厂：河北金鑫印刷有限公司
开本尺寸：880×1230　1/16
印　　张：15
字　　数：250千字
印　　数：0001-1000册
版　　次：2010年6月北京第1版
印　　次：2010年6月北京第1次印刷
定　　价：40.00元

编 委 会

目　录

江南文化域境下的阳明学之传播
——以浙闽区域为例 …… 钱　明(1)
陈亮的历史进化论与其伦理问题初探 …… 王　斌　巩长青(11)
阮元的学术思想及汉宋学术史观 …… 范立舟(14)
明代朱熹年谱知见录 …… 尹　波(21)
清代江南社区文化集群与文人的精神家园
——以常州白云渡为例 …… 杨旭辉(27)
试论宋代江西文学家的贡献及其地域分布特征 …… 夏汉宁(38)
文徵明的儒者形象 …… 杨　昇(49)
游走在“乐群”与“乐道”之间
——唐中叶湖州文人集团交游酬唱诗论略 …… 丁国强(56)
弹词《三国志玉玺传》初探 …… 龚　敏(62)
越剧和婺剧文化空间地域演进比较研究 …… 陈　雄(69)
江南诗性文化与长三角当代城市文化的建构 …… 王洪岳(77)
清前期江南市民文化建设论析 …… 王日根　倪丽萍(83)
南宋明州楼钥家族与佛教 …… 李　辉(88)
隋唐时期越州高僧及其佛学影响 …… 姚培锋(94)
中国古代伦理政治观转变的先驱
——黄宗羲政治思想新论 …… 允春喜(102)
明清之际江南的三教交涉及其效应 …… 陈永革(109)
陈郡谢氏在两晋南朝源流世系及婚宦考索 …… 马晓坤(114)
江南政治文化的变革与中国政治的转型 …… 陈　丽　吕建云(120)
浙江地域文化三精神 …… 聂付生(126)
近代外来文明的地方性回应
——以上海城乡为中心 …… 戴鞍钢(134)
略论南宋浙江地区进士 …… 龚剑锋　王正良(138)

明清时期地方士绅在江南地区的禁奢活动 …… 陈彩云(146)
明清以来上海与长三角区域经济关系的发展和演变
——以上海与浙北区域经济关系为例 …… 陈剑峰(157)
唐代浙南丘陵地区农业生产的特色 …… 张剑光(164)
18世纪以降江南居民休闲娱乐生活中的消费 …… 黄敬斌(174)
从宋元方志看南宋江南地区桥梁建设 …… 张锦鹏(186)
宋初两浙东北路、两浙西南路考 …… 顾宏义(193)
战争环境下民众的社会生活与社会意识
——抗战时期浙江省个案研究 …… 张根福 岳钦韬(199)
杭嘉湖水乡环境与良渚文化聚落形态关系初探 …… 黄爱梅(211)
区域人文环境与商办浙江铁路 …… 王 逍(217)
论孔氏南宗的宗族规制 …… 刘小成(224)
近30年来徽州祠堂研究述略 …… 邵建东(229)

后 记 …… (234)

江南文化域境下的阳明学之传播

——以浙闽区域为例

钱 明*

摘 要:阳明学创设于浙东地区,传播于浙中、浙西地区,而受阻于浙北、浙南地区。但阳明学对浙南地区产生过影响是毋庸置疑的。阳明本人未在浙南讲过学,他的好友与弟子黄绾却在浙南活动多年,他的崇信者项乔、王激、王叔杲等人曾接引过许多浙南弟子,他的好友张璁在浙南的影响力亦不可小视。浙南阳明学的特点,一是浙南阳明学者或者与阳明门人同朝为官,或者与阳明门人同时同地讲学,这些人大都是通过与阳明弟子亲密交往的经历,接受或部分接受了阳明学说,参与或部分参与了王门的讲学活动,并把王门的学术旨趣带回了家乡;二是浙南阳明学者在接受阳明学的过程中,都不同程度地受过湛甘泉门人的影响,具有王湛合一的倾向;三是浙南阳明学者大都具有实学文化的背景资源,所以在汲取阳明学的过程中,也有意无意地把心学与实学相整合,或者用实学来解构心学,使心学实学化;四是浙南阳明学者身上还有文学化的倾向。如果说浙东阳明学者具有勤立宗旨的学术性格,浙西阳明学者具有谈说艺文的学术性格,那么浙南阳明学者所体现出来的便是浙东学者与浙西文人的双重品格。

关键词:阳明学;浙南;福建;思想传播

王阳明殁后不久,其思想学说即已在部分地区成了事实上的主流。然而,阳明学说即使在它的发源地——浙江的传播路径也是极不平衡的,与地域文化相遇后所产生的区域效应更是存有异趣。概而言之,阳明学创设于浙东地区,传播于浙中、浙西地区,而受阻于浙北部分地区。那么,阳明学对于有着丰富地域文化资源的浙南地区又意味着什么呢?王阳明本人虽未在浙南讲过学,但他的好友与弟子黄绾却在浙南活动多年,他的崇信者项乔、王激、王叔杲等人曾接引过许多浙南弟子,他的好友张璁在浙南的影响力亦是不可小视。故此可以说,阳明学对浙南地区产生过影响是毫无疑问的。问题是,这种影响力是通过怎样的路径实现的?又是以何种方式与浙南原有文化传统发生碰撞的?这些问题的提出与解答,对扩展浙学研究的丰富内涵与多元取向,不仅有理论意义,更有现实意义。

一

众所周知,经济文化单位与行政地理概念不同,它是自古沿袭或俗成的文化地理概念。如果说文化区域是经过长期自然磨合、具有较强稳定性的地理单位,那么行政区域便是带有较多人为性、允许在一定条件下发生改变的地理单位。民国时期的省,是从元代的“行省”演化而来,其规模虽比元代的行省要小,但基本上承袭了行省的架构。元代行省的设置,主要着眼于中央政府对地方的控制,其区域划分,不仅不考虑同单元之内的经济文化联系,甚至还要故意割裂它,或把一些根本不同的经济文化单元人为地合并在一起。比如长三角地区,分属浙江、江苏、安徽三省和一个直辖市,而江苏南北,视同水火;安徽则被江、淮分成三部分,差距颇大;浙江的两边,亦被捏在一块,并把近于闽文化圈的瓯越地区与宁绍地区同视为“浙东”。类似的问题,几乎存在于每个省份。反倒是历史上的“郡”,可以说是一个相对独立的经济文化

* 钱明,浙江省社科院国际阳明学研究中心研究员。

单位，故而其内部沟通相对来说也方便许多。

秦汉时，浙南（温、台、处三府）和福建同属闽中郡，是一个相对独立的经济文化单位。因此，作为温州之别称的“瓯越”与浙南文化的“瓯越”，其含义是不能混同的，后者的范围要明显大于前者。从文化区域的角度看，瓯越文化的区域概念是模糊的，不像行政区划那样可以被精确划出其边界。一般来说，瓯越文化区向东可包括雁荡山以北的黄岩、温岭等地，往北可包括瓯江中下游的青田等地。横贯浙南的瓯江、飞云江和敖江即通常所谓的三江流域，又称瓯越或浙南文化区，它的核心区域是永嘉、青田等地，黄岩则地处该地之边际。出生永嘉的叶适和出生瑞安的陈傅良、出生青田的刘基、出生黄岩的黄绾和出生永嘉的项乔，可视为瓯越文化区在宋明时期思想文化领域的卓越代表。如果说以南宋叶适、陈傅良为代表的突出功利的文化形态是瓯越才子文化与商业文化的结合，以明初刘基为代表的突出诚信的文化形态是英雄文化与才子文化的结合[1]，那么以明中叶黄绾、项乔为代表的突出心性的文化形态便是心学文化与实学文化的有机整合。

浙南思想文化的巅峰期出现在南宋。出生平阳的晚清著名思想家宋恕说过：“及南都临安，温为王畿，士多入太学，游公卿间，解额几半今之全浙，又出薛、郑、陈、叶诸大师，提倡实学，于是温之人文遂甲禹域。”元代以前，浙南的人文传统主要由理学文化和实学文化所组成，其繁荣程度，可谓两浙之冠。可到了元明时期，浙南人文陷入颓势：“自元明都燕，取士法陋，温复荒僻，至皇朝（清朝）荒益甚。”[2]于是温籍学者就有了复兴浙南文化的愿望与诉求，而这种诉求又是与明代中叶兴起于浙东地区的王学及清代末年兴起于江浙地区的经学有紧密联系的。

晚清温籍学者孙希旦曾对温州儒学的发展作过如下总结：

> 盖吾乡儒术之兴，虽肇于东山、浮沚，而能卓然自成为永嘉之学，以鼎立于新安、东阳间，虽百世后不能强为轩轾者，必推之乾、熙诸儒。至叶文修、陈潜室师事朱子以传新安之学，元儒史伯睿实其绪余，以迄于明之黄文简淮、张吉士文选，而项参政乔、王副使叔果，当姚江方火之时，不能无杂于陆学，而永嘉先生之风微矣。[3]

在孙希旦看来，由薛季宣、叶适、陈傅良等“乾、熙诸儒”开创的“能卓然自成”的永嘉之学，自叶味道、陈埴师事朱熹并在温州地区传播朱子学后，经元入明，以迄黄淮、张文选，使朱子学成为浙南区域文化的主流，到了明中后期的项乔、王叔果等人，因受阳明学势力的侵染，永嘉之学终趋式微。这种把朱子学、阳明学与温州地域文化完全对立起来的观点，其实并不符合浙南儒学发展的实际。

浙南的理学文化，可谓源于其悠久的程学传统。在面对朱子学时，这种文化上的优势地位便充分显现了出来。据陈荣捷先生统计，以知名者而言，朱子门人有四五百之众，其中有籍贯可考者中，浙籍 11 州共有弟子 80 余人，而以温、台之浙南地区为最多（39 位），金、衢、处之浙中地区次之（35 位），宁、绍之浙东地区再次之（15 位），严州之浙北地区又次之（7 位），杭、嘉、湖之浙西地区则最少，仅有 5 人[4]。浙江朱学之盛，与朱熹的福建闽县门人黄榦的努力密不可分。黄百家说：

> 黄勉斋榦得朱子之正统，其门人一传于金华何北山基，以递传于王鲁斋柏、金仁山履祥、许白云谦，又于江右传饶双峰鲁，其后遂有吴草庐澄，上接朱子之经学，可谓盛矣。[5]

黄榦尝任职台州、永嘉，朱熹去世后，他继续接引浙南弟子，为浙南培养了诸多朱子学者，从而确立了程朱理学在浙南地区的主导地位。

浙南的实学文化，则源于由程学转化而来的经世事功传统，永嘉学派是其突出代表。黄百家还说：

> 永嘉之学，薛、郑俱出自程子。是时陈同甫亮又崛兴于永康，无所承接。然其为学，俱以读

书经济为事，嗤黜空疏随人牙后谈性命者，以为灰埃。亦遂为世所忌，以为此近于功利，俱目之为浙学。[6]

所以朱熹在教育温州弟子时，特别重视克治他们受永嘉地区文化沾染的不良风气[7]。然而，明代温州学者王叔杲却不无自豪地说：

东瓯环山带海，灵秀磅礴，毓为人文，高贤大良，后先彪炳。而性理之学，倡自赵宋诸儒哲，盖渊源濂洛，羽翼关闽。[8]

浙南的实学文化，便是"羽翼关闽"的重要坐标，其突出表现就是重义而不轻利，义利并重，臧否人物以事功为标准。是故元人所撰的《温州路重建庙学记》曾批评瓯越学风"未免以逐末忘本，事外忘内坏之"[9]。明代温州硕儒项乔则出于完整阐释义利关系的立场而矫正道：

予谓温俗以利视官久矣，况上以利求之，下以利应之，孰甘折阅而知向义者？予复何言哉！……义者，利之和也。义之所安，即利之所在。人知以利为利，不知以义为利，未有能义利其身者也。[10]

而这种以功利为评价标准的做法，在浙南阳明学者中亦的确不乏其人。如王叔杲对伍文定协助王阳明平叛的举措便评价甚高，认为"王守仁之功非伍无以成其始，孙许之节，非伍无以成其终。三臣之后，既加优叙，文定之裔，岂可不录？"对伍文定功绩得不到公平对待深表不满。在重视事功的前提下，王叔杲等人还积极参与了戚继光等人的抗倭斗争。王叔杲尝疏荐两广总督谭纶总兵南塘，戚继光遂议募练南兵数万以备倭寇，"凡廪饩岁给不赀，皆公（叔杲）从中调复而边务以修"[11]。与越中阳明学大家一般热衷于讲学传道不同，浙南阳明学大家多直接或间接地参与了抗倭斗争，与抗倭名将及相关军政人员关系密切。王世贞曾撰有《旸谷王公祖生祠记》、《送大参永嘉旸谷王公改任叙》等文，对王叔杲的抗倭事迹予以高度评价，这与越中阳明学者以道德文章、为学宗旨显于世的门户特征有较大不同。浙南阳明学者自始至终对王门中的空虚之风予以尖锐批评，就与这种文化土壤有莫大关系。故此宋恕所说的："宋室南渡，瓯学始盛。陈、叶诸子，心期王佐，纯于永康，实于新安。……闽党横行，百家畔降，而瓯学亦绝矣。"[12]其中以重视外王、强调义利合一的永嘉学比朱子学"实"，比陈亮的永康学"纯"，是正确的；但认为瓯学绝于闽党，则说得不完全对。因为即使经过朱子学改造后的浙南人文传统中，仍保留了大量实学文化的基因，以至浙南学者在面对盛于大江南北的阳明学时，仍能保持自己的学术个性，使阳明学在与浙南地域文化相遇后便出现了向经世事功学回归的某些变异。

不过应当指出的是，阳明学进入浙南后所碰到的特殊困难，一方面是由于浙南有悠久的理学文化和实学文化传统，另一方面则是因为浙南地区有独特的科举之盛名。所谓"东嘉学校士，自昔文风，为两浙最"[13]，便是对两宋时期温州科举之盛况的客观描述。南宋以后，朱子学在逐渐上升为主流思想的同时，其语录、集注还成了科举考试的标准答案，科场完全被朱子"议论"所统治，而阳明学却始终游离于朝政与乡政之间，未进入科举层面。故此，科举文化繁盛、科举人才众多的浙南地区，自然会从功利的立场出发，亲近朱子学而疏远阳明学。

当然，除了文化土壤，影响浙南地域文化形成发展的因素还有那里的地理环境。"钱塘以南，名峦隩薮无虑百数，而永嘉为最著。"[14]创生于越中的阳明学在向浙南的传播过程中，即受制于崇山峻岭的重重阻隔，而全然不同于水陆驿站皆通、传道路径主要通过水路进行的浙江其他地区。从这一意义上说，浙南与浙东两地的学术交流要大大困难于拥有陆海两个通道的浙南与闽地之间的学术交流。而随着学术中心的转移，两宋时期受益于特殊历史原因而得以繁荣的浙南学术，到了明代，虽有状元宫谕周旋、榜眼尚书王瓒、首辅张璁等政治人物登场，但学术明星则要明显少于两宋时期，这就使南宋开始的浙江学术中心的东移在明代中叶有了进一步加速的趋势。温岭学者洪启睿曾以温州瑞安为例，揭示了由宋到明的盛衰过程："该瑞安故有学，大儒名卿由学而起者，彬彬相望，自宋称小邹鲁，迄我国初尤盛。嘉靖以来，人材科目日渐衰替而弗振。"王叔杲的学生周子恭也以书院教育为例，指出了宋元时期曾被称为"小邹鲁"的东瓯地区，到明代则出现了书院倾颓、科目不利的窘境[15]。而这种学术中心的转移，无疑是与以南都为中心的明代经济文化圈的辐射作用以及明初以来温州地区海盗频仍、民不安生的社会状况密切相关的。

正是在这样的地域文化和自然环境下，经济文化中心向四周辐射的递减效应，在地处相对偏远的浙南山区，遂被明显放大了，从而使曾经繁荣的浙南文化出现了被逐渐边缘化的趋势。因此可以说，创生于越中的阳明学说，在向周边地区扩散的过程中，在浙南地区遇到的阻碍和挫折，是要大大超过其他地区的。

王阳明本人讲学两浙，曾以浙东的宁绍地区为中心，然后扩展至浙中的金华、衢州以及浙西的杭州、嘉兴等地；惟有阳明足迹从未到过的地处瓯越文化中心的温州及其周边的台州、处州等地，不仅影响力相对微弱，而且真正称得上阳明学者的人也很少，这与浙江其他区域形成了鲜明对照。而阳明的门人后学在两浙的讲学状况，亦大致如此，所不同的只是作为王阳明路径之地的杭州、湖州、严州等地，到了明代后期，也成了其门人后学讲学的重要区域，同时台州、处州也被纳入到王门的讲学范围内。

然而，与同样属于王门讲学区域的江苏泰州、广东潮州等地不同，距离王学中心地带不远的浙南地区的王学势力，反而要大大弱于泰州和潮州。这是因为，泰州受到了王门南都讲学的辐射，潮州受到了阳明赣南讲学的影响，而浙南尤其是温州则由于地缘文化环境的影响和自然条件的阻隔，使阳明学的传播明显受挫。毫无疑问，受理学文化影响较深及其经世事功学传统，乃是浙南地区在阳明学传播过程中表现欠佳、应者寥寥的主因。换言之，阳明学在浙南地区影响较弱，除了阳明本人及其门人后学讲学不力外，地缘学术环境的制约可能是其中更主要的原因，一如阳明学在新安（今徽州）地区所遇到的曲折与挫折[16]。

而对于王阳明来说，尽管"温，浙人之所鄙也"[17]，但事实上他还是有把己说传播到浙南地区的强烈愿望的，这从其多次赴浙南周边地区讲学的举措中即可窥知一斑。众所周知，在正德、嘉靖年间，阳明奉命去江西、两广诸地，都会趁便在路径之地授徒讲学，《阳明年谱》中就有他在浙江桐庐、建德、龙游、常山、衢州等地讲学的记录。浙北、浙中地区学术水平的提升及王学信徒的涌现，即与阳明的沿途讲学密不可分。然而遗憾的是，阳明在这些地方的讲学活动，并没有形成广泛的辐射效应，从而吸引邻近的浙南（以温州为中心）、新安（以徽州为中心）人士前来听讲，这亦与泰州、潮州等地人士争先恐后地赶赴南中、赣南从学于阳明的情形大相径庭。

如同阳明学曾从浙西、皖南、赣北多个方向朝新安地区渗透一样，阳明学在从浙中、浙东向浙南渗透的同时，还有可能从闽东向浙南渗透。而阳明学说在闽中的传播过程也已被学者所证实[18]，只是阳明本人由于种种原因可以说并没有在闽地有意识、有目的地直接授徒讲学过，而最多只是利用"剿匪"的间隙，在闽西南的汀、漳地区讲过学。

据《阳明年谱》记载：正德二年（1507 年）夏，"先生至钱塘，（刘）瑾遣人随侦，先生度不免，乃托言投江以脱之。因附商船游舟山，偶遇飓风大作，一日夜至闽界。比登岸，奔山径数十里，夜扣一寺求宿，僧故不纳。……与论出处，且将远遁。其人曰：'汝有亲在，万一瑾怒逮尔父，诬以北走胡，南走粤，何以应之？'因为蓍，得《明夷》，遂决策返。……因取间道，由武夷而归。……十二月返钱塘，赴龙场驿"[19]。这里需要说明三个问题：

第一，当时阳明的目的地并非福建，更不是去武夷山隐居讲学，而是附商船游舟山时，被飓风偶然漂到闽界的[20]。阳明对闽中讲学的关心，是在中晚年以后的事，这从嘉靖五年（1526 年）他为莆田人浙江大参朱应周写的《南冈说》中可窥见一斑。朱应周，名鸣阳，以南冈自号，家住"莆之壶公山下"，尝被莆人誉为"吾莆之凤矣……而天下仰望其风采，则诚若凤之鸣于朝阳者矣"。朱应周尝"以'南冈'而自号"，并"勤勤焉以蕲于"其心师的阳明。而当阳明感觉到在浙奉职的朱应周有"乐闻规切砥砺"之愿望时,便适时地就自己并不熟知的"南冈"[21]之地名或号来"与之论学",所论之学则大都集中于阳明晚年的万物一体思想[22]。通过向一位在莆田具有很大影响力的人来宣讲自己的学说,其用意无非是希望朱应周归莆后,能积极宣传这一思想。因为阳明非常清楚,闽中是其学说传播的薄弱地区,而他则很想在朱子学的重要区域传播自己的学说,广大自己的影响。这可能就是他欣然为朱应周撰文的真正目的。可见,阳明对王学传于闽地还是十分关心的,只是由于闽中特殊的思想文化环境,使得王学长期不为闽人所喜爱。蔡宗衮(字希渊,号我斋,山阴人)是阳明最早的弟子之一,尝"教授莆田,复不为当道所喜"[23],即为最好的佐证。

第二,很显然,王阳明是从舟山由海路而并非从浙南陆路进入闽界的。当时浙省来往福建的商路主要是走陆路,这便是由苍南入福鼎的分水关路、由江山入浦城的枫岭关路和由常山转赣入崇安的分水关路,其中后两条路皆要出入武夷山。由于枫岭关路岭路高峻,不便行旅,明朝不设驿站,故而不是当时的主要通道,行旅一般以两条分水关路为主。阳明从武夷山返回钱塘时,估计走的是闽赣边界的分水关路,因这条道有水路可行,与钱塘江相贯通。

第三,既然阳明是"由武夷而归",即只是路过武夷山,加之当时遭受追杀的险恶处境,所以在武夷山停留较长时间授徒讲学、显人耳目的可能性极小。甚至可以说,阳明从海路进入福建后传播阳明学的可能性几乎为零。

阳明学最早传入闽地的最大可能,是阳明于正德十二年(1517年)"去巡抚江西南安、赣州,福建汀州、漳州,广东南雄、韶州、惠州、潮州各府及湖广郴州地方"(这八府一州在明代皆属南赣巡抚管辖,南赣巡抚治所则在赣州)期间,通过军中讲学的方式,把自己的学说和门风传播到了闽西南的汀、漳地区。比如当时阳明就曾"识得"汀州府知府唐淳,并给予唐以较高评价[24]。对于汀、漳地区阳明学的兴起,我们还可以从当地地方志中记载的有关当时不少士大夫由朱子改宗阳明的事例中窥知一斑。

由此可见,浙南地区虽比邻闽地,闽中王学不可能不对其产生外延性影响,然而闽中王门毕竟属于王门中最薄弱的一支,与强大的闽中朱学相比,其在闽中的影响力几乎可忽略不计,更遑论对它的周边区域产生辐射。故此可以说,阳明学从闽东进入浙南的可能性也不复存在。这就使浙南尤其是紧靠大海的温州地区彷佛成了阳明学传播的一个"死角"。

二

然而,通过对近年出版的《温州文献丛书》的初步梳理,笔者却自我否定了所谓"死角"的说法,觉得还是改用"王学边缘地带"来概括和形容明代浙南学术发展之实况更为贴切。因为若从经济文化的地域视角出发而把温州周边地区也纳入浙南文化之考察范围的话,黄绾[25]、范引年[26]等人无疑可视为该地区的阳明入门弟子。除此之外,该地区还有不少阳明学的崇拜者和信奉者,尤其是作为瓯越文化核心区域的温州府,也存在个别与阳明学有很深瓜葛的学者名流,如王激、项乔、王叔果、王叔杲等人。尽管浙南阳明学并未形成王门地域流派,但上述人物的思想学说对浙南区域文化所产生的影响力,却不可低估。下面就以永嘉王氏和项乔为例阐释之。

永嘉王氏为明代文学世家,族人著述录于《温州经籍志》者有30余种。王氏自宋代由黄岩迁徙永嘉后,四传王毓,能诗文;三传王钲,生王激、王澈。王激(1479～1537),字子扬,号鹤山。正德二年参加省试,以《春秋》考取第二名,在县庠讲学,项乔是他的学生。嘉靖二年以《诗经》考取进士,授吉水知县,过三年升吏部文选司主事,七年主持广东乡试,九年任考功郎中,后历官南京通政司右通政、国子祭酒兼经筵讲官。王激"素有希圣之志,又得与阳明高第徐公曰仁(爱)、朱公守忠(节)、蔡公希颜(宗衮)、高公汝白(赍享,见注14)、应公邦升(大猷),及与王定斋(琥)、许杞山(璋)诸公素相友善切磨"[27],备受王门诸子推崇。著有《文江集》[28]、《鹤山文集》,事见罗洪先《明故中宪大夫国子监祭酒鹤山王公墓志铭》。王澈(1473～1551),字子明,号东厓,正德八年举人,授礼部司务,累官福建布政使司左参议,赠朝议大夫,生叔果、叔杲。王叔杲(1617～1600)于嘉靖三十五年与兄叔果游南雍(南京国子监),与阳明高足程文德、欧阳德等相识,二人“器公伯仲,延与论学,意深许可”[29],叔果、叔杲遂心师阳明学。叔杲还以事功、文学著称于世,李维桢尝赞叔杲“学孔子之道,试于国,南北畿辅之政,迄今称之”[30];王稚登则称叔杲“虽以文采风流著称,乃其吏事又最善”[31]。嘉靖三十九年(1560年),王澈携二子如京师就学,时阳明弟子聂豹为吴郡守,素善王澈,见叔杲奇之,聂讲《古本大学》及良知说,叔杲辄会其旨。万历二十四年,徐阶督学试,叔杲补郡诸生。叔果、叔杲与阳明门人的关系极为密切,赵贞吉、许孚远、朱得之、诸南明、胡直、张元忭、宋仪望、焦竑、沈懋孝、耿定向等人皆与他俩有频繁的书信往来。但叔杲最推崇耿定向,尝曰:“聆绪论,窃以私淑祛此鄙吝,受益良多矣。……恭维吾翁(指定向)斯文山斗,我道正宗,振铎以来,遂使绝学复明,士习丕变,中外倾注方殷……杲每出翰教以示二三同志,未尝不叹服翁之言为至论。”[32]同时对江右王门也相当赞赏,如称赞黄毅所说:“公少好良知之学,常读王文成、罗文恭遗书,多所自得,则其发之为诗,诚所谓谭性命而见真际者也。”[33]又自称少与胡直“兄侄辈颇有志于斯道,顾志分多歧,竟成堕落,近稍知刊谢枝叶,归敛本真,而行且暮矣。然犹不敢遽然自弃,愿吾翁(指胡直)有以教之”;并酷评胡直“诚海内山斗”,“以未由侍教为憾”,而“此心则靡日不向往”;强调“惠教嘉编,读《世叙》,益知翁(指胡直)渊源有自,诚所谓以道德世其家者”[34]。因此,王叔杲不仅在永嘉王氏中,即使放到整个温州地区,也都称得上阳明学的忠实信奉者。

项乔(1493～1552),字迁之,永嘉人,号九曲山人,世称瓯东先生,曾先后师从高应祥、张璁、王澈、王激。正德十四年举乡试,嘉靖八年春会试列第二。项乔性格“掘起孤立,不肯轻徇以为党援”[35]。他的仕途生涯是在赣、皖、闽、粤诸省度过,与其交往的官员、学者亦以阳明门人居多,所以在《项乔集》中,与阳明门人的书信所占比例最高,对阳明门人的评论所用赞词甚多。比如他评论粤中王门的薛侃为“威武不屈,真铁汉也”;称赞“吾同年吉水罗子洪先、武进唐子顺之,以道德鸣于天下……二子皆不朽人物也”;自称“予别罗念庵凡十六年,别欧阳南野亦十六年,至己酉、辛亥方得会晤,裨益良多”;又称泰州王门的“东城林先生春者,质美而好学者也。故望其容,温温然;听其言,呐呐然;究其志,尤真真切切然。欲深造圣人之道,幼敬事心斋王先生”[36]。他还常与阳明弟子谈学论道,尤其是嘉靖二十五年五六月间,他从家乡出发游历雁荡、天台、绍兴、杭州时,曾在黄岩拜访黄绾,“而久庵公议论裨益居多”;又赴绍兴访问王畿,言谈举止间流露出对阳明的极度崇拜和对王畿的高度认同。事后项乔在《游雁山天台西湖之云见纪事》中写道:

> 过二十里,为绍兴、山阴、会稽,是初五日也。时郡邑吏俱公出,乃移舟访同年龙溪王君畿。前沃洲(吕光洵)与予论汝中(王畿),或行不掩言,盖圣门狂者,考功氏以不谨去之,天下所共冤也。寒暄毕,(畿)与予论《大学》首章、《中庸》末章及“禹无间然”章,宿疑尽解。时汪清湖、吴同年州东彦亦携鹅酒来访,乃相与拜阳明王先生祠。先生虽未必圣人,而论道已至圣处,向喜读其书,今何幸得观遗像也。……初六,舟行过萧山过山……见九宫八卦田,皆宋时内地也。今坐阳明天真书院之下,若为先生衍龟畴者,而先生格言遗翰在书院者,予诵服之,不忍行也。[37]

作为浙南地区阳明学的代表性人物,项乔不仅自己倾心阳明学,而且还影响到周围族群。如其亲家侯一麟(1517～?),字舜昭,号四谷山人,乐清人,为其长子项文焕的岳丈。侯一麟著有“《道对》、《拟解》、《贫贱答》诸篇,无一不志之心者,益知四谷子之学,心学已”。他的思想明显受到项乔及其他阳明学者的影响,曾强调说:

> 夫心,神物也。体太虚以为无,其无不无也;合万象以为有,其有不有也。无不无而号空守寂不假修为者,其失也妄;有不有而徇象遗真过于作为者,虽与空寂有间,卒亦不可与于道。[38]

不过项乔的思想，除深受阳明学的影响之外，还明显带有永嘉学及闽学的痕迹。他把阳明学视为朱子学的补充，批评阳明学只知中人以上工夫而不知中人以下工夫，是故“使初学者闻之，终似少他一脚”：

> 阳明子议论或颠倒豪杰，使人自悟处有之，善学者不当执一看也。然深究阳明致良知之意，盖起于朱子“即凡天下之物而尽格之，而后物格，而后知至”之说，恐学者终无有得力之时，故不得已为此简易之说以救弊也。谓之救弊之说则可，就指为千圣秘密之藏，为万世不易之论则不可；指以语中人以上者则可，指以与要中人以下者则不可。良知本配良能而言，致知当对力行而言。既曰致良知，独不当又曰致良能乎？虽致字之中，亦有力行工夫在，而使初学者闻之，终似少他一脚，且似不涉见闻，使人无处着力，何能使之濯旧见以来新意也？圣人之言，上下皆通，前后左右不相背。[39]

所以项乔对闽中学人评价颇高，如称王慎中为“海内通儒，我朝才子”[40]，并且对“八闽士类文藻”也予以了高度肯定，以为“可观者甚众，求其理学胸中了了，而笔力足以发之者，眼中似不多见也。……尤出于八闽风气之外者也”[41]。

除了永嘉王氏及项乔等人的重要作用外，与王阳明及其门人关系相当密切的永嘉人张璁的地位亦不应忽视。张璁(1475～1539)，字秉用，号罗峰，因与明世宗朱厚熜同音，世宗为其改名孚敬，赐字茂恭，正德十六年(1521年)始登进士，嘉靖六年拜礼部尚书兼文渊阁大学士，入参机务，七年加少保兼太子太保。八年杨一清罢相，遂为首辅。在现存的张璁文献中，几乎找不到关于张璁与王阳明交往的记载，但综合分析各类史料，则可以得出两人关系非同一般的结论，这主要表现在：1. 在黄绾的影响下[42]，嘉靖六年五月，阳明由张璁强力举荐，任两广总督及江西、湖广军务。然张璁的奏疏未见于《张璁集》、《谕对录》，只在清永嘉金璋的《漱芳斋卮言》中有点记载：

> 渔洋王文成诗(按：诗题《赣州谒王文成公祠》)：“万古许孙同庙食，一时张桂太倾危。”按：……总督姚镆屡讨无功，张璁荐守仁代镆。观此，知文成平濠后闲度数年，独吾乡张文忠(璁)荐令起用，遂平思、田及断藤峡，再奏殊勋。是深知文成，前有王恭襄(王琼)，后独张文忠耳，何云倾危也！惟桂萼素嫉之，因其擅离职守，拟旨革爵停谥。[43]

可见在温州人眼里，张璁对阳明有着特殊的知遇之恩，足与王琼相匹配。2. 据黄绾《阳明先生行状》，张璁闻阳明平定思、田的喜讯后，“即荐(阳明)于朝，取来作辅，共成天下之治。桂(萼)公、杨(一清)公闻之皆不乐”[44]。说明在当时的内阁成员中，唯张璁对阳明最为赏识。3. 张璁称阳明为先生是在其晚年，当时阳明已过世多年。据张璁《咏万诗》跋：“阳明先生有《咏一》(按：为阳明逸诗)之作，书于画面，余得之珍重，复咏万以和之。罗峰。”[45]说明阳明殁后不久，其诗作手迹就已成为包括张璁在内的众多文人士大夫珍爱的藏品。4. 张璁曾在正德十年前后与阳明在南京会过面，并和之以诗，此即《寄王鸿胪正之》，诗云：

> 忆昨宿南湖，草堂真出郭。主人情话亲，晨钟浑不觉。紫袖满城中，风俗寖薄恶。……临予古法帖，瘦硬难遽学。持归到山中，尊之以高阁。……笔谏久不闻，士气散光岳。长吟起悲风，敢拟君独乐。[46]

表现出对阳明之政见及其书法作品的高度关注。然此时张璁对阳明之说似乎并不关心，仅以一句“敢拟君独乐”来抒发自己的羡慕之心。直到阳明死后，他才对阳明学说产生了一定兴趣，而称其为先生，这无疑与席书、方献夫、黄绾、霍韬等阳明朝中弟子有密切关系。这些人不仅在政治上是张璁的坚定支持者，而且在思想上也对张璁以潜移默化的影响。5. 张璁对阳明的政治才能赞赏备至，他尝在《论边务》中说：

"然必谋略出群,如新建伯王守仁者乃足以当之也。"[47] 6. 阳明对张璁也相当尊重,尤其到晚年,致张璁的书信明显增多,而信的内容也大都是吹捧张璁的[48]。7. 张璁曾提拔过不少阳明学者,如嘉靖八年张璁任总裁官,与詹事霍韬同主己丑科会试,唐顺之为是科会元,乡人项乔第二;三月,为廷试读卷官,取进士罗洪先等323名。据罗洪先《鸥东私录序》:"洪先与鸥东项君同登第,数相见于相国张公之门,间论学,默默然注视无酬语,已而授南部以去。"[49]可见张璁与其所选拔的阳明学者在思想上是有许多共鸣之处的。

如果说永嘉王氏和项乔等人只是阳明学的倾心者,张璁只对阳明有知遇之恩和爱慕之情,那么私人王门的浙南学者也不可谓没有。比如应德成,字遐进,号越山,平阳金乡人,"生而端庄纯粹,神气肃清,弱冠刻励读书,呕血犹不释卷。既而麻城刘鲁桥先生司训昆(永嘉)庠,讲阳明良知之学,公与同里王敬所朝夕侍侧,论辨孜孜不倦,遂尽先生之学而学焉。《昆庠语录》出公撰述,大意以千圣真诀,不外'道心'二字。良知即道心也,致良知正以扩此道心也。其立志坚,向道笃,涵养粹,德器完,卓然一时儒宗。隆庆丁卯、庚午连中浙闱。"[50]再如蔡立身,字思曾,号凤池,平阳榆垟人,《青阳县志》、《九华山志》有其传。"弱冠,督学林大春公选隽士实胄,监试王守仁,复爵从祀子孙谢表,典则宏丽,一字一金,拔置首,谓'浙士无双'。万历改元,试南畿,彻棘已报元卷,俄以浙江故,抑第六……凡七上春官不第,授青阳令。……修太白、阳明祠在九华山者,料材鸠工,于农隙为之,民不知劳,而士知向。方吉水邹南皋两为记。吉与青邻,南皋以直声闻天下,笑比河清,独时时携杖入九华山与公讲阳明之学,竟夕靡倦,盖重之也。"[51]又如何白(1562～1642),乐清人,自称丹邱生,晚号鹤溪老渔,人称丹霞先生。一生未曾为官,其思想颇受李贽、公安派的影响,其诗友中有不少是公安派的人,所作《三子诗别邵不朋、郑仲仁、汪鼎父》云:"李老起温陵,别凿鸿濛窦。放言惊八埌,里耳皆如褎。鼎父早升堂,微音出一彀。"诗下自注:"鼎父为温陵李卓吾高弟也。"并评论袁宏道说:"公安袁石公持论甚好,真如神僧以嬉笑谩骂作佛事,此为上机者说,难为下劣者言也。"[52]表现出对李贽、公安派思想的赞赏。而无论李贽还是公安派,都是在阳明学说及其精神的哺育下形成发展起来的。

总的来说,浙南阳明学有以下几个特点值得关注:一是浙南阳明学者或者与阳明门人同朝为官,或者与阳明门人同时同地讲学,这些人大都是通过与阳明弟子亲密交往的经历,接受或部分接受了阳明学说,参与或部分参与了王门的讲学活动,并把王门的学术旨趣带回了家乡。二是浙南阳明学者在接受阳明学的过程中,都不同程度地受过湛甘泉门人的影响,具有王湛合一的倾向。如洪垣(觉山)曾在嘉靖二十四年任温州知府,对温州的文化教育有一定影响,王叔杲即称洪垣为"我师";许孚远(敬庵)因抗倭经历和学术地位而颇受到温州士人的推崇,纷纷"欲受业门下",王叔杲即因"恨无缘一晤,以祛我鄙吝";还有吕怀(沃洲)等人的学说,亦颇受温籍人士赞赏[53]。三是浙南阳明学者大都具有实学文化的背景资源,所以在汲取阳明学的过程中,也有意无意地把心学与实学相整合,或者用实学来解构心学,使心学实学化。这种倾向在浙南阳明学者复兴永嘉学的迫切愿望中表现得尤为突出。但浙南阳明学者的努力方向并不是要回归宋学,也不是要简单的接引阳明学,而主要是想从本土文化资源出发,以争取心学与实学的并举。这种努力到了晚清,遂转变为经学与实学的并举,进而又使经学实学化。四是浙南阳明学者身上还有文学化的倾向。比如王叔杲之学以诗文为重,穆文熙称他为"浙东名家,问学渊源,而为人沉毅有识,绝无浮夸态,盖卓然当代文儒也。……士子熙然向学,文艺等于东南"[54]。故而叔杲不仅与吴中文人关系甚笃,而且"尤笃意文学,每擒词藻染翰,力追作者。暇则延搢绅学士谈说艺文,进郡邑俊髦阐析经术。……以故吴之士民尊而爱之,惟恐一日去已也"[55]。如果说浙东阳明学者具有勤立宗旨的学术性格,浙西阳明学者具有谈说艺文的学术性格,那么以王叔杲为代表的浙南阳明学者所体现出来的便是浙东学者与浙西文人的双重品格。

注释:

[1]陈守文、何向荣:《刘基与叶适的比较研究——兼论"瓯"文化的两大主流内容》,《刘基与刘基文化研究》,人民出版社2008年,第514页。

[2]宋恕:《外舅孙止庵师学行略述》,《宋恕集》,中华书局 1993 年,第 325 页。

[3]孙希旦:《礼记集解》,中华书局 1989 年,第 7 页。

[4]陈荣捷:《朱子门人》,华东师范大学出版社 2008 年。按:黄榦在谈及朱熹去世后各地朱门之境况时,浙江地区也只举了浙南的叶味道、潘时举和浙西的黄士毅三人:"向来从学之士,今凋零殆尽,闽中则潘谦之,杨志仁。林正卿、林子武、李守约、李公晦,江西则甘吉父、胡伯量、蔡元思,浙中则叶味道、潘子善(时举,天台人)、黄子洪(士毅,自莆田徙居姑苏),大约不过此数人而已。"(《勉斋集》卷一四《复李贯之兵部》,元延祐二年刻本,第 6 页。)这大体上能够反映浙江朱学发展的大势。据此笔者认为,部分学者所谓"温州是缺乏道学传统的地区"(见陈安金、王宇:《永嘉学派与温州区域文化掘起研究》,人民出版社 2008 年,第 256 页)的判断,值得商榷。

[5]沈善洪主编、吴光执行主编:《黄宗羲全集》,第 6 册,浙江古籍出版社 1992 年,第 313 页。

[6]《黄宗羲全集》,第 5 册,第 215 页。

[7]如"含糊之病"、"科举时文之习"、"缴绕狭细之病"等(详见《永嘉学派与温州区域文化掘起研究》,第 257~260 页)。

[8]张宪文校注:《王叔杲集》,上海社会科学院出版社 2005 年,第 235 页。

[9]《东瓯金石志》卷九,台湾新文丰出版公司《石刻史料新编》1982 年,第 11594 页。

[10]方长山、魏得良校注:《项乔集》,上海社科院出版社 2006 年,第 82 页。

[11]王光美:《先参政公行状》,《王叔杲集》,第 504 页。

[12]宋恕:《书陈蜇庐〈治平通议〉》,《宋恕集》,第 238 页。

[13]《东瓯金石志》卷九,台湾新文丰出版公司《石刻史料新编》1982 年,第 11594 页。

[14]焦竑:《玉介园记》,《王叔杲集》,第 452 页。

[15]《王叔杲集》,第 474、466 页。

[16]拙作:《王学在新安地区的曲折与遭遇——以王守仁与汪循关系为例》,《黄山学院学报》2008 年第 2 期。

[17]《宋恕集》,第 454 页。

[18]拙作:《闽中王学论考》,《福建论坛》2007 年第 1 期。

[19]吴光、钱明、董平、姚延福编校:《王阳明全集》,上海古籍出版社 1992 年,第 1227~1228 页。按:据阳明佚文《范氏宗谱记》载,在潜赴闽地前,阳明曾潜投毗陵(今常州)三个月:"正德二年丁卯夏四月,守仁赴谪,逆瑾遣人随行侦探,予意叵测,晦形遁迹,潜投同志范君思哲之兄思贤于毗陵。君乃宋贤范文正公后裔,好学之士也。大江南北士大夫非其枌榆同社,则其孔李世交,不然则其遥遥华胄也。往来讲学者络绎,余心恐慌焉,君遂匿余于祖祠者三匝月。"(武进《范氏家乘》卷九,清范显瑶等纂修,同治九年忠恕祠木活字本)此段史实,《阳明年谱》未记,应予补人。

[20]查继佐:《罪惟录》列传卷一〇《王守仁传》亦载:"附海舟游舟山,为飓风漂闽,有道士收之,故铁柱宫与语大悦者也。"按:"武夷自昔神仙居"(《王叔杲集》,第 122 页),为道教圣地,阳明路经武夷,并与曾在南昌铁柱宫相识的道士在此见面,都是其早年道教情结使然(拙著:《儒学正脉——王守仁传》,浙江人民出版社 2006 年,第 29~48 页)。

[21]可能是正德二年阳明从海上进入闽界后,曾路过南冈,但并无太深印象,故而要求朱应周"异时来过稽山之麓,尚能为我一言其(指南冈)详"(《王阳明全集》,第 909 页)。

[22]《王阳明全集》,第 908 页。

[23]《黄宗羲全集》,第 7 册,浙江古籍出版社 1994 年,第 252 页。

[24]《王阳明全集》,第 328、565 页。

[25]拙著:《浙中王学研究》第二章第三节,中国人民大学出版社 2009 年。按:关于阳明学在台州的传播力度,还可举编纂《台学源流》的金贲亨为例说明之。金贲亨,字汝白,临海人,初冒高姓。正德甲戌进士题名碑之高贲亨,即其人也。官至江西提学副使。是书叙述台州先儒,自宋徐中行迄明方孝孺、陈选,凡三十八人,各为之《传》。其疑而莫考者又有十五人,各以时代类附姓名于《传》末。其《传》虽多采《晦菴文集》、《伊洛渊源录》诸书。然贲亨当明中叶,正心学盛行之时,故其说调停于朱、陆之间。谓朱子后来颇悔向来太涉支离,又谓朱子与象山先异后同云云,皆姚江晚年定论之说也(《四库全书总目》,中华书局 1965 年,第 551 页)。

[26]《明儒学案·浙中王门学案一》称范引年号半野,讲学于青田,从游者甚众。《姚江书院志略》卷上《祀典》称范引年字兆期,"同复吾(夏淳)诸子师王子(阳明)……庚寅,与蒙泉子(孙应奎)董天真事。壬寅,以经师为有司延主青田教事,从游甚众。范子于讲艺中,时发师旨,诸生于青田县治纠村作宇,为混元书院,祠曰仰止,肖王子像于中堂"。另据《阳明年谱》而知阳明曾为范引年建的混元书院写过《仰止祠碑记》(《王阳明全集》,第 1335 页)。阳明又于嘉靖二年撰《范氏宗谱记》,记中提到范引年。阳明殁后,范引年在天真书院发挥过重要作用。他对薛侃十分推崇,认为薛侃"尚气节",曾向叶权

讲了许多有关薛侃的逸闻逸事(叶权:《贤博编》,中华书局 1987 年,第 28～29 页)。在范引年身上,使我们看到了归有光所谓“青田在万山中,足以读书谈道,优游自适。而浙东学者,近岁浸被阳明之教,为致良知之学。承式(狄承式)为人敦朴敛约,不喜论说,而中有自得者”(归有光:《震川先生集》,上海古籍出版社 2007 年,第 209 页)的说法,是不够全面的。

[27]项乔:《书文江集后》,《项乔集》,第 116 页。

[28]《文江集》的主编是阳明私淑弟子罗洪先。据项乔说:“《文江集》者,乔同年罗达夫集予师王子扬先生令文江时所作也。”(《项乔集》,第 115 页)

[29]王光美:《先参政公行状》,《王叔杲集》,第 501～506 页。

[30]李维桢:《重修温州府儒学记》,《王叔杲集》,第 465 页。

[31]王稚登:《福建参政旸谷王公墓表》,《王叔杲集》,第 519 页。

[32]王叔杲:《与耿楚侗先生》,《王叔杲集》,第 256 页。

[33]王叔杲:《毅所黄公诗集》,《王叔杲集》,第 198 页。

[34]王叔杲:《与胡庐山先生》,《王叔杲集》,第 271 页。

[35]《项乔集》,第 25 页。

[36]《项乔集》,第 28、110、218、49 页。

[37]《项乔集》,第 25～28 页。

[38]金峰戴:《龙门集后序》,侯一麟著、蔡克骄点校:《龙门集》,上海社会科学院出版社 2006 年,第 352 页。

[39]《项乔集》,第 237 页。《项乔集》卷四《杂著内篇》、卷三《与罗念庵论学》和《与欧阳南野论学》等著述,集中反映了他的阳明学观。

[40]项乔:《王遵岩文录序》,《项乔集》,第 110 页。

[41]项乔:《为崇重理学生员事》,《项乔集》,第 669 页。

[42]黄绾与张璁同朝为官,虽有政见上的分歧,但并不影响两人间的亲密合作关系(林希元:《与黄久庵兵侍书》,《林次崖先生文集》卷五,《四库全书存目丛书》第 75 集,第 535～537 页)。

[43]张宪文校注:《张璁集》,上海社会科学院出版社 2005 年,第 522 页。

[44]《王阳明全集》,第 1428 页。

[45]唐长孺:《跋明张璁书扇》,《学林漫录》一一集,中华书局 1985 年;另见《张璁集》,第 484 页。

[46]《张璁集》,第 283～284 页。

[47]《张璁集》,第 71 页。

[48]拙文《王阳明佚文汇编考释》(《中国典籍与文化论丛》第 12 期,北京大学出版社 2005 年)收录阳明与张璁书两通,内容皆为问候、奉承语,这恐怕也是钱德洪等人将其删除的重要原因。

[49]《张璁集》,第 521 页。明秀水朱国桢《涌幢小品》尝曰:“永嘉典嘉靖己丑试,会元唐荆川顺之,状元罗念庵洪先,同道同心,事座主不阿附,亦不抗忤,最为得体。”

[50]郑思恭著、周干校注:《东昆仰止录》,《东嘉先哲录》,上海社会科学院出版社 2005 年,第 221～222 页。

[51]《东昆仰止录》,《东嘉先哲录》,第 261 页。

[52]沈洪保点校:《何白集》,上海社会科学院出版社 2006 年,第 111、470 页。

[53]《王叔杲集》,第 288、253 页。

[54]穆文熙:《赐宪使旸谷王公备兵三吴序》,《王叔杲集》,第 436 页。

[55]季德甫:《贺旸谷王公荣进藩参留镇东吴序》,《王叔杲集》,第 446 页。

陈亮的历史进化论与其伦理问题初探

王 斌 巩长青*

摘 要：陈亮(1143～1194)，南宋思想家、文学家，婺州永康人。他在以历史进化论解释历史与现实的关系的同时，陷入了一个悖谬：其历史进化论强调“古今异宜”，“因事作则”，而儒家伦理价值观却强调“先王之道”、“君臣大义”的永恒适应性。为此，陈亮就从“道”的本体论出发，寻找先王之道在古今人物建功立业的现实论据，探究“义利双行”，“王霸并举”的伦理支点，不断地调和这一矛盾。

关键词：陈亮；历史进化论；伦理；矛盾

陈亮在以历史进化论解释历史与现实的关系的同时，并没有否认儒家传统伦理的价值观，而这样他却陷入一个悖谬中：其历史进化论强调“古今异宜”，“因事作则”，而儒家伦理价值观却强调“先王之道”、“君臣大义”的永恒适应性。对此，陈亮一直努力将这种矛盾调和起来，为开万古胸襟，救国济世服务。陈亮在调和与论证的过程中，也逐渐架构了“义利双举，王霸并用”的思想体系以及“道在物中”的朴素世界观。因此分析陈亮的历史进化论，理顺历史进化论同儒家传统伦理的价值观的对立统一的关系，有助于把握陈亮的人格魅力，找准“朱陈论辩”的焦点，发掘陈亮思想的时代价值。

一、历史进化论的前提：道不远物，“天道”亦“人道”

陈亮的哲学理论认为，道出于事物之间。与程朱理学的以理为世界的最高与最终本原不同，陈亮认为世界的存在不过是事物的存在。他说：“夫盈宇宙者，无非物；日用之间，无非事。古之帝王，独明于事物之故，发言立政，顺民之心，因时之宜，处其常而不惰；遇其变，而天下安之。令载之书者皆是也。”[1]无论是在自然界，还是在人类社会，存在的不是“物”，就是“事”。古代的三皇五帝之所以能够国治民安，就在于他们深明事物之故，圣人的经典所言也是如此。所以，宇宙与人类社会的存在只是“事”与“物”。这也是陈亮“出于事物之间”的道在哲学体系上制造历史与经典的依据。

在陈亮殿试高中状元的《勉强行道大有功》的大论中，他开篇就提出：“天下岂有道外之事哉，而人心之危不可一息而不操也。”[2]道与事的对立统一的关系就一览无余，那就是天下没有离开事物的道，事物的道人心可鉴。为此，要把握道，就必须时时刻刻端正人心不能有一丝懈怠，不然就会落入声、色、货、利之境而失去事物的“本”。可见，从道到事，贯穿始终的是人。“夫道，非出于形气之表，而常行于事物之间者也。人主以一身而据崇高之势，其于声、色、货、利，必用吾力焉，而不敢安也；其于一日万机，必尽吾心焉，而不敢忽也。”[3]如果人不能在处理日常事务中正意修身，那么道也就不可能存在于事物之间了。

从“天道”直接论述到“人道”未免过于干瘪，缺少具体形式的论证。对此，陈亮主张天、地、人合一的思想。究其本质是天、地、人“三才”相互配合，共同构成了道的运作。“夫人之所以与天地并立为三者，仁智勇之达德具于一身而无遗也。”[4]人所具备的仁、智、勇是德的外在表现，道德互存，陈亮也就找到了“天道”与“人道”相通之处。借此，人作为道运行的参与者，道的作用就和历史的具体实践结合起来。天、地、人合一的的历史之道也就展现在了历史发展进程中。

*王斌，武汉科技大学哲学系研究生；巩长青，永康市广播电视局记者。

“人之所以与天地并立而为三者，非天地常独运而人为有息也，人不立则天地不能以独运，舍天地则无为道矣。”[5]所以，论道更需要论人，正所谓天时地利人合，人是历史的具体参与者，研究历史也就有了“格物致知”的思想魅力。“谓道之存亡非人之所能预，则过矣。……道非赖人以存，则释氏所谓千劫万劫者是真有之矣。”[6]陈亮通过对道的哲学把握，从根本上摆出了自己的唯物史观——历史是不以人的主观意识为转移的客观必然性与主体的能动性的统一。这又进一步在哲学体系上为历史进化论同儒家传统伦理的价值观的对立统一奠定基础。

二、历史进化论的支点：人道强勉，史论存事功

陈亮把本体论上的道作了充分阐释后，就开始架构历史观的大厦。陈亮已经意识到要把历史上三代王道以及在朱熹他们看来汉唐的霸道有所承接，就必须根植于中国固有的文化。与其他浙东学派一样，他的基本立场仍然坚持孔孟的“先王之道”和“春秋大义”，强调“忠孝仁义”。

在“道义”和“功利”的关系上，陈亮强调的是“严义利之辩”对“正人心”的作用，“故善观孟子之书者，当知其主于正人心；而求正人心之说者，当知其严义利之辩于毫厘之际。”[7]可见，陈亮仍继承了儒家的道德价值观，试图以道义与功利相统一的立场评判历史。宋代理学家赖以构建的唯心主义思想体系主要来源是《大学》、《论语》、《中庸》、《孟子》四书，而陈亮更重视六经。因为陈亮认为：“昔者圣人以道揆古今之变，取其概于道者百篇，而垂万世之训。”[8]六经是圣人用道的标准来考察古今之变的。陈亮认为《春秋》既是反映儒家伦理标准的经典，又是令“乱臣贼子惧”的史著。作为经与史的合璧，《春秋》“是以尽事物之情，达时措之宜，正以等之，恕以通之，直而行之，曲而畅之！”[9]只有在发展中才能树立正确的历史观，不但三代之中有王道，三代以后也有适应当时历史客观发展的王道。陈亮评价孙权“观其势，审其人，随其事变而沛然应之，切中机会而未尝有失。”[10]对诸葛亮更是认可：“英雄之士，能为智者之所不能为……而久则有万全之功。……孔明之治蜀，王者之治也。”[11]韩信能“制天下之变……而息天下之争”[12]，他们都是三代之后的历史人物，却尽显“贤者在位，能者在职”。[13]陈亮对经史的评价就摒弃了理学家一贯主张的“尊王贱霸”的说教。他发现三代之后有如此之多的英雄志士都以变通求事功来实现王道的记载，因此从历史合理性的视角，将王道与霸道熔铸在一起，用实践活动的有效性来衡量一切理论原则更为合理。

要勉强行道，推动历史发展，陈亮已经在史论中充分论述了帝王将相，但究竟谁是历史的推动者？陈亮的思想就高明在他已经认识到了历史发展的辨证性，他的历史唯物主义思想也是在研究历史人物中得到抽象与概括的。他认为，社会历史实践的主体应该是人民群众，“夫天下之事，孰有大于人心之与民命者乎？……人心无所一，民命无所措，而欲论古今沿革之宜，究兵财出入之数，以求尽治乱安危之变，是无其地而求种艺之必生也，天下安有是理哉！”[14]陈亮这种高度重视民心向背的思想说明他已经看到了人民群众的伟大力量。在金兵屡犯，民族危亡时，陈亮又从社会最基本的单元——个人中去探讨历史进化的方式，那就是求功。无论是君臣还是庶民，都要担负起民族重任，要多出“非常之人”，“然后可以建非常之功”。[15]

更难能可贵的是，陈亮不仅仅是理论家，他六达帝庭上书，两度蒙冤入狱，仍奔走相诉北伐大计，直到知天命之年才状元及第，劳碌一生都践行着自己的思想，实为不易矣。

三、历史进化论的升华：事功德行，人伦达义理

对历史经验的总结，陈亮提出要锲而不舍地博取功名，那么如何行功利才符合人伦义理？首先陈亮所言的功利是以大义大利为宗旨的，要有“眼目既高，于驳杂中有以得其真心故也。奔流奔进，利欲万端，婉转于其中而能察其真心之所在者，此君子之道所以为可贵耳”。[16]在驳杂万端的利欲之中不迷失本性，不背弃大义的心。所以，与其说功利，倒不如说是“公利”，也就是“道德的功利主义”。其次，陈亮认为三

代也有利欲，而且三代的圣王们懂得合理地运用“利”，从而做到“义利双行”。正如《宋元学案》卷五六《龙川学案》记述：“禹无功，何以成六府？乾无利，何以具四德？”义利并不是截然对立的，关键要看这个“利”是毫无节制的一己私欲，还是赐福众生的“民生之利”。与“王霸并用”中霸道补充、辅助王道的形式一样，“义利双行”也不是教条式的两两平分，而是利必须本之于义，是受义节制的，是义的补充。否则，“利”就容易划向私心杂欲的一边。

从尧舜禹三代到汉唐五代，历史的变迁也敲击着陈亮的思想，他把功利思想核心归结为全社会全体福祉的谋求与民生利益的普遍增进，所以，普遍的善即体现为普遍的功利。尽吾之力，使天下“无一民之不安，无一物之不养”，[17]使天下之人皆能亲其亲而子其子，据于仁而行于礼，皆能得其喜怒哀乐之正而遂其好色好货之心，标志了人性在现实社会当中的全面发展。可见，陈亮所述功利是符合人伦义理的，如果有一颗有德的真心来推行事功，那么就必须掌握好一个度。“好色不至于溺，而非道之害也……而好货必不至于陷，而非道之害也。”[18]因此，诸如义理与利欲，王道与霸道，财富与仁义，农业与商业等等关系就在陈亮的历史观中消融了。这就像我们既要把冻坏的两条水管接到一起，也要让水管里的水能重新流动起来一样，“融”包含了两层含义：第一层是“合”，陈亮提出的道融合进了皇帝王霸的兴衰成败和古今社会沿革变迁，成为历史存在的本体，从而实现王霸并举。第二层是“化”，陈亮认为三代与汉唐在历史发展过程中具有不可分割的统一性，“道”只能有一个，仅仅是因为时代变异，其表现形式有所不同罢了。他不但要把人为划分的王霸界限打破，更重要的是让历史进化论融入历史与伦理，真与善，使囚锢的思想解放。日月经天，万物繁衍，历史发展已过千年，三代的王道与汉唐的王道也必然会在今后的历史发展中融化成特定历史条件下的新王道。

至此，我们看到了一个以陈亮为代表的“无所承接，然其为学”的永康学派，他们以历史研究为突破口，评史论今，济世行道，宛如劲爽忠直的地方小菜点缀着中国百家争鸣、百花齐放的思想盛宴。也许在中国思想史上，陈亮思想可能偏隅孤芳，而陈亮适应历史发展，通变古今的品格却不乏成为鞭策后生敢为人先、务实创新的源泉。

注释：

[1]陈亮撰，邓广铭点校：《陈亮集》卷一〇《六经发题·书》，增订本，河北教育出版社 2003 年，第 82 页。

[2]《陈亮集》卷九《论·勉强行道大有功》，第 79 页。

[3]同上。

[4]《陈亮集》卷二八《书·又甲辰秋书》，第 270 页。

[5]《陈亮集》卷二八《书·又乙巳春书之一》，第 273 页。

[6]《陈亮集》卷二八《书·又乙巳春书之一》，第 274 页。

[7]《陈亮集》卷一〇《语孟发题·孟子》，第 86 页。

[8]《陈亮集》卷一〇《六经发题·书》，第 82 页。

[9]《陈亮集》卷一〇《六经发题·春秋》，第 85 页。

[10]《陈亮集》卷五《酌古论一·孙权》，第 43 页。

[11]《陈亮集》卷五《酌古论二·孔明上》，第 47 页。

[12]《陈亮集》卷五《酌古论三·韩信》，第 57 页。

[13]《陈亮集》卷九《论·勉强行道大有功》，第 79 页。

[14]《陈亮集》卷一一《策·廷对》，第 92 页。

[15]《陈亮集》卷一《书疏·戊申再上孝宗皇帝书》，第 12 页。

[16]《陈亮集》卷二八《书·又已巳春书之二》，第 277 页。

[17]《陈亮集》卷九《论·勉强行道大有功》，第 80 页。

[18]同上。

阮元的学术思想及汉宋学术史观

范立舟*

阮元(1764～1849),字伯元,号芸台,江苏仪征人,乾隆进士。累官体仁阁大学士,加太傅。卒谥文达。历官中外,以提倡学术自任,在史馆提修《儒林传》;在粤设学海堂,在浙设诂经精舍。又辑《经籍纂诂》,校刊《十三经注疏》,汇刻《学海堂经解》等书。著有《揅经室集》。《清史稿·阮元传》称其"身历乾嘉文物鼎盛之时,主持风会数十年,海内学者奉为山斗焉。"阮元仕历中外,所至提倡学术,主持风气,不遗余力,其名位、著述,足以弁冕群材,领袖一世,实清代经学名臣最后一重镇,所以侯外庐认为:"从学术内容上和写作年代上说,阮元是扮演了总结18世纪汉学思潮的角色的。"[1]

一、阮元的学术宗旨与方法

乾嘉汉学以文字音韵、章句训诂、典章制度为主要研究对象,以考据为主要研究方法,以谨严的态度从经典的文字、音韵、训诂出发去寻求蕴藉于其中的微言大义。乾嘉时期一批有识见、有学养的学者,正是从文献研究和义理探索诸方面进行了有益的探索,取得了很大的成就,阮元即其最后之代表性人物。其论学颇师承戴震,首重以古训发明义理之意:

> 圣贤之道存于经,经非诂不明。汉人之诂,去圣贤为尤近。譬之越人之语言,吴人能辨之,楚人则否。高、曾之容体,祖、父及见之,云、仍则否。盖远者见闻,终不若近者之实也。元少为学,自宋人始,由宋而求唐、求晋魏,求汉,乃愈得其实。尝病古人之诂散而难稽也,于督学浙江时,聚诸生于西湖孤山之麓,成《经籍纂诂》百有八卷。及抚浙,遂以昔日修书之屋五十间,选两浙诸生学古者,读书其中,题曰诂经精舍。精舍者,汉学生徒所居之名;诂经者,不忘旧业,且勖新知也。[2]

阮元的学术宗旨与治学方法,全面继承了由戴震所总结的乾嘉汉学典型的治学主张:"由字以通辞,由辞以明道",此乾嘉汉学实质精神之所在。在阮元看来,究明文字、音读、训诂,然后由字通词,由词通句,由句通经,由经达道,乃治学不二法门:

> 圣人之道,譬若宫墙,文字训诂,其门径也。门径苟误,跬步皆歧,安能升堂入室乎?学人求道太高,卑视章句,譬犹天际之翔,出于丰屋之上,高则高矣,户奥之间,未实窥也。或者但求名物,不论圣道,又若终年寝馈于门庑之间,无复知有堂室矣。是故正衣尊视,恶难从易,但立宗旨,即居大名,此一蔽也;精校博考,经义确然,虽不逾闲,德便出入,此又一蔽也。[3]

侯外庐认为,此段文字阮元似乎在折衷汉宋学术,但实际上"已经有重汉轻宋的味道",[4]因为纵观《拟国史儒林传序》,对宋儒一笔带过,不加扬抑,对明儒空疏之风不屑一顾,对于清学,则不惜奉献出华美的文

*范立舟,暨南大学中国文化史籍研究所教授。

字加以褒奖，如“卓然不惑，求是辨诬”，“精发古义，诂释圣言”，“好古敏求，各造其域”等等。他主持编纂的《经籍纂诂》，集训诂之大成，如释“公”字，引文106条，加补遗59条，总共达165条，可谓集诸家之所长，将散见于各类经传中的浩如烟海的训诂成果，包括对经传本文的训诂、传注的训诂、正文代字的训诂，一并收录汇编。“古今义理之学，必自训诂始。”[5]“圣贤之言，不但深远者非训诂不明，即浅近者亦非训诂不明也。”[6]“余之说经，推明古经，实事求是而已，非敢立异也。”[7]基于以上的认识，阮元的学术宗旨及其造诣，并不绝对推崇或膜拜一家之言，而是能博采众家之所长，也并不局限于一词一义、一事一物的孤立的研究和考证，而是贯通古今，融会中外，既有纵向的考察，又有横向的比较，研究名物典章制度不纠缠于事物名称的孤立考证，而是着眼于古代礼制演变之大体情形，加以动态的、综合的考察，即便纯粹的语言义字的考究，亦能探究源流，揭示由来。如其对“邮表缀”的考释，他说：

田陌之间，相联之处，以木为表，分其界限，则可名曰表。以表系皮，则可名曰缀。因之两陌间之道路，亦即别制加田于叕之字，名之曰畷。此亦字随音生，一义也。（下引扬州古铜盘铭证古人以表立田地疆界之事）……古人凡分行列远近长短者，皆以表缀为用。然则《郊特牲》所谓“邮表畷”者，邮乃井田上道里可以传书之舍也，表乃井田间分界之木也，畷乃田两陌之间道也。[8]

“邮表缀”乃古代田地或疆域上的重要设施，田地边际有表，表以分其界限；阡陌间置邮，为传书舍，缀则为两陌之间道。杨向奎对阮元的这一考证非常赞赏，认为解决了沉埋千载的古制，杨氏还说，阮元“由于善于结合金石考古学方面的知识，遂使他的学术著作更加坚实可信。”“近代史学大师王国维先生以甲骨与文献结合证殷商史，作出划时代贡献，而被誉为双重（考古与文献）史料运用之创始者，其实阮元更是大路之椎轮。”[9]阮元作为训诂专家，长于古代典章制度，还有一证即考明堂。礼制是中国古代社会运作的基本制度，而明堂礼是礼制中最重要的内容之一，是深入了解古代社会时所不能回避的重要问题。阮元辨曰：

粤惟上古，水土荒沈，桧穴犹在，政教朴略，宫室未兴。神农氏作，始为帝宫，上圆下方，重盖以茅，外环以水，足以御寒暑、待风雨，实惟明堂之始。明堂者，天子所居之初名也。是故祀上帝则于是，祭先祖则于是，朝诸侯则于是，养老尊贤、教国子则于是，飨射、献俘馘则于是，治天文、告朔则于是，抑且天子寝食恒于是；此古之明堂也。……洎夏、商、周三代，文治益隆，于是天子所居，在邦畿王城之中，三门三朝，后曰路寝，四时不迁。……路寝犹袭古号曰明堂，……然而圣人事必师古，礼不忘本，于近郊东南，别建明堂，以存古制，……非常典礼乃于此行之，以继古帝王之迹。[10]

在这里，阮元认为，明堂是古代帝王举行礼仪活动的场所之一，举行的往往是国家最重要的礼仪活动，有着特定的礼仪内容的程序，所以尽管历朝历代都有一些损益变化，但其核心内容却是一脉相承的。阮元还考察了明堂的外观形式，揭示了其功能与象征意义，对汉儒蔡邕的《明堂月令论》和时人惠栋的《明堂大道录》都作了全面的，令人信服的驳论，其考析，多从历史演变入手，由简而繁，由朴而华，所以见解通达，能得古代礼制之大体。晚清经学大师皮锡瑞赞曰：“古礼有聚讼千年，至今日而始明者，明堂、辟雍、封禅是也。……今得阮氏之通识，可以破前儒之幽冥矣。”[11]再如阮元通过文字音韵训诂，来阐释儒家经典的原义，成功地实践了由清初诸儒至戴震所倡导的由文字音训以明经达道的学术宗旨。“圣贤之言，不但深元者非训诂不明，即浅近者亦非训诂不明也。就圣贤之言而训之，或有误焉，圣贤之道亦误矣。”[12]其《大学格物说》对格物致知的解释即超越前贤，迥出程朱之右：

天下国家以立政行事为主，《大学》从身心说到意知，已极心思之用矣，恐学者终求之于心学，而不验之行事也，故终显之曰："致知在格物"。物者事也，格者至也。事者家国天下之事，即止于五伦之至善。明德、新民皆事也。格有至义，即有止义，履而至止于其地，圣贤实践之道也。凡经传所云"格于上下"、"不格奸"、"格于艺祖"、"神之格思"，"孝友时格"，"暴风来格"，及古钟鼎文"格于太庙"，"格于太室"之类，皆训为至。……《小尔雅·广诂》曰：'格，止也'。知止，即知物所当格也。至善之至，知止之止，皆与格义一也。……故曰：格物者，至止于事物之谓也。凡国家天下五伦之事，无不当以身亲至其处，而履之以止于至善也。格物与止至善，知止，止于仁敬等事皆是一义，非有二解也。[13]

在这里，阮元有意从训诂文字入手，发掘儒学真谛，恢复儒家政治与伦理之基本概念，且与程朱理事之训释大相径庭。在程颐那里，"格物"被释为"穷理"，"格物"的工夫论与天理的本体论紧密相连，"格物"是"适道之始"，是理学中体悟天道的最初步骤。[14]而在朱熹那里，"所谓致知在格物者，言欲致吾之知，在即物而穷其理也。"[15]"致知"，即推充、扩充人的认知能力，"推极我所知"。而阮元在此却破除了这些说法，他认为《四书章句集注》"'至'外增'穷'字，'事'外增'理'字，加一转折，变为'穷理'二字，遂与实践迥别。"[16]在"推明古训"的宗旨主张下，阮元由经典文献的文字入手，极力阐明文字本身的重要意义，因为只有真正澄清了经典的原义，才能把握与领会经典的本质含义，所以，程朱对"格物致知"的训释，在很大程度上悖离了经典原义，是不足为凭的。阮元的真实蕴意在于：格物致知说不过与实践、践履同一含义，"格物"即"履而至止于其地，圣贤实践之道也。"格物与实践为一，就是孔子"吾道一以贯之"的本义。因而从某种程度上讲，阮元是一位"其事皆归实践"，提倡实学，主张实行的思想家，孔子的"一贯之道"就是"壹是皆以行事为教。"[17]这是其突破理学末流空疏之弊的优长所在。宋明理学讲求性命之学，阮元于此也有不同于理学的解释，他探究了"性"、"命"等命题的本来含义，以《尚书·召诰》与《孟子·尽心》为建首，而排比诸经，指出汉代以前的性命学说不同于宋明理学："性字本从心从生，先有生字，后造性字，商周古人造此字时，即以谐声，声亦意也。""性字从心，即血气心知也。有血气无心知非性也，有心知无血气非性也。血气心知皆天所命，人所受也。人既有血气心知之性，即有九德、五典、五礼、七情、十义，故圣人作礼乐以节之，修道以教之。"[18]而"命"之含义又如何呢？阮元训"命"曰："哲与愚，吉与凶，历年长短，皆命也。哲愚授于天为命，受于人为性。君子祈命而节性，尽性而知命。"[19]阮元之论"性""命"，实与宋儒不同调，他视人性为自然之体，并不排斥欲望，人心即血气、心知之性；性即血气、心知，此外无性，而此血气、心知又自然地涵括伦理意蕴，所以他并不否定性善论，他要强调的是"周以前圣经古训，皆言勤威仪以保定性命，未闻如李习之之说，以寂明通照复性也。"[20]"保定性命"之道在于"勤威仪"，这与他前此的格物致知说，实践为首说是一致的，以礼仪节制人性，从而实现"定性"，阮元的"定性"，更大程度上接近用一种外在的道德规范来制约流荡易失的人性，而与二程所主张的"定性"说大相径庭。阮元认为，对"识性"与"定性"问题的这些歧义，就来源于佛教的干扰。变平实为玄虚，就是由于佛经译者，以儒家经典中平实之"性"，当作佛经中高明净妙的玄虚作解："浮屠家说有物焉，具于未生之初，虚灵圆净，光明寂照，人受之以生，或为嗜欲所昏，则必静身养心而后复见其为父母未生时本来面目。……翻译者执此求之于中国之经典内，有一'性'字似乎相近，于是取以当彼无得而称之物。"[21]这种差失，造成"以性为灵明静觉，当复其初，讳言食色而空言义理，自此而后，言性者愈深远而愈歧，愈虚高而愈晦矣。"[22]"理欲之辨"是程朱理学的核心问题之一，它将天理界定为最高的精神本性，理体现于社会之中，便是伦常原则，即仁义礼智信与纲常名教；理体现于人，即是性，性即是先验地具备着仁义礼智等善质的实在本质。相反，人欲则是指天理、人性不能兼容的，破坏社会等级秩序的物质欲求。所以有"存天理、灭人欲"命题的提出，人生应损人欲之过，以复天理之正，这就是理学人性论核心要义所在，阮元却不这么认为，他通过文献考据，解决了"性"、"命"等概念的演变过程与实质内涵，并不将这种"灵明静觉"之体等同于人性，并不"讳言食色而空言义理"，人性不可能只是一个具有高度伦理意蕴的精神实体，它所涵摄的内容是它所在社会文化的反映，肉体作为一种有机体，生来就有某些需要，为了生存，这些需要必须得到满足，儒家从来不排斥这类满足，而注意的只是实现这类满足所必须的方式，这些方式必须符合道德规范的要求，如此而已。所以说阮元用乾嘉汉学的通过语义分析以求文字本义而推阐其理论的学术方法，通过具体的对“性”、“命”等概念命题的考察，所造之境界，不在宋明理学之下。

最为精彩的是阮元对“仁”的考证。他说：“孔子为百世师，孔子之言，著于《论语》为多。《论语》言五常之事详矣，惟论仁者凡五十有八章，仁字之见于《论语》者，凡百有五，为尤详。若于圣门最详切之事论之，尚不得其传而失其旨，又何暇别取《论语》所无之字标而论之邪？”[23]阮元特别从《论语》中择取所涉及“仁”字的文字、章节，逐一列举于前，然后旁征博引，详加考释论证，在注意追述文字本身及其内涵演变过程的情况下，致力于“仁”字本义的阐发。他追溯古训，究极字源，认为“仁”字不见于《尚书》、《周易》卦爻辞和《诗经》三颂，始见于《诗经·郑风·叔于田》：“洵美且仁”。因此，阮元得出结论，就由语言到文字的次第而言，仁在“周初，有此言而尚无此字。”阮元接着考察了“仁”字在西周中期以后发展线索，得出新的界说：“春秋时孔门所谓仁也者，以此一人与彼一人相人偶而尽其敬礼忠恕等事之谓也。相人偶者，谓人之偶之也。凡仁，必于身所行者，验之而始见，亦必有二人而仁乃见。若一人闭户斋居，瞑目静坐，虽有德理在心，终不得指为圣门所谓之仁矣。盖士庶人之仁见于宗族、乡党；天子、诸侯、卿大夫之仁，见于国家。臣民同一相人偶之道，是必人与人相偶，而仁乃见也。”[24]可以说，仁是处理人己关系的一个原则，也是人人所当依循的行为准则，尽管在不同的境遇之中，不同的人实践仁的范围有差别，但第一，“仁”不是如同二程所讲的“与天地万物”同体的“天地生物之心”，也不是如阳明所讲的个体的灵明一觉的“良知”本体，而不过是人与人之间的一种德性有加的互惠关系。第二，“仁”是一种可操作性很强的人际相处原则，其内涵即在于“己之身欲立则亦立人，己之身欲达则亦达人。”[25]这既与《论语·雍也》孔子所说“夫仁者，己欲立而立人，己欲达而达人”相呼应，也与“相人偶”的古训水乳交融。杨向奎评曰：“‘仁’的本义是朴实的，孔子的要求搞好人际关系，以人际为中心，而不是以天人之际为中心，人摆脱了天的羁绊。后来理学的发挥，又恢复到天人之际，那是新的天人关系，是自然与人，这是永恒课题，整个哲学问题，是人与自然，没有人与自然，不存在宇宙，没有宇宙，一切无‘无’”！[26]第三，“相人偶”所谓仁，要求人与人之间都应该相敬相恕，首要的问题是摆正自己的位置，所以孔子有“克己复礼为仁”的要求。朱熹于《论语集注》释“克己”为“胜欲”，“己”，是“身之私欲”。

阮元于此最为不满，他认为这种训释纯粹是逃儒入禅说的典型说法，他于《论语论仁论》详加考证，指出“克己复礼”本为古语，见于《论语》与《左传》，孔子以人己对称，即东汉郑玄以“相人偶”释仁之所本，断不能如朱熹所训，释“己”为“私欲”，否则违背孔子的本义，推本古训：“颜子克己，己字即自己之己，与下为仁由己相同，言能克己复礼，即可并人为仁。一日克己复礼，而天下归仁。此即己欲立而立人，己欲达到达人之道。”[27]这样，阮元之谓“克己”，就是约束自己，使之不违于礼，而不是如朱熹所说战胜己身之私欲。“仁”，是儒家学说中一个至关重要的关键字，历来受到考释家的重视，但见仁见智，从无达诂，说解纷歧，尤其是宋代理学的勃兴，理学以自己所设定的思想观念加以训释，使得这一问题更加纷繁复杂，扑朔迷离。[28]阮元的《论语论仁论》，是从乾嘉汉学的角度，对孔子之仁及其仁学作了一次历史性的总结，摒斥了宋儒对仁的歧见，恢复了儒家经说的本来面貌，这种对经典文献的文字、音韵、训诂本身的纯粹客观的考据，在最大程度上接近了经典义理本身的真实，也更接近思想史的真实。

二、阮元的汉宋学术史观

钱穆认为，阮元之著述，“皆所谓以古训明义理之作也”[29]，“其学风同源于东原，亦同主古训明而义理明之说”，“长于归纳，其法先罗列古训，宁繁勿漏，继乃为之统整，加以条贯。”[30]若是，阮元之学术态度，乃是一调和汉宋之大家风范，就其个人学术成就与实际倾向看，自不免扬汉而抑宋，尊经而绌理，然就学术史观之理性判断而言，阮元则揭出一个“兼”字贯通、调和、融摄之，“两汉名教，得儒经之功；宋明讲学，得师道之益，皆于周孔之道，得其分合，未可偏讥而互诮也。”[31] 惟其如此，故当“崇宋学之性道，而以汉儒经义实之。”而且应“不立门户，不相党伐，束身践行，闇然自修。”其本质精神就在于“兼”，“兼古昔所不能兼者矣。”[32]一方面，阮元恪守自戴震光大的以古训发明义理之意，“圣贤之道存于经，经非诂不明”，[33]并且断言“古今义理之学必自训诂始”[34]，另一方面，阮元坚决排斥“但求名物，不论圣道”的不良主张，力求在圣之道与文字训诂之间保持一条畅通的渠道和一种合理的平衡关系，在《拟国史儒林传序》中，他将训诂与圣道的关系譬之“门径”与“宫墙”，“两汉名教”与“宋明讲学”必须兼而有之，方能登堂入室，得其真传。阮元十分厌恶乾嘉汉学中“不论圣道”的餖飣猥琐之学，认为这也是一种末流之弊，它撷取一鳞半爪，局囿于考据之形式上的“严密”逻辑与“确凿”取证的研究方式，“笃于尊信，缀次古义，鲜下已见”，以至于经典本身所蕴藏的丰厚的义理隐而不彰。所以，如果说宋明理学末流之弊是束书不观，游谈无根，即虚妄空疏；则乾嘉汉学所导致的末流之弊则是襞绩补苴，辗转考证，即晦暗无华。阮元认同的是“笃信好古，实事求是，汇通前圣微言大义”的“通儒之学”，他自己精于训诂之学、校勘之学、目录之学、典章制度之学、史学、金石之学、九数之学，文章之学、性道之学以及掌故之学，“凡若此者，固已汇汉、宋之全，拓天人之韬，泯华实之辨，总才学之归。”[35] 他对经典与历史文献的重视，他对训诂考据的重视，他对经典文字、音韵、名物的考据训释，尤其是对古代典章制度的研究考证的肯定，在乾嘉汉学诸巨子中，可谓首屈一指。“实事求是”是乾嘉汉学共同的学术宗旨，阮元对其亦十分首肯，但也有自己独特的理解，“凡事求是必以实”，[36]价值判断必须建基于事实判断之上，后者不应被人的主观意志所左右：

> 余以为儒者之于经，但求其是而已矣。是之所在，从注可，违注亦可，不必定如孔贾义疏之例也。歙程易田孝廉，近之善说经者也，其说“考工”、“戈戟”、“钟磬”等篇，率皆与郑注相违，而证之于古器之仅存者，无有不合。通儒硕学咸以为不刊之论，未闻以违注见讥。盖株守传注，曲为傅会，其弊与不从传注，凭臆空谈者等。夫不从传注，凭臆空谈之弊，近人类能言之，而株守传注、曲为傅会之弊，非心知其意者未必能言之也。[37]

又说：不可泥于字，而必使作者之志昭著显白于后世。[38] 在这里，“是”与“实”乃同一之物，“是”肯定能还原为经验性的事实，经验性的事实亦必能抽绎出“是”，这样，阮元就坚持以儒家经典为依据，致力于阐发蕴藉于其中的圣人之道和儒家学说中的原初含义，对经典及历史文献而言，就是由好学深思、实事求是之士由注疏而推求寻觅之，其实质在于“恢复”“本义”，而不是另立新说与宋明理学所揭示的义理之学分庭抗礼，所以，其治学遍穷经、史、子、集以至天文、历算、地理、物理；由文字直求诸古代吉金、石鼓、石刻诸学，其目的却并非斗炫示博，而是要在实证的基础上彰现儒家经说之“本义”，发明圣人之道，建立新的学术传承，取代宋明理学所首肯的道德传承与思想形态。阮元调和汉宋的思想，将理论层面的思考隐藏在考证后面，或体现在考证之中，由于受到这种表述形式的制约，在思辨色彩与理论体系上失分不少，他对经典及历史文献文字音韵的训诂考证，对前贤先圣精言要义的研究阐发，也像散落的珠玑，未能将它们贯连在一起，形成体系严密、体用该贯的思想系统。不过尽管有这些缺憾，阮元调和汉宋学术的努力，已直接导致嘉庆以后学术取向的转变，一方面，经学研究汉宋对立的门户之见遂被“汉宋兼采”所替代，徐世昌云：“道咸以来，儒者多知义理、考据二者不可偏废，于是兼综汉宋者不乏其人。”[39] 庶几近学术史的真实。另一方面，阮元调和汉宋学术的努力，纠正了汉学晦暗无华，忽略经世的偏向，也矫正了宋学华而不实，空谈心性的疏漏，自然地引导出“圣贤之道，无非实践”的结论，“实者，实事也。圣贤讲学，不在空言，实而已矣。故孔子曰：‘吾道一以贯之’。贯者，行之于实事，非通悟也。”[40]“实践”就在于强调经学的经世致用功能，“世之习科条而无学术，守章句而无经世之具者”[41]，皆未足与论，杨向奎说：“清代汉学在本质上是一个实事求是的学派，这是它具有积极意义之所在。训诂考据以求达到事物之真实，至阮元遂由求真转向务实，这是一种更有意义的转变。原来汉学之求真，只求古代事实之真实，与现在一切无关，而阮伯元之转向务实，却是实践，由脱离现实之考据转为务实之实践，这是学风之巨变，以后清代学风遂转入新的时代，考据事业虽未衰落，而今文经学夺席，洋务派方兴未艾矣。”[42]略为不刊之论。而刘师培所断“自阮氏以学古跻显位，风声所树，专门并兴，扬州以经学鸣者凡七八家，……盖乾嘉道咸之朝，扬州经学之盛，自苏常外，东南郡邑莫之与京焉，遂集北学之大成。”[43]无乃小看伯元一层。质言之，阮元调和汉宋的学术史观，具有终结汉学，改造宋学，另辟新局，重建经学路向的意义，既是乾嘉学术的最后重镇，也是跨入近代学术路轨的第一人。[44]

注释：

[1]侯外庐《中国思想通史》(第五卷)，人民出版社 1956 年，第 577 页。

[2]《揅经室二集》卷七《西湖诂经精舍记》，续修四库全书本，第 1479 册，上海古籍出版社 2002 年影印本，第 159 页。

[3]《揅经室一集》卷一《拟国史儒林传序》，续修四库全书本，第 1478 册，第 549 页。

[4]《中国思想通史》(第五卷)，第 579 页。

[5]《揅经室续集》卷一《冯柳东三家诗异文疏证序》，续修四库全书本，第 1479 册，第 447 页。

[6]《揅经室一集》卷三《论语一贯说》，续修四库全书本，第 1478 册，第 558 页。

[7]《揅经室集》自序，续修四库全书本，第 1478 册，第 527 页。

[8]《揅经室一集》卷一《释邮表缀》，续修四库全书本，第 1478 册，第 538～539 页。

[9]杨向奎编：《清儒学案新编》(第五卷)，阮元《仪征学案》，齐鲁书社 1994 年，第 403 页。

[10]《揅经室一集》卷三《明堂论》，续修四库全书本，第 1478 册，第 560 页。

[11]《经学通论・三礼》之《论明堂辟雍封禅当从阮元之言为定论》，中华书局 1954 年，第 42～44 页。

[12]《揅经室一集》卷二《论语一贯说》，续修四库全书本，第 1478 册，第 558 页。

[13]《揅经室一集》卷二《大学格物说》，续修四库全书本，第 1478 册，第 558～559 页。

[14]《河南程氏遗书》卷二五，《二程集》，中华书局 1981 年，第 316 页。

[15]《四书章句集注》，中华书局 1983 年，第 6 页。

[16]《揅经室一集》卷二《大学格物说》，续修四库全书本，第 1478 册，第 559 页。

[17]参见杨向奎编：《清儒学案新编》(第五卷)，阮元《仪征学案》，第 382～385 页。

[18]《揅经室一集》卷一〇《性命古训》，续修四库全书本，第 1478 册，第 644 页。

[19]《揅经室一集》卷一〇《性命古训》，续修四库全书本，第 1478 册，第 648 页。

[20]《揅经室一集》卷一〇《性命古训》，续修四库全书本，第 1478 册，第 655 页。

[21]《揅经室续集》卷三《塔性说》，续修四库全书本，第 1479 册，第 492 页。

[22]《揅经室再续集》卷一《节性斋主人小像跋》，续修四库全书本，第 1479 册，第 577 页。

[23]《揅经室一集》卷八《论语论仁论》，续修四库全书本，第 1478 册，第 621 页。

[24]《揅经室一集》卷八《论语论仁论》，续修四库全书本，第 1478 册，第 621 页。

[25]《揅经室一集》卷八《论语论仁论》，续修四库全书本，第 1478 册，第 622 页。

[26]杨向奎编：《清儒学案新编》(第五卷)，阮元《仪征学案》，第 394 页。

[27]《揅经室一集》卷八《论语论仁论》，续修四库全书本，第 1478 册，第 623～624 页。

[28]陈祖武、朱彤窗：《乾嘉学派研究》(河北人民出版社 2005 年)，在介绍阮元学术的时候，对宋儒释仁作了简单但必要的回顾，辞简意达，可参阅。

[29]钱穆《中国近三百年学术史》，商务印书馆 1997 年，第 531 页。

[30]《中国近三百年学术史》，第 540 页。

[31]《揅经室一集》卷二《拟国史儒林传序》，续修四库全书本，第 1478 册，第 548 页。

[32]同上。

[33]《揅经室二集》卷七《西湖诂经精舍记》，续修四库全书本，第 1479 册，第 159 页。

[34]《揅经室续集》卷一《冯柳东三家诗异文疏证序》，续修四库全书本，第 1479 册，第 447 页。

[35]龚自珍：《阮尚书年谱第一序》，张鉴：《阮元年谱》，黄爱平点校，中华书局 1995 年，第 274 页。

[36]《揅经室四集》卷二《宋砚铭》，续修四库全书本，第 1479 册，第 278 页。

[37]《揅经室一集》卷一一《焦里堂群经宫室图序》，续修四库全书本，第 1478 册，第 664 页。

[38]《揅经室一集》卷一一《十三经注疏校勘记序》,续修四库全书本,第1478册,第667页。

[39]《清儒学案》卷一二一阮元《仪征学案上》,第3册,中国书店1990年,第283页。

[40]《揅经室一集》卷九《孟子论仁论》,续修四库全书本,第1478册,第636页。

[41]《揅经室三集》卷四《顾亭林先生肇域志序》,续修四库全书本,第1479册,第234页。

[42]《清儒学案新编》(第五卷),阮元《仪征学案》,第383页。

[43]刘师培:《南北学派不同论》,《清儒得失论》,中国人民大学出版社2004年,第245页。

[44]20世纪以来,阮元研究成绩斐然。梁启超、钱穆二人的《中国近三百年学术史》及王国维《国朝汉学派戴阮二家之哲学说》(《静安文集》,商务印书馆1940年),对阮元的学术成就及思想都有概括性的论述。侯外庐:《中国思想通史》(第五卷,人民出版社1956年)独辟"阮元的思想"一章,对其研究方法和文化史说展开论述。张舜徽:《清代扬州学记》(上海人民出版社1962年)亦辟专章论阮元。20世纪80年代以来,又有李成良:《阮元思想研究》(四川人民出版社1997年)和陈东辉:《阮元与小学》(中国文联出版社1999年)问世。就专题论文而言,瞿林东:《阮元和历史文献学》(《张家口师专学报》1991年第1期)、黄爱平:《阮元学术述论》(《史学集刊》1992年第1期)、郭明道:《论阮元对乾嘉汉学的贡献》(《史学月刊》1992年第2期)、余新华:《阮元的学术渊源和宗旨》(《中国人民大学学报》1998年第3期),《阮元的经解》(《文史哲》2000年第1期)、钟玉发:《阮元调和汉宋学思想述论》(《清史研究》2004年第4期),《阮元与清代今文经学》(《史学月刊》2004年第9期)、黄爱平:《试析乾嘉学者的文献研究与义理探索:以凌廷堪、阮元为中心》(《理论学刊》2004年第9期)、陈居渊:《论阮元的经学思想》(《中国哲学史》2004年第1期),都有较高的学术价值。

明代朱熹年谱知见录

尹　波*

摘　要：文化的传承，是思想的延续，作为理学思想集大成的朱熹，对后世的影响深刻而久远，而江南文化也不可避免地深深地烙上了朱熹的印记。本文从文献着手，通过朱熹年谱在明代的递刻演变，以求厘清朱熹年谱的前后承接关系。

关键词：明代；朱熹年谱

文化的传承，是思想的延续，作为理学思想集大成的朱熹，对后世的影响深刻而久远，而江南文化也不可避免地深深地烙上了朱熹的印记。朱熹的理学思想在进入明代之后，占据了统治地位，其著作屡经翻刻，而反映朱熹生平事迹的年谱也刊刻不断，其中大多以宋代李方子所编《年谱》为基础，从朱熹《文集》、《语录》，黄榦撰的《行状》，《宋史》以及他书中拾遗补阙，间有增补、修订，朱熹父母之邦的徽州和朱熹活动的建宁为主要翻刻地。今就其所见，成《知见录》一篇。

朱文公年谱　朱境刊　洪武二十七年(1394年)刻本

按：汪仲鲁，名睿，号贞一，婺源人。他在洪武二十七年九月撰《朱文公年谱序》中云："洪武二十七年甲戌秋，我文公阙里掌祠事朱境，以书告曰：年谱谋锓诸梓，邑贤令佐，斯文朋友，愿就徽犹，敢以序文为请。"[1]则婺源朱氏阙里朱境于洪武二十七年曾刻朱子年谱。朱境，字汝达，为朱熹第六世嫡孙。其父朱勋至元间由闽回婺源掌祠事，境续掌之[2]。在至正二十七年丁未重建徽国朱先生家庙时，曾"董其役而领祠事者"[3]。家庙修毕，朱境又据朱氏阙里所藏之版"谋锓诸梓"。汪仲鲁又云："然在当时，《年谱》与《行状》二文并传，故《年谱》所载求师取友、注述本末、出处进退、居官莅政前后次第，悉详年月书之。而《行状》则惟以发明求端用力之精义微旨、造道成德之渊奥要归，所以承先圣道统之传，信有在也……前广西护卫知事李文征辞疾家居，集议督工。"[4]

朱境刊后，曾广为流传。杨士奇曾记云："《朱文公年谱》一册，刻板在徽州，余得之翰林典籍陈寿。《朱子年谱》，永乐初元得之前江西佥宪吕升，视新得者差明白。"[5]陈寿，字克永，号樗庵，婺源人。永乐元年举人。入翰林，预修《大典》。书成，除典籍。九年，任检讨[6]。陈为婺源人，永乐六年《大典》成后授典籍，故杨士奇所得之本，当在永乐六年至九年之间。

朱子年谱　洪武至建文间

按：杨士奇曾记云："《朱子年谱》，永乐初元得之前江西佥宪吕升。"吕升，字叔彰，浙江山阴人，洪武二十三年举人，洪武中授溧阳教谕[7]，至"永乐初为溧阳教谕，以荐擢江西按察佥事"[8]，后历任福建、山西按察佥事，官至南京大理少卿。所至训以《论语》、《孝经》。溧阳为今江苏、安徽两省交界处，因杨士奇先前所得《朱子年谱》与新得朱境刊本比较，"视新得者差明白"，疑为吕升任溧阳教谕时从徽州所得之本。又因得于永乐元年，故其刻当在洪武、建文时。

太师徽国公文公年谱五卷　叶公回重刊　宣德六年(1431年)刻本

按：《天一阁书目》卷二之一《史部》著录云：《太师徽国公文公年谱》五卷，明宣德六年括苍叶某重刊，丘锡孙原贞，汪仲鲁序，八世孙湛识。孙原贞，名瑀，德兴人。永乐十三年进士，官至浙江左布政

*尹波，四川大学古籍研究所副研究员。

使、兵部尚书[9]。有《奏议》八卷、《岁寒集》二卷[10]。他在宣德六年十二月作《文公先生年谱重刊序》中云："括苍叶公公回来为邑(婺源——笔者注)丞，既新厥庙，复以年谱旧刊本板文字磨灭，漫不可辨，欲谋重刊。爰得旧本，若《行状》、褒典、记文附于《年谱》之后者，与邑之儒士孙叔拱悉加校雠，补其遗阙，正其讹缪，命工锓梓。"[11]汪敬《重建文公家庙记》："宣德六年辛亥，括苍叶侯公回来贰邑事，凡庙内事有当备及门庑修建，悉命文公八世孙湛日亲督役，且刻《年谱》等书。"[12]叶公回《太师徽国文公真像》云："右像乃家庙所藏文公六十一岁时所写真也。威仪严肃，与尝泛观者大相径庭。因拜手谨依原像摹写梓于卷端，使观者亦可想见先生平生之气象云。括苍叶公回谨识。"[13]则此为宣德六年婺源刻本。从"家庙所藏"来看，叶公回所得旧本当是朱氏后裔刻本，故于"家庙"前省去朱氏二字。戴铣《朱子实纪凡例》云："宣德间婺源刻本"，又曰"《年谱》旧本附录朱子授官诰词"，又曰"旧载并新增古今名公诗文凡为朱子而作者"[14]，与孙原贞所云"若《行状》、褒典、记文附于《年谱》之后者"相合。

此本流传稀少，戴铣正德间编《朱子实纪》据之大量增补，黄中康熙间辑《朱子年谱》所据"洪秋士藏本"因录有叶公回识，或即为此本，并有增删。朱熹十一世孙朱凌，字原冲，号龙冈，嘉靖二十年进士，官陕西按察使佥事[15]。有《武侯传补》[16]。他在《紫阳文公先生年谱后序》中曰："《徽国文公年谱》，宋李果斋氏所著也，益以勉斋黄氏《行状》，先祖生平履历，道学事功始终，大致尽矣。婺源戴氏因旧本厘正，附谥议、诗文，而总曰《实纪》，重于徽也。考亭仍婺叶侯重修本，并附书院题记，总曰《年谱行状》，重于建也。盖子孙世守以为家乘[17]。"此"婺叶侯重修本"或为叶公回所刊之本。今韩国成均馆大学图书馆著录有叶公回编《太师徽国文公年谱》不分卷，每半页 8 行 16 字，刊记"歙西仇村黄氏刊"，韩国国立中央图书馆亦著录，或是又一次刊刻？未曾寓目，姑且存疑。日本佐藤仁在《朱子年谱解题》中云："林罗山旧藏有朝鲜刊叶公回校本，现藏内阁文库，其刊刻情形或与朱子《行状》同，此宽文六年(清康熙五年，1666 年)刊之朱子年谱之底本。"[18]

文公年谱 蓝章重葺 成化二十三年(1487 年)刻本

按：蓝章，字文绣，即墨人。成化甲辰进士。明成化二十二年，知婺源县。明年，重修婺源县庙学。官至南京刑部侍郎，兼佥都御史。有《劳山遗稿》。程敏政《篁墩程先生文集》卷十六《婺源县庙学重修记》云："蓝君……且以其暇日，重葺《文公年谱》、《语录》，及编刻云峰《胡氏家集》以传，庶几教养兼举，不负于学道之君子，其名位与日俱升，所以利济乎斯人者，将有大焉。"[19]是蓝章明成化二十三年重新葺刻《文公年谱》于婺源。

朱子年谱 张元祯 刻明刻本

按：张元祯，字延祥，别号东白，南昌人。天顺四年进士。官至吏部左侍郎兼学士。预修英宗、宪宗实录，为《大明会典》、《通鉴节要》副总裁。侍讲《太极图》、《通书》、《西铭》。有《易语要》、《诗语要》、《春秋语要》、《四书集要》、《近思录》、《家语解要》、《金台话旧集》及文集二十四卷。《四库总目》卷五九《周子年谱》条载：《周子年谱》一卷，宋度正撰。明张元祯尝与《朱子年谱》合刻之。张元祯卒于正德元年十二月。少时，其父曾携至闽，遍览群书。故潜心理学，又家居近三十年，则所刻当在正德以前也，或刻于其家也未可知。

朱子年谱 三卷戴 铣编正德八年(1513 年)刻本

按：戴铣，字宝之，号翀峰，婺源人，弘治六年进士。有《朱子实纪》十二卷。戴铣认为："《朱子实纪》，纪朱子之始末，与夫今昔尊崇之实也。旧名年谱，今更曰实纪，何也？谓之年谱，则绍乎前、彰乎后者不足以该，必曰实纪，然后并包而无遗，亦犹史家有世表、年表，总谓之实录也。"[20]戴铣云："果斋李氏之书，屡经锓补，颇涉淆舛。加以事或逸于时，文寖增于后，未有粹其全者。铣……因其旧而修之，厘为十有二卷。"[21]编成于正德元年十月，三年卒，其甥汪愈"以《实纪》视雄"，正德八年"刻于歙鲍雄氏[22]"，其后又有所续，《朱子实纪》卷一一有徽州知府熊桂《正德十年紫阳书院开讲告文》一篇。其本每半页 10 行，每行 20 字，卷一为道统源流，卷二一四为《年谱》正文，卷五《行状》，卷六《宋史》本传，卷七庙宅，祠、书院、墓、坊、亭附，卷八为朱子门人，卷九为褒典，卷十为赞述，卷十一、十二为纪题。戴铣《朱子实纪凡例》云：“果斋李氏著《紫阳年谱》三卷，原本不存久矣。宣德间，婺源刻本颇有疏脱，今取《朱子语类》、《大全集》、《行状》、《本传》、《道命录》(李心传编)、《年谱节略》(都璋编)等书，参互考订，讹者正文，略者详之，其论著关系之大，旧或未载，而岁月可考者，增入逐年之下，间有引证及附鄙见一二，皆称按以列之。”[23] 并增入《宋史》本传、庙宅祠院、门人字号、谥议封告、公移及铭赞、祭告及部分新增名公诗文。叶公回《太师徽国文公真像》云：“右像乃家庙所藏文公六十一岁时所写真也。威仪严肃，与尝泛观者大相径庭。因拜手谨依原像摹写梓于卷端，使观者亦可想见先生平生之气象云。括苍叶公回谨识。”[24] 而戴铣《太师徽国文公像》则云：右像乃朱氏家庙所藏文公六十一岁时所写真也。兹谨模寘卷端，使学者得以想见大贤道德之气象云[25]。两相比较，可见戴铣所编本承叶公回刻本而来，间有增删，且将朱熹置于无限之崇高地位。汪愈《刻朱子实纪后序》云：“惟此编积以岁月，不遗余力。愈依门下间，尝类所贮书，以供采择。复以役于先生弟炼成之氏校录，用是独知其为之之不易”[26]，故认为“先生是编该括大备，而年谱中纲目亦多为之权衡，后之人欲知夫子之道者，尚从兹始哉！”[27] 该谱在汪愈家“盗火”中幸免，而得婺源邑令郑作宜述氏、歙鲍雄氏支持下始刻板流传，诚为一幸事耳。

该谱考订审慎，年谱正文凡有疑误，或加括号，并以小字按予以说明，如卷二乾道七年朱子四十二岁条：十二月，趣行，[以][禄][不][及][养][辞]。省札检会服制，已是从吉令依已降指挥疾速起服。按大全集，此月省札趣行，至次年正月建宁府递到，二月始谢恩具辞。则前此未尝辞也。以禄不及养辞六字疑衍。卷三淳熙十四年朱子五十八岁条载：[十][月][拜][命]。按大全集，辞免状札俱无拜命之文，十月拜命四字疑衍。卷四庆元四年朱子六十九岁条载：集书传。按大全集，止载《二典》、《禹谟》、《金滕》、《召诰》、《洛诰》、《武成》诸说。又蔡九峰《书传序》云：“庆元己未冬，先生令沉作《书集传》”。又云：“《二典》、《禹谟》，先生盖尝是正。”而此乃集书传，俟更考。该谱行世以来，影响较大，后世多有据之改补翻刻者，如万历二十二年，纪廷誉纂修于尤溪；万历四十三年，赵滂于歙县编《程朱阙里志》时，皆收入此谱。

紫阳文公先生年谱二卷附录三卷　李默订　嘉靖三十一年(1552年)刻本

按：李默，字时言，号古冲，建阳人。正德十六年进士。著有《建宁人物传》四卷、《群玉楼集》八卷，《吏部职掌》四卷、《宁国府志》十卷。嘉靖时，因侍御曾佩“重加刊正”朱熹年谱，“属之考订”，故“一准《行状》、《文集》、诏录所载”。李默云：“世传李果斋公晦尝著《紫阳年谱》三卷，魏了翁为之序。今其序固在，但云果斋辑先生言行，即不称有年谱。及考朱氏今所存谱，盖多出于洪武、宣、景间诸人之笔，与朱氏增益所成，断非果斋之旧……于今谱所述……咨于先生裔孙河。河指摘谱中舛误者数事，与予意合……稍为删润，其猥冗左谬不合载者，悉以法削之。视旧本存者十七……谱成，复取勉斋《行状》并国史本传为附录，其自宋以来褒典，亦汇附于末，与是谱合为五卷云。”[28] 其所自年谱，乃考亭书院藏婺源“叶侯重修本”，其谱卷一淳熙三年十一月令人刘氏卒条于天头有批云：“谨按，闽刻《年谱》宰如作崒如”，是其证也。可参清童能灵《子朱子为学次第考》考辨。曾佩字元山，临川人，官至监察御史，有《名笔私抄》六卷。嘉靖壬子，巡至建阳，曾见此谱，“披览一尽，叹字迹多漫灭，亟欲修订，且慨旧本之未尽善也。遂檄郡贰杨侯、节推操侯、介守谢侯，敦请于大冢宰古冲翁李老先生，重加参定校阅，纂辑之勤，历三时焉。”[29] 并于嘉靖壬子刻于建阳，其卷一一二为《年谱》正文，每半页 7 行，每行 18 字，卷三一五附录，每半页 9 行，每行 19 字。李默因位居宰辅，为忠直之士，且为文博雅，故其本一出，影响巨大，后世多据之增补、翻刻，如万历二十九冬，朱熹后裔朱吾弼据之重编，由十三世孙朱崇沐据之翻刻于婺源[30]；康熙间，考亭书院刊刻李古冲纂辑《朱子年谱》四卷[31]。清时褚寅亮评价曰：“其详审精密，洵为紫阳功臣矣。”[32]

朱子年谱　张振之　刻万历刻本

按：张振之，字仲起，太仓人。嘉靖三十八年进士，官至浙江按察副使。万历三年至六年为吉安知府，刻朱子年谱，“明孔孟正传”[33]，是万历间吉安刻本也。

文公年谱 万历刻本

按：万历《建阳县志》卷七载：《文公年谱》，李方子辑，版存建安。由魏时应掌修，刘朝阳、田居中、张榜分纂的万历《建阳县志》刊刻于万历二十九年，则此谱之成，当在此前也。

太师徽国公年谱一卷 纪廷誉 陈翘卿纂修 万历二十二年(1594年)刻本

按：纪廷誉，字声寰，晋江人。举人。万历二十二年署尤溪县学教授。陈翘卿，字惰夫，漳浦人。时任尤溪训导。在“文公十四世孙朱权请纂修”[34]的要求下，在署尤溪县事郭以隆“捐俸以益之”[35]的支持下，万历二十二年于尤溪刻成《南溪书院志》四卷，其后于万历四十三年又有增补，今所见者，当为增补本。而《太师徽国公年谱》置于卷一《形胜事迹》中。《重修南溪书院志凡例》云：“一，事迹：文公尤仅七载，今大书为纲，下录年谱及《宋史》本传为目，见一生掀揭功业，皆南溪起始也。”[36]其谱每半页10行，每行21字，极简略，仅录年月及事迹条目。该谱录自戴铣《朱子实纪》之年月及条目，并略有删减。如乾道七年辛卯，“十月(当为十二月之误)，趣行，以禄不及养辞”，戴铣《朱子实纪》卷二作：“十二月，趣行，[以][禄][不][及][养][辞]。”八年壬辰，戴铣本又云：“二月，以禄不及养辞”，而此谱则未列此条。又淳熙十四年朱熹五十八岁条，“十月拜命”，亦同于戴铣本，本来戴本有所怀疑，而此谱则予照录，舛误之盛，以至于清康熙间杨毓健重修《南溪书院志》时，用别本予以替代，也幸而因此，今天才得以见到宋代蔡模所编之朱熹年谱。

晦庵先生年谱 赵滂编集 鲍应鳌纂次 万历四十三年刻本

按：《晦庵先生年谱》与《明道先生年谱》、《伊川先生年谱》俱见于明赵滂编集《程朱阙里志》卷四《实录志》。其云：“实录者，录三夫子始末、道德行藏之实也。既表之以年，而又备载其状、志，诸文事迹，彰彰可考矣。所谓读其书而知其人，论世之实，于是乎在。百世之下，闻其风者，宁无兴起之思乎哉！作《实录志》第四。”[37]赵滂，字伯雨，歙县人。太学生。鲍应鳌，字山甫，歙县人。万历乙未进士。官至礼部祠祭司郎中。有《明臣谥考》二卷。赵氏因其曾祖赵时勉，字诚之，曾任武城令，嘉靖元年作有《考新安程朱三夫子源流记》一文，以二程及朱熹均出新安，“窃有志建三夫子祠”[38]，“顾力不能从心”。至万历三十二年，方弘静，字定之，亦有《明道书院祀三夫子议》一文，力倡“建三夫子之祠”[39]。其时，建武刘伸来为歙县令，“犹逮事司徒”(方弘静)[40]，首建三夫子祠，又“顾簿书，鞅掌志缺焉。未遑，赵生(滂)乃旁搜博采，编集其帙……为纲者八卷，为目者一十有七，诸如地灵、崇祀、世考、道统、锡典、艺文、识余之类，种种具悉，俾揽者知沧桑自换，故址依然，枝派虽繁，源委可溯……累朝之褒录逾新，往哲之吟题堪咏。”[41]高攀龙《程朱阙里志序》云：“太学赵君某，诚之先生孙也。乃博考旁搜，举凡有关三夫子者，汇而志之……志成，以鲍公中素教征言攀龙。”[42]按，《程朱阙里志》卷首收有高攀龙此序，署万历己卯当为乙卯之误。刘伸序作于万历四十年，赵滂于万历乙卯四十三年端阳日作《程朱阙里志跋》曰：“会邑大夫建武刘公下车，首询故实，得先武城《源流考》，毅然以兴起为己任，就不征之土，撤梵宇而新之，特祀三夫子……大夫顾谓滂曰：‘祀关大事，宜已薄书，矧祠宇之规创，林墓之恢复，三贤之世系源流，何可无志？令先公业有记在，曷踵而成书。’滂乃忘其固陋，遍发先武城故箧，方搜博采求合作者茫无取裁。适大参惠甫陈公省觐还闽，取道里中，以《孟志》见贻，欣然有感，遂仿其大凡，厘为八卷。越岁，书成……然后付之剞劂。”[43]至万历四十四年春，“志亦成”[44]，明赵滂之刻成于万历四十四年之歙县，《晦庵先生年谱》亦成于此。

谱成之后，“惜流传未广，得读者希”[45]，雍正三年(1725年)四月，徽州府学生员、歙县人吴廷彦，字灿雯，从朱氏后裔嘉惠处得《程朱阙里志》一书，因“其原板已毁无存，力图再梓，以垂永久”[46]，在知歙县事蒋振先，知休宁县事、署歙县事朱鹭“损赀倡梓”的提倡下，于雍正三年季冬“复成”。“告成之后，果有关于先贤祖墓及建祠之事，并有关于志书者，或诗或文，均可采择补刊，以附卷内。”[47]故可见吴廷彦雍正六年春所撰《唐亭英侯朱公传》，吴廷彦之舅黄云生《重刻程朱阙里志跋》，是为此书最后完稿于雍正六年春季之证明。该书之重刻，吴廷彦在《凡例识》中云：“原书八卷，悉遵赵伯雨先生刻本，不敢擅有增改，所以传信也。即有参订，附于书之前后。”[48]朱子之附录资料，历经二代人搜集，特别是补辑明万历之后至清雍正六年之有关资料，于此一编，蔚为大矣。如黄榦所撰《行状》，于篇末小字注云：“按先生《行状》自有刊本行世，今取建安熊氏、海虞吴氏二节本稍加概括，使观者得见先生家世出处之概云。”[49]故所辑《晦庵先生年谱》亦渊源有自，如乾道七年朱子四十二岁条：十二月，趣行，[以][禄][不][及][养][辞]及小注；淳熙十四年朱子五十八岁条：[十][月][拜][命]及小注；庆元四年朱子六十九岁条：集书传及小注，均同于戴铣《朱子实纪》，可见其据戴铣本翻刻也。该谱每半页九行，每行二十字。

文公年谱二卷 汪世德编 明刻本

按：《千顷堂书目》卷一〇载：汪世德，婺源人。编《文公年谱》二卷。《明史》卷一三四《艺文志》二亦著录。

综上可见，有明一代，朱熹年谱的刊刻，据文献所载，已达11种，其中还有记载不甚清楚的年谱未能列目，如李默所云，“考朱氏今所存谱，盖多出于洪武、宣、景间诸人之笔”，其景泰本如何，尚无确切资料，但笔者认为，此本当承叶公回之本而翻刻。又叶公回本，日本、朝鲜均有记录或翻刻，可见朱熹其人在国外的影响，由此促进了江南文化与国外的交流发展。也正因为此，国外保存的叶公回本年谱，成了朱熹年谱史上极为重要的环节，它奠定了戴铣本与李默本的基础，而戴、李二本先后递出，影响了其后整个明代朱熹年谱的刊刻，并进而辐射清季，李默本甚至成为了王懋竑撰朱子年谱的重要资料来源。乾隆四十七年(1782年)褚寅亮《重订朱子年谱》评价道：“其详审精密，洵为紫阳功臣矣。”

注释：

[1]戴铣：《朱子实纪》卷首汪仲鲁序，正德刻本。

[2]戴铣：《朱子实纪》卷首《世系源流》。

[3]王祎：《王忠文集》卷九《重建徽国文公朱先生家庙记》，四库全书本。

[4]戴铣：《朱子实纪》卷首汪仲鲁序，正德刻本。

[5]杨士奇：《东里续集》卷一八《朱文公年谱二集》，四库全书本。

[6]弘治：《徽州府志》卷八。

[7]雍正：《浙江通志》卷一三四，嘉庆《溧阳县志》卷九。

[8]《大清一统志》卷二二七，四库全书本。

[9]《明史》卷一七二本传，中华书局校点本。

[10]《明史》卷九九《艺文志》四，中华书局校点本。

[11]戴铣：《朱子实纪》卷首序，正德刻本。

[12]戴铣：《朱子实纪》卷一一，正德刻本。

[13]黄中：《朱子年谱》卷首，康熙刻本。

[14]戴铣：《朱子实纪》卷首，正德刻本。

[15]嘉靖《建阳县志》卷二，天一阁藏明代方志选刊本。

[16]嘉靖《建阳县志》卷七，日本藏中国罕见地方志丛刊本。

[17]李默：《紫阳文公先生年谱》卷末朱凌后序，嘉靖刻本。

[18][日]冈田武彦主编：《朱子年谱》卷首，台湾中文出版社影印日本宽文六年刻本。

[19]程敏政：《篁墩程先生文集》卷一六，正德刻本。

[20]戴铣：《朱子实纪》卷首序，正德刻本。

[21]戴铣：《朱子实纪》卷首序，正德刻本。

[22]李梦阳：《空同集》卷五〇《刻朱子实纪序》，四库全书本。

[23]戴铣：《朱子实纪》卷首，正德刻本。

[24]黄中：《朱子年谱》卷首，康熙刻本。

[25]戴锐：《朱子实纪》卷首。

[26]戴铣:《朱子实纪》卷末,正德刻本。
[27]戴铣:《朱子实纪》卷末,正德刻本。
[28]李默:《紫阳文公先生年谱》卷首《重刊紫阳文公先生年谱序》,嘉靖刻本。
[29]李默:《紫阳文公先生年谱》卷末朱凌《紫阳文公年谱后序》,嘉靖刻本。
[30]李默:《紫阳文公先生年谱》卷首朱家棅《紫阳文公年谱后序》,万历刻本。
[31]孙殿起:《贩书偶记续编》卷六,上海古籍出版社。
[32]褚寅亮:《重订朱子年谱》末识,乾隆四十七年刻本。
[33]朱衡:《吉郡侯太仓张公去思碑》万历《吉安府志》卷三四,《潘司空奏疏》卷七。
[34]纪廷誉:《南溪书院志》卷首《姓氏》,万历刻本。
[35]陈翘卿:《南溪书院志后序》杨毓健:《南溪书院志》卷四,同治刻本。
[36]纪廷誉:《南溪书院志》卷首,万历刻本。
[37]赵滂:《程朱阙里志》卷四,雍正刻本。
[38]赵时勉:《考新安程朱三夫子源流记》赵滂:《程朱阙里志》卷三。
[39]方弘静:《明道书院祠三夫子议》赵滂:《程朱阙里志》卷二。
[40]刘伸:《程朱阙里志原序》赵滂:《程朱阙里志》卷首。
[41]刘伸:《程朱阙里志原序》赵滂:《程朱阙里志》卷首。
[42]高攀龙:《高子遗书》卷九上,四库全书本。
[43]赵滂:《程朱阙里志》卷八《程朱阙里志跋》。
[44]范涞:《程朱阙里志后序》赵滂:《程朱阙里志》卷末。
[45]蒋振先:《重刻程朱三夫子阙里志书序》赵滂:《程朱阙里志》卷首。
[46]朱鹭:《重刻程朱阙里志序》赵滂:《程朱阙里志》卷首。
[47]吴廷彦:《重刻程朱阙里志凡例》赵滂:《程朱阙里志》卷首。
[48]吴廷彦:《重刻程朱阙里志凡例》赵滂:《程朱阙里志》卷首。
[49]赵滂:《程朱阙里志》卷四末小注。

清代江南社区文化集群与文人的精神家园

——以常州白云渡为例

杨旭辉*

摘　要：本文通过对大量原始文献的梳理，详细勾勒出清代常州白云渡社区文人集群的全貌，在此基础上考索社区文人在学术文化（尤其是文学）上的"群居切磋"活动，以及作为清代常州文人精神家园的白云渡在文学写作中的表现。论文作者希冀通过这一典型个案的梳理与研究，为清代江南文人社区集群与文学研究提供一种新的视野。

关键词：社区文化集群；白云渡；毗陵七子；精神家园

"天下名士有部落，东南无与常匹俦。"[1]这是近代著名思想家龚自珍基于常州文人集群在学术史、文学史上卓特的成就、地位所作出的评骘。关于常州文人集群的学术、文学成就，自当有专门的论说，拙著《清代经学与问学》一书已有较为详尽的论述，这里可以暂且不论。常州"名士部落"作为清代学术史和文学史上的一个重要集群，其组织形态以及逐渐形成、壮大的过程，则是本文着力关注的焦点。笔者力图通过常州白云渡文人社区集群这一典型案例的细致剖析，进而探索清代江南地区文人社区集群文化活动的精神生态层面的意义及其在清代学术史、文学史进程中的推动作用和价值。

一、白云渡的地理环境与人文生态

根据光绪本《常州府坊厢字号全图》（图1），西蠡河水从西门小水关流入，横贯常州旧城，至白云尖遂分二途，北支经唐家湾北至迎春桥，出北水关，是谓之"子城河"；南支经顾塘桥、葛仙桥，出东水关，和京杭大运河汇合。南支系宋代时由知州李余庆疏浚，被常州人称为"后河"。子城河自马山埠到唐家湾一段的河水，长约一里左右，因附近的三角地白云尖而得名"白云溪"，溪边有渡口名曰"白云渡"。虽然在地理疆域广阔的中国版图中，白云渡小得微不足道，但它在清代学术文化长河中的卓特地位绝不会因此而受到轻忽；也就是这么是一条已然消失在现代舆图中的一条小溪，历史的记忆也并不能因其悲剧性的结局而淡忘。

常州"自昔亦号雄繁邦，却少山水供眺览"[2]，这是赵翼的弟子浙江人祝德麟对常州的印象，这样的说法应该说是几近乎事实的，就连清代常州本地作家汤成烈也有谓："毗陵一隅，绝少山水，分嶂孟岭，登峰必待乎粮，割圆具区，层波亦惊于豆剖。"[3]然而，就是这么一条流经常州城内的小溪，却倍受本地文士的青睐，它的美誉更藉由常州文人学士的褒奖而得以名扬天下，何也？这一切皆缘于密匝的社区文化集群及其弥久不绝的弦诵传统而带来的丰厚人文生态，正如美国学者梅尔清所说："城市景点的重要性与景点所在城市的命运息息相关。在晚期帝国，景点和景点中活动的人物都是一座城市在地域文化等级中地位及声誉的资源和标志。"[4]

白云渡的声誉和历史价值，并不缘其山川之秀与风月之胜，而完全来自清代常州文人集群学术、文化以及艺术活动积淀、凝聚所得的厚实文化遗产与学术财富。其实这样的命题，在古人眼中，早已是一种通

*杨旭辉，苏州大学文学院副教授。

图 1 《常州府坊厢字号全图》

识了，明代人茅瑞征在《赤壁集》的序言中曾说道，若无苏轼，“则无黄州赤壁”。清初常州文学家董以宁在游历了黄州赤壁之后，更是深有感慨地说道：“山川得名，多因人杰，未有苏公之游，赤壁一顽石也。苏公既游之，虽荒台残树，赤壁一名山也。”[5]其实，诸如黄州赤壁这样的例子，在中国古代文化史、文学史上实在是屡见不鲜的。康熙年间，张大受在为《天下名山记钞》作序时，曾有过一句尤为精彩的总结之辞：“山水得人而尤灵”，这也就是尤侗在张氏之前的一篇序言中所说的：“山水藉文章以显，文章亦凭山水以传，……至于千岩竞秀，万壑争流，若无骚人墨客登放其间，携惊人句搔首问青天，则终南、太华等顽石。”[6]而常州的白云溪又何尝不是这样的显例呢？

自从白云渡在宋代疏浚之后，在常州人的心目中，就关乎一地的文脉。《道光武阳合志》中就有谓：“自此文风浸盛，士人相继高第，三十年当有魁天下者，尔之子孙咸有望焉”[7]，与之相应，在民间更出现了这样的说法：“后河利于科第，玉带河利于迁擢。”其实，这倒不完全是出于迷信。明清时期，白云渡就以其便利的交通以及沿岸良好的自然环境，吸引了诸多世家巨族聚居于此。对此，曾长期居住在白云渡外家的洪亮吉就有云：“云溪一曲，自运河及南运河分派入城，南运河即西蠡河，上承洮滆、滆诸湖水，故极清驶。溪南岸多旧家楼阁，北岸为阳湖县治，迤东间有吏胥及百姓家，然屋皆修整，窗棂腻日，帘幕映波，烟水空蒙，中有一二人唤渡，余则渔舟两三叶而已。”（《外家纪闻》）

图2是笔者节取光绪《常州府坊厢字号全图》中的一部分，略作加工而成，并综合地方文献和诗文别集的记载标注声名显赫的室名、堂号。通过这张地图，我们可以非常直观地感受到，除了唐氏、西营（后改称“西瀛”）刘氏之外，常州本地最重要的文化世族几乎都聚集于此了。不到一里之长的白云渡，曾经涌现出如此众多卓有成就的文人，他们在清代学术文化史和文学史上熠熠生辉，它竟然是一条超级豪华的璀璨“星河”。不禁真的要惊叹龚自珍遣词之精妙绝伦，通过这张《社区文人集群分布示意图》，也许我们才能理解“部落”一词的真正涵义，这一社区“部落”，无论其规模，还是其影响力和学术史的地位，在中国历史上虽不敢说是空前绝后，但最起码也应该是极为罕见的。

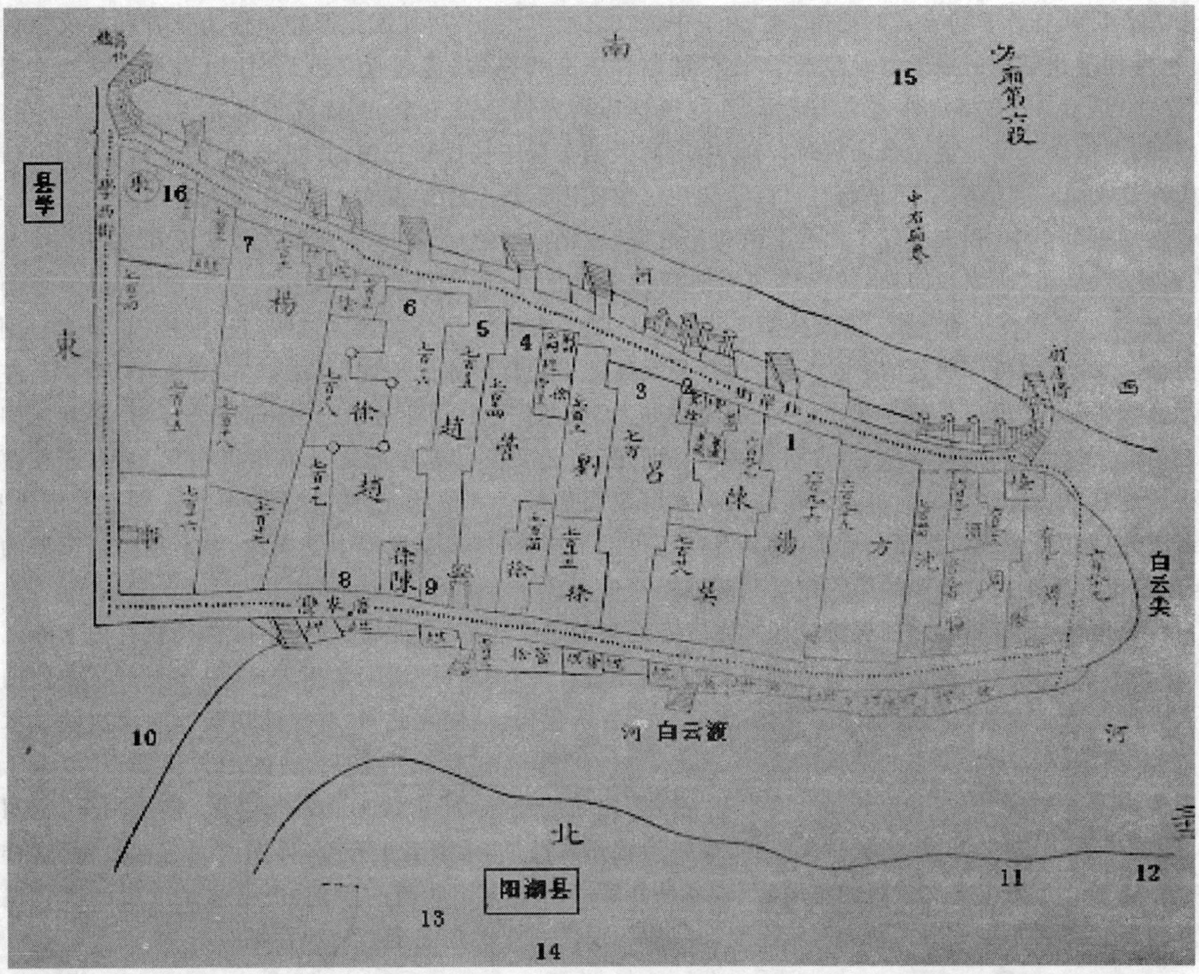

（图例：1. 藤花旧馆；2. 徐氏“云溪草堂”；3. 吕星垣“白云草堂”；4. 管世铭“读雪山房”；5. 赵翼“湛贻堂”；6. 蒋氏“杏花楼”；7. 杨氏“腾光馆”；8. 赵氏“魁星阁”；9. 恽格“瓯香馆”；10. 赵怀玉“味辛斋”；11. 庄氏“宝砚斋”；12. 黄仲则“两当轩”；13. 杨氏“敦本堂”；14. 杨伦“九柏山房”；15. 孙星衍“平津阁”、“岱南阁”；16. 陆继辂“崇百药斋”）

图2 白云渡社区文人集群分布示意图

缙绅耆旧之聚居，在白云溪两岸自然带来了琅琅的读书讲习之声。早年幼孤的洪亮吉，终其一生，对家乡的白云渡始终有着两段刻骨难忘的记忆，一则是他在灯影中伴随母亲蒋氏织机声的读书声，为此他专门请人绘制了《机声灯影图》，当时题咏者甚多；一则是自己寄寓外家蒋氏杏花楼，在杨氏腾光馆的读书生活。

常州蒋氏一族中，最负盛名者莫过于著名的《楚辞》学者山带阁主人蒋骥，系洪亮吉外祖蒋敩淳的三哥；而洪亮吉的从外祖蒋汾功（蒋敩淳堂弟）及其子蒋和宁（洪亮吉称之为侍御舅氏者，字用安，一字蓉庵），在常州地方文化的发展中以其卓著的贡献而倍受世人的尊崇，作为常州后学的陆继辂曾在文中这样说道：“蓉庵蒋（按：蒋和宁之字）先生以辞章，一时后进之士翕然从之……蒋先生之学一传为洪稚存编修、黄仲则少尹、杨西河大令、赵味辛司马，继洪、黄、杨、赵而起者，至今遂不可胜数。……故其教泽之所被如是其深且久也。”[8]蒋和宁去世时，赵怀玉（味辛）饱含深情地回忆起侍御先生对自己的教益：“洎公归田后，晨夕长追随。有文即就质，凡事皆得师。公亦若谷怀，相与同析疑。”[9]洪亮吉自幼在蒋氏从学，颇得蒋氏诸子之益，终生难忘，故有《外家纪闻》之作。

蒋氏杏花楼前的杨氏腾光馆，始建于杨廷鉴，据其孙杨椿云：“大父修撰公始迁府城白云溪之左，去县学不数十武”[10]。杨廷鉴崇祯十六年(1643)进士及第，是明代历史上最后一位状元，明亡后归里隐居，捐金建学馆；再加上以后杨氏科第之隆兴，人才辈出（廷鉴五世孙杨述曾中乾隆七年榜眼），杨氏腾光馆在常州士人心目就有着非同寻常的地位，遂“为里中课文之所”（洪亮吉《外家纪闻》）。作为学者和古文家的杨椿，也受到常州后学的推崇，“毗陵七子”之一的赵怀玉在为杨椿《孟邻堂文钞》作序时直将其视为常州一郡“文之冠”者。[11]在寄寓外家的日子里，到隔壁杨氏腾光馆会课论学，也就成了洪亮吉的常事，他在《外家纪闻》中饱含深情地说：“余弱冠时，与里中诸同人结会课于杨氏腾光馆，共四十人，诸老宿俱在，而侍御舅氏评其文，以余为第一，因是始至舅氏宅起居。舅氏因渐教余作诗古文之法，并逢人说项焉。”

在琅琅书声中，积渐出现了白云渡的科第之隆，在杨廷鉴之后，连续出现了三位状元和多位一甲及第者，对此，洪亮吉《外家纪闻》中较为详细的记载：“云溪之秀，甲于郡中，环溪亦皆名族所居，记前哲胡芋庄[12]诗曰：‘皇朝五十有七载，出四公卿两状元。’公卿为大学士吕公宫、尚书赵恭毅公（按：赵申乔）、副都御史徐公珙、工部侍郎周公清源，二状元即吕公及外曾王父赵侯赤熊诏先生（按：赵申乔之子）也。芋庄作后不及六十年，又出三公卿一状元，三公卿为协办大学士刘于义、司业庄君楷、侍郎庄公存与，一状元即侍郎之弟学士培因，其他官侍从，招巍科者又不一而足，可云盛矣。”赵申乔之子熊诏得中状元后，遂在白云渡祖居建有“魁星阁”。若要算上宋代的霍端友以及明代最后一位状元、腾花馆杨氏的首位主人杨廷鉴，白云渡先后共出了五位状元。后来，洪亮吉自己也中了榜眼，好友赵翼得中了探花，要不是阴错阳差的原因，赵翼也许就是白云出产的第六位状元郎。

科第之盛，无疑是常州白云渡社区人文生态之兴的重要表征，如此盛况，在中国古代教育史上亦属罕见，就连不轻许他人的晚清学者李慈铭也在其《越缦堂日记》中盛称“清朝常州人才，甲于天下。”常州白云渡人文社区就是由这样一大批才华斐然、成就卓著者所建构，他们在此间“群居而切磋”，一次次的学术探索、艺术创新以及丰富多彩的文学生活，构筑起了白云渡文人社区集群繁荣、瑰丽的文化景观，以至于在中国传统学术、文化的各个领域都形成了以“常州”命名的流派，屈指数来有常州学派、常州画派、常州词派、毗陵诗派、阳湖文派、常州派骈文等等，最终为常州获得了“天下名士有部落，东南无与常匹俦”这样的美誉。这是一个城市人文景观的华采乐章，也是其深厚历史文化底蕴的荣光，更是弥足珍贵的文化遗产和资源，正所谓“龙泉太阿之精光”，又岂能被汹涌的现代商业大潮完全销融和吞噬？

二、“群居切磋”的文学景观

孔子曰：“诗可以兴，诗可以观，诗可以群，诗可以怨。”（《论语·阳货》）在孔子的“兴观群怨”理论，“群”是久被忽视的一个重要命题。纵观中国古代文学史程，历代文人丰富而充满活力的文学生活与每一次文学的发展莫不有着重要的关联，无论是先秦时期诸子间的论学质难、建安时期文人清夜游西园的雅集，还是盛唐时期李杜、元白、刘白之间的诗歌往还。“群”者，“安其学而亲其师，乐其友而信其道”（《礼记·学记》）也，“君子以文会友，以友辅仁”（《论语·颜渊》）也。文人们在“朋友切切偲偲，兄弟怡怡”（《论语·子路》）般的状态中“群居切磋”，促成各自在学业上之进阶，以至推动学术、文学的发展。

时至明清时代，“标榜文人习”[13]日炽，几乎每一个文学集群都会在一次次的文学活动中逐渐形成自己的文学观念，而又通过其创作实践造成或大或小范围内的某种热潮，以至于发动地区性或全国性的文学潮流。清代各种文学体式的流派迁衍，与遍布各地的诸多文学集群观念、创作念的更替，仿佛是一对孪生姐妹。如果我们不对数量众多的清代文人集群及其文学活动作具体而微的规模考察，要想真正准确把握清代文学的发展脉络，实非易事。

清代常州文人在学术、艺术，尤其是文学诸多方面卓特成绩的造就，完全得益于社区集群间密切而频繁的往还和"群居切磋"，这是笔者长期以来关注清代常州文人集群文学生活的体会。白云渡一带的许多家族在训戒儿孙时，都有"得益于师友"这样的说法，所谓"离群索居，则孤陋而寡闻，读书求益师之外惟友，友诚不能无也"[14]；"人之一生约而计之，其得益于师之日短，得益于友之日长"。[15]杨椿在书信中回忆自己与蒋汾功之间的文学交往时说："回忆少壮时，与兄邻巷而居，每一文成，就正于兄，兄或不以为然，必往复再三，尝一日数过，或连四五日，或至旬日而后已。今相隔数千里，此时光景何可复得？思之恍如昨日，又渺若异世。"[16]九柏山房杨伦是清代著名的杜诗学者，因工诗而名列"毗陵七子"，他也特别看重友朋之间的诗艺切磋与交流，在诗中曾云："平生妄意希著述，特藉益友相磨磋。"[17]王文治对杨伦"论交情最切，谈艺气尤雄"[18]这一句评价，直道出了白云渡文人文学生活中的普遍共性。清末常州学者赵震在辑录《毗陵诗录》时，也发现了这一问题，于是便在是书卷首的《绪言》中历数清代常州的文学雅集名胜曰：

> 有清武、阳（按：指武进、阳湖二县。）夙称诗国。清初六逸，洪北江先生以杨（按：杨宗发）为首，邹訏士（按：邹祇谟）、董文友（按：董以宁）、陈赓明（按：陈玉璂）、龚介眉（按：龚百药）四先生称毗陵四家，其时有谷诒社、浣花社、峨眉社、碧山吟社，互张旗鼓，学子翕然从之。乾隆壬寅、癸卯间，味辛先生偕蒋莘仲（按：蒋熊昌，字辛仲，号立庵，室名息养斋）、程命三（按：程景傅，字命三，号霁岩）、庄勉余（按：庄勇成，字勉余）、蜚英（按：庄绳祖，字蜚英）、皋直（按：庄选辰，字皋直，存与三子）五先生共举吟社，闻风入社，时有增加。数十年大略言之：杨氏腾光馆、赵氏山茶厅、味辛斋，汤氏东坡遗馆，左氏念宛斋，洪氏卷施阁，管氏读雪山房，陆氏崇百药斋、双白燕堂，汪氏采真轩，为诗人觞咏最盛之所。庚申后仅存山茶厅、读雪山房、东坡遗馆、采真轩，赓歌久绝，采真轩今且为握算之所矣。

赵氏所胪举者的诗歌雅集，大多地属白云渡文化社区，现择其要者略作说明，以睹白云渡"群居切磋"的文学盛景。

（一）汤氏"东坡遗馆"（"藤花旧馆"）

"藤花旧馆"，又称作"东坡遗馆"，是宋代大文豪苏轼晚年在常州的重要遗迹。苏东坡曾前后两度来常州，许久以来一直欲以常州作为人生的最后归宿，在他贬谪岭南的时候，曾向朝廷两上《乞常州居住表》，终于在宋徽宗建中靖国元年（1101年）五六月间，苏轼从岭南来到常州，寓居顾塘桥孙氏，七月病逝。孙氏旧馆中有一株紫藤，"相传为宋苏文忠公寓孙氏宅时所植"，后"宅归汤方伯雄业"。[19]一代文豪与常州白云溪之间的特殊渊源，使得他在旧时常州文人的文学活动中具有无比尊崇的地位，尤其是其文学作品中表现出的心魂和人格魅力，积渐为常州一府文人心仪不止，甚至幻化为一种文化的符号，对于增进白云渡社区文化集群的凝聚力起着重要的作用。居住在常州府城的文人都会选择象苏东坡生日（十二月十九）、忌辰（七月二十八）等带有纪念意义的日子，自发聚集到藤花旧馆中，写诗作文以为纪念。其中最为盛大的当数康熙四十年辛巳（1701年），以"毗陵六逸"领衔的常州文人，举行了一次盛大的苏轼逝世六百周年的诗会纪念活动，"六逸"之一的陈炼在一首诗歌的题目中就将这一盛况全面地展示了出来："东坡先生以宋建中靖国元年辛巳七月二十八日卒于常州白云溪上孙氏寓馆，到今康熙辛巳，六百年矣。今岁，方庶常其枢延予主西塾，坐卧处即孙氏馆地，低徊吟叹，不释于怀，爰以是日招同学诸子及门人辈凡十九人，肇祀先生，拈眉山二字记事二首。"[20]洪亮吉的诗歌还生动形象地记载了乾隆年间，汤氏"东坡遗馆"中古藤花开放时的盛景："沿溪左右三十家，一半看花尽升屋。"[21]足见苏东坡藤花旧馆在常州士人心目中非同寻常的地位，如此高涨炽烈的热情，经久不衰，直至民国时期依然如故。

（二）徐氏"云溪草堂"

杨椿撰《云溪草堂图记》一文，详述徐氏草堂之来由："云溪草堂，同邑辛斋徐先生读书处也。辛斋自年十三四时，父副都公殁于京师，母潘淑人筑室白云溪上，故居之旁颜曰春晖堂，命辛斋读书其中，即今草堂是也。淑人教子甚严肃，有河东韩夫人风，而辛斋能自树立，卒成母氏之志。”[22]徐永宣，字学人，一字辛斋，号茶坪，家居白云溪畔数十年，肆力于诗古文辞，诗学苏轼。与同里庄令舆、汤自奇为诗友，常在云溪草堂中唱酬，《清代毗陵书目》卷五著录有三人“群居切磋”的《毗陵唱和集》。康熙四十年(1701年)，曾和同里陈炼等人在“藤花旧馆”组织东坡辞世六百周年祭。为了保存乡帮文献，徐永宣和好友庄令舆汇辑同里文人恽格、杨宗发、胡香昊、陈炼、唐恽宸、董大伦六人之诗，编为《毗陵六逸诗钞》二十三卷。徐永宣的曾孙徐书受在《教经堂谈薮》中谈到祖居云溪草堂时，说先祖曾请山水画大师王石谷绘制《云溪草堂图》，画卷上“一时名公题诗殆遍”。徐书受亦颇有先祖之遗风，乾隆三十九年(1774年)，与黄景仁、洪亮吉、孙星衍、赵怀玉、杨伦、吕星垣等人白云溪边作诗文会，人称“毗陵七子”。徐书受在诗歌中追忆与六子群居唱和的文学生活时有云：“诸子俱星散，当时是快游。醉嫌繁议论，业喜富春秋。(注：谓洪杨孙吕诸君)酒力悲逾壮，诗怀澹更幽。年年怜契阔，及此暂淹留。”[23]又在《怀人绝句》组诗中逐一叙次六子及其他常州文士诗客曰：“论交一世谁低首？怀抱平生耻自媒。杨子门前九株柏，(注：西河)钱生结屋傍湖开。(注：鲁思)”“赖此数人谈笑定，时时有客欵蓬门。(注：稚存)悲来把酒携狂吕(注：应尾)，兴到题诗忆瘦孙。(注：渊如)”“天涯传唱柳枝辞，病骨经春苦自知。(注：仲则)不及赵家池上柳，年年春到柳丝垂。(注：亿生)”[24]

(三)赵怀玉“味辛斋”雅集

前引赵震《毗陵诗录》中的一段话，其史源大多出于赵怀玉的《亦有生斋文集》。赵怀玉氏的诗文中多有味辛斋雅集的真实记载。赵氏《息养斋诗序》有云：“乾隆壬寅、癸卯间，里中六人共举吟社，太守蒋君辛仲先生(按：蒋熊昌，字辛仲，室名息养斋)，其一也；其五人则程学博命三、庄文学勉余、大令蜚英、进士皋直及余而已。自余闻风入社，时有增加。而此六人未尝更易。每浃旬必一举拈题赋诗，征经史，作新令，往往流连达旦。惜乎仅二年而止。”[25]《文学庄君墓志铭》曰：“岁壬寅，乞假归省，偕君(按：即墓主庄勇成，字勉余)举吟社，同会者程君景傅、蒋君熊昌及君族子绳祖、选辰，它客或有增减，此六人常在座。每集拈题分体后，各出觞政，务为新奇以取胜，往往达旦不止，乡党友朋之乐是岁为极盛。”[26]赵怀玉无时无刻不在尽情享受着白云溪边的“乡党友朋”之乐，他在闲步白云渡时，就随口吟诵出这样的诗句：“结庐在前溪，十年老蟫蠹。溪上白云深，笑指吾家住。颇无车马喧，雅有朋交素。卬须期共济，利涉问前路。结网亦何心，褰裳自洄溯。待月月未升，清风起官渡。”[27]

味辛斋雅集不仅仅只有文人的诗歌唱酬，更有灯船歌舫、笙箫沸天的热闹场景。洪亮吉在《外家纪闻》中有过一段非常精彩的记载：“缓云阁东，即方玉堂，以辛夷花得名。自此斜北至迎春桥，为文昌阁，为雪洞，为云窝，为味辛斋。大半皆赵家楼阁也。白云湾在方玉堂下。每午日前后，灯船歌舫，齐舶湾中；箫鼓之声，自昏达旦。而赵家三层阁上，亦结采悬灯以应之。或呼姑苏清音及里中十番弟子陆开三、谢赐书、庄象昆、罗凌云等胜会，则云溪水陆填塞，几无隙地。甲戌、乙亥间，大令赵思勤先生尚在，先祖母季弟也。清门世泽，宦橐稍余，每间一岁，辄为胜举，并于水中构飞楼以贮百戏，盈河士女，目不暇给；丝竹偶停，杂以烟火。此时蒋家南楼，亦已北窗齐揭，幕影灯光，高与北斗掩映。余前制《云溪曲》，已略述其胜，盖非年丰民乐，物力充盈，不能然也。”

(四)赵翼山茶厅“湛贻堂”

赵翼原先并不住在常州城中，直到乾隆四十八年，始移居白云渡的湛贻堂(据赵翼《自西盖村移居郡城顾塘桥即事》诗注，因“宅前有山茶一株，大合抱，为郡城之最”，故此宅又被时人称为“山茶厅”)。自此以后，也就开始了他参与白云渡社区集群的文学生活。在定居白云渡不久，赵翼就有诗表达自己内心的喜悦之情：“近市依然少市哧，闲坊前后绕清流。好联北郭新吟社，(诗注：城中程霖岩、蒋立庵辈诗社甚盛)恰近东坡旧寓楼。(诗注：坡公晚年殁于顾塘桥孙氏宅，距余舍仅十余丈)未免花时增酒费，稍欣蒲节省船游。(诗注：宅后为白云渡，每岁午节，龙舟毕集，有水阁可坐观)”[28]赵翼湛贻堂的位置极佳，“所居前后皆枕溪”[29]，难怪洪亮吉会在诗中赞之曰：“占得云溪好景多，前门船向后门过。诗翁住处人能识，八字门临八字河。”

与“七子”在内的文人往还中，赵翼与洪亮吉的诗文往还颇有惺惺相惜之意味。在洪亮吉经过流放伊犁，九死一生回到常州，将自己的寓斋改名为“更生斋”之时，赵翼就赠以长诗以慰之，而洪亮吉的回赠之作将赵翼远赴贵西任边臣与自己流放新疆相提并论，将赵翼视为同病相怜者：“老结云溪寂寞邻，词场宦局几番新。七千里外寻陈语，十四科中认后尘。雪舫正堪谈往事，云山难得共闲身。玉堂此度真天上，公作边臣我逐臣。”[30]在经历了宦海的沉浮之后，洪、赵二人都选择了家居著述的生活，在著述的过程中，二人时或切磋交流，赵翼在撰写《瓯北诗话》时，恰逢洪亮吉也在撰《北江诗话》。当北江读到唐宋金七家诗话时，不禁对赵翼赞赏有加，并明确指出自己的诗学主张与赵翼有相同之处，那就是“独向毫端抉性情”，但是对赵翼的有些想法还是存有不同的看法，“初白差难踵后尘。”(诗句下注曰：“君意欲以查初白配作八家，余固止之。”[31]在这样的情景之中，诞生了清代诗学史上的两部重要诗话，它们都将“性情”视为诗歌之核心价值；但在诗歌今、古的问题上，即便洪亮吉有“固止”之举，赵翼还是坚持将查慎行列入《瓯北诗话》中专门讨论的一位大家。此正乃“君子和而不同”的古韵遗风也！

（五）吕星垣“白云草堂”

吕星垣，毗陵七子之一，赵怀玉《湘皋公墓志铭》中说他“气骨清峻，风采棱岸，而性尤纯笃，颖悟过人，为文章操笔立就。里中二三子，如洪君稚存、杨君西禾、黄君仲则、孙君渊如，以文学词章相器识。而君及余，文燕往来，少小相结，称莫逆焉。”[32]吕氏白云草堂的文燕传统在吕星垣的从兄吕兆行、从侄吕佺孙身上表现得更为淋漓尽致。据吕兆行之子吕嗣麟所作《漪园公事述》记载，乃父所交往的本地文士有“庄学博隽甲、秀才贵甲，吴大令堂，蒋征君承曾、上舍维垣，钱明经梦云、秀才季重，吴太守阶，薛孝廉任之，周秀才锦，赵上舍学愈、廷英、州倅学濂、太守学辙，秀才刘廷伟、别驾廷俊、经历廷彦，徐上舍祐求、京兆准宜、明经芬，汤上舍贻相、通守贻宪，刘主簿叔重，丁大令履恒。不肖幼时尝见诸丈相过从，间时为文酒之会。”[33]吕佺孙之子懋恒在《中丞公行状》中回忆父亲在世时的情况说：“家居，常广集郡中知名士及亲知之佳子弟，俾与诸叔父辈为文会，府君与之讨论得失，评骘当否，谆谆反复，有余味焉。故诸叔父及亲知中多掇科第者，府君诱诲之力也。府君为文详审精密，凡所著述及当官文字，每不存稿，故散佚者多。兼通金石之学，考订精详，一时鲜有及者。”[34]

（六）管氏“读雪山房”

常州华渡里管氏定居白云溪边，始于晚明时期的管绍宁、管绍怡兄弟。清廷剃发令出，绍宁因留发而遭致满门抄斩，唯其长孙管滋琪藏于外家安阳杨氏而得幸免。滋琪子管抡遂以杨姓避祸，后复姓，管世铭即为管抡曾孙。管世铭乡居时，不但自己著述甚丰，亦喜与文士往还，奖掖后进，且多有唱和，好友周景益说他“独以文章志节诱掖后进为己任，一时才彦多从之游”，后来在京城做官时亦复如此不倦，“每退直，时群弟子鱼贯而前，析疑辩难，韫山拥皋比，手批口答，必寓以立身行己之要，至日旰无倦容，以故门下闻人鹊起，卓然皆以学行称。”[35]由此，他的书斋“读雪山房”因此而名遍南北。[36]

（七）陆氏“崇百药斋”

乾隆、嘉庆时期的常州文坛、诗界，可谓是人才辈出，盛极一时，以“毗陵七子”为代表的一大批学者、文学家的相继谢世，白云渡文人社区的后来者们也颇有忡忡之忧虑，如何承继前贤的文学业绩和辉煌，已然成为他们平日群居文学生活中必须深思问题。强烈的责任感和使命感在陆继辂身上体现得尤为突出，在诸老凋零之后，他给好友左辅的信中不无担忧地说下了这样一番话语：“自惕庵、稚存、味辛诸先生相继溘游，吾乡久无宏奖风流，激劝后进之人，有其学而无其位，则力不足以振拔单寒；有其位而无其学，则识不足以鉴别真赝。天使明公早遂初衣，兼斯二者，此诚一时文学之彦所引领企踊，望作楷模，待长声价者也。继辂前书称誉恽洁士征君(按：恽秉怡)之子汇昌(按：陆继辂以长女妻之)，稍发其端，尚有所知；如葆琛先生子又朔字稚萱、叔讷大令子振鏶字豫堂，稚存先生子胙孙字子余，皆闭户勤读父书，志承先业。又吴嘉之、赵芸友、丁诵孙三孝廉，周叔澄、汪逸云、庄梅叔、汤予钦四茂才，或工骈俪，或耽声韵，才思横溢，志气不凡，谨以献之左右。至如方彦闻、董晋卿、董方立、张彦惟，其才其学，高出继辂甚远，非继辂所敢称道者矣。大臣在位，则以人事君，大臣退闲，则为国造士，窃以为报称之大，无过于此。而为执事今日所宜，自任还山以来，计与仲平、筱山、申耆、道久诸君相见必数，当更有瑰伟之材出于继辂耳目闻见之外者，可一一得之也。”[37]陆氏的这一番陈述，清晰地向我们昭示了这样一个文学史的事实，那就是，“七子”之后，常州白云渡文人社区集群在全国范围的影响力确实折损不少，然而创作文人社区的规模并没有因此而萎缩，依然有一大批或是子孙哲嗣、或是弟子学生在支撑着白云渡、乃至整个常州文化社群的发展。嘉、道之际，在陆继辂、张惠言之子张成孙（字彦惟）、张惠言之甥董士锡（字晋卿）等人的积极宏扬与迪引下，阳湖文派依然沿承着前贤的功业前行，其卓异的成就在清代文学史上也是不容抹杀的。

三、精神家园的文学记忆

清澈的白云溪水养育了常州的文人士子，但白云渡之于清代常州文士，并不仅仅局限于此。更值得引起后人关注的是，密布于白云渡周遍的文化世族部落、社区文人集群带来的超高人气，以及由此积淀起来的丰厚人文气息，终使白云渡成为清代常州学者文士、骚人墨客内心深处永远的精神家园和情感绿洲。随着各自科第、仕宦的进阶和升迁，或是艰辛谋食的飘蓬徙转，常州文人对家乡这一方心灵家园的眷恋与日俱增，而这种真切而深沉的情愫，往往通过他们的文学写作得以淋漓尽致的摅泄。纵览清代常州文人的诗文别集，白云溪绝对是其中最为重要的关键词之一。正因为有了他们在文学作品和艺术作品中对白云渡的精心摹状和描绘，这一原本并不被外人所熟知的地名——白云渡，就随着恽南田、洪亮吉、赵翼、黄仲则、孙星衍、赵怀玉、杨伦、吕星垣、管世铭、钱维乔、钱伯坰、陆继辂等一批诗人作家的创作成就及声名而远播全国各地，顿时成为清代历史上具有全国影响力的文学圣地。如果白云渡之旧貌能在今天得到完好保存的话，昔日的楼台旧馆也会因为其深厚的历史人文底蕴而不断增殖其文化的魅力，完全可以成为现代的风景名胜。

在接下来的篇幅中，笔者将以洪亮吉的诗文作品为范例，以充分感受一下常州文人文学记忆中的精神家园——白云渡。

洪亮吉在丹阳时，曾请人为他画过一幅《云溪一曲图》，此图一出立即引起了其同道好友的强烈共鸣，纷纷写诗咏叹，抒发各自内心对白云渡的深厚情谊。洪亮吉由此图想到了昔日好友黄仲则，遂作诗以赠云：

> 门前水，屋下流，屋小亦若蜻蜓舟。蜻蜓舟轻举家住，杨柳门深不知处。沿溪柳色空摇春，春来只思楼上人。楼前流水深三尺，楼上人今去为客。溪南狂客吟欲颠，月出唤渡愁无钱。沿溪湾环百回走，摇尽东风岸头柳。溪花初开溪水鲜，溪禽窥客还少年。芒鞋布袜岸南立，复有笠影垂肩吟。元卿居，子云宅。此时莫问楼头客，一在江南一江北。[38]

黄仲则诗歌中对往事的追述与洪亮吉的诗句完全吻若合契，黄仲则一直以来就十分珍惜友朋之间的这份深挚情谊：“君家云溪南，我家云溪北。唤渡时过从，两小便相识。”[39]味辛斋赵怀玉在看到《云溪一曲图》之后，不禁情由中来，作诗以为怀旧：

> 我家五世居云溪，君迁云溪亦三世。环溪居人半君识，载酒游踪日相继。溪南溪北衡相望，岑牟单绞人嫌狂。隔林闻声笑招手，日莫往往联轻航。微波如烟月如雾，烂醉狂歌不归去。西风吹衣酒欲醒，立久初浓草头露。岂知二鸟忽远飞，溪边杨柳长依依。溪柳频为送行折，溪船不见行人归。知君饥驱为将母，吏为年荒支八口。天涯谁其负米心，遣尽沧洲入良友。柴门风雪当岁寒，草草亦得还家欢。浊醪如金诗作命，不惜春衣典将罄。朝来新涨碧欲浮，送君重上沙棠舟。东台湖光芀陂水，何四溪色明高楼？高楼沉沉春独闷，不启帘栊放花气。八公山远疑欲仙，一夜别梦随君前[40]

昔日“烂醉狂歌”联吟生活历历在目，想到还不由得心潮澎湃，神往不已，尤其是当他们都身处异乡，孤寂无聊赖之时，脑海中浮现的画面越发得真切贴近。睹画诵诗，思乡之情油然而生，然而这种情感较一般意义上的“莼鲈之思”复多一层，难怪杨伦看了《云溪一曲图》之后会有如许的喟叹：“江村风物正撩人，游子偏嗟越乡苦。高堂白发常倚闾，季鹰何止怀莼鲈！”那么，“何止”之外的又是什么呢？是对少年往事的缱绻难忘，以及重回云溪的群居垂钓生活，这正如杨伦诗句中所说的：“我观此图增太息，思亲念友三踟蹰。中年哀乐伤毷氉，孰处难忘是年少。何时粗具粥与饘，结屋溪旁看垂钓。”[41]

洪亮吉还写过一篇骈体的《八月十五夜泛舟白云溪诗序》，尽情挥洒其华赡之文采，将白云渡边文人雅士通宵达旦，诗酒风流，其乐融融的场面叙写殆尽。其文曰：

> 小雨忽晴，秋花转媚。云溪小阁，月来沉沉。钱塘郭生，南巷吕子，或携壶觞，远洁箫篴。予与孙君，买舟深巷，径可十尺，租才百钱。王生居廛，迭市甘脆，菱栗之属，粲已盈艇，与二三子拍浮其中，幛袖作帆，折柳代楫，西经红桥，东阻北郭。两岸宿鸟，一川游鱼，随波沸腾，离树上下，啾啾唧唧，声不得歇。沿溪以北，稍有竹树，下荫密藻，宽可弥田，黑白万羽，浮沉千头，波喧叶飞，悉萃其里。从洲以南，檐瓦可数，桥阴数尺，乃界中外，孤箫一声，高树答响。吕生狂歌，不觉离口。楼阁半里，钩帘一时，儿童不眠，应以拊掌，歌韵欲寂。盈觞劝酬，欣罗狂谈，乐说旧事，忽复相睹，首已如沐，吟肩既冷，零露可挹，离离星辰，方讶西暗，川东晓华，惊见日出，相与登岸，因而赋诗。里传其狂，朋讶为逸。嗟乎！半世之乐，成于奉亲；百昼之娱，奚若选夕。奈何中岁，各值多故？樽俎渝乎昔约，风雨破其奇怀。颜非朱而潭鲤惊，衣皆麻而林鸟讶。此则览盈尺之照，则逃影于闺；聆入秋之声，而离树却走也。以少岁之游，毕于此夕，故振笔序之，以贻数子，亦以志不妄耳。[42]

泛舟云溪觞咏不绝时的诸位同道，大都还是白衣卿相，因而他们的文字中全然看不出任何的哀怨和沉郁。这也正如洪亮吉后来回忆所说，他与孙星衍等人都有扶摇直上九万里的气宇和魄力，更是以为一种天下之事何患不成，然而在他们经历了人生多难的路途以后，他们却惊讶的发现，当年的想法简直如梦一般，残酷的现实把它们击得粉碎。

在饱尝人世辛酸，阅尽人间的沧桑之后，人们往往会寻找一个真正属于自己的情感归依。洪亮吉在经历了进万言书而触逆嘉庆帝龙颜，终遭贬放新疆伊犁的人生大起大落之后，心绪自是难平。他也常常自称为“天山戍客”，就在冰天窖地的生活中，他的心中始终涌动着一股暖流，那就是对家乡白云渡的牵挂与眷怀。在不知是否还能梦回云溪的情景下，洪亮吉挥舞起手中的笔墨，结聚了他全部的情感撰写带有回忆性质的《外家纪闻》和《南楼忆旧》诗、组词《江南好·云溪春词》等作品。这些作品和先前的《八月十五夜泛舟白云溪诗序》等相比，似乎没有了“盈觞劝酬”、“狂歌高答”的诗酒逸兴和风雅，更多了些对往事的追思与伤感。洪亮吉在《江南好》组词中说，身处冰窖中的他时时梦回家乡，正所谓“乡园梦，昨已到云溪。”梦回云溪与友人弦诵联吟的翩翩联想，所谓“乡园梦，昨已到花桥。对舫乍怜诗社歇，隔河添得酒旗飘，灯火彻清宵。”“乡园梦，好友递将迎。木杪轩中搜逸句，竹初庵(按：钱维乔斋号)内证长生。奇论尚纵横。”“乡园梦，群从亦翩翩。坐我小楼敲句好，输卿长日枕书眠，屋外水周天。”[43]

在幸运地逃过人生的劫难之后，遇赦的洪亮吉，避祸全身回乡，改斋号曰“更生”，和旧友赵翼一样，选择了栖居归养白云渡，以著述终其一生。“老结云溪寂寞邻”[44]，于是白云渡畔不仅复现当年瓯北、北江诗歌唱和的琅琅韵律，又多了如琢如磨的学术探讨之声；白云渡不仅造就了诗名远播的赵翼、洪亮吉，也成就了以经学、史学留名清代学术史的赵翼和洪亮吉。

“光景流连潘陆才，争抒谢朓惊人句。灵之来兮倏如云，流杯宴集饶风趣。水之滨，岸之圃，飞尽落霞与孤鹜，文学学士挥毫赋。”[45]这是民国时期常州文人潘振华凭吊白云渡时所写的一首诗。光阴荏苒，潘陆巨才已绝，流杯宴集不复，宣城惊人句难觅，学士挥毫赋何在？但只要真能够潜心进入到白云渡社区文人集群的精神世界之中，我们也就完全有理由相信：歌箫雨打风吹去，难绝云溪昭代传！

注释：

[1]龚自珍：《常州高才篇送丁若士履恒》，《龚定庵全集类编》卷一五。

[2]祝德麟：《常州守令诸公宴我于舣舟亭东观东坡洗砚池》，《悦亲楼诗集》卷三〇。

[3]汤成彦：《游城东记》，《听云仙馆骈俪文集》卷二。

[4][美]梅尔清，朱修春译：《清初扬州文化》，复旦大学出版社 2004 年，第 29～30 页。

[5]董以宁：《游赤壁记》，《董文友全集》卷一五。

[6]以上二序均见吴秋士：《天下名山记钞》卷首，康熙刻本。

[7]《道光武阳合志》卷三《舆地志·水利》。

[8]陆继辂：《思补斋诗集序》，民国十八年重修《武进西营刘氏家谱》卷五。

[9]赵怀玉：《哭侍御蒋丈和宁》，《亦有生斋诗集》卷九。

[10]杨椿：《孟邻堂记》，《孟邻堂文钞》卷一五。

[11]赵怀玉：《孟邻堂文钞序》，《亦有生斋文集》卷三。

[12]胡香昊，与恽格、陈炼、杨宗发、唐恽宸、董大伦等同时，并列"毗陵六逸"。

[13]陆继辂：《读汉书》，《崇百药斋续集》卷二。

[14]吕继午：《毗陵吕氏族谱》卷首《祖训·漪园公邮寄芝楣公训言六则》，光绪戊寅增修。

[15]赵怀玉：《诫子六则》，《亦有生斋文钞》卷一一。

[16]杨椿：《与蒋东委书》，《孟邻堂文钞》卷一三。

[17]杨伦：《蔡进士吕桥用鄮集中同徐惕庵尚之家春如集东络山房作次韵见赠率尔奉酬仍用前韵》，《九柏山房诗集》卷九。

[18]王文治：《阳湖杨西河进士以诗见赠赋谢二章兼以留别》其一，《梦楼诗集》卷一七。

[19]洪亮吉：《古藤歌》序，《更生斋诗集》卷三。

[20]陈炼：《西林诗钞》，《毗陵六逸诗钞》本。

[21]洪亮吉：《古藤歌》，《更生斋诗集》卷三。

[22]杨椿：《孟邻堂文钞》卷一四。

[23]徐书受：《秋日赵大亿生枉过有诗次韵》其四，《教经堂诗集》卷五。

[24]徐书受：《教经堂诗集》卷五。

[25]赵怀玉：《亦有生斋文钞》卷四。

[26]赵怀玉：《亦有生斋文集》卷一八。

[27]赵怀玉：《晚步白云渡》，《亦有生斋诗集》卷二。

[28]赵翼：《自西盖村移居郡城顾塘桥即事》，《瓯北集》卷二八。

[29]洪亮吉：《云溪竞渡词十二首》其三诗注，《更生斋诗集》卷三。

[30]洪亮吉：《赵兵备翼以以长篇题余出塞诗后报谢二首》其二，《更生斋诗集》卷二。

[31]洪亮吉：《赵兵备翼以所撰唐宋金七家诗话见示率跋三首》，《更生斋诗集》卷四。

[32]吕继午：《毗陵吕氏族谱》卷一四。

[33]吕继午：《毗陵吕氏族谱》卷一七。

[34]吕继午：《毗陵吕氏族谱》卷一八。

[35]周景益：《韫山堂诗集序》，管世铭《韫山堂诗集》卷首。

[36]按：管世铭之子管学洛有诗曰《先人官京师日辟小斋题曰读雪山房余归既买庄氏宅以居因构数弓地筑室三楹仍颜旧额怆然有作》，见其《祇可轩删余诗稿》卷一。由此可知，管氏在北京和常州的住所皆有"读雪山房"，而家乡者则是"白云长在望"。（管学洛：《钱竹初维乔为绘南北读雪山房二图并系以诗谨各题二律即以奉谢》，《祇可轩删余诗稿》卷一）

[37]陆继辂：《合肥学舍札记》卷一一《节录寄左蘅友侍郎书》条。

[38]洪亮吉：《丹阳郦布衣为予写云溪一曲图时予客句曲而黄二景仁则远在淮颍间因并命写入图复作诗寄黄》，《附鲒轩诗》卷七。

[39]黄仲则:《题洪稚存机声灯影图》,《两当轩集》卷一五。

[40]赵怀玉:《云溪一曲为洪大礼吉图》,《亦有生斋诗集》卷六。

[41]杨伦:《题稚存云溪一曲图》,《九柏山房诗集》卷三。

[42]洪亮吉:《八月十五夜泛舟白云溪诗序》,《卷施阁文乙集》卷三。

[43]洪亮吉:《江南好》,《更生斋诗余》卷一。

[44]洪亮吉:《赵兵备翼以以长篇题余出塞诗后报谢二首》其二,《更生斋诗集》卷二。

[45]潘振华:《过白云渡漫兴》,《瓯舫诗集钞》卷二。

试论宋代江西文学家的贡献及其地域分布特征

夏汉宁*

摘　要:两宋时期堪称是江西文化最为繁荣的时期,其中文学的繁荣便是一个突出的标志。宋代江西文学异彩纷呈的景象,构成了两宋文坛一道灿烂的风景线。对于出现在宋代文坛中的这种"江西文学现象",宋代文坛及后代文坛都给予了充分的关注。宋代出现的"江西文学现象"之所以能成为当时和后代文坛关注的热点,最主要的原因还是因为江西文学家在两宋时期所作出的杰出贡献。从历代关注的角度来看,既有文学的,更有地域的。宋代江西文学家在江西的地域分布,呈现出以鄱阳湖地域为核心的特征。

关键词:宋代江西;文学家;贡献;地域特征

一

宋代著名文学家欧阳修曾以诗人的激情和十分自豪的口吻夸赞自己的故乡:"为爱江西物物佳,作诗尝向北人夸。"[1];"区区彼江西,其产多材贤。"[2] 如果剔除个人的感情因素,我们可以看到,早在北宋时期,江西文化的繁盛就已成为人们关注的热点。的确,江西文化经过东晋至隋唐五代数百年的酝酿,到了两宋时期得以迅猛的发展。两宋时期堪称是江西文化最为繁荣的时期,其中文学的繁荣便是一个突出的标志。宋代江西文学异彩纷呈的景象,构成了两宋文坛一道灿烂的风景线。据各种资料统计,活跃在两宋时期,且有作品传世的江西籍文学家人数众多:《全宋词》辑录词人共 1397 位,其中江西籍词人就有 174 人,占总人数的 12.46%,排位仅次于浙江,居全国第二;《四库全书》收录宋人别集近 400 部,江西籍文学家别集有 83 部,占总数的 20%多;《两宋名贤小集》共录两宋文学家 157 家,江西籍文学家录 41 家,占总数约 27%,而这 41 家中还未包含欧阳修、王安石、黄庭坚、杨万里、刘辰翁、文天祥等人;《全宋诗》共收入宋代诗人 9000 余人,江西籍诗人就有 778 人,占总数 8.6%……在这众多的江西籍文学家中,有不少是两宋文坛中的大家,或文坛领袖、或开宗立派者,如:二晏父子、欧阳修、曾巩、王安石、黄庭坚、杨万里、姜夔等等,这些文坛巨臂不仅支撑起两宋江西文学的天空,而且还是耸立在宋代文学版图中的一座座高峰。

对于出现在宋代文坛中的这种"江西文学现象",除欧阳修给予了热情的关注外,更有其他文人也敏感地觉察到了这一现象,如,宋人倪朴在《筠州投雷教授书》中对此有过详细的叙述,他说:

> 大江之西,国朝以来异人辈出,人物之盛甲于东南。庐陵欧阳公首以古学为天下倡,而后之学者非古文不道,遂使五代斲丧萎苶之余习斩焉不存。而后宋之文超汉轶唐,粹然为一王法,则欧阳公实启之也。临川王文公,虽其所为有戾于人情,然其文字宏博魁然,有荀、扬气象。若夫南丰曾夫子以辞学显,豫章山谷先生以文行著,而秘丞刘公道原则又江西之巨擘也:究明史体,穷历代之端绪,迁、固而下千有余岁,道原一人而已,而道原则实筠人也。至其他能以诗名如谢无逸、潘邠老、汪信民诸公号江西诗社者,又不可以一二数。江西盖多士矣。

*夏汉宁,江西省社会科学院文化研究部研究员。

黄次山在南宋绍兴十年(1140年)撰写的《重刻临川文集序》中,也曾论及了江西地域文学现象:

> 艺祖神武定天下,列圣右文而守之,江西士大夫多秀而文,挟所长与时而奋。王元之、杨大年笃尚音律,而元献晏公臻其妙;柳仲涂、穆伯长首唱古文,而文忠欧阳公集其成;南丰曾子固、豫章黄鲁直,亦所谓编之乎诗书之册而无媿者也。丞相旦登文忠之门,晚跻元献之位,子固之所深交,而鲁直称为不朽。

文中不仅概述了江西文学之盛的特点,而且所论北宋九位著名文学家中,有五位就是江西人。

南宋人李道传等在《谥文节公告议》中,由杨万里而论及宋代江西的文学家,他是这样说的:"国朝文章之士,特盛于江西,如欧阳文忠公、王文公、集贤学士刘公兄弟、中书舍人曾公兄弟、李公泰伯、刘公恕、黄公庭坚,其大者,古文经术足以名世;其余则博学多识,见于议论,溢于词章者,亦皆各自名家。求之他方,未有若是其众者。"对宋代"江西文学现象"的关注,虽始于宋,然后世学者亦多有继承,其中最为著名的一个观点当属清人李紱在《南园答问》中的一段话:

> 宋兴百年,文章楛窳,欧阳公奋兴,然后沛然复古,并辔绝驰,直追韩愈,探大道之根源,作斯文之宗主,独立一代,高视六宇(宝盖头,下为"禹"字),不特吴、越所绝无,盖寰瀛所希睹也。若夫晏临淄开荆国文公,李盱江传南丰子固,古今大家,七有其三;文鉴佳篇,十居其五。黄涪翁辟宗派于西江,周益公领台阁乎南渡。封事则胡忠简惊人,诗盟则杨诚斋独主。钟秀于一门,则三刘三孔,竞美清江。

以上关于宋代"江西文学现象"的论述,其实恰恰反映了古代学者以一个独特视角对地域文学的阐释,这个独特的视角就是地理环境下的文学和文学家,而这也是当下兴盛的文学地理学中所要研究的一个重要方面。

二

宋代出现的"江西文学现象"之所以能成为当时和后代文坛关注的热点,或者说,江西文学在两宋时期的崛起,使得江西成为文坛聚焦之地,最主要的原因还是因为江西文学家在两宋时期所作出的杰出贡献。可以这样说,江西文学家在两宋时期,各体文学创作都取得了丰硕的成果。

晏殊,这位被称作为北宋江西文坛开一代风气的人物,在北宋初,不仅为江西文坛掀开了绚丽的篇章,而且,为当时的词坛镌刻下了浓墨重彩的一笔;其子晏几道传承父业,在北宋词坛留下了"父子词人"的美誉,而他们创作的《珠玉词》和《小山词》,更是北宋令词创作的杰出之作。由于他们对宋词创作及发展作出了重要贡献,因而被历代评家所重视:"李氏、晏氏父子,耆卿、子野、美成、少游、易安至矣,词之正宗也。"[3]于晏殊稍后,欧阳修在词的创作上也成就斐然,在词坛产生了重大影响,他与晏殊一道,开创了宋词中的江西一派。由于晏氏父子和欧阳修在北宋词坛的杰出贡献,他们被尊为"四大开祖"(晏殊、欧阳修、晏几道、张先)。其后,在词的创作方面,江西也是人才辈出,产生了不少的优秀词人,如,南宋的布衣词人刘过和姜夔、凤林词派等等。正如朱祖谋在《映庵词序》中所言:"西江诗派,卓绝千古,唯词亦然。有宋初造,文忠、元献,实为冠冕。平园近体,踵庐陵之美;叔原《补亡》,嬗临淄之风。若乃《桂枝》高调,振奇半山;《琴趣外篇》,导源山谷。南渡而后……尧章以鄱阳布衣,建言古乐,襟韵孤夐,声情遒上。"可以这样说,二晏和欧阳修在词的创作上,为江西词的创作,也为宋代词坛开了一个好头,而凤林词派则为江西词的创作,也为宋代词坛画上了一个圆满的句号。

在诗文创作领域,两宋时期的江西也是十分辉煌的。欧阳修被尊为"今之韩愈"、"一代宗师",是北宋诗文革新运动的领袖，他以卓著的古文创作成就，名列“唐宋八大家”之中；在诗歌创作方面，他力除晚唐及宋初西昆体之流弊，为宋代诗坛别开生面，在形成和发展宋诗特色的过程中，欧阳修的贡献是不可忽略的；他的《六一诗话》，被称为诗话体开山之作；在笔记创作上，他的《归田录》为宋人笔记中有重要影响的一部作品。

在晏、欧的带动和影响下，江西文学家在北宋文坛非常活跃，在古文创作方面，曾巩、王安石的成就亦为文坛瞩目，他们都是北宋古文创作的代表人物，同被后代评家列入“唐宋八大家”之中。“唐宋八大家”中的宋代六家，江西、四川各占其半，而四川“三苏”，或为欧阳修的学生，或得欧阳修的奖掖，江西文学家在北宋古文创作中的贡献和影响，由此亦可略见一斑。在诗的创作上，江西诗人也有上佳表现，像王安石、刘敞等。这里尤值一提的是被视为“江西诗派”领袖的黄庭坚，他以自己对诗歌创作的独特感受和领悟，在理论和方法上，构架了一套别具一格的体系，为宋诗的创作拓宽了发展路径。他的这套体系，深得诗坛欢迎，围绕这个创作体系，在北宋后期形成了一个颇有影响的诗人群体，这就是后人所称的“江西诗派”。在这个诗派中，江西诗人占了近一半，像黄庭坚的外甥“豫章四洪”、其同乡分宁的徐俯、靖安的善权、永修的李彭、新昌的惠洪、临川的“二谢”、饶节、汪革等等。这个诗派的出现，标志着中国古代诗歌发展历程中宋型特征的成熟和确立，也使得宋诗能以其独特的风格与唐诗并峙。“江西诗派”的影响几乎覆盖南宋初、中期的诗坛，并且绵延至晚清，前后延续了八百多年时间。

南宋时期，江西文学家仍然继承了北宋前辈散文创作的传统，虽然其成就和影响远不及北宋前辈，但也涌现出不少传芳百世的名作名篇，如胡铨的《戊午上高宗封事》、《上孝宗论兵书》；欧阳守道的《颜鲁公祠堂记》、《永和镇欧阳监丞祠堂记》；朱熹的《百丈山及》；文天祥的《指南后录序》、《文山观大水记》；谢枋得的《却聘书》等等。南宋江西文学家以诗词创作唱响文坛，词的创作在上文已有简略评介，此处仅叙诗的创作。南宋初、中期，诗坛在“江西诗派”影响的笼罩之下，彼时的诗人创作，很难跳出“江西诗派”的藩篱，其间虽有人想在江西派之外，另寻路径，如吕本中所倡导的“活法”诗论，似乎给诗歌创作带来了新的希望，但这种理论本身并未真正消除“江西诗派”的痕迹。然而，吕氏的理论，却得到了江西诗人曾几的实践和响应，而且他还将这种影响传递给了其后号称“中兴四大诗人”的尤袤、杨万里、陆游、范成大。在这四位诗人的不断探索和创新下，南宋诗歌创作终于走出了“江西诗派”的畛域。这其中尤以杨万里那别具一格的“诚斋体”而蜚声诗坛，杨万里以幽默诙谐、活泼跳脱的诗风，给当时的诗歌界带来了巨大的震动，以致引发了人们强烈的反响：“今日诗坛谁是主，诚斋诗律正施行”[4]；“四海诚斋独霸诗”[5]。杨万里的影响不仅仅局限在南宋，即使在后世诗坛，“诚斋体”仍然是一个评说不尽的话题。南宋江西诗人中，还值得一提的是文天祥、王炎午、谢枋得等爱国诗人，他们那包含血泪的诗篇，在亡国之际的慷慨悲歌，成为宋代江西诗歌创作的绝唱。

除了诗词文的创作，两宋时期的江西文学家在其他文体的创作方面，也是成就突出。据有关资料统计，两宋时期，江西的小说和笔记创作，在全国也是成就最高的省份之一，像乐史的传奇作品《广卓异记》、《诸仙传》、《绿珠传》、《杨太真外传》；欧阳修的《归田录》；孔平仲的《孔氏谈苑》；惠洪的《冷斋夜话》；朱弁的《曲洧旧闻》；洪迈的《容斋随笔》、《夷坚志》；洪皓的《松漠纪闻》；吴曾的《能改斋漫录》；罗大经的《鹤林玉露》；张世南的《游宦纪闻》；罗烨的《醉翁谈录》等等，都堪称是两宋笔记、小说中的上乘之作，而洪迈的《容斋随笔》、《夷坚志》更被誉为中国古代笔记、小说发展史上的丰碑。在两宋戏剧创作方面，虽然现存资料较少，但就是在这些存世不多的资料中，我们也可以看到江西作家留下的作品。在现存40套的北宋大曲中，最为人们所称道的两套，就是出自江西作家的手笔——曾布创作的以冯燕故事为主题的《双调·水调歌头》七遍；董颖创作的以西施故事为主题的整套大曲《道宫·薄眉》。

总而言之，无论是在两宋重要的文学运动、文学群体和文学体派中，还是在各体文学的创作中，我们都能看到活跃的江西文学家的上乘表现。换言之，正因为江西文学家在两宋文坛上有如此突出的贡献，所以江西才能成为人们关注的地域之一，江西也由此成为两宋文学创作的重镇或热土。

三

如果我们将江西文学放在整个中国文学发展史中进行考量，便能发现，江西是文学起步较晚的省份之一。从严格意义上讲，江西文学的兴起当在晋室衣冠渡江之后，也就是在东晋时期，陶渊明的异峰突起，使江西真正步入了中国文学的殿堂。然而陶渊明之后，江西文学又经历了近三百年的沉寂时期。而江西文学的真正崛起，则是在两宋时期，这一时期毫无疑问应该属于江西文学的黄金时代。

为了说明这一问题，我们不妨将晋唐五代江西文学家和两宋时期江西文学家的基本情况作一个简单的介绍。这种介绍所参照的文本依据是：谭正壁《中国文学家辞典》（简称《辞典》）、曾大兴《中国历代文学家之地理分布》（简称《分布》）、江西省文学艺术研究所等主编的《江西历代文学艺术家大全》（简称《大全》）。

晋唐五代江西文学家的基本情况。《辞典》所录江西文学家基本情况是：西晋之前空白；东晋录 4 人；南北朝录 6 人；隋代空白；唐代前期录 1 人；唐代后期录 11 人；五代录 3 人。《分布》所录江西文学家基本情况是：西晋之前空白；东晋录 4 人；南北朝录 6 人；隋代空白；唐代录 11 人；五代录 3 人。《大全》所录江西文学家基本情况是：西晋之前空白；东晋录 1 人；南北朝、隋代空白；唐代录 40 人；五代录 16 人。

晋唐五代江西文学家在全国的排位情况。东晋：《辞典》、《分布》录江西文学家 4 人，与湖北并列第六；南北朝：《辞典》、《分布》录江西文学家 6 人，列第 9 名；《辞典》录唐代前期江西文学家 1 人，与广东、广西并列最后，第 13 名；《辞典》录唐代后期江西文学家 11 人，与湖北并列 11 名；《辞典》、《分布》录五代江西文学家 3 人，与四川、浙江并列第 6 名。由于《大全》所录仅为江西文学家，故无法与其他地域文学家相比较，也无法与《辞典》和《分布》相对应。

晋唐五代江西文学家在江西的地域分布。东晋：《辞典》、《分布》录 4 人，今九江、南昌各占 2 人；《大全》录陶渊明 1 人，故东晋江西文学家仅有九江一地。南北朝：《辞典》、《分布》录 6 人，其中九江 5 人，南昌 1 人。唐代前期：《辞典》录 1 人，为今南康县人。唐代后期：《辞典》录 11 人，其中宜春 5 人、高安 2 人、南昌 1 人、鄱阳 1 人、广丰 1 人、贵溪 1 人。唐代：《分布》录 11 人，其中宜春 5 人、南昌、高安、鄱阳、广丰、贵溪、南康各 1 人；《大全》录 40 人，其具体分布为宜春 13 人、南昌 8 人、鄱阳 3 人、南康县 3 人、九江 2 人，临川 2 人、高安 2 人、进贤 1 人、萍乡 1 人、贵溪 1 人、永新 1 人、丰城 1 人、奉新 1 人、上饶 1 人。五代：《辞典》、《分布》均录 3 人，其中南昌、九江、宁各 1 人；《大全》录 16 人，其中南昌 4 人、吉安 2 人、赣州 2 人、丰城 2 人、宜春 1 人、九江 1 人、高安 1 人、永新 1 人、吉水 1 人、进贤 1 人。

以上是晋唐五代江西文学家的基本情况，从数量上看，《辞典》共录 25 人，《分布》共录 24 人，《大全》共录 57 人。这个数量也表明，晋唐五代时期只是江西文学兴起和形成的时期。

《辞典》、《分布》录宋辽金时期江西文学家 156 人，其中北宋 45 人，南宋 111 人。通过对《辞典》、《分布》的统计，北宋、辽时期江西文学家录 45 人，在全国名列第二，河南 60 人，列第一，江苏、浙江各 37 人，并列第三。据有关资料记载，北宋、辽时期，在前 20 名的州府军中，江西有四个州军名列其中：抚州 11 人，列第 5 名；洪州、建昌军各 8 人，并列第 9 名；临江军 6 人，并列第 16 名。南宋以嘉定元年(1208)为准，其中拥有 10 人以上著名文学家的有 19 府州，在前 19 名中，江西有五个州府军名列其中：隆兴府 19 人，并列第 6 名；吉州、饶州各 18 人，并列第 8 名；抚州 12 人，并列第 15 名；建昌军 11 人，并列第 17 名。以今属省籍统计，前三名排序依次为：1. 浙江 167 人；2. 江西 111 人；3. 福建 78 人。

《大全》共录两宋江西文学家 252 人。这些文学家在江西的分布情况是这样的：

一、以今设区市为统计单位,其排位顺序如下表:

表 1　两宋江西文学家统计表

今设区市	人数	排名	今设区市	人数	排名
抚州	69	1	新余	13	7
吉安	49	2	景德镇	7	8
宜春	35	3	赣州	6	9
上饶	33	4	鹰潭	5	10
九江	20	5	萍乡	0	11
南昌	15	6			

从上表可知,在江西省现有的 11 个区市中,除萍乡外,其余 10 个区市均有文学家出现。

二、以市县为统计单位,其排位顺序如下表:

表 2　两宋江西文学家在江西各市县分布一览表

市县	人数	排名	市县	人数	排名
吉安	28	1	景德镇	3	
临川	19	2	宜黄	3	
南丰	19		新建	3	24
樟树	13	4	永修	3	
新余	13		都昌	3	
鄱阳	12	4	安福	2	
崇仁	12		靖安	2	
丰城	11	6	乐安	2	
南城	10		兴国	2	
南昌	8	8	奉新	2	
修水	7	9	宜丰	2	
婺源	7	10	赣州	2	
吉水	6	11	永新	2	
新干	5		弋阳	2	29
进贤	4	13	玉山	2	
德安	4		余干	2	
永丰	4	14	武宁	2	
高安	4		宁都	2	
乐平	4		九江	1	
金溪	4		贵溪	1	
德兴	4	15	遂川	1	
上饶	4		泰和	1	42
余江	4		宜春	1	

从以上的统计来看,《大全》所选入的 252 位文学家,主要分布在江西的 46 个县(市),占江西现有 80 个县(市)的一半以上。

四

如果将两宋江西文学家与晋唐五代江西文学家相比较，我们至少可以发现这样几个变化：一、两宋江西文学家人数远远超过晋唐五代。《辞典》共录晋唐五代时期江西文学家 25 人（《分布》录 24 人），而《辞典》、《分布》分别录入两宋时期江西文学家 156 人，晋唐五代人数还不及两宋时期的零头；《大全》录入晋唐五代江西文学家 57 人，而其录入两宋时期的江西文学家共 252 人，晋唐五代人数也仅仅超过两宋人数零头 5 人，这与《辞典》和《分布》反映的情况基本接近。二、两宋时期江西文学家分布的区域更加广泛。两宋以前，江西文学家虽然分布在江西 9 个区市（南昌、九江、抚州、上饶、宜春、吉安、赣州、萍乡、鹰潭），仅比两宋少一个，但是，其分布在江西的市县仅有 17 个县市，而两宋为 46 个县市，比晋唐五代多了 29 个市县。三、除了上述两点外，两宋江西文学较之前代，还有一个"闪光点"，这就是家族特色，如晏殊、晏几道、晏敦复祖孙三代；王益、王安石、王安国、王安礼、王文淑、王雱、王安石之女的临川三代七王；南丰的曾致尧、曾巩、曾布、魏玩、曾肇、曾纡、曾季貍、曾惇、曾纮、曾思、曾协五代十曾一魏；金溪三陆；新余三孔；鄱阳四洪等等，形成了宋代江西文学的特殊群体。据统计，两宋江西文学家族共 58 家[6]，其中北宋有 23 家，南宋 35 家。北宋 23 家在江西的分布情况是：抚州市 8 家；吉安市 2 家；赣州市 2 家；上饶市 3 家；九江市 4 家；宜春市 2 家；新余市 1 家；南昌市 1 家。南宋 35 家在江西的分布情况是：吉安市 12 家；抚州市 7 家；宜春市 5 家；上饶市 4 家；九江市 3 家；新余市 2 家；赣州市 1 家；鹰潭市 1 家。两宋江西文学家族在各市县的分布情况列表如下：

表 3　两宋江西文学家在各市县分布一览表

市县	家数	朝代分布		排名	市县	家数	朝代分布		排名
		北宋	南宋				北宋	南宋	
吉安	9		9	1	兴国	1	1		15
临川	7	5	2	2	永丰	1	1		
樟树	5	1	4	3	德安	1	1		
新余	3	1	2	4	永修	1	1		
都昌	3		3	4	南昌	1	1		
崇仁	2	1	1		鄱阳	1	1		
南丰	2	1	1	6	高安	1	1		
德兴	2	1	1		南城	1	1		
余干	2	1	1		赣州	1		1	
宁都	2	1	1		宁都	1		1	
修水	2	2			丰城	1		1	
吉水	2		2		宜黄	1		1	
婺源	2		2		余江	1		1	
金溪	2		2						

两宋时期江西出现了如此多的文学家，这无疑是宋代江西文学呈现出繁荣景象的重要标志之一，对这一现象有人作了这样的评价："宋时的江西，不仅是哲学家的摇篮，而且是文学家的大本营。"（《分布》）而且，还有不少学者面对宋代文坛这种奇特的"江西文学现象"，做了许多很有价值的探索，归纳起来，大致有这样几个方面：政治、经济、文化中心的南移；北民南迁，如晋室衣冠渡江、宋都南迁等，都为江西文学在两宋的崛起进行了文化储备，带来了发展机遇；交通便利，在江西境内，"郡邑无不通水"（李肇《国史

补》),因而内河航运及造船业相当发达;社会安定,农业、手工业发达,使得江西经济基础雄厚;人口众多,两宋时期,东南地区人口最多,以元丰三年(1080)人口统计为例,全国总户为14,852,684,东南地区占8,448,550户,为全国总数的57%,江南西路(现江西大部分地区)有1,365,533户,占东南地区的16%,仅次于两浙,居东南地区第二位;学校、书院林立,为人才培养和成长打下了坚实的基础,也为文化交流提供了平台;江西籍文化人进入统治集团,两宋时期,江西有15位宰执,北宋6位,南宋10位。在这些宰辅中,有不少就是著名的文学家,如,晏殊、王安石、洪适、周必大、江万里、文天祥等,这些人进入统治集团高层,为江西人才(自然包含文学人才)脱颖而出提供了机遇。以上这些探索,无疑是对"江西文学现象"多角度、多层面、多方位的合理阐释。但是,我们如果将视角聚集在江西地域这一焦点上,我们同样能够有一些新的发现。

首先,对于晋唐五代时期,江西文学家在本土的分布为何主要集中在赣北、赣西和赣东北,而到两宋时期却呈全面辐射状。有人以唐代为切入点,结合江西的地理位置,做了这样的解释:"从唐代的文学地理学方面来说,以长安为城市起点,以黄河、长江为流域起点,从西往东依次推进着文学发展,而赣北、赣西、赣东北正好处于这一文学浪潮之中,因而出现了文学作家群……但到了宋代,这一文学地理学浪潮进一步由华西走向华东,由赣北走向赣南,于是,在赣东临川,赣中吉安也出现了'临川才子'及欧阳修等著名作家。"[7]这种文学地理学的分析确有别开生面的作用。

第二,沿着文学地理学的思路,我们还能发现,两宋时期,江西文学家在江西的地域分布呈现出这样一种状态,无论是在北宋,还是在南宋,鄱阳湖地域(以今天的概念,这个地域主要包括南昌市、九江市、景德镇市、抚州市、上饶市、鹰潭市以及宜春市的部分县市)都是文学家密集的区域,这种状况如果结合梅新林先生在《中国古代文学地理学形态与演变》一书中关于长江流域文学轴线聚集下游的第二波、第三波运动之描述,也是相当吻合的,因为江西水域与长江水域只能通过鄱阳湖交接,所以,鄱阳湖地域接受第二波、第三波文学浪潮的影响自然更便捷、更直接,这个地域成为文学家的密集地,当在情理之中。

第三,由于鄱阳湖地域是两宋江西文学家的密集地,因此它在当时的江西文学中也处于一种核心地位,而且,处于核心地位的鄱阳湖地域,还肩负起这样一个重任,即将长江流域文学轴线的第二波、第三波影响,通过注入鄱阳湖的五大水系(赣江、饶河、信江、修河、抚河)东进南扩,把这种影响输入到江西的腹地。正是凭借黄河流域文学轴心向长江流域文学轴心转移这一股强劲"东风",才使得晋唐五代时期江西文学的点点星火,到了两宋时期终于形成燎原之势。

第四,江西文学家的涌现,还与江西科举发达有着直接的关系。根据顺治《江西通志》、民国时期《江西通志稿》等资料统计,宋代江西共有进士5545人,其中34人文武科鼎甲,11人为状元。正是有了这种科举的辉煌,才使得江西的人才能够走向全国,而这也为江西文学家的脱颖而出夯实了人才基础。

第五,鄱阳湖地域是两宋时期江西文学家高密度聚集区域,而这一特征又与这一地域政治人才高密度聚集特征相吻合。现将两宋时期江西宰相、文武科鼎甲及进士情况分别列表如下:

表4 江西宋代宰相一览表[8]

序号	姓名	籍贯	今属地	序号	姓名	籍贯	今属地
1	王钦若	新余	新余市	9	周必大	庐陵	吉安市
2	晏殊	临川	抚州市	10	赵汝愚	余干	上饶市
3	陈执中	南昌	南昌市	11	京镗	南昌	南昌市
4	刘沆	永新	吉安市	12	江万里	都昌	九江市
5	王安石	临川	抚州市	13	马廷鸾	乐平	景德镇市
6	曾布	南丰	抚州市	14	章鉴	分宁	九江市
7	陈康伯	弋阳	上饶市	15	文天祥	庐陵	吉安市
8	洪适	鄱阳	上饶市				

表5 江西宋代文武科鼎甲表[9]

序号	人物	名次	籍贯	今属地
1	马适	状元	湖口	九江市
2	胡旦	状元	德安	九江市
3	胡用庄	探花	奉新	宜春市
4	李咨	探花	新余	新余市
5	刘沆 罗孟郊	榜眼 探花	永新 新建	吉安市 南昌市
6	刘敞	殿试第一，以亲嫌，降为第二	新余	新余市
7	郑獬	状元	宁都	赣州市
8	刘煇	状元	铅山	上饶市
9	彭汝励	状元	鄱阳	上饶市
10	何昌言	状元	新干	吉安市
11	郭孝友	探花	遂川	吉安市
12	张焘	探花	德兴	上饶市
13	何涣	状元	余干	上饶市
14	周执羔	廷试徽宗擢为第二	弋阳	上饶市
15	汪应辰	状元	玉山	上饶市
16	王刚中	榜眼	乐平	景德镇市
17	赵汝愚	廷对第一，因在朝中任官且为宗室，降为第二	余干	上饶市
18	罗点	榜眼	崇仁	抚州市
19	曾渐	榜眼	南城	抚州市
20	徐元杰	状元	上饶	上饶市
21	陈宗礼	探花	南丰	抚州市
22	张渊微 雷宜中 马廷鸾	榜眼 探花 传胪	黎川 丰城 乐平	抚州市 宜春市 景德镇市
23	姚勉	状元	宜丰	宜春市
24	文天祥 谢枋得	状元 传胪	吉安 弋阳	吉安市 上饶市
25	黄惟寅	探花	南昌	南昌市
26	路万里 胡幼黄 熊朋来	榜眼 探花 传胪	南昌 永新 丰城	南昌市 吉安市 宜春市
27	吕廷彦	武科状元	广丰	上饶市
28	徐衡	武科状元	乐平	景德镇市

表 6 宋代江西进士统计表[10]

州军	县	人数		特奏人数		小计	今属地	总计
		北宋	南宋	北宋	南宋			
洪州	南昌	46	89		1	136	南昌市(247)	543
	新建	14	55			69		
	进贤	3	39			42		
	丰城	23	106		2	131	宜春市(200)	
	靖安	1	23		1	25		
	奉新	22	20		2	44		
	分宁	36	21		6	63	九江市(96)	
	武宁	7	17	1	8	33		
吉州	庐陵	65	208			273	吉安市	897
	吉水	58	141			199		
	安福	13	81			94		
	太和	31	85			116		
	龙泉(遂川)	29	14			43		
	永新	26	68		1	95		
	永丰	33	25			58		
	万安	6	13			19		
袁州	宜春	2	1			3	宜春市(4)	128(另北宋40人,南宋34人未分县统计)
	万载	1				1		
	分宜	1	2			3	新余市(3)	
	萍乡	13	33		1	47	萍乡市(47)	
江州	德化	4	1			5	九江市	89
	德安	33	15			48		
	瑞昌	1	5		1	7		
	湖口	8	7			15		
	彭泽	7	7			14		
赣州	赣县	26	34			62	赣州市	158(另有3名进士未作分县统计)
	虔化			4	41	45		
	兴国	9	5			14		
	瑞金	1	1			2		
	石城	6	5			11		
	信丰	3	1			4		
	于都	6	5	1	1	13		
	会昌	2				2		
	安远					0		
	龙南	1	1			2		

续表

州军	县	人数		特奏人数		小计	今属地	总计
		北宋	南宋	北宋	南宋			
信州	上饶	21	62			83	上饶市(233)	383（另有北宋进士1人，特奏名进士1人未作分县统计）
	玉山	21	43			64		
	弋阳	8	4	1		13		
	铅山	13	18			31		
	永丰(信丰)	5	37			42		
	贵溪	58	90			148	鹰潭市(148)	
瑞州	高安	2				2	宜春市	144（另有北宋进士29人，南宋进士109人，北宋特奏名进士2人，未分县统计）
	上高					0		
	新昌	1	1			2		
抚州	临川	115	298			413	抚州市	628（另有北宋进士1人，南宋进士1人未作分县统计）
	崇仁	11	56			67		
	宜黄	36	53			89		
	金溪	7	10			17		
	乐安		40			40		
饶州	鄱阳	51	46			97	上饶市(616)	931
	余干	19	124			143		
	德兴	108	202			310		
	安仁	30	36			66		
	浮梁	46	111			157	景德镇市(315)	
	乐平	71	87			158		
南安军	南康	8	27			35	赣州市	65
	大庾	3	18			21		
	上犹	1	8			9		
临江军	清江	64	96			160	宜春市(160)	390
	新干	58	70			128	吉安市(128)	
	新余	38	64			102	新余市(64)	
建昌军	南城	149	282			431	抚州市	654
	南丰	61	113			174		
	新城		30			30		
	广昌		19			19		
南康军	星子	15	31			46	九江市	264
	建昌	24	73			97		
	都昌	15	106			121		
歙州	婺源	56	122			178	上饶市	178
宗室			93			93		93
总计：		1652	3598	7	67	5324		5545

据以上三表统计——1. 宰相：抚州市 3 人，上饶市 3 人，吉安市 3 人，并列全省第一；南昌市 2 人，九江市 2 人，并列全省第二；景德镇市 1 人，新余市 1 人，并列全省第三。属今鄱阳湖地域的共 11 人。2. 文武科鼎甲共 34 人：上饶市 10 人，列全省第一；吉安市 5 人，列全省第二；抚州市 4 人，宜春市 4 人，并列全省第三；南昌市 3 人，景德镇市 3 人，并列全省第四；九江市 2 人，新余市 2 人，并列全省第五；赣州市 1 人，列全省第六。属今鄱阳湖地域的共 22 人。3. 进士（不含宗室 93 人，共 5452 人）[11]：抚州市 1282 人，列全省第一；上饶市 1029 人，列全省第二；吉安市 1025 人，列全省第三；宜春市 582 人，列全省第四；九江市 449 人，列全省第五；景德镇市 315 人，列全省第六；南昌市 247 人，列全省第七；赣州市 223 人，列全省第八；鹰潭市 148 人，列全省第九；新余市 105 人，列全省第十；萍乡市 47 人，列全省第十一。属今鄱阳湖地域的共 3470 人。这三个表的统计数字以及宋代江西文学家在全省的分布情况显示，鄱阳湖地域在宋代既是文学家密集之地，同时也是政治人才密集之地，从二者关系来看，正是因为在这个地域出现了如此众多的政治人才，所以才为这个地域文学家的崛起奠定坚实的人才基础。在宋代，鄱阳湖地域堪称江西文化核心区域，是江西人文鼎盛，人才荟萃之地。

注释：

[1]欧阳修：《寄题沙溪宝锡院》诗。

[2]欧阳修：《送吴生南归》诗。

[3]徐釚：《词苑丛谈》卷一。

[4]姜特立：《谢杨诚斋惠长句》。

[5]项安世：《又用韵酬潘杨二首》。

[6]这个数字仅次于浙江，在全国排第二。而在两宋之前，江西文学家族仅有两家。

[7]龚奎林、吴国如：《打捞历史的文学碎片与寻找区域文化的价值认同——从〈江西文学史〉的学术品格谈江西文学地理学研究》，《江西社会科学》，2008 年第 2 期。

[8]此表根据《宋史》宰辅表绘制。

[9]此表根据李天白《江西状元谱》（江西教育出版社 1997 年）、《宋史》等资料绘制。

[10]此表根据顺治版《江西通志》和民国版《江西通志稿》绘制。

[11]"袁州栏"总计 128 人，其中包括未分县统计 74 人（北宋 40 人，南宋 34 人），这 74 人全部统计在今宜春市；分宜县 3 人，统计在今新余市；萍乡 74 人单列。"信州栏"总计 383 人，其中贵溪县 148 人，统计在今鹰潭市，另有未作分县统计 2 人（北宋进士 1 人，特奏名进士 1 人），统计在进上饶市。

文徵明的儒者形象

杨 昇*

摘 要:文徵明是明代著名文人,以德艺双馨著称于世,他自幼深受家族传统的影响和熏陶,终其一生恪守儒家传统的规范,为人行事少有偏颇,他同时又与其他文人保持着良好的关系并积极奖掖后学,从而在晚年主持吴中文风数十年,影响甚大。文徵明以儒家思想为行事处世之准则和依托,同时又在文学和艺术领域实现了超越,从而成为传统的儒者和开创新风气的艺术家的完美结合。

关键词:文徵明;家族;儒家思想

文徵明,名壁,字徵明,后以字行,是明代"吴中四才子"之一,又位列书画"明四家",是诗文书画集大成的著名文人。在明代中后期,异端的个性化思想开始初露端倪并逐渐获得东南地区失意文人的认可和青睐的时候,身在其中的文徵明能够既进入这一潮流,与许多异端文人保持良好的关系,但同时又与某些他无法接受的生活和处世方式保持安全的距离。与好友唐寅、祝允明等人不同,文徵明虽然科场失意,十试不售,但始终坚持个人的操守,在待人处事方面谦逊而审慎,坚持原则的同时又执中而为,乐于奖掖后学,结交官场而不私通权贵,加之享寿颇高,又宾客门生不绝,终于成就其百世流芳的美名。

早在嘉靖十七年(1538 年),苏松巡按郭宗皋就"为文衡山建一坊题曰'表节'"[1];康熙二十四年(1685 年),江苏巡抚汤斌将文徵明及其曾孙,天启二年状元文震孟祔祀忠烈祠[2];到了乾隆十六年(1751 年),清高宗为其书匾"德艺清标",并为作诗一首,中有"生平德艺人中玉,老去操持雪里松"[3]句,高度评价其操守。显然,"节"、"忠"、"德"、"操"等评语都是从儒家的标准出发来衡量的,而文徵明一生出言行事的确受儒家思想的浸润甚深,尤其是家庭教育和家族传统的影响。

文徵明出身于一个官僚家庭,家世并非显赫,但如追溯至宋末宣教郎文宝,则"实与丞相天祥同所出"[4],想必文徵明写这一段历史时,心中是充满自豪的,"宝官衡州教授,子孙因家衡山"[5]这是徵明号衡山的来由。文氏苏州一支,始于徵明曾祖父文惠,从杭州入赘于吴门张氏,遂占籍长洲。文氏"高祖而上,世以武胄相承,至曾大父存心府君讳惠,始业儒,教授里中。"[6]文徵明的祖父文洪,方"始以儒学起家,中成化乙酉科举人,仕为涞水县学教谕。"[7]文洪"苦志刻力,无间昼夜,治《易》邃甚",然"屡举不第。后子林以长洲籍领乡荐,与洪偕会试,林中会试,洪在副榜,授涞水教谕。人皆羡林之捷,而悯洪之迟。三载致仕,归卒。洪尝求葬地,术者指一旧冢曰:'得此必世贵。'其家亦愿迁以售,洪斥不用,人尤称其厚道。"[8]文洪不愿以钱财抢夺他人墓地,哪怕是一块"风水宝地",这种高尚的家风显然对文徵明日后的行事有着很大的正面影响,尤侗《明史拟稿》记载了文徵明年轻时的类似言行:"一日,(俞谏)过徵明庐,门渠沮洳,谏顾曰:'通此渠,堪舆言当第。'徵明谢曰:'公幸无念渠,渠通当损旁民舍。'"[9]文洪诗风恬淡,正如朱彝尊所论:"长洲文氏,世载其德,希素先生实始之。"[10]尝自况其诗:"如春山早莺,初出深谷,舌弱语涩,不能成声。"[11]文氏先人以明德自谦见重于世,于此可见一斑,同时亦可看出,文氏最初的扬名,在于德行而非文艺。

文徵明的父亲文林,举成化壬辰(1478 年)进士,做过永嘉令,有政绩,后任南京太仆寺丞,作为掌马

* 杨昇,苏州大学 2008 级中国古代文学专业博士研究生。

政的小官，他十分认真地钻研业务，写成《马策》三篇进上。后朝廷应温人请，再任温州知府，力辞不果，单车赴任，“至之日，首释系徒千人，郡多盗讼，俗尚鬼，好溺女，悉为科条处分，莫不备善。郡狱屡空，前后所毁淫祠殆尽，作《俗范》训其民。”[12]颇有一番作为，后卒于任上。文徵明的叔父文森，成化丙午中举，次年中礼部试，赐同进士出身。曾任沧州庆云知县，山东郓城知县等职，在浙江道监察御史任上因上疏力论吏部尚书任选一事，受笞刑下狱。后起用河南道监察御史，升南京太仆寺少卿，以都察院右佥都御史致仕，有政声。

文徵明曾随父亲文林宦博平，林“仕宦不甚达，然随事建明无所避，若博平‘处置子粒’及‘伐梨’二事，……其志实有可尚。”[13]博平产梨，岁贡，民以为患，文林遂命悉数伐去，又论邑德府内赐田子粒官校征收不便，乞付有司自具以纳，“举家惶恐，谓祸且不测，而先公行之不疑。……太仆之迁，竟坐伐梨之事。”[14]此二事发生时徵明俱在父亲身边随侍，故耳濡目染其为官正直无畏，为民请命的作风。文林迁南京太仆寺丞，徵明与兄奎随侍滁州(署在滁州)，文林依旧不改初衷，锐意进取，改革弊政，使“奸吏始无所容”，而他主管区区马政犹如此用心的理由是“寺丞非官乎?”[15]其正直自重如此。孝宗即位，文林趁奉表入贺的机会，上《圣政十事》，可见其位卑未敢忘忧国的赤诚，李东阳作诗赞曰：“闻君献纳有嘉言，肯避旁人嗔越职。朝闻吏部书上考，耻以催征买资格。”[16]

由此可见，文徵明的家族虽然算不上显赫，却也属官宦之家，祖父及父辈积累下的家声，文徵明是十分看重的。家庭的官僚背景和接受的传统教育使文徵明自幼浸润于儒家思想之中，并且“白头辛苦服儒科”[17]，这种影响一直贯穿于他成年以后的一言一行之中。

儒家的积极入世思想在青壮年时期的文徵明身上有着鲜明的体现，特别是孔子尤其倡导的好学精神。文徵明终生好学，据说他“少拙于书，乃刻意临学。”[18]“既日长，诸生皆饮噱啸歌，壶弈消暑。徵明独临写《千字文》，日以十本为率，书遂大进。”[19]成名以后，他有了更多观摩历代名家书画真迹的机会，一旦有这样的机会，他总是设法求得一观，细心揣摩，何良俊说：“余每见，必挟所藏以往，先生披览尽日。先生亦尽出所蓄，常自入书房中，捧四卷而出，展过，复捧而入，更换四卷，虽数反不倦。”[20]可以说文徵明在书画上取得的非凡成就，与他转师古今，孜孜不倦地学习有着很大的关系。尽管如此他始终保持谦逊的态度：“非才潦倒负明时，朴学支离忝父师。声闻过人虚可愧，流光驱我老难辞。”[21]文徵明的书法，后人评价极高，明末大书法家董其昌曾“举笔写十余文字，曰：‘着意写此，曾得徵仲一笔一画否?’”[22]但遍观文徵明传世的书法作品题款，几乎每款末尾都有谦辞，即便到了书法技艺已臻精纯的晚年仍是如此，可见这种谦逊是伴随他一生的。

“自是世心忘不得，满头尘土说功名”[23]，与吴中的其他文人一样，文徵明也曾经对科举成功抱有极大的希望。他曾从学于父亲的同年状元吴宽，深得后者的喜爱。吴宽在科场的成功经历自然不能不对他产生重大的影响和激励。他在28岁时写的《寂夜一首》中有句云：“少壮不待老，功名须及时。男儿不仗剑，亦须建云旗。三十尚随人，奚以操笔为?”[24]在两次乡试失败，同去参加科考的朋友们又纷纷考中之后，他用“前年伴嫁南邻妹，今岁仍陪北舍姨。老大无媒心独苦，闭门好画入时眉”[25]这样诙谐无奈的语句来表达内心失意的苦闷，同时也表达出东山再起的急切愿望。居忧中未赴科举，怅然中写诗挂怀赴试的好友[26]，丧服除后，即加倍发愤[27]，读书做事，惟守一“勤”[28]字。然而毕竟屡试不获的打击带来的痛苦是无法磨灭的，这偶尔也从他的诗文中流露出来。正德七年，《甫田集》初成，文徵明在给朋友的诗中写道：“要知有玩皆为丧，莫道能鸣是不平。茅屋雨声灯照梦，芙蓉秋冷月关情。平生未得文章力，漫向词场著姓名。”[29]无奈与凄凉之情溢于言表。显然，科举的失败对一个生长在世宦之家的知识分子来说是一种不可抚平的创痛。嘉靖元年冬，十试皆北，且已过知天命之年而仍旧白身的文徵明在病中发出了：“人世百年短，吾生已强半。况此贫贱躯，时为小儿玩”[30]的感叹，功名不就终为其内心的最大苦痛。次年，文徵明终于迎来为官的机会，时工部尚书李充嗣荐其于朝，授翰林院待诏。在给李充嗣的书信中文徵明写道：“某家世服儒，薄有荫祚。少之时，不自量度，亦尝有志当世，读书缀文，粗修士业。然受性朴鲁，鞭策不前，加之忧患交攻，日以堕废。自弘治乙卯抵今嘉靖壬午，凡十试有司，每试辄斥。年日以长，气日益索，因循退托，志念日非，非独朋友弃置，亲戚不顾，虽某亦自疑之。所谓潦倒无成，龌龊自守，骎骎然将日寻矣”[31]字里行间显露出科考曾经带给他的期许与压力之大。在屡试不中，似乎看不到成就一番事业的希望的时候，文徵明宁可将此归之于天命，并坚持强调个人修养的重要：“尝闻奇才必用世，我不足道君何愆。岂君名声太相逼，造物有忌天无权。”[32]“须知物尽风有歇，惟有德在人难忘。”[33]文徵明正是将个人的道德修养始终放在第一位的。

虽然文徵明只做过三年从九品的翰林院待诏，没有得到像他父亲那样为政行道的机会，但儒家爱人、行仁政的思想仍扎根于他头脑深处。他关心国事，“尤精于律例及国朝典故”，“人知其书画而不知其诗文，知其诗文而不知其经济之学也。”[34]在墓志、行状、书信和大量的酬赠诗文中，他表达了对行大道施仁政者的赞美，如《企斋先生传》中，赞美张恺恪守孟子“讥而不征”古训，切实减轻行商负担的行为[35]；《送崇明尹吴君赴召叙》提出“以爱民为心，则政必出于实”[36]；又主张儒者论事须“切于至理，周于实用”，反对“坐谈名理，标示玄邈”[37]；在乡党，他亦为人表率，明确拒绝郡守为其立坊旌表[38]；在倭寇频频侵扰之时，他表达了对官府整治倭寇不力，反而进一步欺压黎元的极度不满：“倭寇之扰，延及郡境，四门烧劫，惨不可言，死亡流离，萧然满目。有司不知存恤，惟有督并耳。”[39]但在行道的方式上，他又认为慷慨激烈的斗争也是不可取的：“若夫矫抗直前，靡所顾藉，而慷慨激烈，以阶祸首，难以求必胜”，并认为“重厚坚定”是为官的根本，而处理具体事务，则要用“法”而“非徒以气为也”，这就需要在原则“不少轩轾”的前提下“才智圆融，足以酬变需急”。[40]

在生活中，文徵明也高度强调言行符合仁者之范，在《王氏二子字辞》中他说：“人所自贵者，孰愈于仁?”并引孟子言“仁则荣，不仁则辱”。[41]笔记方志中对文徵明的行事也多有记载。文徵明为人宽厚，一生不喜闻人之过，“有欲道及者，必巧以他端易之，使不得言。终身以为常。”[42]同时他对那些犯小过的人也持宽容大度的态度，尽量不做伤害他人感情之事。乾隆《长洲县志》载文徵明“尝赴一巨公宴，酒半，公假寐閟室，金卮玉斝罗列。有歌客老而贫，尾之人，怀卮以出。徵明知之，明日折简谢主人曰：‘昨酒具大佳，欲仿款制，已取一付奴子，偶尔忘告，幸相恕也。’其隐德如此。”[43]文徵明晚年名扬海内，“寸图才出，千临百摹。家藏市售，真赝纵横”[44]，“门下士赝作者颇多，徵明亦不禁”[45]，导致其“书画遍海内外，往往真不能当赝十二。而环吴之里居者，润泽于先生之手几四十年”[46]，“凡富者来求，多靳不与，贫交者往往持以获厚利……尤好赒人之急，或有所入，往往缘手散去”[47]。不追究造假者，默许他们生产自己书画的赝品，明知穷朋友索画是为了转手获利，但仍应其所求，为的都是帮助有困难的人解决生计问题，孔子云：“夫仁者，己欲立而立人，己欲达而达人。能近取譬，可谓仁之方也已。”文徵明的行为，从身边的人做起，能跳出个人局限的利益，设身处地为他人着想，体谅普通大众的难处，提供力所能及的帮助，按孔子所设立的标准，应该是向着“仁”伸臂了吧。

文徵明一生坚守“和而不同”的原则，这一点在他对待结交问题的态度上体现得非常明显。文徵明一生交友众多，上至卿相，下至平民，有年迈前辈，也有年轻后学，而他始终能以一种平和的心态对待各种各样的人物，并赢得多方的一致好感与推崇，德高望重的他得以在晚年主持吴中文风数十年。31岁时，文徵明在送王献臣赴上杭任的序中谈及对为人的看法：“士之用世，亦惟持重博大为宜。或稍出廉隅，有所建画，往往得喜事徇名之谤。及今百余年，所以消阻浮薄，崇长忠厚，诚不为无益也。”[48]持重博大四字，可说是文徵明一生交友的准则，持重则不轻浮，择友而交，与人交则必忠信；博大则心胸宽广，能容人之不足，能谅人之不知，故此一时名贤皆未交臂而失之，除当时的吴地贤达、朝中名臣外，文徵明还与曲家梁辰鱼、文学家吴承恩等人有过交往与酬唱，交友广泛的原因，除了其人诗书画技艺超群外，更与其持重博大的人格魅力息息相关。

文徵明与唐寅的友谊始自少年，唐寅自述“稚冠之岁”即“跌放不检”，而文徵明则“端懿自持”，两个人实“尚好不同”，[49]但却成为知己。文徵明十分推崇唐寅的才华，曾比之阮籍，[50]并认为唐寅虽然出身并不高贵，但却是实实在在的俗外之人，自己人才拘谨，不如其放达自适。[51]他包容朋友的缺点，却不苟同他们的生活方式，并坚持自己的操守，关于文徵明却妓的故事在各类野史中不少记载，他在四才子中也的确显得卓尔不群:“吴中文士秀异祝允明、唐寅、徐祯卿日来游。允明精八法,寅善丹青,祯卿诗奕奕有建安风。其人咸跅弛自喜,于曹耦无所让,独严惮先生,不敢以狎进。先生与之异轨而齐尚,日欢然无间也。”[52]能让风流天下闻的三大才子敬重如此,除了有超群的才艺之外,恐怕与其保守儒家推崇的持重之风有关,而他能与风格截然不同的人欢然相处,又足可见其博大。但他也不愿听任好友放纵下去徒费大好才华,时时予以规劝,以至于几乎失和。唐寅在给文徵明的一封信中写道:“寅束发从事,二十年矣,不能翦饰,用触尊怒。然牛顺羊逆,愿毋相逆也。”[53]应该说,和睦相处而不苟同的朋友才是难得的诤友,内心痛苦表面狂放的唐寅自然不会看不出这一点。文徵明得到了唐寅自始至终的尊敬与感激,自称“非词伏也,盖心伏也。诗与画,寅得与徵仲争衡,至其学行,寅将捧面而走矣。寅师徵仲,惟求一隅共坐,以消熔其渣滓之心耳,非矫矫以为异也。”[54]在“和而不同”原则主导下的交往中,文徵明本人也得以“济其不及,以泄其过”,多方转师,终成大家。

不惟在同辈文人中德高望重,在奖掖后学方面,文徵明亦堪称表率。晚年以文名德行见重于吴中,主持风雅数十年的文徵明,对青年才俊呵护非常、倍加扶持。据《花当阁丛谈》记载:“张凤翼二弟张献翼,十七岁以诗贽见文待诏,待诏方与其客陆礼部饮,辍食而读,谓礼部曰:‘吾与若俱不及也。’辄延人,觞之。陆君遂折行与幼于。”[55]文徵明对张氏兄弟皆青睐有加,为忘年之交,在八十二岁高龄时,还亲自访问时在石湖读书的张凤翼[56],另其写给张献翼的诗云:“林林标格桂联芳,奕奕才情玉有光。老我自应惭叔度,如君端不忝元方。前行事业烟潇迥,新样文章锦绣张。乡里后贤真不乏,骅骝千里看腾骧”[57],可谓毫不保留夸赞之辞。至于文徵明的及门弟子,数量更是蔚为可观,嘉靖、万历时期的苏州文人及书画家几乎都与文徵明有着千丝万缕的联系。王世贞云:“当是时,文徵仲先生前辈卓荦名家,最老寿,其所取友祝希哲、都玄敬、唐伯虎辈为一曹,钱孔周、汤子重、陈道复辈为一曹,彭孔嘉、王履吉辈为一曹,王禄之、陆子传辈为一曹,先后凡十余曹。”[58]“吴门风雅,先后掩映,待诏之门,数子为彬彬矣。”[59]文徵明年轻时即与著名文人吴宽、王鏊、沈周等人交游,受益匪浅,晚年又积极支持、鼓励有才华青年的发展,这种感情正是一脉相承的,正是依靠着这股高尚力量源源不断的推动,才能出现吴中才俊辈出,文脉绵绵不绝的盛况。

义利之辨是儒家学说的一个重要命题,深受儒家文化和家族传统浸润的文徵明对此亦十分重视。文嘉《先君行略》中说其父“平生最严于义利之辨”并且“谨言洁行,未尝一置身于有过之地。……公恒言:‘人之处世,居官唯有出处进退、居家唯有孝悌忠信。’”[60]文徵明的父亲文林在永嘉任上去世之后,郡中官员僚属汇集数百金交给文徵明以助丧事,文坚辞不受,并作书谢云:“吾父以廉吏称,而吾忍污其死耶?《传》不云乎,父死之谓何?又因以为利?”[61]。在宁王之乱前的表现,最能看出文徵明的远见。面对宁王朱宸濠“遣人以厚礼来聘”,文徵明“峻却其使,同时吴人颇有往者,公曰:‘岂有所为如是,而能久安藩服者耶?’”[62]好友唐寅也是智慧超常的人,却在这一点上再次走了弯路,虽然装疯得脱,终不如文徵明运筹帷幄,令人不得不感叹文徵明对大节的正确把握。王世贞说:“文徵仲太史有戒不为人作诗文书画者三:一诸王国,一中贵人,一外夷。生平不近女色,不干谒公府,不通宰执书,诚吾吴杰出者也。”[63]私揣其意,不为诸藩王公作画者,此类人难保有大节之变也,不为宦官作画者,此类人常为作乱之臣,此二者往往身败名裂,故不可留以口实;不为外夷作画者,不损大国之节也。据载“日本贡使踵门求见,徵明具冠服,南面受之,而却其贽。曰:‘此国体也。’”[64]面对诸多王公的示好,文徵明采取了既保持距离又不失礼节的得体做法,“周府以古鼎古画,露封其书;徽府以金宝并及银币约数百镒,悉却不受。使者谓:‘意本无求,惟少通微诚于贤者尔。盍启封一观乎?公谢曰:‘既见书,当有回启,不若不见之为愈也。’”[65]嘉靖二年,工部尚书李充嗣受刑部尚书林俊之托,荐文徵明人朝,督学“欲越次贡之”,面对大好良机,文徵明以“吾平生规守,岂既老而自弃耶?”[66]为由拒绝,遂以岁贡生赴吏部试,其守规不逾如是。对于士人的气节,文徵明始终重若珍宝,即便在给荐举自己入朝的李充嗣的信中,他也在表达感激的同时,表明自己虽因德行被荐举但绝非沽名钓誉之徒:“某视一时文学行义之士,诚不敢望其后尘,而独不欲求知于人。是故虽以公之好贤礼士,作镇吴门,相望一舍,而私门无某之迹,只尺之书,未尝一至左右。此非高亢自贤,而有所要也,士之体当然耳。使于此有求焉，是失其所以为士矣。失其所以为士，而欲以士荐，虽愚人不为也，而谓公为之哉？”[67]

文徵明致仕回乡后，随着年寿与名望的增长，前来谒见求书求画的人络绎不绝，也有不少官员前来拜会，但他“居家三十年，凡抚按诸公馈遗，悉却不受，虽违众不恤。”[68]即便是权贵如严嵩者，也不为之破例。[69]他在家训中将儒家宣扬的“孝悌忠信、礼义廉耻”作了便于践行的解读，将儒家思想和自己一生坚守的道德情操相结合：“道德性命，宋儒讲之详矣，而孝弟忠信、礼义廉耻，则人之所当行者也，今人孰不知之，一关利害，便不能践。汝等于日用彝伦，但不安于心者勿为之，是即孝弟忠信也。便宜于己者勿为之，是即礼义廉耻也。循是而行，虽不至于圣贤，亦可以寡过矣。”[70]《明史》本传中说文徵明“和而介”，精辟总结了他的个性特征，即和而不同，易于相处而有自己的人生原则。中庸是儒家行事的最高准则之一，文徵明始终保持着清醒的头脑，恪守儒家“过犹不及”、“和而不同”的古训，既坚守大节不弃，又灵活把握，“允执其中”，在仁义立身的基础上通权达变，若说他做到了“居处恭，执事敬，与人忠”，也并非十分夸张之誉。

文徵明一生注重自我修养，品行高洁，深受当时及后世人们的尊崇，他的诗文、书法、绘画，都达到了很高的艺术成就，是我国古代少有的集大成者之一，不愧为德艺双馨的文化大师。文徵明的生平并没有大起大落的情节，平和淡易是他为人、创作的一贯风格，潜藏在这种风格背后的，不仅是高尚的人品，高超的文学艺术技巧，更有深厚的文化底蕴。文徵明出身官僚家庭的背景和自幼接受的儒家传统教育，使他终生行事少有偏颇，而吴中文风的传承熏陶，成就了他辉煌的文艺事业。文徵明虽然一生宦绩不显，但他始终恪守儒家的修身处世准则，终于在另一个领域完成了超越，从而成为传统的儒者和开创新风气的艺术家的完美结合。

注释：

[1]同治《苏州府志》卷六八《名宦》一。

[2]道光《苏州府志》卷三五《坛庙》四。

[3]拓本《苏州沧浪亭石刻文衡山先生像》，转引自周道振、张月尊《文徵明年谱》，百家出版社 1998 年，第 764 页。

[4]文徵明：《先叔父中宪大夫都察院右佥都御史文公行状》，《文徵明集》卷二六，上海古籍出版社 1987 年，第 629 页。

[5]同上。

[6]文徵明：《亡兄双湖府君墓志铭》，《文徵明集》卷三〇，第 710 页。

[7]文嘉：《先君行略》，《文徵明集》附录二，第 619 页。

[8]崇祯《吴县志》卷四九《人物十二儒林》。

[9]尤侗：《明史拟稿》卷四《文苑传文徵明》，四库未收书辑刊伍辑 6 册，北京出版社 2000 年，第 373 页。

[10]朱彝尊：《静志居诗话》卷八《文洪》，人民文学出版社 1990 年，第 211 页。

[11]陈田：《明诗纪事》丙签卷四“文洪”，收入《明代传记丛刊》第 13 册，明文书局 1991 年，第 428 页。

[12]张昶：《吴中人物志》卷五《宦迹》，续修四库全书史部 541 册，上海古籍出版社 1995 年，第 241 页。

[13]文徵明：《与杨仪部论墓文书》，《文徵明集》补辑卷二六，上海古籍出版社 1987 年，第 1419 页。

[14]同上注，第 1420 页。

[15]吴宽：《匏翁家藏集》卷七六《明故中顺大夫浙江温州府知府文君墓碑铭》，文渊阁四库全书本。

[16]李东阳：《怀麓堂集》卷八《送文宗儒太仆还南寺》，四库全书 1250 册，上海古籍出版社 1987 年，第 80 页。

[17]文徵明：《病中遣怀》，《文徵明集》卷一〇，第 246 页。

[18]文嘉：《先君行略》，《文徵明集》附录二，第 1622 页。

[19]何乔远：《名山藏高道记》，收入《明代传记丛刊》78 册，明文书局 1991 年，第 460 页。

[20]何良俊：《四友斋丛说》卷二六《诗》三，收入《笔记小说大观》第 15 编，新兴书局有限公司 1983 年，第 237～238 页。

[21]文徵明：《吴霁寰自吴兴来访兼赠高篇次韵奉酬》，《文徵明集》补辑卷九，第 1004 页。

[22]朱国祯：《涌幢小品》卷二二《好谈》，收入《笔记小说大观》第 22 编，新兴书局有限公司 1978 年，第 4787 页。

[23]文徵明：《文徵明集》卷八《金陵客楼与陈淳夜话》，第 164 页。

[24]文徵明:《寂夜一首》,《文徵明集》卷一,第 5 页。

[25]文徵明:《前年》,《文徵明集》卷一四,第 386 页。

[26]文徵明:《怀钱孔周、徐昌国时应试南京》,《文徵明集》卷七,第 147 页。

[27]王世贞:《弇州山人四部稿》卷八三《文先生传》:"先生服除,益自愤励。下帷读,恒至丙夜不休。"收入《文徵明集》附录二,第 1625 页。

[28]徐祯卿:《新倩籍·文壁》:"诸生朱良育……谓壁曰:'夫禄不能代养,荣不能庇身,时逝日暮,将愁厄之不胜。子其计之。'壁曰:'否,否! 命不可枉,时不可忽,人生实难,不勤何获? 奈何计硁硁之忧,反不困邪? 子行矣,无戾我图,异日当不苦余言也。'"丛书集成初编 3381 册,商务印书馆 1937 年,第 5 页。

[29]文徵明:《次韵陈道济读甫田新集见寄》,《文徵明集》卷一〇,第 253 页。

[30]文徵明:《不寐》,《文徵明集》卷三,第 47 页。

[31]文徵明:《谢李宫保书》,《文徵明集》卷二五,第 588 页。

[32]文徵明:《卢育之过馆中夜话》,《文徵明集》卷四,第 57 页。

[33]文徵明:《寄题瑞州清风亭亭为夏仲昭作黄应龙追记其事乞诗》,《文徵明集》卷四,第 64 页。

[34]文嘉:《先君行略》,《文徵明集》附录二,第 1623 页。

[35]文徵明:企斋先生传》,《文徵明集》卷二七,上海古籍出版社 1987 年,第 648 页。

[36]文徵明:《送崇明尹吴君赴召叙》,《文徵明集》卷一六,上海古籍出版社 1987 年,第 447 页。

[37]文徵明:《长洲县重修儒学记》,《文徵明集》卷一九,第 496 页。

[38]文徵明:《与郡守肃斋王公书》,《文徵明集》卷二五,第 591 页。

[39]文徵明:《致邦宪》,《文徵明集》补辑卷二七,第 1474 页。

[40]文徵明:《铁柯记》,《文徵明集》卷一八,第 482 页。

[41]文徵明:《王氏二子字辞》,《文徵明集》卷二〇,第 512 页。

[42]焦竑:《行谊》,《玉堂丛语》卷一,收入《笔记小说大观》第 33 编,新兴书局有限公司 1983 年,第 15 页。

[43]乾隆《长洲县志》卷二四《人物·文徵明》。

[44]王稚登:《吴郡丹青志》,收入《明代传记丛刊》,明文书局 1991 年,第 505 页。

[45]张廷玉等:《明史》卷二八七《文苑三·文徵明》,文渊阁四库全书本。

[46]王世贞:《文先生传》,《弇州山人四部稿》卷八三,收入《文徵明集》附录二,第 1627 页。

[47]黄佐:《将仕佐郎翰林院待诏衡山文公墓志》,《泰泉集》卷五四,收入《文徵明集》附录二,第 1632 页。

[48]文徵明:《送侍御王君左迁上杭丞叙》,《文徵明集》卷一六,第 438 页。

[49]唐寅:《送文温州序》,《唐伯虎全集》卷五,中国美术学院出版社 2002 年。

[50]文徵明:《简子畏》,《文徵明集》卷七,第 129 页。

[51]文徵明:《饮子畏小楼》,《文徵明集》卷一,第 4 页。

[52]王世贞:《文先生传》,《弇州山人四部稿》卷八三,收入《文徵明集》附录二,第 1625 页。

[53]唐寅:《答文徵明书》,《唐伯虎全集》卷五,第 223 页。

[54]同上。

[55]徐复祚:《花当阁丛谈三张》,中华书局 1991 年,第 78 页。

[56]文徵明:《暮春过楞伽寺访张伯起》,《文徵明集》卷一二,第 347 页。

[57]文徵明:《赠张幼于》,《文徵明集》补辑卷九,第 1021 页。

[58]王世贞:《周公瑕先生七十寿序》,《弇州山人续稿》卷三九,第 2129 页。

[59]尤侗:《明史拟稿》卷四《文苑传·文徵明》,四库未收书辑刊伍辑 6 册,北京出版社 2000 年,第 373 页。

[60]文嘉:《先君行略》,《文徵明集》附录二,上海古籍出版社 1987 年,第 1623 页。

[61]黄佐:《泰泉集》卷五四《将仕佐郎翰林院待诏衡山文公墓志》,收入《文徵明集》附录二,上海古籍出版社 1987 年,第 1630 页。

[62]文嘉:《先君行略》,《文徵明集》附录二,上海古籍出版社 1987 年,第 1620 页。

[63]王世贞:《艺苑卮言》卷六,《历代诗话续编》本,中华书局 1983 年,第 1044 页。

[64]尤侗:《明史拟稿》卷四《文苑传文徵明》,四库未收书辑刊伍辑 6 册,北京出版社 2000 年,第 373 页。

[65]黄佐:《泰泉集》卷五四《将仕佐郎翰林院待诏衡山文公墓志铭》,收入《文徵明集》附录二,第 1633 页。

[66]文嘉:《先君行略》,《文徵明集》附录二,第 1620 页。

[67]文徵明:《谢李宫保书》,《文徵明集》卷二五,第 589～590 页。

[68]文嘉:《先君行略》,《文徵明集》附录二,第 1623 页。

[69]事见何良俊:《四友斋丛说》卷一五《史》一一,收入《笔记小说大观》第 15 编,新兴书局有限公司 1983 年,第 125 页。

[70]黄佐:《泰泉集》卷五四《将仕佐郎翰林院待诏衡山文公墓志》,收入《文徵明集》附录二,第 1632～1633 页。

游走在"乐群"与"乐道"之间

——唐中叶湖州文人集团交游酬唱诗论略

丁国强*

摘　要：湖州作为江南环太湖地区惟一因湖而得名的重要州郡，在安史之乱后的大历至贞元年间，以颜真卿、皎然为中心，以修订《韵海镜源》为主要任务，聚集了大批文人雅士，形成了一个较为固定的文人集团。人文理想、道德追求和价值目标的相似是这个文人集团形成的精神基础。集团成员在群体性的社会活动和个体之间的日常交游中留下了大量的"交游酬唱"诗篇，既满足了文人作为世俗生活中社会人的情感需要，又使他们获得了精神上的归属感，从而把诗歌"乐群"与"乐道"两大功能发挥到了极致。

关键词：唐中叶湖州文人集团；交游酬唱诗；乐群；乐道

从文学生产社会学的角度来看，诗歌本质上是一种人际交流的产物，是人的社会属性并相互影响的产物。诗歌又是诗人心灵的物化形态，它以袒露诗人内心世界的活动为基本功能。中唐处在一个社会转型时期，又是一个诗歌流派和诗人层出不穷的时代。大历、贞元间的湖州成为人文荟萃之地，许多著名诗人来此寓居、任职，文坛十分活跃，不仅人际交往极其频繁，而且在交往的过程中留下了大量的诗篇。这些诗歌既产生自集团成员群体性的活动中，又体现在成员个体之间的日常交游中。

一、唐中叶湖州文人集团成员交游酬唱情况

在唐诗发展的各个时期尤其是安史之乱后的中晚唐，江南是唐代文学创作的主要地区。作为唐朝文学创作重要力量的江南诗人大多集中在环太湖、浙东及安徽南部地区。湖州作为环太湖地区惟一因湖而得名的重要州郡，在安史之乱后的大历年间，聚集了当时大批文人雅士，其成员包括湖州刺史颜真卿及其族人、湖州当地地方官与幕僚、外来游历文士、隐士与僧道等。据清人黄本骥考证，颜真卿任湖州刺史的近五年间(772～777)，在湖州修订文字、音韵学巨著《韵海镜源》，与其交往的文士多达85人，[1]形成了一个较为固定的文人集团，我们姑且称之为"湖州文人集团"。著名人物除诗僧皎然外，还有《渔父词》作者隐士张志和、茶圣陆羽、大历十才子之一的耿沣、以擅长五言诗而名闻天下的皇甫曾、著名书法家李阳冰等。与颜真卿交往的其他较著名的中小诗人还有：李华、陆士修、刘全白、左辅元、裴循、灵澈、袁高、强蒙、卢幼平、裴幼清、朱放、秦系、严维等人。除了颜真卿，诗僧皎然在这个集团中的地位最为特殊，皎然事实上是这个文人集团的第二号人物。作为湖州本地诗人的皎然交游范围更为广泛，颜真卿刺湖前和离湖后，以皎然为中心的文人唱和十分活跃，与其交游的可考人物大约有200余人。当时在江南地区著名的文人士大夫、隐士及僧人都与皎然有过交往，如顾况、韦应物、刘禹锡、刘长卿、孟郊、李端、灵澈、吴筠等。这样，一个以颜真卿、皎然为中心，以修书文人为基础，其他成员相参与的庞大的文人集团就此诞生。形成了当时除首都长安之外的又一文学中心，从而开创了中唐时期文化群体兴旺的局面，对后世的影响也极为深远。

湖州文人集团成员，由于散居湖州城及周边乌程、武康、德清、长城、安吉各县，加上当时大批外来文

* 丁国强，湖州职业技术学院人文分院院长、太湖文化研究所所长，教授。

士游历或客居湖州，迎来送往之间，写作了大量送别、赠答、酬和的诗作，诗歌内容极为丰富。盟主颜真卿与皎然、陆羽、张志和、耿沣、皇甫曾等都有赠答往来。颜真卿传世的诗歌不多，与联句加在一起，约为30首。赠给皎然的诗歌，现存《赠僧皎然》一首。写给陆羽的有《谢陆处士杼山折青桂花见寄之什》一首。但存目的亡逸诗歌较多，有：《遇皎然郭中山寺》、《同王员外圆宿皎然寺》、《同袁侍御高皎然上人登杼山上峰》、《同李侍御萼皎然上人游法华寺》、《晦日同皎然集白蘋洲》、《修韵海毕会诸文士东堂重校》、《同袁侍御高骆驼桥玩月》、《修韵海毕州中重宴》、《同皇甫曾西亭重会韵海诸生》、《登岘山送张侍御严归台》、《岘山送李法曹阳冰西上献书》、《清明日同皎然游因送萧主存》、《修韵海毕东溪泛舟饯诸文士》、《泛舟送皇甫侍郎曾》、《送李侍御萼》、《观玄真子置酒张乐舞破阵画洞庭三山歌》、《落玄真子舴艋舟歌》、《和玄真子渔父词》、《清风楼送吴炼师筠归林屋洞》等[2]。我们从这些诗歌中大抵可以看出颜真卿在湖州的交游情况。

皎然作品《杼山集》中，与颜真卿唱酬的诗也最多，达22首。颜真卿的宴集、游赏活动，皎然大多参与了。皎然在湖州与士大夫、文人、方外诗人的交游十分广泛。除颜真卿外，与袁高有《遥酬袁使君高春暮行县过报德寺见怀》、《奉酬袁使君高寺院新亭对雨（其亭即使君所创）》；与卢幼平有《冬日遥和卢使君幼平綦毋居士游法华寺高顶临湖亭》、《秋日遥和卢使君游何山寺宿䭾上人房论涅盘经义》；与秦系有《酬秦山人系题赠》；与乌程令杨华有《酬乌程杨明府华雨后小亭对月见呈》、《酬乌程杨明府华将赴渭北对月见怀》、《和杨明府早秋游法华寺》；与陆羽有《寻陆鸿渐不遇》、《访陆处士羽》、《喜义兴权明府自君山至集陆处士羽青塘别业》、《同李侍御萼李判官集陆处士羽新宅》、《九日与陆处士羽饮茶》；与李纵有《酬李司直纵诸公冬日游妙喜寺题照昱二上人房寄长城潘丞述》、《春日杼山寄赠李员外纵》；与李伯宜、沈仲昌有《赠乌程李明府伯宜沈兵曹仲昌》、《感兴赠乌程李明府伯宜兼简诸秀才》；与灵澈有《宿法华寺简灵澈上人》；与裴济有《答裴济从事》；与崔子向有《白云上人精舍寻杼山禅师兼示崔子向何山道上人》；与吴均有《奉同颜使君真卿清风楼赋得洞庭歌送吴炼师归林屋洞》；与吴冯、李洪有《奉酬李中丞洪湖州西亭即事见寄兼呈吴冯处士时中丞量移湖州长史》、《劳劳山居寄呈吴处士》、《秋宵书事寄吴冯处士》、《戏呈吴冯》、《戏赠吴冯》；与韩章有《招韩武康章》；与陆长源有《奉陪陆使君长源裴端公枢春游东西武丘寺》、《奉和陆使君长源夏月游太湖（此时公权领湖州）》、《奉和陆使君长源水堂纳凉效曹刘体》；与康造有《夜过康录事造会兄弟》；与李萼有《七言遥和康录事李侍御萼小寒食夜重集康氏园林》、《五言酬李侍御萼题看心道场赋以眉毛肠心牙等五字（得牙字）》、《五言采实心竹杖寄李侍御萼》等[3]。皎然65岁时，与孟郊相识。孟郊是晚辈，但两人很快就成为忘年之交。皎然与灵澈等诗僧的交往和提携也特别值得关注。

茶圣陆羽是湖州文人集团的又一重要人物。在《全唐诗》中，我们能发现有五六十人的一个陆羽友人图谱。《全唐诗》中载及的陆羽友人，大多有诗赠陆羽。除皎然之外，还有颜真卿、皇甫曾、皇甫冉、李冶、刘长卿、权德舆、戴叔伦、孟郊和耿沣等人。可以肯定，当时与陆羽相互酬赠的诗友一定还有很多，但在现存资料中能够查见的，就这10人（不包括联句诗人）。这些人不但赠陆羽以诗，而且从诗文和其他记载来看，他们多数和陆羽还是莫逆之交。其中颜真卿、皎然与陆羽结为方外之友，相善终身，皎然有著名的《寻陆鸿渐不遇》诗；权德舆与陆羽，大致在江南时便有交往，及其仕江西时，与陆羽再度相会；戴叔伦由诗文来看，与陆羽主要交往于江西任上；孟郊与陆羽曾会诗江西，是陆羽晚年挚友之一；李冶有《湖上卧病喜陆鸿渐至》：“昔去繁霜月，今来苦雾时。相逢仍卧病，欲语泪先垂。强劝陶家酒，还吟谢客诗。偶然成一醉，此外更何之。”（《全唐诗》卷八百〇五）诗意缠绵，说明她与陆羽情非一般。

隐士张志和在湖州也游历甚广，留下许多佳话。其中之一就是颜真卿慨然赠舟于张志和。颜公为张志和造成新舟，还为此举行了“下水仪式”，召集好友聚会。当时与会各人均有诗作歌咏此事，可惜大都亡佚，不知其内容了。张志和游历湖州的其他事迹，除创作著名的《渔父》词外，还有为颜真卿画湖州洞庭三山图，在乌程县水堂书武城赞等，这些我们可以从颜真卿的碑文和皎然的诗中见到。

酬寄唱和之作，自曹魏邺下文人集团以来，一直是士大夫文人的天地，女性是无权涉足的。女性在文学史上即便有一些寄赠之作，也大多是“寄外”之类。除此，异性间很少有和谐融洽的社交酬答。湖州文人集团的女冠诗人李冶（李季兰），由于与文士名流交游广泛，思想自由，常参与宴饮、集会活动，自然也就参与到酬唱之中。这种寄赠、送别的作品在李冶传世约 16 首诗中就有 10 首。《寄校书七兄》、《寄朱放》、《道意寄崔侍郎》、《恩命追入留别广陵故人》、《结素鱼贻友人》、《明月夜留别》、《湖上卧病喜陆鸿渐至》、《送阎二十六赴剡县》、《送阎伯钧往江州》、《得阎伯均书》等均是这类作品。仔细看看这些诗歌，它们记录了李冶广泛交友的情况。可想而知，如果没有相互的交往，就不可能有这样的作品。

湖州文人集团是一个开放型的文人群体，除了集团成员间的交游唱和外，他们还有各自的交游圈子，集团成员与非集团成员之间，也有着较多交游与唱和。这种交游唱和比较松散，但却是文人生活中的重要内容。集团成员唱和题材也十分广泛，时令更替、春雨冬雪、夏阴秋寒等等都可以令他们妙笔生花。友朋往来、酬答赠别、观光游乐更是彼此交游唱和的理由。而宴席、聚会、游览之际，更是他们唱和频繁之时。诗人们通过诗歌创作和讨论，沟通感情，交流思想，以增进合作，加深友谊，起到了文学协和群体的社会功能。

二、"乐群"——文人交游酬唱之社交需要

闻一多先生说："诗似乎没有在第二个国度里像它这样发挥过那样大的社会功能。在我们这里一出世，它就是宗教、是政治、是教育、是社交，它是全面的社会生活。"[4]诗是全面的社会生活，不仅表现在上层社会重大的政治生活中，也体现在世俗生活的言谈举止中。同时，因为人是社会的人，所以人生活在世界上不可能离群索居，与世隔绝，不食人间烟火，必然要与其他人发生关系。有了人与人之间的关系，便有远近亲疏之分，便有了亲朋好友。与亲朋好友的聚会使人兴奋，与亲朋好友的离别令人感伤。钟嵘《诗品序》把"嘉会寄诗以亲"[5]视为"诗可以群"的表现之一。在官府或私人的宴会上，主宾赋诗酬唱，培育增进感情。在湖州编纂《韵海镜源》的过程中，颜真卿多次举行了宴请、聚会、饯行等活动，既有盛大的公宴，也有诗朋词客间会聚品茗的小型集会。皎然《五言奉和颜使君修韵海毕州中重宴》等诗可以作为重要的历史见证。其他宴请、聚会活动也不在少数，与颜真卿关系十分友好的皇甫曾就有一首饯行送别诗《乌程水楼留别》，诗云：

悠悠千里去，惜此一尊同。
客散高楼上，帆飞细雨中。
山程随远水，楚思在青枫。
共说前期易，沧波处处同。(《全唐诗》卷二百十)

我们从"惜此一尊同"和"客散高楼上"两句诗中可见这是一次集聚了众多文人的送别酒会，此种酒会往往又会衍生出诗歌。

联句是文人雅集活动的又一种形式。颜真卿在湖州任上和皎然、陆羽、李萼等人作的联句诗共 22 首，参与联句唱和人数达到 140 多人次。以颜真卿为首的湖州联句，《登岘山观李左相石樽联句》有 29 人参与，共成 29 联，58 句，每句五言，计 290 字，是《全唐诗》所录参与人数最多的一次联句活动。其余较大规模的还有《与耿沣水亭咏风联句》12 人，《又溪馆听蝉联句》10 人，《水堂送诸文士戏赠潘丞联句》6 人，共涉及诗人 44 人。44 人中，参与编纂《韵海镜源》的有 20 人，他们是：陆羽、李萼、陆士修、刘全白、魏理、左辅元、权器、裴循、潘述、刘茂、张荐、颜浑、殷佐明、蒋志、杨德元、颜岘、韦介、崔弘、崔万、房夔；诗友及子侄 22 人，他们是：耿沣、李益、吴筠、袁高、皇甫曾、强蒙、范缙、王纯、王修甫、史仲宣、柳淡、裴幼清、释尘外、杨凭、杨凝、李观、乔(失姓)、陆涓、伯成(失姓)、颜颛、颜须、颜顼、颜粲(四颜系真卿族侄)。

以皎然为首的联句有 31 次。其中与汤衡、潘述联句 9 次，与长城(今浙江长兴)崔子向等联句 6 次，与吴兴守卢幼平、陆羽、潘述联句 3 次，与安吉令崔达等联句 5 次，与武康令韩章等联句 3 次等。联句地点有湖州项王古祠、建安寺、长城东溪、宗光寺、箬里天居寺、顾渚山、荻塘、安吉崔明甫山院、武康后亭等。

诗歌的社交功能，既体现在群体的活动里，又存在于个体的交往中。皎然居湖州时与陆羽、吴冯、皇甫曾、李端、崔子向、李萼、秦系、朱放等交游酬唱。历任湖州刺史卢幼平、颜真卿、陆长源等，均与皎然有交游唱和。颜真卿与皎然之间的交游更为频繁。他们常常相互酬唱、共赏山水，有时也游览寺庙，谈禅说佛，一起感受“忘机”的乐趣。皎然还陪同颜真卿游赏了湖州境内许多名胜。这样的诗歌有：《奉酬颜使君真卿王员外圆宿寺兼送员外使回》、《杼山上峰和颜使君真卿袁侍御五韵赋得印字仍期明日登开元寺楼之会》、《奉和颜使君真卿与陆处士羽登妙喜寺三癸亭》、《同颜使君真卿李侍御萼游法华寺登凤翅山望太湖》、《奉同颜使君真卿袁侍御骆驼桥玩月》、《九日陪颜使君真卿登水楼》、《晦日陪颜使君白蘋洲集》等。皎然诗云：“山中常见月，不及共游时。”(《奉同颜使君真卿袁侍御骆驼桥玩月》)身在佛门的他，内心并未平静如水，在湖州秀美的山水中，皎然找到了俗世温情下共游的乐趣。

身为僧徒的皎然似乎更喜欢在交游诗中表达世俗的情绪，他还和颜真卿一起送别了许多朋友。如《七言同颜鲁公泛舟送皇甫侍御曾》：

维舟若许暂从容，送过重江不厌重。
霜简别来今始见，雪山归去又难逢。(《杼山集》卷五)

《五言奉同颜使君真卿送李侍御萼赋得荻塘路》：

落日车遥遥，客心在归路。细草暗回塘，春泉萦古渡。
遗踪叹芜没，远道悲去住。寂寞荻花空，行人别无数。(《杼山集》卷六)

《五言奉陪颜使君真卿登岘山送张侍御严归台》：

岘首千里情，北辕自兹发。烟霞正登览，簪笔限趋谒。
黄鹤望天衢，白云归帝阙。客心南浦柳，离思西楼月。
留赏景不延，感时芳易歇。他晨有山信，一为访林樾。(《杼山集》卷四)

《同颜使君清明日游因送萧主簿》：

谁知赏嘉节，别意忽相和。暮色汀洲遍，春情杨柳多。
高城恋旌旆，极浦宿风波。惆怅支山月，今宵不再过。(《杼山集》卷四)

在这些诗篇中，皎然极力要将别离的伤感传达出来。以第四首诗为例：清明时节，暮色沉沉，杨柳依依，铺展着一个最适于分离的背景。在这分离的气氛中，眼前的一切都好像在作彼此间依依不舍的暗示：旌旗是为了依恋城墙而飘扬，水波是要回到江岸而涌动。那曾经映照支山的明月，想必也是因为惆怅而不忍再去映照这一幕分离的场景。皎然把他的情感放在一个黯淡的背景中，从而写出自己的黯然伤神。

文人的交际活动，其交际主体是文人。文人是文化的掌握者、传播者，又是文化的实践者、创造者。魏晋以后，文人在社会生活中交往更为广泛而频繁，社会交际变得越来越重要，诗歌创作在注重个人“吟咏情性”的抒情功能的同时，社会功能越来越受到重视，诗坛出现了大量表达亲情、友情、同僚之情的诗篇。唐代是一个开放的时代，人们交往频繁。唐代又是一个诗的时代，诗歌的功能得到了全面发挥。文人们在交际中创作、在创作中交际。《韵海镜源》的编撰和成员间的诗酒文会产生了大量文学作品，反过来这种交游酬唱又满足了文人作为世俗生活中社会人的情感需要。

三、“乐道”——文人交游酬唱之精神追求

“道”是君子也是中国古代知识分子最基本的文化精神，是他们的人文理想、道德追求和价值目标。权德舆《唐使君盛山唱和集序》说：“士君子以文会友，缘情放言……同其声气，则有唱和。”[6]文人集会具有高雅文化品格、快乐感情基调与群体活动方式的特征。文人士大夫持守节操、富于文学、深于学术，“雅”的特质使他们与其他群体的差异在社会上得以认定和确立。他们不管是在朝堂还是在民间，不管是担当国事还是传承文化，朋友间的群居切磋是“乐群”，也是“乐道”。

从根本上说，文人的这种“乐道”观念和行为是植根于中国传统文化土壤的。中国传统文化特别是儒家文化是一种伦理型文化，它以人伦友情为其学说的一大支柱。首先，儒家注重人的社会属性和道德属性，非常重视人与人之间的关系。儒学大师在重视人伦友情的同时，进一步规定了友情的精神旨向——合志同方，同气相求。儒家以修身、齐家、治国、平天下为己任，故选择朋友时以同志者为友。孔子主张“道不同不相为谋”(《论语·卫灵公》)，曾子说：“君子以文会友，以友辅仁。”(《论语·颜渊》)，荀子进一步指出：“友者，所以相有也，道不同，何以相有也?”(《荀子·大略》)这种以道义为首的朋友观，在中国古代社会有广泛的唱和者。蔡邕《正交论》说：“朋友之道，有义则合，无义则离。”欧阳修《朋党论》也说：“大凡君子与君子以同道为朋；小人与小人以同利为朋。”通过文学艺术而达到上下和悦、互相仁爱、协作团结的特殊作用，这就是儒家所提倡的“仁者爱人”，即真诚互爱的仁爱精神在文学上的反映和要求。可以这样认为，文学这一社会功能的确立正是有赖于“乐道”这一文人间共同的价值目标和精神基础。

联系到湖州文人集团，其成员的一个共同特征就是他们中的多数人处于闲人地位或闲居状态。他们或闲居读书、或弃官学道、或出任闲散的幕职，他们追求的是闲适宁静，淡泊平和的生活，恬退独善是他们思想意识的主流。他们游赏风景，品茶赋诗，在湖州杼山妙喜寺、岘山石樽、竹山草堂、府衙清风楼、东亭西亭、骆驼桥、洞庭三山、苕霅二溪、顾渚山等地留下了许多诗篇，以此获得精神上的自慰和自足。如《竹山连句题潘氏书堂》，有18人参与联句。颜真卿开头，吟道：“竹山招隐处，潘子读书堂。”陆羽续道：“万卷皆成秩，千竿不作行。”李萼的联句：“练容餐沆瀣，濯足咏沧浪。”裴修是“守道心自乐，下帷名益彰。”皎然的联语是“水田聊学稼，野圃试条桑。”房夔是“解衣垂蕙带，拂席坐黎床。”柳淡是“昼歠山僧茗，宵传野客觞。”潘述收煞：“偶得幽栖地，无心学郑乡。”郑乡即郑公乡。史载后汉北海相孔融深敬郑玄(127～200年)，认为他是仁德之人，下令高密县特设一乡，名之“郑公乡”，以资褒扬。郑玄是东汉著名的著作家和教育家，四方就学的弟子达数千人。潘述表白自己得一隐居的好地方已心满意足了，不图富贵闻达，亦不学习郑乡授徒扬名，只想在此安居乐业，做一个淡泊的隐者。全诗充满了对隐居生活的向往。又如《水堂送诸文士戏赠潘丞联句》，颜真卿首倡：“居人未可散，上客须留著。莫唱阿鞞回，应云夜半乐。”潘述继之以：“诗教刻烛赋，酒任连盘酌。从他白眼看，终恋青山郭。”《七言重联句》：“诗书宛似陪康乐，少长还同宴永和”(颜真卿)，“独赏谢吟山照耀，共知殷叹树婆娑。”(皎然)《还丹可成诗联句》中汤衡结语：“与君弃成市，携手游蓬瀛。”《泛长城东溪暝宿崇光寺寄处士陆羽联句》：“野鹤翔又飞，世人羁且踢。”(崔子向)《安吉崔明甫山院联句》：“人不扰，政已和。世虑寡，山情多。”(皎然)“禅客至，墨卿过。兴既洽，情如何。”(崔逵)《春日会韩武康章后亭联句》：“坐看青嶂远，心与白云同”(韩章)“松竹宜禅客，山泉入谢公。”(皎然)“便寄柴桑隐，何劳访剡东。”(皎然)[7]这些诗的一个显著特点就是诗派成员推崇的是诗意化的隐士幽人的生活和闲适心情，诗人们仰慕的是纵情山水的谢灵运，神往的是兰亭会。他们陶醉于悠闲自适的闲居生活，表现的是平和、萧散的心境和超然高蹈的共同生活情趣。

此类联句诗歌还有颜真卿《与耿沣水亭咏风联句》、《又溪馆听蝉联句》、《五言月夜啜茶联句》等。诗人们散漫渔樵、流连酒茗、咏风吟月、无忧无虑、陶然忘机，他们将日常生活进行了诗意化的浓缩，在对生活的品赏和把玩中虚化了与现实社会的冲突，获得了一种精神上自我救赎后的喜悦。

湖州文人集团的诗人们还大都喜欢交结僧人。其中主要人物皎然本身就是一位诗僧。据元和年间

沙门福琳所著《唐湖州杼山皎然传》:“释皎然,名昼,姓谢氏,长城人。康乐候十世孙也。幼年异才,性与道合……,昼清静其志。高迈其心,浮名薄利所不能啖。”[8]皎然的《戏作》,就是这种任放精神的写照:“乞我百万金,封我异姓王,不如独悟时,大笑放清狂。”[9]另一重要人物张志和是个隐士。他“居江湖,性高迈不束,自称‘烟波钓徒’。”[10]陆羽常问他:“‘孰为往来者?’对曰:‘太虚为室,明月为烛,与四海诸公共处,未尝少别也,何有往来?’”[11]再看与皎然同居湖州妙喜寺,为莫逆之交的陆羽。“上元初,结庐苕溪上,闭门读书。名僧高士,读宴终日。……闻人善,若在己。与人期,虽阻虎狼不避也。”“扁舟往来山寺,唯纱巾藤鞋,短褐犊鼻,击林木,弄流水。或行旷野中,诵古诗,裴回至月黑,兴尽痛哭而返。”[12]盟主颜真卿亦好佛,皎然《唐湖州佛川寺故大师塔铭》:“刺史卢公幼平、颜公真卿、独孤公问俗、杜公位、裴公清,唯彼数公,深于禅者也。”[13]另外尚有嵩山道士吴筠、处士强蒙、释尘外以及深受马祖禅风影响的临川令沈咸和抚州人左辅元等人。湖州文人集团重要的雅集活动透露出来的,正是纯粹的恬淡和怡然。诗人们置身于美丽的山水之间,读书、醉酒、饮茶、垂钓,人生充满了乐趣。他们之间的共同话题不是俗世间的琐事,更多的是默言之中的禅趣。爱好和信仰的相同使诗人们建立起了彼此的信任与友谊。可以说湖州文人集团是一个禅僧和士绅结合的文学社团,它以禅学和诗文交流的形式存在,成了中国文学史上著名的以士大夫为主,具有深厚佛教色彩的禅诗集团。恬退独善,萧散闲静的心境正是这个文人集团形成的精神基础。

湖州文人集团成员把诗融入日常的世俗生活,并进而转化成集团成员间的精神气象。他们大量创作雅化生活、感发心灵的唱和交游诗,使之成为社会交际应酬的时髦工具与文人间联络感情的重要纽带。参与集团活动的个人,他们从中不仅得到了友朋之乐,而且还得到了精神上的归属感,从而把文学的社会功能发挥到了极致。

注释:

[1]黄本骥:《颜鲁公全集》(下),上海仿古书局 1936 年,第 75～77 页。

[2]本文所引颜真卿诗作均出自黄本骥《颜鲁公全集》,上海仿古书局 1936 年。

[3]本文所引皎然诗作均出自《四库唐人文集丛刊·杼山集》,上海古籍出版社 1992 年。

[4]闻一多:《神话与诗》,古籍出版社 1956 年,第 202 页。

[5]郭绍虞:《中国历代文论选》(一卷本),上海古籍出版社 1979 年,第 107 页。

[6]董诰:《全唐文》,中华书局 1983 年,第 5001 页。

[7]本文所引联句均出自《全唐诗》卷七八八至卷七九四,中华书局 1960 年,第 8880～8941 页。

[8]董诰:《全唐文》,中华书局 1983 年,第 9573～9574 页。

[9]彭定求:《全唐诗》,中华书局 1960 年,第 9253 页。

[10]辛文房:《唐才子传》,古典文学出版社 1957 年,第 210 页。

[11]欧阳修,宋祁:《新唐书》,中华书局 1975 年,第 5069 页。

[12]辛文房:《唐才子传》,古典文学出版社 1957 年,第 211 页。

[13]董诰:《全唐文》,中华书局 1983 年,第 9559 页。

弹词《三国志玉玺传》初探

龚 敏*

摘 要:本篇论文主要围绕弹词《三国志玉玺传》的素材来源和编纂时间等问题展开讨论,通过《玉玺传》与《三国志演义》、《玉玺传》与《连环记》等的比较研究,分析推断出《玉玺传》的来源与《三国志演义》及《连环记》存在着密切联系。

关键词:弹词;《三国志玉玺传》;《三国志演义》;《连环记》

《三国志演义》成书以后,除了"士君子之好事者,争相誊录,以便观览"[1]外,在明清两代还陆续以《志传》和《演义》两个系统,刊行多个不同版本,传世版本之多,为中国古典小说之冠[2]。而小说在往后的传播过程中,还曾以戏曲和说唱文学的形式在民间流传。明清许多戏曲诸如明朱有炖《关云长义勇辞金》、明徐渭《狂鼓吏渔阳三弄》、明汪道昆《陈思王悲生洛水》、明王济《连环记》、明无名氏《古城记》、明维庵居士《三国志》、明无名氏《草庐记》、清边汝元《鞭督邮》、清杨潮观《诸葛亮祭庐江》、清周乐清《定中原》等,便是据《三国志演义》改编而成[3]。而流行于各地区的诸如鼓词、子弟书、弹词、歌仔册、木鱼歌等说唱文学,都或多或少地受到《三国志演义》的影响,据以改编成篇幅长短不一的"三国"说唱文学[4]。

弹词《三国志玉玺传》是目前流传下来众多弹词中,改编自《三国志演义》的篇幅最长、故事最完整而又最具代表性的作品。此书在整理出版以前,陈翔华、关四平两位先生已有论及[5],而在1986年童万周点校出版后[6],亦有其他学者根据点校本进行相关研究和论述[7]。遗憾的是几篇文章论述颇为简单,未能就《三国志玉玺传》的素材来源和编纂时间等问题作详细的探讨。缘此,笔者藉由此次参加"江南文化与中国社会"的机会,对于弹词《三国志玉玺传》的来源作一考述,以期就正于与会的各位学界前辈与专家学者。

一、弹词的来源与特性

弹词,是明、清时期产生的一种以散韵形式说唱的文学,主要流行于江、浙两地,以琵琶、三弦等弦乐伴奏。弹词具体产生在什么时候,已不可确考。根据目前所存文献记录以及学者整理的弹词目录[8],以"弹词"为书名,最早的是明人杨慎(1488~1559[9])所编著的《历代史略十段锦词话》9(明末改名为《二十一史弹词》),首开文人案头创作弹词的风气[10]。关于弹词的来源,郑振铎认为弹词源于变文[11],其后,李家瑞从弹词的音乐和文体,认为弹词源于诸宫调[12]。1952年,叶德均通过对宋、元、明三代讲唱文学的总体考论研究,得出:

> 就历史的发展说,宋明的陶真是弹词的前身,而明清的弹词又是陶真的绵延,两者发展的历史是分不开的。……陶真一系到嘉靖时改名为弹词……弹词和陶真同是江、浙的讲唱技艺和文学,而两者又同以琵琶伴奏,同以七言诗赞为主,弹词必是源出陶真无疑。[13]

---

*龚敏,香港大学饶宗颐学术馆助理研究主任。

叶氏经过详细的考证，层层深入，最后以坚定的语气提出“弹词必是源出陶真无疑”的结论，具有一定的说服力。在叶氏提出弹词源于“陶真说”以后，关于弹词的来源才得以明朗化，并且为当今研究弹词的学者所肯定[14]。

弹词因为弹唱语言与文字的不同，又有“官音弹词”与“吴音弹词”的差异。“官音弹词”又称为“南词”，李家瑞认为南词”完全和弹词一样，只是在文字方面，不懂吴语的人也听得懂罢了”[15]。因此，相对而言，“吴音弹词”便是以吴地方言弹唱，不识吴语的人就听不懂了。此外，如果从弹词的体裁来分别，则又略可分为代言体与叙事体两种，代言体即弹唱人的底本，叙事体是文人编撰的案头本弹词[16]。其中文人编撰的叙事体弹词，又有人称之为“拟弹词”[17]。既然文人创作的话本小说可以称之为“拟话本”[18]，则将文人编撰的弹词称为“拟弹词”，自无不可。因此，“拟弹词”概念的提出，应该是可以成立的。

由于弹词多叙述才子佳人故事，因此往往一段情节耗费许多文字描述，文辞以细腻委婉，反复不尽为尚。郑振铎在《西谛所藏弹词目录》中举例了一个笑话，说：

> 弹词之叙述与描写，较之《好逑传》、《隋唐演义》诸书，不知高明了多少倍；即较之《红楼梦》、《金瓶梅》诸书之喜叙琐事者，亦更以描状细物琐情无微不至见长。以前，有人说过一个笑话，他说，听人说唱弹词，叙述一个妇人鞋带散了，俯下身体去扣上，说了一夜两夜，这妇人的鞋带还没有扣好；这当然是含有些嘲笑之意的，然弹词叙写之细腻深切，于此益可见之。[19]

郑氏此处虽然仅以一个笑话举例，但是却说出了弹词“细腻深切”的文学特性。弹词这种“翻覆刻画”的毛病[20]，除了与它的题材叙述才子佳人故事外，最主要还是取决于弹词是说唱人谋生的一种职业，弹词面对更多的是花钱消费的听众，而不是卧榻持卷的读者。因此，说唱弹词的人，往往有意拖延故事情节，作为延揽听众的一种手段，以致“往往说唱一件小事，说上三五天，也还未完”[21]。

二、《三国志玉玺传》的素材来源

虽然弹词多演唱才子佳人故事，但是也有一部份以雄浑豪放的历史为题材。据现存弹词目录，改编自《三国志通俗演义》的弹词有《三国志玉玺传》一种[22]。此外尚有马如飞弹词《开篇》中的《诸葛亮》、《孙权》、《吕布》、《貂蝉》、《关羽》[23]、《刘备》（两种）、《张桓侯》、《曹操》、《庞士元》、《赵子龙》、《蔡文姬》、《董卓》[24]等合共 13 种。其他改编三国故事的弹词开篇尚有《战长沙》、《小乔哭夫》、《吕布问探》、《刀会》等四种[25]。

弹词《三国志玉玺传》，二十卷，清乾隆元年至二十年间抄本，郑州大学图书馆藏。内容基本据明本《三国志通俗演义》改编而成[26]，但是也有编者自行增衍的情节[27]。整部弹词结构大致以“玉玺”为信物，敷叙刘备与邢姣花之间的再世姻缘，题材基本是“按照明清小说、戏曲中才子佳人恋爱故事的模式谱写”[28]。

（一）《玉玺传》与《三国志演义》

童万周在《玉玺传》的《前言》中，以明嘉靖本《三国志通俗演义》、毛本《三国演义》和《玉玺传》的文字互证，得出：

> 从以上可以看出《玉玺传》基本上是根据明本《通俗演义》改编而成，但不能完全肯定就是依据明嘉靖本，因为《玉玺传》中某些说白、诗句乃至情节的设计与明嘉靖本还是有许多差异之处的。这些差异既不像是传抄之误，也不像是《玉玺传》作者的修改……总之，《玉玺传》的改编，是依据了《通俗演义》明代的某一个本子。[29]

据目前所知见明代刊刻的《三国志演义》版本约有30种之多[30]，要搜罗诸本并从中确定《玉玺传》改编自那一种版本，无疑十分困难。其一，各种版本藏于世界各地图书馆，短时间内搜罗众本，殊非易事；其二，纵使访求诸本亦未必能解决《玉玺传》确实依据改编的版本，理由是《玉玺传》依据的版本也许早已亡佚，或《玉玺传》作者所依据的不止一种版本。因此，在能力范围之内，尽量查证与《玉玺传》相近的明刊本《三国志演义》，也许是目前可行的方法。

在阅读《玉玺传》后，笔者根据嘉靖本、黄正甫本、叶逢春本、周曰刊本、李卓吾本、锺伯敬本、李渔本等七种明刊《三国志演义》，发现《玉玺传》比较接近黄正甫本。

首先，《玉玺传》卷二有咏孙坚诗一首："谁道江南将相才，明星夜夜照文台。欲诛董卓安天下，等候长沙太守来。[31]"此诗嘉靖本、叶逢春本、周曰校本、李卓吾本、锺伯敬本俱作："谁道江南少将才，明星夜夜照文台。欲诛董卓安天下，为首长沙太守来。"其中"少将才"、"为首"等字与《玉玺传》不同。只有黄正甫本与《玉玺传》文字相同，其中末句黄正甫本作"等侯长沙太守来"，"等侯"于义不通，当系"候"字形近误刻所致。

其次，《玉玺传》卷五有咏吕布辕门射戟诗三首：

（其一）

昔日将军解斗围，全凭射戟释雄心。辕门深处如开月，一点寒星中小枝。

（其二）

吕布当年解备危，万人谁敢效公威。早知大耳全无信，惜向辕门射戟时。

（其三）

温侯神箭世间稀，曾闻辕门独解危。落日果然欺后羿，号猿直欲胜由基。虎筋弦响开弓处。雕羽云飞箭到时。豹子尾堪穿画戟，雄兵十万脱征衣。[32]

嘉靖本、叶逢春本、周曰校本、李卓吾本、锺伯敬本以及黄正甫本均有此三首诗，唯文字稍异。但是，只有黄正甫木与《玉玺传》所引诗次序相同，他本诗序依次为（其一）、（其三）、（其二）。

第三，《玉玺传》卷七有咏吉平诗："奋然分义胆，应不为功名。咬指图曹操，捐身救董承。有谋亲进药，何苦独遭刑。至死心如铁，谁堪比吉平。[33]"此诗嘉靖本、叶逢春本、黄正甫本、周曰校本、李卓吾本、锺伯敬本、李渔本等俱有，黄正甫本除了"图"字作"投"字外，与《玉玺传》完全相同，而其他各本文字出入较大。

第四，《玉玺传》卷十三有曹操于赤壁船中赋歌，刘馥进言以为不利，被曹操即场刺死，刘馥之子刘清哭领父尸体归葬[34]。刘清，嘉靖本、叶逢春本、周曰校本、李卓吾本、锺伯敬本、李渔本等俱作刘熙，只有黄正甫本作刘清。

《玉玺传》中类似的例子很多，限于篇幅，未能一一进行详细比较。从以上四个例子，可证弹词《玉玺传》与明黄正甫刊本《三国志演义》之间关系十分密切。然而，《玉玺传》中也存在与黄正甫本不同，而与他本相同的例子。如卷七有诗咏关羽云："威倾三国着英豪，一宅分居义气高。奸相枉将虚礼待，岂知关羽不降曹。[35]"此诗前三句诸本相同，唯末句黄正甫作"将军降汉不降曹"，而周曰校本、李卓吾本、锺伯敬本、李渔本俱作"岂知关羽不降曹"，与《玉玺传》全同。

此外，又如《玉玺传》卷八有咏关羽于古城前斩蔡阳诗："将军气概与天平，匹马单刀独自行。千里寻兄恩义重，五关斩将鬼神惊。鼓声响处人头落，旗影开时血刃横。堪笑蔡阳无计算，山鸡要与凤凰争。[36]"此诗嘉靖本、周曰校本、李卓吾本、锺伯敬本俱有，并且文字全同，而黄正甫本却无此诗。

从以上引述的例子，虽然无法确定《玉玺传》的具体所本，然而它与黄正甫本《三国志义演》之间存在密切关系，却是可以肯定。究竟《玉玺传》是以黄正甫本为底本，并参考他本《三国志演义》编撰而成，还是直接参考与黄正甫本邻近的小说呢，仍然有待继续追踪考察。

（二）《玉玺传》与《连环记》

《玉玺传》除了以《三国志演义》为蓝本外，在编撰过程中，还参考了其他文学作品。如卷三描写吕布与貂蝉在凤仪亭幽会一段：

> 呀！来的好似温侯。且躲在一边，我把言打动他，且占一曲，看如何？
>
> 《锁南枝》：妾命薄，泪暗流。无媒通路，差错走。勉强侍衾裯。见人事，还自羞。叹沉埋，谁援救。欲见温侯不能勾。
>
> 将军立在花阴下，听得貂蝉曲内因。句句分明心在我，声声还记旧时情。我也口占回一曲，看他之意若何能？
>
> 青青柳，姣又柔。一枝已折在他人手。罢罢，把往事付东流。良缘叹不偶，簪可惜，双凤头。玉连环空在手。[37]

此处有白有唱，与《玉玺传》他处文字有异。查检此段文字，实取材自昆曲《连环记·掷戟》，原文作：

> （小生上）偶来凤仪亭，闷把栏杆倚。欲采芙蓉花，可怜隔秋水。那边好似貂蝉模样，待我闪在一边，听他说些什么。
>
> （小旦）【锁南枝】妾命薄，泪暗流。无媒径路差错走。勉强侍衾裯。见人还自丑。叹沉溺，谁援手。我欲见温侯，〔阿呀！温侯吓，〕怎能彀！
>
> （小生）【前腔】青青柳，娇又柔。一枝已折在他人手。把往事付东流。良缘叹不偶，簪可惜，双凤头。这玉连环，空在手！[38]

比较两处文字，《玉玺传》散说文字是貂蝉见吕布到来，先躲在一边以唱词吸引对方，并夹杂吕布的念唱穿插在曲词之间；而昆曲《连环记》在念白部分，则是吕布见貂蝉而“闪在一边”，至于【锁南枝】曲则两者除文字稍异外，基本相同。

上引《连环记》，明成化时人王济撰[39]。此本见于《缀白裘》，《缀白裘》最早的刊本是明末玩花主人编的醒斋刊本，此书已佚[40]，今存见为清刊本。弹词《玉玺传》此处抄录《连环计》的文字，是否根据玩花主人所编本，亦或别有所本，限于明刊《连环计》原本的亡佚，在文献无征下，恐怕不容易解答。然而，《玉玺传》所引【锁南枝】曲二首，出于明《连环记》，应该无疑。

三、《三国志玉玺传》的成书时间

关于《三国志玉玺传》的编纂时间，童万周在《三国志玉玺传·前言》中说：

> 《玉玺传》的成书应在何时？因不着撰者姓氏，这就使我们在考证成书年代时，失去了一条最基本的依据，现只能作点推测。[41]

由于没有直接的证据证明《玉玺传》的成书时间，童氏从《玉玺传》据以改编的是明本《三国志通俗演义》、弹词流行于明代以及避清圣祖讳等三点，认为“《玉玺传》书写成于明季是不无可能的”[42]。

除了童万周所推测的三点外，从以上关于《玉玺传》来源问题的探讨来看，《玉玺传》与黄正甫本《三国志演义》关系密切，而黄正甫本刊行于明崇祯天启三年（1623年）[43]，则《玉玺传》很有可能编撰于黄正甫本前后时期。

此外，《玉玺传》卷三有唱词说明貂蝉善于舞蹈：

> 扶养房中年十八，未曾出帖许姻亲。善于操琴丝与竹，专于音乐百般能。更连又会观音舞，指教诸姬献大人……令爱既能南海舞，幸求试演一番亲。王允不敢来违命，便叫貂蝉舞一巡。美人敛手忙奉命，舞衣打扮一齐新。轻轻走上花毡立，合掌朝南三转身。飘飘绣带春风动，款款金莲步得云……尖尖玉手千回法，宝钏玲玲不绝声。百般舞法呈姣丽，千叶莲花裙底生。休言丞相难尽言，分明今见活观音。[44]

《玉玺传》描写貂蝉善于“观音舞”。“观音舞”，又名“菩萨舞”，明人袁宏道(1568～1610)《迎春歌和江进之》云：“梨园旧乐三千部，苏州新谱十三腔。假面胡头跳如虎，窄衫绣袴搥大鼓。金蟒缠胸神鬼装，白衣合掌观音舞”[45]。描写民众载歌载舞欢喜迎春的景象，而跳“观音舞”的人身穿白衣，合掌而舞。此外，《金瓶梅》第五十五回《西门庆两番庆寿旦苗员外一诺送歌童》，写西门庆往贺蔡太师寿诞，管家翟谦带他拜见蔡太师：

> 见了翟谦，一个个都欠身问管家从何处来……西门庆又问道：“这里民居隔绝，那里来的鼓乐喧嚷?”翟管家道：“这是老爷教的女乐，一班二十四人，都晓得天魔舞、霓裳舞、观音舞，但凡老爷早膳、中饭、夜宴，都是奏的，如今想是早膳了。”

《金瓶梅》虽以北宋末年为历史背景，但小说却以描写明人市井生活为主。此处写蔡太师府上蓄养女乐二十四人，教以音乐舞蹈，专一于“早膳、中饭、夜宴”时奏歌伴舞，以为自娱。由此可以想见“观音舞”在明代饮宴和迎春等活动中，是常见的舞蹈之一。从弹词编撰者细腻描述“观音舞”的文字来看，作者或曾亲见此舞亦未可知。

从《玉玺传》与黄正甫本《三国志演义》的密切关系，以及内容描述“观音舞”的文字来看，童万周谓《玉玺传》成书于明季的推论，是极有可能的事。

本篇论文根据《玉玺传》的内容和文字，从来源和成书时间两个方面进行考述。得出《玉玺传》的来源与明黄正甫本《三国志演义》存在密切关系；其中更有内容因袭自昆曲《连环记》。至于成书时间，基于《玉玺传》与黄正甫本《三国志演义》的关系，以及弹词内容描述了“观音舞”，推测成书时间很可能在明末。

有人认为《玉玺传》是根据嘉靖本改编而成[46]；也有人认为《玉玺传》据以改编的底本，极有可能是罗贯中的《三国》原本[47]。从本文的考述和结论来看，尽管限于文献，无力解决《玉玺传》确切来源于哪一部明本《三国志演义》，以及对于《玉玺传》的成书时间只能拟订在明末。但是，《玉玺传》绝不是根据嘉靖本《三国志演义》改编的；《玉玺传》据以改编的底本，应该也不会是罗贯中的《三国》原本。

注释：

[1]蒋大器：《〈三国志通俗演义〉序》，引见朱一玄、刘毓忱编：《三国演义资料汇编》，南开大学出版社 2003 年，第 233 页。

[2]金文京撰写之“三国志演义”条，石昌渝主编：《中国古代小说总目·白话卷》，山西教育出版社 2004 年，第 293 页。

[3]关四平：《三国演义源流研究》下编第三章“戏曲系统的传播”，黑龙江教育出版社 2001 年，第 413～423 页；王卫民：《〈三国演义〉戏的历史流传》，收入氏著《古今戏曲论》，台湾出版社 2008 年，第 89 页。

[4]关于“三国”说唱文学之研究，可参陈翔华：《明清以来的三国说唱文学——兼论它与历史小说〈三国志演义〉的关系》，收入氏著：《三国演义论文集》，中州古籍出版社 1985 年，第 392～418 页，又见氏著：《三国志演义纵论》，文津出版社 2006 年，第 319～348 页；[俄]李福清：《〈三国演义〉与民间文学传统》，上海古籍出版社 1997 年；关四平：《三国演义源流研究·下篇·传播研究》第四章《说唱系统的传播》，黑龙江教育出版社 2001 年，第 473～494 页；(日)上田望：《三国说唱文学浅谈——自清朝至现代》，《中国俗文代研究》(第一辑)，巴蜀书社 2003 年，第 76～97 页。

[5]陈翔华：《明清以来的三国说唱文学——兼说它与历史小说〈三国志演义〉的关系》，收入氏著：《三国志演义纵论》，第 332～334 页。此文与陈氏另一本著作《三国演义论文集》中收录之论文相同，唯“兼说”《三国演义论文集》作“兼论”。

关四平:《三国演义源流研究》下编第四章“说唱系统的传播”,第474～475页。

[6]童万周校点:《三国志玉玺传》,中州古籍出版社1986年。

[7]目前知见研究论文有,弦声:《〈三国志通俗演义〉与〈三国志玉玺传〉》,(《殷都学刊》1998年第1期,第76～81页);刘海燕:《〈三国志玉玺传〉的形象构似与叙事策略——以关羽形象为考察对象》,(《厦门教育学院学报》第6卷,第28～30页,2004年第3期);陈辽:《由弹词〈三国志玉玺传谈罗贯中的〈三国〉原本》,(《中华文化论坛》2007年第3期,第95～99页)。

[8]关于弹词目录的整理,最早由郑振铎开始,他在1927年发表的《西谛所藏弹词目录》中说:“为弹词作目录,恐将以此为第一次。弹词的重要,绝不下于小说与戏曲……但在今日之前,似没有什么人注意到这一类的文艺著作……陆续的搜罗了百余种弹词,今先编成这个目录。”参见郑振铎:《中国文学研究》(下),人民文学出版社2000年,第247页。继郑氏之后,凌景埏又编有《弹词目录》,后来,李家瑞在郑、凌二氏的基础上,又补充了中央研究院史语所藏的弹词目。详见李家瑞:《说弹词》(原刊《中央研究院历史语言研究所集刊》第6本第1分,1936年),引见王秋桂编:《李家瑞先生通俗文学论文集》,(台湾学生书局1982年,第98～101页)。此后,八十年代,谭正璧、谭寻编著:《弹词叙录》,书中叙录弹词作品多达二百种(上海古籍出版社1981年);胡士莹根据自己收藏的一百五十种弹词,又“参校郑(振铎)、孔(孔德学校)、凌(景埏)诸家所藏,整理成此目,都二百七十余种”,编辑成《弹词宝卷书目》一书(上海古籍出版社1984年)。其他编有弹词目录的学人,尚有吴夕林:《夕林所藏弹词目录》、关德栋:《胡氏编着弹词目订补》、周良:《弹词经眼录》以及盛志梅:《清代弹词研究》附录二(弹词总目)等,详见盛志梅:《清代弹词研究》,第2～3页、第159～242页,华东师范大学2002届博士论文。其中盛志梅所编弹词目录多达538种(目录编号有错误,又将木鱼书《背解红罗》、《花笺记》二种误收),可以说是现今最详尽的一份弹词目录。

[9]郑振铎:《中国文学研究(下)·西谛所藏弹词目录》,第248页;李家瑞:《说弹词》,引见王秋桂编:《李家瑞先生通俗文学论文集》,台湾学生书局1982年,第73页。

[10]见鲍震培:《清代女作家弹词小说论稿》,天津社会科学院出版社2002年,第69页。

[11]郑振铎:《从变文到弹词》,1932年10月14日北京大学演讲笔记,收入《中国文学研究(下)》,第243～246页。

[12]李家瑞:《说弹词》,引见王秋桂编:《李家瑞先生通俗文学论文集》,第74～75页。与李家瑞持相同意见的还有赵景深,他在《弹词研究》中说:“我以为弹词直接的渊源该是宋金元的诸宫调”,详见《国立北京大学中国民俗学会民俗丛书》第四辑,东方文化1987年,第2页。

[13]叶德均:《宋元明讲唱文学》,收入《明清小说丛考(下册)》,文史哲出版社1989年,第656、668、678页。

[14]陈汝衡:《说书史话》第五章第四节“陶真和弹词”,人民文学出版社1987年,第116～118页;鲍震培:《清代女作家弹词小说论稿》第二章第一节“弹词渊源”,第67～68页;盛志梅:《清代弹词研究》第一章第一节“弹词的渊源流变”,第7～11页。

[15]李家瑞:《说弹词》,引见王秋桂编:《李家瑞先生通俗文学论文集》,第80页。

[16]李家瑞:《说弹词》,引见王秋桂编:《李家瑞先生通俗文学论文集》,第38～40、75页。

[17]“拟弹词”的概念由周良提出,参见朱炎炜:《论拟弹词》,苏州大学2001届硕士学位研究生毕业论文,第5页;盛志梅:《清代弹词研究》,第3页。

[18]胡士莹:《话本小说概论》,中华书局1980年,第29页。

[19]郑振铎:《中国文学研究(下)》,第247～248页。

[20]李家瑞:《说弹词》,引见王秋桂编:《李家瑞先生通俗文学论文集》,第84页。

[21]同上。

[22]据盛志梅:《弹词总目》,弹词《三国志玉玺传》存有三种版本,最早为清乾隆元年丙辰(1736)抄本,藏郑州市图书馆;又有清抄本,二十卷,藏北京国家图书馆;残旧抄本,存卷三、四、五、六、十一,不分回,谭正璧、谭寻编着:《弹词叙录》。详参氏著:《清代弹词研究》附录二,第200～201页。又据童万周校点:《三国志玉玺传·前言》,知乾隆本《玉玺传》弹词共二十卷,二卷一册,分装为十册,并且“为清乾隆元年至二十年抄本”,童氏据此考论《玉玺传》“可能成书于明季或明清之交,清康熙以前”,详见《三国志玉玺传》,第1、9页。此外,谭正璧、谭寻《弹词叙录》著录残抄本《玉玺传》,并认为残抄本与全本“书名虽同,当为另一作品”,上海古籍出版社1981年,第41页。误。据谭氏《叙录》所录残本《玉玺传》内容情节,查对郑州市图书馆藏本《玉玺传》卷三、四、五、六、一一,两本内容情节相同,残本《玉玺传》并非“另一作品”。关于此点,弦声亦说:“我将郑州市图书馆的全本《玉玺传》和谭先生《弹词叙录》中对残本《玉玺传》各卷的内容介绍加以对照,两者完全相同……认为全本《玉玺传》和残本《玉玺传》是同一书的不同抄本。”详参《〈三国志通俗演义〉与〈三国志玉玺传〉》,第76页。

[23]阿英:《弹词小说评考》,中华书局 1937 年,第 163～168 页;赵景深:《弹词研究》,《国立北京大学中国民俗学会民俗丛书》第四辑,东方文化 1987 年,第 137～138 页。

[24]关四平:《三国演义源流研究·下篇·传播研究》第四章"说唱系统的传播",黑龙江教育出版社 2001 年,第 476 页。

[25]关四平:《三国演义源流研究·下篇·传播研究》第四章"说唱系统的传播",第 476 页。

[26]童万周校点:《三国志玉玺传·前言》说:"从以上可以看出《玉玺传》基本上是根据明本《通俗演义》改编而成,但不能完全肯定就是依据的明嘉靖本",中州古籍出版社 1986 年,第 7 页。但是,刘海燕在《〈三国志玉玺传〉的形象构拟与叙事策略——以关羽形象为考察物件》一文却说:"这部抄本是根据明嘉靖本《三国志通俗演义》的情节演绎而来"(考证见童万周校点本《前言》,第 28 页,中州古籍出版社 1986 年)。误。首先,童万周在《玉玺传·前言》并没有肯定《玉玺传》据以改编的即是嘉靖本《三国志演义》。其次,查《三国志玉玺传》卷一有"静轩诗曰:'夜深善(喜)识故人容,匹马踪(东)还寄旧踪。一念误将良善戳,方知曹操是奸雄。'"诗中"善识"当作"喜识"、"踪还"当作"东还",应系抄写或音近笔误所致。此首"静轩诗"见于《三国志演义》明黄正甫本、李卓吾本、叶逢春本、钟伯敬本、周曰校本,而不见于嘉靖本。因此,《玉玺传》应该不是根据嘉靖本《三国志通俗演义》改编而成。

[27]童万周校点:《三国志玉玺传·前言》,第 2～3 页。

[28]陈翔华:《明清以来的三国说唱文学——兼说它与历史小说〈三国志演义〉的关系》,《三国演义论文集》,第 404 页;陈翔华:《三国志演义纵论》,第 333 页。

[29]童万周校点:《三国志玉玺传·前言》,第 7～8 页。

[30]孙楷第:《中国通俗小说书目》,广雅出版有限公司 1983 年,第 35～45 页;魏安《〈三国演义〉版本考》,上海古籍出版社 1996 年,第 12～59 页;沈伯俊:《〈三国演义〉版本研究的新进展》,《社会科学研究》第 150 页,2004 年第 5 期。

[31]童万周校点:《三国志玉玺传》,第 43 页。

[32]童万周校点:《三国志玉玺传》,第 125 页。

[33]童万周校点:《三国志玉玺传》,第 168 页。

[34]童万周校点:《三国志玉玺传》,第 329 页。

[35]童万周校点:《三国志玉玺传》,第 181 页。

[36]童万周校点:《三国志玉玺传》,第 209 页。

[37]童万周校点:《三国志玉玺传》,第 75 页。

[38]钱德苍编选、汪协如点校:《缀白裘》二集三卷"连环记",中华书局 1955 年,第 143 页。

[39]关于王济生平及其作品《连环记》,可参庄一拂:《古典戏曲存目汇考(上)》,上海古籍出版社 1982 年,第 98～99 页。

[40]吴敢:《〈缀白裘〉叙考(上)》,《徐州教育学院学报》第 15 卷,第 44 页,2000 年第 4 期。

[41]童万周校点:《三国志玉玺传·前言》,第 8～9 页。

[42]童万周校点:《三国志玉玺传·前言》,第 10 页。

[43]金文京撰写之"三国志演义"条,石昌渝主编《中国古代小说书目(白话卷)》,第 303 页。

[44]童万周校点:《三国志玉玺传》,第 64 页。

[45]袁宏道:《袁中郎全集》卷二九,《四库全书存目丛书·集部》第 174 册,庄严文化事业有限公司 1997 年。

[46]刘海燕:《〈三国志玉玺传〉的形象构似与叙事策略——以关羽形象为考察对象》,《厦门教育学院学报》2004 年第 3 期,第 28 页。

[47]陈辽:《由弹词〈三国志玉玺传〉谈罗贯中的〈三国〉原本》,《中华文化论坛》2007 年第 3 期,第 95 页。

越剧和婺剧文化空间地域演进比较研究

陈 雄*

摘 要：江南地区较有代表性的地方剧种——越剧与婺剧，无论在唱腔、音韵、表现力上都为百姓所喜爱，但是这两种戏剧文化在流传范围和影响空间上存在着较大差异。文章通过文化比较的研究方法对越剧和婺剧的自身特点和空间传播扩散特征进行了剖析，从文化渊源、文化区、文化源区以及文化意识等方面阐述这两种地方剧种的外在影响力差异，探讨其影响范围和影响程度差异的本质原因，进而对婺剧的传承与创新提出了建议。

关键词：越剧；婺剧；文化空间地域演进；比较研究

中国传统戏剧与古希腊戏剧、印度梵剧并称为世界三大古典剧种。但是时至今日，后两种戏剧都从地球的文化领域消失了，只有中国戏剧还存在于世界上并保持着勃勃的生机与活力，发展至今仍为百姓喜闻乐见的形式。若以唐代的“参军戏”为中国戏剧的始祖的话，中国传统戏剧已经有近千年的历史。在300多种戏剧中，越剧和婺剧是较有名气的地方剧种，它们无论在唱腔、音韵、表现力上都为百姓所喜爱。

越剧，旧称绍兴戏，发源于清末浙江绍兴府嵊县的农村一带，由说唱艺术落地唱书“及山歌小调发展而来。溯其历史，不过百年，是中国传统戏剧中较为年轻的剧种，但是它在几十年的改革、创新、发展后成为全国著名的剧种，在国内外享有很高声誉。一位美国哲学界的学者说：“优美深情的越剧音乐，集中体现了中国人民的美学情趣，是世界音乐宝库中的瑰宝。”[1]婺剧，古称金华戏，发源于明朝中叶的金华，至今已经有400多年历史，拥有高腔、昆腔、乱弹、徽戏、滩簧、时调等六大声腔，是中华戏苑里一个“家底丰实、宝藏极多”的古老剧种。然而在国内外的传播扩散和影响程度上却远远不及越剧，至今依然局限在金华附近的地区，甚至出现了生存的危机[2]。

为什么越剧的影响力远远大于婺剧呢？在这个问题上虽然还没有学者研究，但是有许多学者在对越剧的研究中发现，越剧之所以能兴旺发展很重要的一点是越剧在发展的过程中能不断的改革和创新[3]。作为一个戏曲剧种，如果没有改革和创新，没有发展和追求，那就意味着僵化，甚至导致消亡。

所谓文化空间地域演进就是文化的传播与扩散。本文从人文地理学的角度来比较分析江南地区的两种较有代表性的戏剧——越剧和婺剧的文化空间地域演进差异及其根源，从文化源区和文化区的自然地理特征和文化地理特征来剖析两种戏剧空间影响力和潜在的发展力，并就婺剧的传承与创新提出了建议。

一、越剧和婺剧的文化渊源

越剧发源于浙江嵊州，而婺剧发源于浙江金华，它们同属于传统的地方戏剧，但因为这两种剧种的发源地自然环境和文化渊源的差异，导致越剧和婺剧形成了迥然不同的艺术风格。

（一）越剧文化起源的背景

嵊州市地处浙江东部，北靠杭州，东邻宁波，系长江三角洲经济区，这是块神奇的土地，四面环山，秀

* 陈雄，浙江师范大学地理环境学院教授。

丽清澈的剡溪，横跨嵊州东西，并与曹峨江对流，美如画卷，历来有许多著名诗人来此云游，如李白、杜甫、白居易、王维、陆游、苏轼、王安石、欧阳修、汤显祖等，并留下不少诗篇，为后人所传诵。唐代大诗人杜甫年轻时遨游吴越乘船沿着嵊州的剡溪，饱览群山秀水，欣然抒写了“越女天下白，鉴湖五月凉。剡溪蕴秀异，欲罢不能忘”的千古名篇。正因为古今名流贤士、文人墨客揽胜游历之地，使嵊州很早受到中原文化的熏陶，为嵊州造就了特有的人文优势。而且嵊州还有着丰富多彩的民间文艺：柔美爽朗的民歌、说唱俱佳的曲艺、热烈欢快的吹打乐及多种地方戏曲，为越乡积淀了丰厚的民俗文化，给越剧艺术的诞生提供了深厚根基和肥沃土壤。

越剧的早期传播发展，与通商也有一定的关系。嵊州的蚕丝、蚕子，在浙江久负盛名。当时称为下三府的杭嘉湖地区，常有人去嵊州买蚕子、蚕丝。由于往来频繁，越剧文化随之在杭嘉湖流传开去。越剧早期的“落地唱书”和“小歌班”表演还很不完善，就其影响力和艺术水准上远不及婺剧、绍剧、甬剧，但是它不断从浙江的地方大剧种特别是绍剧那里学习，不断改进，等到发展为“女子越剧”时已经是大部分浙江戏剧所无法比拟的了。

(二)婺剧文化起源的背景

金华富有悠久的历史潮流和深厚的民族文化教育底蕴，又有地方个性，诗词戏曲，辈出杰作；文章书画，代有名家。金华戏曲源远流长，有400多年历史的婺剧是金华文化艺术中的奇葩，具有浑朴粗犷、唱腔独特、鼓锣相助的特点。就其起源来说，与其声腔的起源有关。婺剧中的高腔有西安、西吴、侯阳三种。婺剧中的昆腔，是南昆流传在金华的一个支派，称金华昆腔或“草昆”。戏院婺剧中的乱弹，亦称浦江乱弹，由安徽太平(今当涂一带)和旌阳(今旌德)经天目溪流入浦江等地，现安徽已失传，唱腔以[二凡]和[三五七]为主，[芦花调]和[拨子]也常采用。婺剧中的徽戏，主要从皖南经新安江流入，今在安徽因受京剧倒流影响，已近失传，而婺剧中的徽戏，却较完整地保存了原貌。它的唱可分为“徽乱”和“皮黄”两类。婺剧班社因其兼唱的声腔不同，分为三合班(兼唱高、昆、乱)、两合半班(兼唱昆、乱、徽戏，而无高腔)、乱弹班(以乱弹为主，兼唱少数徽戏)、徽班(以徽戏为主，兼唱滩簧、时调等小戏)。

二、越剧和婺剧文化空间地域演进现状

(一)越剧和婺剧文化的空间扩散路径比较分析

在研究越剧和婺剧文化空间地域演进现状及其特点问题上，在此引用瑞典学者哈格斯特朗(T. Hagerstrand)的空间扩散理论来进行分析探讨。他的理论将空间扩散归纳为三种基本类型：即传染扩散、等级扩散和重新区位扩散[4]。由于越剧和婺剧在文化背景和文化体系的差异性，导致这两种地方戏剧具有不同的空间传播扩散方式。笔者认为在一定程度上，越剧的传播扩散可以看作是传染扩散、等级扩散和重新区位扩散的结合体，而婺剧的传播扩散则可以看作是传染扩散和重新区位扩散的融合体。它们空间扩散路径可用下面两幅图来表示：

通过分析上面两幅扩散路径示意图，我们不难看出这两种地方戏剧在空间传播范围、影响程度和分布规律上都存在着显著的差异：

第一，从越剧的空间扩散路径图中分析可知，越剧自发源于浙江嵊州后，作为一种新兴的文化事物为越来越多的人和地区所接受，这种类似于传染病的扩散方式便被称为传染扩散。通过这种扩散方式，越剧文化逐渐传播到绍兴，进而传播到杭州、宁波，最后渐渐地传播到上海。虽然从哲学上说，新事物具有无法遏制的发展性，但是从空间角度讲，距离作为空间扩散的一种摩擦阻力因子，在相当程度上削弱了戏剧文化的进一步扩散推进，越剧也就不可能以传染扩散的方式永无止境地传播扩散。

越剧在上海滋生蔓延后，由于越剧文化和上海文化的相融性，很快成为当地文化领域一种主流文化。在戏剧表演艺术家的倡议下对越剧进行了较为彻底的改革，形成了具有上海和绍兴多重地方特色的“上海越剧”。因为上海作为国际性的大都市，是我国的经济技术中心，同时也是长江三角洲的核心，所以越

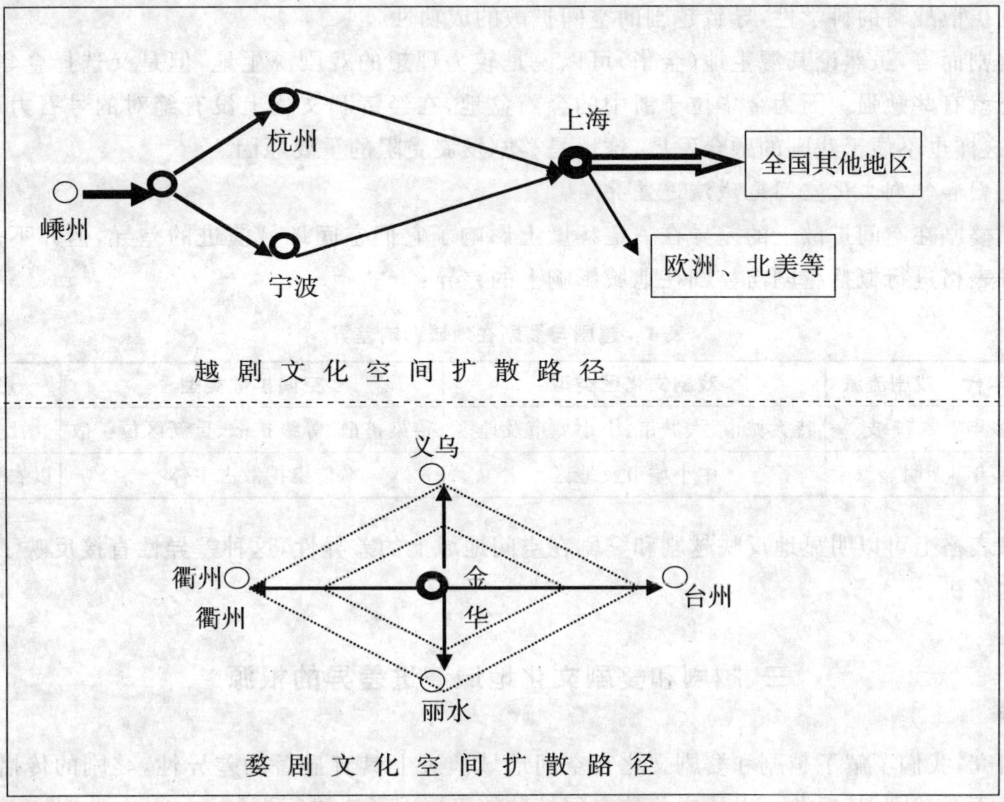

图 1　婺剧文化空间扩散路径图

剧的进一步传播扩散便以等级扩散的方式向次一级城市和地区跳跃性地扩散，然后再向更次一级的城镇扩散，进而影响全国各地，使得越剧在较为短暂的时间成为全国著名的剧种。

在越剧文化向外延伸发展的时候，在宁波、上海有大批的百姓移民东南亚、美国等地，并在当地形成象唐人街一样的华人区，在这些地区我们祖国的传统戏剧文化、武术文化和民间风俗等都得以保存，并进一步传播影响到当地的地域文化，这种传播方式叫重新区位扩散，越剧的国际性传播在一定程度上受此影响。同时由于上海本身国际性交流的频繁，包括文化领域的交流，也促进了越剧的向外传播。

第二，从婺剧的空间扩散图中可以看出，婺剧的传播扩散范围是比较有限的，它大体分布于金华附近的几个中小城市和地区。在分析婺剧的地域推进现状时发现，婺剧的传播扩散就有几分向城市的近域推进（城市的郊区化）。它是通过扩张型传染扩散的方式层层向外传播推进，逐渐传播到周围的衢州、义乌、丽水、台州等地的，从某种意义上讲，这种扩散导致了更多的接受者和传播者。我们知道城市的郊区化不可能永无止境地扩张，那样会造成人地关系的极不协调，同样的道理，由于距离这个摩擦阻力因子，使得婺剧文化向外传播过程中不断地削弱自身的文化风格和文化体系，这样导致婺剧的传播仅限于浙江省内的部分地区，影响力远远不及越剧。

第三，通过比较分析上面两幅扩散路径图，我们发现同属于地方戏剧，它们的空间地域推进差异却十分明显。从扩散理论角度讲，它们差异性的本质体现很重要的一个方面是越剧在空间扩散的战略上具有明显的主动性，而婺剧在空间扩散战略上却显得有些被动。

布朗（L. A. Brown）认为，对成功的扩散来说有三个极为重要的因素，即创新的源生地、仔细选定的扩散中心和制定一份周密的扩散战略[5]。

对于越剧而言，它的源生地（嵊州）是一个人杰地灵的地方，具有深厚的文化底蕴和优美的自然风景，为越剧的产生提供了肥沃的土壤，是理想的戏剧源生地。从越剧的空间扩散过程分析，笔者认为，上海可以看作是越剧的空间扩散中心，因为上海是长三角众多中心地体系中的核心区，具有广阔的拓展空间。

正因为越剧扩散战略的科学性，导致越剧的空间扩散的成功性。

对于婺剧而言，虽然论其源生地（金华）可以说是较为理想的戏剧源生地，但是又选择金华作为婺剧的扩散中心就有些勉强。因为金华位于浙中的金衢盆地，在经济和文化上没有绝对的号召力，同时信息比较闭塞，这样也不便于戏剧的融合发展，这也是婺剧发展受阻的重要原因。

（二）越剧和婺剧文化空间地域演进差异

越剧和婺剧在空间扩散上的差异在一定程度上影响了它们空间地域演进的差异，但并不是全部，下面我用一张表格进行概括越剧与婺剧在地域影响上的差异：

表 1 越剧与婺剧在地域影响差异

剧种	发展年代	戏剧流派	戏剧文化区类型	空间扩散类型	影响人群
越剧	100 多年	17 支	特大城市、大城市、中小城市及地区	传染扩散、等级扩散、重新区位扩散	社会各阶层
婺剧	400 多年	无明显派系	中小城市及地区	传染扩散占主体	以农村群众为主

从这张表格上可以明显地反映越剧和婺剧在空间地域上的差异性，这种差异性直接反映了婺剧在发展中存在的危机。

三、越剧和婺剧文化地域演进差异的根源

通过研究，我们了解了越剧和婺剧文化在空间地域演进上具有显著的差异性，婺剧的传播范围和影响程度远远不及越剧，其根源可以从文化的空间扩散的障碍因子来进行探讨。

（一）戏剧文化源区的地理局限性

1. 地理位置的局限性

地理位置的差异性是一种文化与另一种文化在空间地域推进上产生差异的前提，它属于空间扩散的自然障碍因子。从越剧和婺剧两种地方戏剧的比较上看，越剧的源生地（嵊州）位于浙江东部，北靠杭州，东邻宁波，系长江三角洲经济区，与上海可以说是隔江毗邻。若借用克里斯塔勒（W. Christaller）的中心地理论（Central Place Theory）来分析的话，长江三角洲地区可以看作是一个不规则的多级中心地体系，上海为一级中心地，杭州、宁波为二级中心地，绍兴可看作是三级中心地，而嵊州则处于这些中心地区域的公共服务区，这样的话，越剧文化很容易向这些中心地传播扩散。然而，金华位于金衢盆地，在地理位置上不具备这样的优越性，因为它距离上海等大都市较远，随着距离的削弱作用使得婺剧的进一步传播扩散受阻。

2. 语言环境的差异性

语言环境的差异性是影响戏剧文化空间传播扩散极为重要的文化障碍。因为这两种戏剧文化源区——嵊州和金华绝大多数属于汉族，在宗教信仰上也具有较大的相似性，所以语言是文化源区最为重要的文化障碍因子。

嵊州话属于绍兴方言，而绍兴方言、金华方言和上海方言都属于吴方言，但是绍兴方言与金华方言还是存在着显著差异。研究表明：绍兴方言大都来源于古汉语[6]，而金华方言具有非常浓郁的地域文化色彩，在表现上具有一定的内隐性[7]。婺剧界的语言道白，向来是个薄弱环节。近年来有人反映："阿拉金华侬（人）听不懂金华戏"[8]。作为汉语的主要一支上海方言等（包括杭州话、宁波话）与绍兴方言有更大的相通性，它们比金华方言更接近于现代的普通话。上海话的底层显示，上海话原本是一种接近于现代侗台语的古越族语，现在的上海方言是由历史上本地人群改用汉语后形成的[9]。因此越剧在向外传播扩散中受到的阻碍作用就小于婺剧，它也就更容易为百姓所接受、传承。

3. 人口流动的差异性

文化源区的人口流动差异性是形成越剧和婺剧空间地域推进差异的一个特殊原因。在我省，人口迁

移问题一直比较复杂，包括国内迁移和国际迁移。嵊州的周边地区与金华的周边地区在人口迁移上具有一定差异，特别是国际迁移上。像嵊州的周边地区如宁波就具有大量的海外华人，号称“宁波帮”，毋庸质疑这种国际性的迁移必然导致地域文化的国际迁移，这样就或多或少地促进了越剧文化的空间传播扩散。而金华周边地区就缺乏大量的国外聚集人口，这样在重新区位扩散上占有劣势。

（二）戏剧文化区的文化意识局限性

1. 戏剧文化区的人文特点分析

在戏剧的传播扩散过程中形成了一系列的戏剧文化区，这些文化区的人文特点直接影响着戏剧的进一步发展。

在分析越剧的文化区时，不妨以上海和绍兴为例。上海作为我国的第一大城市，是经济技术中心，文化领域的发展成绩卓越。上海的各级各类知识分子的比例位居全国前列，同时也聚集了一些文盲半文盲的各级各类打工仔。作为知识分子阶层，在过度的脑力劳动之后，欣赏一下传统的戏剧曲艺文化，既达到休息的目的可以学习丰富的民族知识。特别是还有相当一批知识分子本身就是研究民族文化的，也有些致力于越剧的研究，这样就促进了越剧的进一步发展。从另一方面讲，一般的打工仔也可以接受越剧这种艺术形式，因为欣赏它不需要很大资本，而且现代越剧很多反映了人民群众自己的生活。绍兴作为吴越文化特别是越文化的传播中心，具有极其深厚的文化底蕴，自古至今绍兴一直是一个人杰地灵的地方，像文化名人鲁迅、丰子恺、袁雪芬等都生于这里，他们的一生都在为中国的文化事业呕心沥血。因为绍兴这个越剧文化区拥有深厚的文化底蕴，加上丰富多彩的民间文艺和丰厚的民俗文化，使得越剧的蓬勃发展拥有了很好的文化氛围。

在分析婺剧文化区时，我想用金华作为例子。金华文化发达，素有“江南邹鲁”、“文化之邦”的美誉，在文学、诗词、戏曲、书画、科学等方面人才荟萃，代有名家，如初唐四杰之一的骆宾王。自宋朝以来，金华学风鼎盛，南宋以吕祖谦为代表的“金华学派”和以陈亮为代表的“永康学派”著说立论，一时名播四海。金华久负经商务工的传统。早在东晋、南朝时期，金华即为商业繁华之地；南宋时，婺州窑已名扬四海，丝织业也比较发达；清朝乾隆年间，婺江上商船云集，沿江街道店铺林立，已成为钱江上游最繁华的城市之。道教是中国土生土长的宗教，金华是“黄大仙”和“胡公大帝”的故乡，名声远播东南亚[10]。发达的文化为婺剧的发展提供了良好的条件，可以说从区域人文特点上讲，婺剧拥有与越剧一样的有利条件。婺剧影响范围的局限性在一定程度上缺乏改革、创新和文化空间扩散中心的选择失误，这点在前面已经分析过。

2. 上海越剧的艺术感染力分析

越剧传播到上海后进行了改革，形成了极具特色的上海越剧。上海是中外文化交汇的窗口，多种文艺形式并存，竞争的环境，也为相互借鉴、吸收创造了条件。越剧改革者处在这种环境中，打破了传统的封闭、保守、狭隘的艺术观念，不是固步自封、画地为牢，排斥非本剧种所有的外来因素，而是以开放的观念面对现实，大胆、积极地借鉴古今中外一切有价值的艺术成果和艺术经验，以增强自身的表现力和感染力；同时，对吸收来的东西又加以选择、改造、融化，在自己的创新中凝聚成有机的审美实体，而不是拼盘式的凑在一起。这样，剧种通过吐故纳新增添了活力，在竞争中形成优势，使得上海越剧风靡全国。

袁雪芬曾多次说过，越剧有两个“奶娘”：一个是昆曲，一个是话剧，这是个很形象的说法[11]。新越剧正是吸收了两种不同性质的文化的乳汁发育成长起来的，它从昆曲为代表的传统戏曲艺术（包括京剧、绍剧等）中，主要吸收优美的舞蹈身段和讲究形式美的程式动作；从话剧为代表的现代艺术（包括电影）中，主要吸收注重刻画人物个性和内心世界的写实主义表现方法，两者与越剧原有的民间文艺特点融合在一起，使新越剧在较高的层次上继承、发扬了民族戏曲的优良传统，同时又使越剧实现了向现代艺术的嬗变。

一个剧种的艺术个性，反映在观众的感受中就是欣赏的特殊性，或者说是能够吸引、能够征服观众的某种审美优势[12]。上海越剧可以说是提供了一种独特的美，具有独特的艺术个性。它在模仿与创新中形成了独具特色的越剧文化，为各地的老百姓所喜爱，这样使得越剧拥有独特的艺术感染力。

(三)戏剧自身特点的局限性

1. 戏剧自身艺术特点的局限性

在戏剧自身特点上，越剧和婺剧具有不同的艺术特色，并且直接影响着这两种地方戏剧的发展现状。就其自身的艺术特点，我想从唱腔、剧本、服装和表演上进行阐述。

首先，在唱腔上，随着越剧音乐表现力的拓展，扩大了唱腔音区，增强了唱腔旋律性，丰富了腔句的落音变化。在唱腔节奏方面，切分节奏、弱起强收以及句幅紧缩和扩展手法经常被运用，使原越剧唱腔的方正结构和单一呆板的节奏有所突破；行腔更讲究腔、词、情的紧密结合，从而改变了过去侧重于口语化、旋律变化不大的倾向。唱腔进行中运用了自然七声音阶，丰富了唱腔调式、调性，唱腔、过门中转调转板等已成为常用手法，在男女对唱时采用了同调异腔、同腔异调、同调同腔的表达方式，效果明显[13]。特别是在女子越剧产生后“尺调系统”对原来的板式唱腔的完善补充，加上越剧流派众多，促进了越剧唱腔的进一步完善。

婺剧唱腔优美，韵味独特。音乐大锣大鼓，雄壮豪放。婺剧声腔是婺剧音乐最主要的部分，六大声腔既能独立存在，其中高、昆、徽、滩之间又有相互联系。具有山歌风味，并吸收了昆剧的特点。汪家惠先生在文章中提到，从婺剧音乐上看，婺剧所表达的内容以及表达方式都无法适应现代观众的审听观[12]。这就是说在音乐唱腔上，婺剧已不能适应现代社会的发展了，这在一定程度上限制了婺剧的进一步发展。

其次，在剧本的创作上，婺剧与越剧相比还存在着一些差距。越剧在早期和婺剧相似，没有完整的剧本创作，讲究演员的即兴发挥，但是自从袁雪芬等越剧表演艺术家向电影等视频艺术学习后，便进行了改革，将越剧剧本创作提到日程上，所以现在越剧拥有完整的剧本和极其丰富的剧目，贴近生活。像在谈越剧《杨乃武》时，导演谢平安曾说：艺术责在创新，重复没有生命。现在的婺剧在剧本的创作上正存在着这样的问题——传统的剧目丰富，新生的剧目缺乏，使得婺剧的表演缺乏了足够的生命力。

最后，从表演和服装的角度来看，越剧和婺剧也存在着很大的差异，这很大程度上影响着两种地方戏剧的空间地域演进。越剧从说唱艺术发展而来，表演艺术没有“家底”，从男班到女班主要向京剧、绍剧学习，走程式化表演的路子。但是如果只停留在这种地步那越剧就不可能发展，新生代越剧演员吴小萍就提出了“学习流派、兼收并吸”的艺术表演理念[13]。而越剧的发展壮大正是如此。如袁雪芬、尹桂芳等一批年轻演员怀着改变剧种面貌的强烈愿望，广泛吸收着古今中外的各种艺术营养，尝试各种新的表现方法。她们在表演艺术方面主要从两个渠道横向借鉴：一是向话剧、电影学习真实、细致地刻画人物性格、心理活动的表演方法。二是向昆曲、京剧学习优美的舞蹈身段和程式动作。通过模仿与创造，逐渐形成自己的独特风格。在服装上越剧也进行了一系列的创新，具有淡雅、柔美、简洁、清新，色阶丰富，优美、柔和、款式多样的特点。

婺剧的表演夸张、生动、形象、强烈，讲究武戏文做，文戏武做，所谓：“武戏慢慢来，文戏踩破台”。表演多在手指、手腕上下功夫，亮相、功架近似敦煌壁画的人物姿态，自具一格。且特技表演甚多，如变脸、耍牙、滚灯、红拳、飞叉、耍珠等，但是在艺术的兼容性和吸收上还欠不足。服装的款式也非常有限。这些都是婺剧艺术自身的缺陷所在。

综上所述，就越剧和婺剧的自身艺术特点而言，可以用下面的表格加以比较：

表 2 越剧和婺剧自身艺术特点比较

剧种	唱腔风格	剧 本	服 装	表 演
越剧	婉转轻柔、细腻婉约、强调丰富、旋律性强	具有完整的剧本，并且剧目丰富，贴近生活。	淡雅、柔美、简洁、清新，色阶丰富，优美、柔和，款式多样。	融京剧、话剧、电影的表现方式于越剧中，强调写意与写实相结合。
婺剧	雄壮豪放、粗犷夸张、音乐大锣大鼓	传统剧目丰富，新生剧目欠缺。	服装规范性强，款式有限，色彩红黄绿白黑五色。	古老浑朴，强烈夸张、生活气息浓郁的特色，舞台设计简单。

2. 戏剧的舞台感染力

当然除了戏剧的自身的艺术特点以外，戏剧的舞台感染力对一种戏剧文化的发展也起着极其重要的作用。在舞台的艺术感染力上，戏剧一方面应该强调表演艺术，另一方面应强调舞台的设计。前者已经在戏剧的自身艺术特点上阐述了，现在着重分析后者。作为舞台，虽然不能作出像电影那样的电脑特技，但是可以通过舞台的道具布置和场景模拟转换实现。首先是基本的道具布置，比如说桌、椅。在现代越剧表现上，扬弃了以前只有桌椅的简单布置，而采用类似于话剧表演的复杂布置，强调特殊的艺术效果，便于越剧的写实与写意的融合表演；但婺剧在舞台的布置上还停留在桌椅上，舞台的现代化设计没有得到足够的重视。其次越剧还强调灯光的艺术[14]。灯光是融科学技术与表演艺术于一体的一种舞台语言。这也是婺剧今后发展所要改进的。

3. 戏剧发展的时代性

一种戏剧要做到长盛不衰，必须保持永久的时代性。时代性不仅是指戏剧题材的时代性，而且它所表现的艺术理念和社会价值也要具有时代特点。越剧在建国以后一改以前只是表演传统的戏剧曲目并且一成不变的现象，提出越剧“话剧化、电影化”的口号，强调越剧剧本的完整性和鲜明的时代性，于是创作了大量的现代曲目，并广受好评。像《祥林嫂》等作品直接与一些文学作品相联系，反映旧社会的黑暗现实，具有广泛的现实意义。正如康德所说：“美感——存在于当心灵与对象发生同情与共鸣的时候。”而婺剧除了《桃子风波》之外，很少有现实性极强的现代作品。这也是制约着婺剧取得较大发展的重要因素。

通过对越剧和婺剧文化空间地域演进的比较发现，越剧和婺剧文化空间地域演进差异的根源，关键在于文化障碍因子、戏剧自身艺术特色因子和戏剧的发展性因子。戏剧要取得较大的发展，就必须在这几个方面有所改革、有所创新，与时俱进。就婺剧而言，其发展现状更是不容乐观，因而在传承的过程中十分有必要进行有效的改革与创新。这主要应该体现在以下几个方面：

第一，婺剧道白以普通话为依托，融合金华话的地方特色。这样婺剧的可接受性会增强，影响的空间地域会扩大，同时婺剧的原汁原味也可以得以保存与发展。

第二，婺剧应该向电影、电视、话剧、越剧、京剧等艺术形式学习，改革自身的艺术表演形式，强调剧本的完整性与悬念性，强调舞台的渲染力，改进舞台布置，强调戏剧的时代性。

第三，婺剧的进一步传播需要制定一个完整的文化扩散战略体系，可以选定具有代表性的信息扩散较快的大城市作为文化扩散的中心地，例如杭州、广州等。

第四，婺剧在其音乐的表达上要进行创新，充分利用多种音乐手段，并在音律上博采众家之长。

注释：

[1]连波：《越剧音乐史初探》，《音乐艺术——上海音乐学院学报》1995 年第 1 期。

[2]黄一钢：《婺剧的春天在哪里》，《戏文》1999 年第 6 期。

[3]杨永贤：《越剧改革中唱腔的演变与发展》，《中国音乐》2003 年第 3 期。

[4]许学强、周一星、宁越敏：《城市地理学》，高等教育出版社 2002 年，第 156～161 页。

[5][英]Jean H. Pealinck、Peter Nijkamp，潘金根译：《空间扩散分析方法探讨》，《地理科学进展》1993 年第 1 期。

[6]寿纪芳、袁儆珍：《有机的风俗化石——绍兴方言词语探源》，《绍兴文理学院学报》1998 年第 4 期。

[7]傅惠钧：《读〈金华方言词典〉》，《方言》1997 年第 4 期。

[8]陈崇仁：《婺剧使用普通话刍议》，《戏文》1997 年第 5 期。

[9]刘民钢：《试论上海方言的形成》，《上海师范大学学报》(哲学社会科学版)2001 年第 1 期。

[10]顾江卉、吴小根：《金华地域文化特色及其旅游开发研究》，《浙江师范大学学报》(自然科学版)2003 年第 2 期。

[11]高义龙：《越剧改革五十年的启示》，上海越剧艺术中心和上海越剧院艺术研究室编《重新走向辉煌》，中国戏剧出

版社 1994 年，第 20～23 页。

[12]汪家惠：《继承与发展——关于婺剧音乐创作的几点探索》，《戏文》1996 年第 1 期。

[13]吴晓萍：《学习流派与兼收并蓄——兼谈越剧表演的继承和创新》，《戏文》1996 年第 4 期。

[14]吴报章：《越剧舞台灯光浅谈》，《戏文》1996 年第 6 期。

江南诗性文化与长三角当代城市文化的建构

王洪岳*

摘　要:诗性文化是一种以审美感性为主的文化类型。江南文化带有较为浓厚的诗性文化的特征,即以诗性智慧、审美感性来超越以齐鲁文化为代表的伦理文化。在长三角地区当代城市文化的建构中,我们理应从这种具有超越性、审美性的诗性文化中汲取精神资源和审美资源,以便在城市化、全球化的浪潮中保留住一份属于人的诗意生存的家园感。

关键词:江南文化;诗性文化;长三角;城市文化

诗性文化是一种以审美感性为主的文化类型。18世纪意大利美学家维柯在《新科学》一书中认为,人类在自己的童年时期即原始社会时期,带有很浓厚的诗性色彩,他谓之"诗性智慧"。在远古,人人都可称得上是审美专家或艺术家,他们天然或本能地具有高超的审美力。比如在人类创造语言和文字的过程中,这种诗性智慧或审美感性就充分地体现了这一点,在人类给事物命名的同时,这些客观的事物在原始人看来是承载着自我意识的事物,或者说事物是"我"的外延,无不打上了"我"的意识的烙印,"登山则情满于山,观海则意溢于海"(《文心雕龙·深思》)。因此作为现实存在的外在客体,成为人的主观意识的投射。但是在人类文明的发展过程中,越到后来,人类就越脱离这种人性较为圆满而没有分裂的状况;理性越来越发达,而诗性智慧或审美感性就越来越淡薄了。诗性智慧的退化与理性的强化,既表明了人类不断征服自然、取得科学技术进步的追求的目标及其实现的成果,但同时也表明了人性发展过程中丧失了许多美好的东西。所以,人类后现代文化的兴起其实正是在经过了漫长的理性和伦理文化过度发达之后的一个逆反或回归。在这个逆反运动中,人类又重新看待自己曾经的感性和诗性。诗性文化或诗性智慧的价值大致也就在这里。

在中国古代乃至渗透于当代,由于基本上一直远离处于北方黄河流域的主流文化、官方文化,在江南地区流传至今的文化就保留或呈现了这种诗性文化特征。江南文化的特性是在与北方文化(其典型的代表是中原文化、齐鲁文化,及燕赵文化、关中文化、三晋文化、东北萨满文化)以及与巴蜀文化、荆楚文化、岭南文化的比较中显现出来的。刘士林《西洲在何处——江南文化的诗性叙事》一书中认为,中原文化是以实用理性为主体的文化形态,强调道德与伦理的价值取向;江南文化是一种诗性文化,在价值追求上江南文化守持一种审美维度,而较少以伦理维度来评价人生。与江南文化相比,长江中上游地区以及珠三角地区则具有神巫文化的特性。这两者相同的地方在于它们都具有浪漫精神。但是两者也有重要而鲜明的差异。江南文化的诗性主要体现在人的饱满的感性审美,与放达沉稳的现实诉求,以及与清丽秀美的自然环境的和谐统一,其与北方伦理文化的主流相抗衡的手段一般不是像湖湘文化那样尖锐地对抗,而是以柔克刚,是"越名教而任自然"的自由潇洒。所以就连北方草原部落首领打到江南,他们也被这里的秀美山川和温婉人情所洗涤,所净化,而变得温柔雅致起来。而神巫文化往往注重怪异性和反叛性,与主流文化往往形成尖锐的敌对状态,刚烈有余而弹性温婉不足,从而显得比较粗率。而江南文化则激发自古迄今的文人们以极大的审美愉悦和精神享受。如白居易《忆江南》曰:"江南好,风景旧曾谙。日出江花红胜火,春来江水绿如蓝,能不忆江南。"当代美学家陈望衡先生也认为,"江南概念主要是审美的。江

*王洪岳,浙江师范大学人文学院教授。

南文化从主调来看，是一种审美文化。”[1]这真正抓住了江南文化的审美和诗性本色。元末时苏州巨富顾瑛开设“玉山雅集”，参加的名士有140多位，其中就有像诗人杨维祯、画家倪云林等这样的一代文化巨子。杨维桢在玉山草堂所做的最大胆也最让人诟病的一件事是所谓“妓鞋侑酒”。这个现在看来惊世骇俗的表演更像一种行为艺术。他是要借此表示他自己乃至整个江浙文人对僵硬礼法的蔑视，张扬一种肯定世俗欲望的新价值观。[2]

江南诗性文化主要体现为精神文化层面，当然她在发展演变过程中也渗透进了物质文化层面和制度文化层面，而且往往这三个层面的建构互相交织，共同体现出一种不用于其他地域的文化特点。在物质文化和精神文化相交织状态下，江南的丝竹、茶艺、莼鲈、梅子、丝绸，乃至西湖、太湖、秦淮河等等，无一不打上江南浓浓的诗性文化印记。她逐渐成为文人士大夫以至普通人的生活方式，进而又影响到制度文化的建设。如江南书院、江南学术自六朝迄宋，逐渐代替了北方文化的领先地位，至明清时期，提及中国文化或学术则基本在江南一带。一直以来，生存状态极其严酷、生活环境极其恶劣的中国人终于“找到”了一块属于自己的文化栖息地。中古之后中国人尤其是中国的士人们终于有了一个属于自己的值得信仰信托的人文江南、诗意江南与精神江南。

将江南文化的“尚文”及以商为重的观念与北方以农为重的观念相比，也可看出江南文化的特性。如作为江南文化重要组成部分的浙江地区，七山二水一分田，这种自然地理环境促使古代越国人讲求外向型的开拓，创制并遵守契约制，较早就有以商为主要支柱的传统。由此，我们可以发现第三个转变：重伦理重祖先的北方文化在江南一变为重自然山水。如北方人修家谱往往把祖先辈中的某某显要突出出来，而江南（尤其徽州）则在序言中特别喜欢加上一句“木本水源”，重山水代替了重祖先[3]。北宋书画家米芾《画史》论五代画家董源云：“峰峦出没，云雾显晦，不装巧趣，皆得天真。岚色郁苍，枝干劲挺，咸有生意。溪桥鱼浦，洲渚掩映，一片江南也。”北宋时期形成的南方画派追求平淡、自然、天真的艺术风格，对后世的影响巨大。但是我们细究之则会看到，先秦时期形成的仁者乐山智者乐水的思想，对此也有很深刻的影响。虽然那时还只是从政治伦理的角度来看待乐山乐水的仁者智者，但是它所蕴含的中国人审美思想向自然山水方面的开拓和发展的可能性早已酝酿其中了。在北方人们往往为生计而奔波，无暇顾及山水，而且北方的山水也往往呈凶险状，不能作为可以寄托心灵的去处。只有在秀丽、温婉的江南一带这种可能性方才成为实现。面向山水则可以使吾国过于滞重的文化基因变得轻盈灵动起来，面对山水又可以使人放松身心，因为山水没有等级观念，她平等地对待一切人事。在宗教氛围淡薄的中国，中国人在中古时期终于寻找到了一个可以寄托自己超越性冲动的所在。这就使得中国文化发生了根本性的转变，甚至我们可以认为，这一转变的伟大之处在于中国文化精神从此有了另一安身立命的去处，这就是除了为“圣上”等献身，我们还有一个更加自由的所在——能够诗意地栖居的文化江南、精神江南和审美江南。这一点有些类似于古代之希腊罗马，由重祖先和多神教转变为重一神教即基督教的上帝，人人平等进而转化为法律（来自《圣经》或上帝）面前人人平等的现代思想，从而由传统的古代社会转变为现代社会[4]。

在现代社会，农桑鱼荷文化的诗意本性就与契约制的现代商业精神结合起来。在长江三角洲农桑鱼荷文化向现代城市文化转型的过程中，江南文化（其核心是吴越文化中的诗性文化）作为一个整体到底能不能在建基于实利观念之上的城市建构中起作用？如果答案是肯定的，那么她在其中到底起着什么作用？这些正是建构长三角城市文化过程中的重要课题。当代长三角城市在历史的演变中，江南文化日益显现出其独具的禀性和特色。

首先，江南文化这一区域文化有丰富的物质层面的文化遗存，如古代经近代遗传下来的散布在江南这片热土的南京、苏州、扬州、杭州、上海、无锡、常州、湖州、嘉兴等典型的江南文化的代表性城市，以及所形成的各自的城市风貌、园林布局、建筑民居、内河山峦等。这些自然风物和人文地理构成了古代乃至近代的城市文化规制。它是江南文化的物质基础，现在也深刻地影响着生息在此的民众。而且在当下这个由农业社会向现代城市化急遽转型的时代，全球化一体化的影响日益突出，从北方到南方，从长三角到珠三角，从环渤海湾到沿长江中下游一带，我们的感官所及，无非在毁坏山林、碾毁田野和植被，大地因此变得生硬起来。在某些江南城市，原来小桥流水人家的景象自然一去不复返了，当我们行走在这些城市的大街小巷，每每看到似乎碧绿的草坪下面是漂浮着塑料垃圾和蓝藻的臭水河。前几年无锡之蓝藻事件，实在是古典的江南诗性文化在当代的巨大反讽。这是古代“道在日常伦用中”，甚至“道在矢溺”思想在当代的极端化之表现。虽说这种实用理性促进了经济的发展，但是如果没有看到其泥于现实而不能自拔的弊端，不但生存的品质低下，而且原本的诗性文化也将毁于过于“实用”的文化氛围之中。在前几年GDP就超过俄罗斯莫斯科的江南某县级市，其地表水已经几乎全部不可作为饮用水，市区的几条河流整日散发着恶臭，而整个城市只能从邻市买水喝。甚至有的城市高校在搞基建时，往往把起伏的山丘推平，覆盖以大量的平整石材，建造面积巨大的广场，在整日暴晒的江南，偌大的广场见不到树影婆娑，走在其上人们仿佛能听到那被抑制的大地在沉重地喘息。当我们每日生息在这样的城市，虽然它拥有许许多多高级轿车、豪华别墅等，但还有秀丽洁净的山水江南一丁点的诗意吗？现在的江南城市往往在设计规划上千篇一律，更为致命的是地理意义上的污染和精神意义的污染相伴而来。如何还原我们民族曾经拥有的美丽、清纯的人文与地理相和谐的江南？我想在长三角的城市化过程中，无疑江南地区的决策者们应该更加深入地了解进而理解这种诗性文化渊源和内涵，这样才能从物质到制度到精神的各个层面，在江南地区的城市化浪潮中充分渗透进去，在经过了现代性洗礼的自由精神的观照下，发扬光大古典意义上的江南审美精神。

其次，江南以其契约制的最早建立和成型为制度文化层面的现代化提供了范式。为什么在中国历史上最早建立契约制而且富有成效的是在江南长三角地区？现代自由观往往与商业中的平等主义紧密相联。明代就已经孕育的商业契约制在长三角城市中植下了现代城市的自由精神。而这种平等的自由精神又是在江南诗性文化和审美氛围中实现的。自由精神和诗性文化，两者是相辅相成的现代性的双翼，在江南的人文和地理环境中，理性和感性、自由和审美获得了比较恰切的融合。在现代城市的制度层面上，契约制恰恰是最为中坚、最具力量、最为活跃的因素，正是它把追逐商业利益的理性考虑与追求感性的审美精神结合在了一起。实现这种结合的促进因素除了江南的山水滋润和人文感化，在制度方面就是教育私学、民间艺术和独立艺术家的最早出现，如江浙皖三省即使在科举教育制度的时代，也是在全国名列前茅，领时代之先的。自魏晋以降，判定世族的标准就是文化教育水平，如果只有经济实力，最多只能称豪强。因此有江南多世族，北方多豪强之说。当然南方的世族也是要以经济实力为基础的。江南地区在崇尚教育、文化方面，不仅世族，就连庶族百姓亦当仁不让。诸多寒士在中唐以后能够进入朝廷任要职，已经说明江南庶族寒士在中国文化版图中的重要地位[5]。明清之际的王夫之在《思问录·外篇》中认为：“吴楚闽越汉以前夷也，而今为文教之薮。”在科举制度终结100年后的今天，正是历史上吴越之地、皖南赣北等江南地区的人们对教育的崇尚，才成就了今日长三角诸地城市现代教育的发达。教育的发达不但促进了经济的发达，而且对于在现代化和全球化趋势下保留具有恒久魅力的江南诗性文化，也可以从物质和制度层面来加以保障。刘士林所认为：提倡江南文化及其审美精神，其“直接目的不是现实地建设出一个具有物质属性的诗性江南，而是一切从日益干瘪枯竭的当代生命主体入手，它要生产的是一种关于江南美的感觉、想象力和诗性智慧”。[6]我们可以尽量保留一份对于传统中诗意栖居、诗性智慧、审美精神的尊重。物质层面的江南文化的诗性，应该体现在这种物质载体的再创造方面尽量保存已有的遗存，保护那些自然遗存。“南方多嘉木”，如梅兰竹菊之前三者都在江南生长，甚至在那些存留下来的参天大树的年轮上，仿佛都刻写着曾经生息在这里的古老的自然以至文化遗迹。但是在当代修建高速路和扩张城市的过程中，成片的古老高大的银杏树、枫杨树、香樟树……被砍伐殆尽。同样值得关注的是那些精妙绝伦的古建筑、古街道、古乡镇、古村落……，在城市建设中被成片地推倒。在最近的一个地级市的城市改造中，一条拥有1600年古老历史的老街在当局怂恿下被破坏掉了。他们的借口就是GDP与科学发展观。笔者采访一位生长于这片红土地上的历史学家，他告诉我，在江南的这一带自宋迄今，老街老建筑实在太多了，那些官员才不懂得珍惜呢！但是舍此将何以寄托我们的诗性情怀，何以激发我们日益枯竭的审美想象力？

再次，江南的诗性文化给沉重的伦理文化以长久的滋润，它把表层的物质追求和中层的商业打拼的劳顿消解在深层的心理养成上，如诗意盎然的词章歌赋、雅致浪漫的轻歌曼舞、曲径通幽的园林建筑、温婉别致的家居布置、悠闲自在的佛道寺观当中，浸润其中的人文心理、风俗民情、生活方式、审美风尚自然而然地日益凸现出来。虽然我们民族没有如基督教那样的具有超越性和彼岸性的全民宗教，但是以江南诗性文化为代表的审美文化在注重人生现实层面的同时，也具有某种超越性品格。即使残酷的争战，也透露出几多诗意和温婉的浪漫。如春秋后期的吴越相争，是中华民族历史上最动人的一幕。勾践的宝剑与卧薪尝胆成就霸业的伟大成就，范蠡的殚精竭虑、功成名就后泛舟五湖的潇洒，西施的以美和爱辅助伟业的颠沛流离、似水柔情，都充分地渗透和滋润并体现在了后世江南文化当中，成为江南文化的典型积淀和特征，即柔性与刚性相间并列。宋末文天祥和汪元量，构成了刚烈与柔性的完美结合，一个创造历史，一个书写历史。明清之际历史又重演了，黄宗羲既创造了历史，又记录了历史，同时又指明了中国未来的发展之路——权力制衡、削弱君权。黄宗羲是一个石破天惊的伟人，在那样一个极度黑暗的时代，他的思想就像一束温暖的阳光，开始照耀在无边黑暗的天空和大地上，如果没有超强的想象力和诗性智慧是很难达到的；而张岱则在痛定思痛中重新在寄情山水中体验江南诗性文化，保留一脉精神的火种，不但“把个小品文侍弄到风华绝代的地步”[7]（田崇雪语），而且从另一个角度以幽默和伤感来延续思想家们的文化使命，让人在那个血雨腥风的时代能够稍微安然地过活。而张煌言由书生而武将，艰难抗清二十年，从而在如诗如画的江南完成了文天祥似的大丈夫伟岸人格，从容就义！从明初的方孝孺至清初的张煌言，继承发扬光大孟子思想者，大多在温柔宜人的江南。虽然此时期江南文化逐渐远离了刚性，柔性因素占据了主流，但刚性文化因素时隐时现。明清之际抵抗满清尤烈者大多为江南（江浙一带）的城市，如清兵屠江阴、屠昆山、屠嘉兴、屠常熟、屠苏州、屠海宁……其中“扬州十日”、“嘉定三屠”等更是显示出江南文化的刚烈不屈，还有近代鉴湖女侠所昭示的江南文化的飒爽英姿、鲁迅所宣示的批判精神与深邃哲思等等，在建设现代化江南城市的时候，媚人的柔性中不也应包容进这些铮铮铁骨的形象吗？我以为，这些对立两极的文化性格因素构成了江南文化进一步发展繁荣的内在张力。当代江南城市中的苏州、无锡、杭州、金华、绍兴、宁波、嘉兴、湖州等商业发达，同时城市居民的精神趣味都倾向于追求自由、民主、平等以及审美等方面，这与江南文化中的自由精神、民主价值、契约制度的最早建立有着内在的联系。这也就是为什么江南区域城市在初级阶段的市场经济中占尽先机，同时其文化创造也充满着活力和自由精神的重要原因。

总之，江南文化自身内部种种对立又统一的文化基因，构成了以吴越文化为主的江南文化的诗性本质与审美精神。长三角当代城市的发展正是在这一自然和文化环境之下进行的。

这一区域城市文化建设的成就与特色主要体现在以下几个方面：

其一，由于有深厚的江南文化的滋润和支持，整体上长三角城市文化建设具有较为浓厚的内涵。如南京，无论金陵六朝古都文化、近代民国文化，还是当代南京文化，都体现出大度、厚重、兼容的气魄；上海作为 20 世纪 90 年代中国继续改革开放的龙头城市，无疑起着引领长三角乃至整个中国经济发展呼啸前行的发动机作用，她以江南文化为核心兼收并蓄，成为融合中西文化的桥头堡；杭州在消闲文化方面独树一帜，其独一无二的西湖美景和浙江人的秀雅细腻，使她成为中国最具魅力的都市之一。其他如苏州，以其古典的园林艺术和现代新加坡工业园布局精致的建筑的结合而闻名于世，她于 2004 年成功地举办了第二十八届世界文化遗产大会，她把有形的物质文化和无形的非物质文化几乎完美地结合起来，古典和现代交相辉映……这一切都在整体上体现着长三角城市文化建设的深厚文化底蕴。

其二，江南诗性文化在建构长三角当代城市文化中的作用日渐显现。江南文化之所以在全国乃至世界上具有独特地位，其关键之处在于其不同于北方中原文化以伦理价值和德性文化的诗性本质。北方伦理文化在中古以前起着根本性的作用类似于西方宗教，但在近代以来的文化衰朽颓势中，德性文化和政教结合反而显出某种保守性、反人性，因此，诗性文化因素在解构伦理文化的桎梏方面具有重要作用。另外，积极把诗性文化渗透、运用于城市文化建设当中，也是一个打破工具理性一统天下的重要举措，是一个重要而具有超前眼光的城市文化观。从上述城市的文化建设来看，它们抓住了各自的传统文化优势，既促进了经济的率先发展，又增强了这种发展的内在驱动力和文化品味。如南京对于民国时期使馆区的保护和开发、上海对于老城区（如新天地）的成功改造和新城区浦东新区的开发、杭州对于西湖的保护性开发及对周边地区的辐射、常州对于运河水文化的治理性维护、尤其是苏州对于以古典园林为代表的江南文化的保护和开发（老城基本不动，另开新城）等，这些物质文化层面的建设由于大多是在原有基础上进行的，因而保留了较多的古典韵味、诗性特色、近代风范；而金华市沿婺江北岸由艺术家艾未未先生（诗人艾青之子）联合世界上十余位著名建筑家和艺术家完成的“金华市城市建筑艺术公园”等，又适时地顺应了现代生活和城市市民追求诗性存在的文化心理需要，从而增强了城市文化的现代气息……但是在这当中也有反面例子，如前些年无锡市就把阿炳（华彦钧）的故居拆掉，后因被媒体揭露而狡辩说拆了再盖好的。（实际上，阿炳的音乐之所以那么震撼人心，就因为其浸透着苦难和民族的悲哀，他的住宅那种低矮、破败、灰色等特征，恰恰象征着音乐家所遭受的深重苦难和深沉的民间情怀。）此类荒唐的城市建设中的现象在长三角城市文化建设中也屡见不鲜，这值得警惕和反思。

其三，江南文化重视人与自然真正的和谐共处，长三角城市文化建设与生态城市建设同步。长三角城市群正处于经济高度集中、发展的区域和阶段，如何处理诗意江南、生态江南、文化江南与城市发展扩张的关系，是这一区域城市文化建设中的重大课题。南京是省会城市中绿化最好的，但空气中总弥漫着莫名其妙的怪味；杭州的生态建设自然也首屈一指，但周围的小山及其植被逐渐被蚕食或鲸吞；20 世纪 90 年代以来的上海市区生态文化建设也走出低谷，但江南水系逐渐被钢铁水泥的城市硬件所覆压。其他地级城市近年来虽然也都比较重视生态建设，讲求人与自然的和谐共处，但诸如将河道疏通取直，把山中巨石开凿并移至城区、把山上的珍贵大树移植市区等破坏生态的现象也时有发生。这些现象的发生都需要从建设诗意栖居的现代城市的高度来加以认识和纠正。

珍惜生态本来是江南文化的要义之一。大批北方的贵族和平民来到江南就乐不思蜀，除了政治迫害和伦理压抑的原因之外，江南秀丽的自然山水也是留下他们的重要原因。较之北方城市的气候干燥等不利因素，江南城市在这方面得天独厚，像苏州城早在唐代诗人眼里就呈现出一幅幅人与自然相谐和的优美景致：“君到姑苏见，人家尽枕河。古宫闲地少，水巷小桥多”（杜荀鹤《送人游吴》）。严明对苏州城市文化建设的意见值得参考，他认为，“苏州园林的立意首先是与喧闹的城市隔开，身居闹市，一尘不染，在高墙围起来的咫尺空间内享受幽静和闲适。还有很重要的一点是要在有限的环境中创造一个浓缩的自然环境，达到‘不出城廓而获山林之怡，身居闹市而有林泉之趣’的意境。明清时期苏州繁荣的文人诗画为园林提供了最佳的营建氛围，造园者往往都有较高的文化修养，能诗善画，深谙艺术三昧。在造园过程中，建造者经常借助山水花鸟画来表达高雅情趣，再现唐诗宋词中描述过的艺术意境，又通过凿池堆山、栽花种树，在有限的空间内，进行变换无穷的景物设计，制造出具有江南水乡诗情画意的景观。在苏州园林中游赏，就像是在品赏着唐诗宋词，又像是在观赏着明清时期的苏州文人画。苏州众多园林各具不同的景色，充满着设计者的艺术个性。”[8] 所以，在长三角各自的城市文化建设中，应该多体现出城市文化的底蕴和特色，力避趋同和单一。但总体上看，这种诗性本质主要体现在江南城市的水本色，苏州如此，其他大小城市也往往以水的婀娜多姿（如苏州）、婉约柔媚（如杭州）或大气磅礴（如南京）或两者兼容并蓄（如上海）为其重要标志。长三角城市的诗意本色和诗性文化建设，离不开这一外在的诗意氛围的衬托和支撑。

我们梳理江南诗性文化和长三角城市文化建设的关系，应该明确以下几点：第一，注重人的主体性及其诗性智慧，并依此克服当代日益突出的实用理性的侵袭，建设城市作为宜居的诗意家园的目标，注重文化因素和经济因素并重，强化开放意识，树立把江南文化和外来文化（包括祖国其他区域文化和外国文化）相融合的观念，真正把文化因素尤其是诗性文化精神当作重要的城市建设的资源加以保护和利用。第二，在当代城市文化建设中，对于城市文化资源尤其名胜古迹等文化遗址首要的是保护，然后才是适当开发。有时候还原或构想一些超脱性、理想性的文化精神仍然是必要的，“宁可食无肉，不可居无竹”，古人追求天人合一的精神境界应该体现于现代城市文化建构中。为此应避免城市硬件建设中的雕琢、做作、虚饰等不良倾向，而充分采纳我们的先民祖宗们行之有效的江南园林的"清水出芙蓉，天然去雕饰"的风度。第三，硬件与软体建设同步。江南文化圈产生了诸多缠绵动人的诗词、歌赋、戏曲、琴棋书画以及苏绣、杭绣、瓯绣，像昆曲、越剧、婺剧，甚至吴侬软语、杭州话、南京话等"非物质文化"遗存，在城市文化建设中应该付出相当的努力予以保存和流传下去。总之，现代城市是大地上的精神宝库，是人类文化的集散地，如何在城市文化中保留诗性文化，让城市人保有一种诗意化的生存，是当代长三角城市文化建设中的急迫课题。长三角城市群都在江南文化圈内，具有江南文化的整体性特征，但各个城市也均有自己的特点。应在作为整体性的江南文化的基础上培育各自城市文化的现代化和诗意性、功能化和人文性、普适性和独特性的统一。

注释：

[1]陈望衡：《江南文化的美学品格》，《江海学刊》2006 年第 1 期。

[2]黄波：《朱元璋为什么嫉恨江南？》，《书屋》2009 年第 1 期。

[3]刘士林：《江南文化的诗性阐释》，上海音乐学院出版社 2008 年，第 48 页。

[4][奥]雷立柏：《古希腊罗马与基督宗教》，社会科学文献出版社 2002 年。

[5]景遐东：《江南文化与唐代文学研究》，人民文学出版社 2005。

[6]刘士林：《江南文化的诗性阐释》，上海音乐学院出版社 2008 年，第 20 页。

[7]田崇雪：《张岱：石在，火种是不会灭绝的》，《江南文化精神》，上海大学出版社 2009 年，第 68 页。

[8]严明：《苏州城市文化发展启示录》，《河南大学学报》2007 年第 5 期。

清前期江南市民文化建设论析

王日根 倪丽萍*

摘 要:清前期江南商品经济的发展,带动了城镇的兴起,市民阶层逐渐壮大,市民文化建设成为一个很有生机活力的行业。市民文学取得了广阔的发展空间,市民的娱乐生活也因戏曲、杂艺、文体活动等而变得丰富,其中虽显示出了奢靡的倾向,但积极意义还是主流性的。

关键词:清前期;江南;市民文化;建设

一、市民阶层的兴起与市民文化的繁荣

清前期江南已经成为全国人口最稠密的地区,其人多地少的情况甚至可以用"人满为患"来形容。乾隆《吴县志》载:"国家太平日久,人民户口百倍于前……为商为贾,奔走四方,又百工技术,吴人为众,而常苦不足。向无人烟之处,今则宅舍弥望。盖人满之患,至斯极矣。"[1]人均耕地越来越少,农业劳动力大量过剩,"以是仰贸易为生",大量过剩人口必然流向以工商业和服务业为主的工商业市镇。

人口聚集产生了最早的"市民群体"。工商业发展加速了城市人口的积聚,使城市规模不断扩大,大量的移民纷纷涌入,数千万户的繁华市镇亦处处可见。流入城镇的人皆得其用,为城镇的发展提供了大量的生力军,"四民之内,今之为游民者无业可入,则恐流而入于匪类之中,幸有豪奢之家驱使之、役用之,挥金钱以为宴乐游冶之费,而百工技能皆可致其用,以取其财,则游民亦得沾其余润,以沔其生。此虽非根本之图,亦一补救之术也"[2]。

乾隆年间,苏州城中居民有十万多户,阊门内外,居货山积,列肆招牌,烂若云锦,行人摩肩接踵。其繁荣程度超过了京城,有"除是京师吴下有"的美称,时人盛称"吴城烟火,奚啻百万"。苏州的水陆交通发达,"上自帝京,远连交广,以及海外诸洋,梯航毕至。"[3]山海所产之珍奇,外国所通之货币,四方往来,千里之商贾,骈肩辐辏。乾隆二十四年,徐扬绘的《姑苏繁华图》就生动地反映了当时苏州工商业繁荣的盛况。广大的小商品生产者、手工业工人、小铺户商人和小商贩是苏州城经济活动的主体,据统计,东北半城从事丝织业生产、销售的人及其家属人数约达30万,是小商品生产者、家庭手工业者、工匠的聚居地。城西阊门一带店铺充斥,铺户众多,居民多以经商为生,集中了数以万计的踹匠和染匠,还汇集了大量的外来经商人口。这样苏州城出现了最早的"市民群体",他们主要由商人(行商坐贾及中介商)、手工业者、服务业人员和游民组成。

随着工商业的发展,大批农民离开农村,进入市镇从事工业、商业、服务业及其他行业,并定居市镇成为市镇人口的过程就是我们所说的市镇化移民。市镇化移民占据了整个移民经济的重要部分。从根本上说,城市社会的演变主要体现在人口结构上工商业人口比重的增加,市民阶层出现,社会组织中的业缘关系逐步取代血缘、地缘关系,社会流动增加和社会价值观念转变等。

随着侨居往来的客商增加,城市永久居住人口和流动人口的增长,相应地日用消费品、饮食业、服务业也得到快速发展。而大量会馆、公所的建立吸聚了大批的侨居商人,沟通了城乡之间的贸易联系,促进了江南地区的市镇化进程。与此相应的,社会分工日益细化,市镇的专业化也日渐凸显出来。清前期江

*王日根,厦门大学历史研究所所长;倪丽萍,厦门大学历史系在读博士。

南地区手工业生产的专业化分工已经达到非常细密的程度。一般一个会馆或公所只属一个行业，几乎不存在跨行业的会馆公所。对行业进行初步归类可以分成以下几大类：丝绸刺绣业、成衣染布业、造纸印书业、土木建筑业、金银珠宝业、金融典当业、交通运输业、生活服务业等。

由于商品经济的发达使人们在现实生活的切身体验中，深悟到物质财富对个人的利益已超过个人的虚荣，因此吴民竞以求富为务，纷纷弃农从商。在金钱的诱惑面前，市井乡民甚至士大夫心理天平倾向于追求实利的一边。同时，也是由于商品经济的繁荣，商人地位得到确认，成为江南传统观念淡化的动因。

在闭锁、保守而稳定的传统农业社会中，娱乐生活受到封建伦理道德的严厉约束。而在江南由于商品经济的繁荣和都市城镇的发展，刺激着市民文化的发育和成长，市民表现出日益追求闲暇娱乐的趋向。纵情游乐已经成为江南士人和富裕市民的一大消遣方式。而普通市民和手工业者则往往在休息、娱乐和喜庆的场合咏唱山歌，编排戏文，藉以自娱。在这一时期，固定的营业性戏园开始出现。其唱腔靡靡可听，其内容以情爱为主，反映了市井细民的价值取向和审美趣味，因有悖于忠、孝、节、义的封建教化，因此屡屡受到封建官府的禁限。同时，赌博之风也日益猖獗，这可以说是商品经济有较大发展的社会中产生的冒险和竞争意识所表现出的一种现象。

娱乐生活具有群体性，一般来说，人们需要聚集在一起，才能充分表达情感；娱乐生活又具有流动性，演出团体要经常流动，人们为了观赏演出也要随之流动，由此，也就产生了娱乐生活的另一个特征——联系性。这些特点与分散、闭塞、稳定的传统农业社会的生活是不相协调的，与等级森严的封建社会秩序更是格格不入的。在“日出而作，日落而息”的农业社会中，农夫白昼终岁辛劳，勉力耕作，夜晚阖家相守，早早入睡，谈不上什么闲暇时间，也就不会要求什么娱乐生活；而居住于城镇里的作坊工匠、商人市民则有较多、较固定的闲暇时间，也就要求有相应的娱乐生活。这种变革传统生活方式的愿望和欲求，多由社会经济发展刺激而生，反过来又会转化成为社会变革的动力，成为社会变革的先导。

二、市民文学的兴盛

市民与城市工商业经济的发展，乃是市民文学滋生的土壤。从小说的宋话本而及明的拟话本，从戏剧勾栏瓦肆的宋杂剧、南戏，而及明清传奇乃至民间的花部勃兴，无不说明市镇性质的演变与城市的发展，促进了市民文学的兴起与繁衍。

随着江南经济结构的变化，这里棉花及蚕桑商品作物之普及，自给自足经济已向市镇商品经济发展，家庭手工业和工业手工业迅速发展，更值得一提的是海外贸易已具相当规模。正是在这样的社会经济大背景下，清前期江南市民文学勃兴。

这一时期市民、平民作为主人公的作品正大量出现。在人生道路上，他们已非只经“读书—科举—出仕(建立功勋、光宗耀祖)”这一传统社会的人生成功之路，亦非“读书—守业—退隐”的传统社会的高人名士的人生模式，而是出现了大量“经商(或从事手工业)—致富”的成功案例。许多作品中都出现对商人的歌颂，而一反过去对商人的轻视和抨击。

人们对海外贸易的呼声也越来越高，文人小说《镜花缘》，写文人唐敖随商人出海的奇遇，表露了知识分子士大夫中也出现了对海外世界的追求和憧憬。

由于清初才子佳人小说竖起了一面女性文学的大旗，与江南城镇受教育女性群体的需求相应，才使它成为一时风光无量的小说创作类型。

与以往作品中的女性极其不同的是，这一时期才子佳人小说中的佳人，才华与知识成为她们出彩的原因和基础。知识与才华为她们赢得了权力和尊重，成为她们更主动积极地表达自己的愿望，更主动地掌控自己命运的原因。以备受时人推崇的《平山冷燕》为例。小说主人公山黛由于才华出众，得到皇帝的赏识，赐给她一根玉尺，赋予她丈量天下才子的权力，而且，凭她这根玉尺，可以不受法律约束打死任何一个敢于侮辱她的人。知识为她赢得了至高的权力，使她得以绝对自信、安全地生存。小说的另一位女主人公冷绛雪尽管出身低微，却才华自赏，不甘嫁给凡夫俗子，终老乡下。所以她以出奇制胜的方式，假卖身山府为奴的机会，不仅让自己的才华崭露头角，而且也因此改变了自己的生存环境和命运。在冷绛雪的言行中没有任何怯弱的成分，她要自己掌握自己的命运，而且发誓要凭自己的才华为父亲争得名号，光耀门楣。女性可以像男性一样执掌生杀权力，可以像男性一样光宗耀祖，这在传统文学作品中简直是匪夷所思。

而清初出版的《吴吴山三妇合评牡丹亭还魂记》，反映了当时闺阁中的女子是怎样地阅读和需要阅读这一事实。“吴吴山”是指钱塘人吴人，因居处名为吴山草堂，故名“吴吴山”，三妇是指他前后三次娶的妻子，她们分别是陈同、谈则、钱宜。三位女性以狂热的情绪收集、校订《牡丹亭》的各种版本，并进行评点，最后出版题名为《吴吴山三妇合评牡丹亭还魂记》。

成书于清前期的《女开科传》说的是苏州府秀才余梦白为娼家女娘倚妆等开科引起一段花案，最终喜结良缘的才子佳人故事，娼家女娘倚妆等的才华出众是他们引发花案的原因，同时也反映了当时江南女子的才能与呼求，女子不能参加科考非缺乏能力而是缺乏机会。

随着商品经济的长足发展，江南城市规模日益扩大、新兴市镇不断出现，市民阶层大量涌现，应运而生的是反映江南地域文化的话本小说。规模庞大的市民阶层有着强烈的娱乐需求，市民阶层的涌现为话本小说提供了强大的消费群。另外，江南发达的刻书业减少了刊刻成本，降低了书籍价格，有力地促进了话本小说的广泛流传。江南社会经济文化的发展不仅为话本培养了广大的创作生力军与读者消费群，还提供了紧密联系两者的切实的传播工具。

江南文化对话本小说的影响主要还表现在内容与艺术两方面。内容上，江南文化首先使话本小说呈现出浓郁的江南地域色彩。话本小说多以江南为故事发生地。在现存的 51 部话本小说集中，以江南为故事背景或涉及江南的占三分之一。在这些作品中，江南各地的自然与人文景色，服饰、饮食、住居、出游、信仰、婚丧嫁娶等习俗被大量包括进来。

如《西湖佳话》、《西湖拾遗》及其他“西湖小说”对杭州风景、习俗等的表现，也能获得对特定时期特定区域的了解。这些表现，直可与正史、地方志、笔记等对勘，具有相当高的认识价值与史料价值。

《西湖佳话》卷十一、《石点头》卷十通过揭示杭州人好以尖酸语言臧否人物，喜好盲目追逐时尚，并在物质方面争耀奢靡，表现了其浮华的特点。

《石点头》卷十、《生绡剪》十三回通过对“美人局”、“柜坊局”等诈骗手段的客观介绍及生动描绘，反映了其诈伪的特点。

《西湖佳话》卷十三中，李源与圆泽初识之三生石畔，“修竹千竿，穿石罅而出，层峦叠嶂，幽峭绝人”。景物描写又能与人物的情感相和谐统一，从而使作品呈现出一定的意境之美。

人情世态小说《豆棚闲话》第十则通过辑录其地才子讥讽店家“虚头”的竹枝词、打油诗，揭露了苏州人的“一团虚”，“有名没实”。

三、市民娱乐文化

江南商品经济的繁荣和都市城镇的发展，刺激着市民文化的发育和成长，江南市民表现出日益追求闲暇娱乐的趋向。

纵情游乐已经成为江南士大夫阶层和富裕市民的一大消遣方式。时人称：“吴人好游，以有游地、有游具、有游伴也。游地则山水园亭多于他郡；游具则旨酒佳肴、画船箫鼓，咄嗟而办；游伴则选伎声歌，尽态极妍。富者朱门，相引而入，花晨月夕，竟为盛会，见者移情。”[4] 在苏州的游览胜地虎丘，四时游客麇集，常无寥落之日，尤其每年六月时光，“豪民富贾，竞买灯舫，至虎丘山浜，各占柳荫深处，浮瓜沉李，赌酒征歌。滨客逍遥，名姝谈笑，雾縠冰纨，争妍斗艳。四窗八拓，放乎中流，往而复回，篙橹相应，谓之‘水辔头’。日晡络绎于冶芳浜中，行则鱼贯，泊则雁排，迫暮施烛，琨煌照彻，月辉与波光相激射。舟中酒炙纷陈，管弦竞奏，往往通夕而罢。”[5]

普通市民自然无法享受这样的排场，但也往往在休息和喜庆等场合咏唱山歌，编排戏曲，借以自娱。吴江县盛泽镇一带，男女织工众多，每逢“中元夜，四乡佣织多人及俗称‘曳花’者，约数千人计，汇集东庙并升明桥，赌唱山歌，编成新调，喧阗达旦”[6]。

清前期江南的妇女不再是“大门不出，二门不进”，而是时常出门旅游，参加庙会与进香等活动。传统的岁时节日，正是妇女出游的好时机。每当杭州举行立春之仪式，名曰“演春”，“侍女纵观，阗塞街市，高声致语”。到了元宵节前后五夜会张灯，谓之“灯市”，“士女不骈集，至有拾翠遗簪者”。又如苏州的端午竞渡，“至端阳前后时数日，观者倾城，万船云集，远郡士女，结伴纷来，鬓影衣香，雾迷七里”。而城隍神诞、东岳神诞育观音大士诞辰等，妇女们也积极参加这些庙会活动。如苏州迎神赛会，借祈年报赛为名，即搭台演戏，轰动远近，有男子群聚往观，甚至有“妇女指赁屋而观”的情形。清初小说《醒世姻缘传》的第六十八、六十九回，专门描写了张、侯两个道婆自己当会首，组织八十名妇女进香团，骑驴坐轿，行程二百余里，到泰山顶上娘娘庙烧香。说明当时已经有妇女进香团了。

另外，很多大城市如南京、苏州、杭州等地附近的名胜，也常有“都人士女”聚游，形成“举国若狂”的景象。如苏州的虎丘、荷花荡与石湖，杭州的西湖等景点，每当季节舒适的时候都是士女群聚，有人形容士女倾城往游，“笙歌笑语，填山拂林，终夜不绝”，有的形容是“舟中丽人，皆时妆淡服”。再如上海城内的豫园，也是“游人杂遝，妇女如云”。

这一时期梨园业也盛况空前，固定的营业性戏园开始在江南地区出现。苏州原本无戏园，“酬神宴客，以优人，辄于虎邱山塘河演之，其船为卷梢。观者别雇沙飞、牛舌等小舟，环伺其旁……船上观客过多，恐遭复溺，则又中止．一曲笙歌，周章殊甚”。清雍正年间，“有郭姓者，架屋为之（戏园），人皆称便，生涯益盛。自此踵而为之者，至三十余家，卷梢船遂废”。[7]苏州城内有许多戏班子，“丝竹讴舞，与市声相杂”。这些戏班子大致分为两类：一类是从事商业活动的演出团体，即职业戏班，多由个人自行组织；另一类是官僚士绅、豪商巨贾家中畜养的“家班”，资金雄厚的富家“家班”规模甚大，有多达数十人者。清代苏州管理戏班子的机构叫“老郎庙”，顾禄《清嘉录》载：“老郎庙，梨园总局也。凡隶乐籍者，必先署名赞老郎庙。庙属织造府管辖，以南府供奉需人，必由织造府选取也。”康熙年间，苏州职业戏班中名声较著者先有寒香班、凝碧班、妙观班、雅存班等，其后继起着又有集秀、合秀、撷芳诸班。乾隆年间规模较大、名气较响的戏班更多达四十余个。

茶馆是另一个市民休闲娱乐的中心处所，从乾隆年间开始，评书、弹词已经广为江南市民所喜爱，而当时给评书、弹词艺人提供最好活动场所的，就是茶馆。《璜泾志稿》说：“旁列茶肆，延江湖男女唱淫词，谓之唱滩黄”。《罗店镇志》说：“歌唱淫词小曲，名日花鼓戏，男女观者致动邪心”。茶馆戏曲比较粗俗，适合乡民口味，男敲锣，妇打两头鼓，和以胡琴、笛板，所唱皆淫秽之词，客白亦用土语，村愚悉能通晓。茶馆戏曲“九调十三腔咸备”，如南词、滩黄、花调、大书、道情、戏法、隔壁戏、木人戏、花鼓调、莲花乐声等。总之，是以男女情爱、悲欢离合的内容居多，反映了市井小民的价值取向和审美趣味。

清前期赌博风气在江南地区炽盛一时，康熙时的江苏巡抚汤斌写到：“吴中之俗，刻造马吊、纸牌……流传天下，坏人心术。”[8]当时，赌博之风遍及社会各个角落，“间巷小人无论矣，衣冠之族，以之破产失业，甚至于丧身者，指不胜屈”。据说“上自公卿大夫，下至编氓徒隶，以及绣房闺阁之人，莫不好赌”[9]。苏州“赌博之风，十室而九，白昼长夜，终无休息，处处有赌场，人人有赌具，真所谓十步一楼，五步一阁者矣，秋冬则斗蟋蟀，又斗鹌鹑、黄头，举国若狂，所费不赀甚而闺阁之中，不娴中馈女红，健日慕浮荡之习，暗有尼姑、牙婆等为之通声气，今日至某处博奕饮酒，明日至某处呼卢宴会……甚者妇女至春时入庙，以烧香为名，遍处遨游，成群嬉玩，脂粉狼藉，钿岛零落，高门蓬户，莫不皆然，此风俗之尤恶者也”。[10]有人记下了这样一件惊心动魄的事情：某甲“身受赌害，抽刀断一指自誓，于是观者失色，皆谓其能痛改矣，乃左创未愈，而右执叶子如初”。[11]在社会各界经常出入的茶馆，开设赌场，引诱客人入内赌博，从中抽取“头钱”，更是常见的现象。在浙江，“不特仅在郡庙内逐日摆摊，即各茶馆亦无不如是”。在产丝重镇南浔，“茶坊彻夜局人丛聚，争赌竞博”。苏州府属下各县，茶馆设赌的现象最为盛行，“茶馆酒肆，设置台桌，无论掷骰、抹牌，诱人入局，藉以抽头图利”。其后，更发展到由城镇到乡村，“每逢一村，必有烟灯、茶馆聚赌”。《锡金识小录》谓：“酒馆茶坊昔多在县治左右，近则委巷皆有之……至各乡村镇亦多开张，此则近数年以内闻乡之老成人云：由赌博者多故，乐其就食之便”。当时人几乎众口一辞地指出了这点：“乡镇茶坊，大半赌场”，“开设茶馆，渐起赌博”，“茶肆皆设赌具，接龙、斗虎，无肆不然”。

江南人有园林之好。嘉定南翔镇的古猗园尤显可贵，古猗园位于镇东，称为猗园，乾隆间叶锦重修，更拓其地，改称古猗园，至今仍为嘉定一大胜景。同里镇因水成街，因水成市，十五条大小河流把全镇分割为一块块水中绿洲，三十座古桥把绿洲串为一个整体。全镇四周环水，东临同里湖，南滨叶泽湖，西接庞山湖，北枕九里湖，西北襟带吴淞江，东北连通阳城湖、澄湖。构成与外界隔绝的小天地，不易受战乱影响，故成为官僚乡绅聚集之地，“园池亭榭、声伎歌舞冠绝一时”。镇上名门望族多，深宅大院多，园林碑刻多，清代陈祖范、沈德潜都留下了赞美的诗句。

清前期江南的青楼文化也获大大发展。据《续板桥杂记》记，“乾隆间，南京妓业时，引南京父老之说，秦淮河临水河房，一向为妓者所居，只有屈指可数的几家。至于开宴延宾，也不常见。近十余年来，情况大变，家家户户妓女如花似玉，于是来秦淮河冶游者日增，而且日日如此。乾隆四十一（1776 年）、四十二年间夏间尤其兴盛。由南门桥至东水关，灯火游船，首尾相衔，船上旗幡翻动，将河面遮盖严严实实，以至连一点水面都难以见到。河亭上下，灯火照耀，有如白昼，各名妓之家，设下广筵长席，从中午至晚上，座客常满，樽酒不空。仅仅一日之间，就花费千金。”

而品评花榜之风又起。曹家驹《说梦》记：云间沈休文纵狭邪之游，薄松郡无名姝游于苏，来往平康无虚日，品其色技作花案，选虎邱梅花楼为花场，品定高下，以朱云为状元，钱瑞为榜眼，余华为探花，某某等二十八宿，择日迎状元，一郡如狂。[12]

清前期，江南城镇市民文化建设呈现出自发性的发展，这是与当时商品经济的迅速发展相适应的，其中虽然表现出某些奢靡的倾向，但积极意义仍是主要的。巫仁恕先生在《品味奢华》[13]一书中对江南士大夫阶层兴建园林的趋势有一个描述，起初园林建造者显示出某些退隐的心态，但后来园林却日益演变为公共空间，园林逐渐向世人开放，在很大程度上带动了整个地方社会文化层次的提升。

注释：

[1]乾隆《吴县志》卷一二。

[2]乾隆《吴县志》卷一二。

[3]《明清苏州工商碑刻集》。

[4]乾隆《吴县志》卷一二。

[5]顾禄：《清嘉录》，第 138 页。

[6]乾隆《盛湖志》卷三，《风俗》。

[7]徐珂：《清稗类钞》。

[8]汤斌：《请毁淫祠书》，《汤子遗书》卷二。

[9]钱泳：《履园丛谈》卷七，《骄奢》。

[10]袁栋：《书隐丛说》。

[11]龚炜：《巢林笔谈》卷四。

[12]《清人说荟》。

[13]巫仁恕：《品味奢华》，中华书局 2008 年。

南宋明州楼钥家族与佛教

李　辉*

摘　要：南宋时期的明州是一个佛教发达的地区。楼钥家族是明州望族，其本人与佛教有着千丝万缕的联系，而家族拥有多所寺院，族人中包括女眷很多都有信奉佛教的经历。本文以楼钥家族为研究对象，试图探析家族与地方佛教之间的互动关系。

关键词：明州；楼钥；家族；佛教；关系

南宋时期的明州占据着政治、经济资源的优势，名门望族汇聚于此，楼氏即为当地最重要的家族之一。有关楼氏家族的研究已取得了一些成果，这些研究多集中于楼氏家族的兴起、家族的联姻与地方社会，鲜有涉及其家族与佛教的关系[1]。而地方的佛教发展与世家大族之间存在着怎样的互动关系，这是一个值得重视的问题，特别是在明州这一佛教影响很大的地方[2]。楼钥是南宋的名臣，官至参知政事，封赠三代，故此段时期是楼氏最鼎盛之时。其文集《攻媿集》中，保存了许多与佛教关系密切的材料。本文即以他为中心探讨楼氏家族与佛教的互动关系。

一、宋代明州地区佛教的发展状况

宋代明州的佛教是相当发达的。楼钥说："浮屠氏法盛于东南而明为最，兰若相望，名德辈起，"[3]即是实录。宋代明州地区的佛寺数量极多。宋元四明方志中，对佛寺的沿革、庙产均有详尽记载。现以《宝庆四明志》为资料来源，列明州佛寺情况如下表：

表 1　明州佛寺统计表

	禅院	教院	十方律院	甲乙律院	尼院	废寺	总数	资料来源
州城	3	4	6	6	5	6	30	《宝庆四明志》卷一一
鄞县	22	24	8	36			100	同书卷一三
奉化县	23	23	4	23	1		74	同书卷一五
慈溪县	6	11	6	16	1	1	41	同书卷一七
定海县	7	6	5	13			31	同书卷一九
象山县	9	3		4			16	同书卷二一
昌国县	10	6	1	6			23	同书卷二三

《宝庆四明志》所修时间是宝庆年间，已是南宋后期，故可以反映出南宋明州佛寺的概况。从上表看出，明州加上其所属县，共有寺院 315 座，除 7 座废寺，还有 308 座，其中大多分布在鄞县和奉化两县。明州佛寺不仅为数众多，且多为名山大刹。例如：阿育王山广利寺位于鄞县东 30 里，宋大中祥符元年赐名"广利大觉禅寺"，"法席鼎盛，名闻天下"，南宋皇帝高宗、孝宗、宁宗皆有所赐[4]。天童山景德寺位于鄞县

* 李辉，杭州市社科院南宋史研究中心副研究员。

东60里。天童寺在宋代名气也相当大。南宋孝宗皇帝亲临，书“太白名山”以赐寺僧。宋代名寺有五山十刹之说[5]，广利寺、景德寺在五山中位居第二和第三。而且这些佛寺大多寺产雄厚。小寺常住田从几十亩到上百亩不等，而像天童景德寺这样的大寺常住田多为上千亩。[6]这些名山大刹又汇聚了大批高僧，故而大大提高了明州之佛教地位。

二、楼氏家族成员的佛教信仰考察

楼氏初居浙江东阳，自八世祖兴业公始迁至奉化，其后兴业曾孙楼郁即楼钥之五祖又由奉化迁至鄞县。而奉化、鄞县两地又恰恰是明州佛教最发达的地方，其家族久居于此，难免受其影响。而楼氏家族中亦不乏虔诚的信仰者，他们通过刻经、修庙等方式表达他们对佛教的虔诚，对地方的佛教发展起到推动作用。

（一）楼氏家族成员与佛教关系

1. 楼皓（951～1022）

关于楼皓，袁燮所撰楼钥行状中曰：“公七世祖讳皓”[7]，而光绪十九年七修本《鄞塘楼氏宗谱》则说“讳承皓”[8]。楼钥《攻媿集》也只称“七世祖”、“大录”，没有名讳，存疑。楼钥的这位七世祖与当地的佛教发展有着很大关系。据楼钥记载：

> 钥七世祖以赀为奉化县录事，当咸平中（998～1003），民俗富厚，一意奉佛，邑之告成、明化等塔庙多所营建。时杭州新印《华严经》，赎十部以归，又刊《法华经》版，造百部，皆以分施邑下诸寺，至今犹有存者。[9]

楼氏迁居奉化是其九世祖楼兴业时，到楼皓已是第三代。楼皓家资殷实，信奉释教。其对地方佛教发展贡献有二，一是在本县修建告成、明化等寺院。二是刊印佛经，布施于众。

2. 楼异

异，楼钥曾祖父，与佛教关系也较为密切。据楼钥记载，曾祖父曾出资刊刻《金刚经口诀》。《为赵晦之书金刚经口诀题其后》云：“及观后序则罗公所作，敷畅经意，又发明六祖之说，且云，士大夫无不乐助，而四明楼君某愿助成其事，则我曾大父也。”[10]“罗公”即罗适（1029～1101），楼钥五世祖郁之门弟子。此《金刚经口诀》系罗适作序，楼钥祖父异出资赞助刊印。

3. 楼弆

弆，楼钥叔祖。楼钥云：“居士中年益薄世故，好浮屠氏之说，名山古刹意有所寓，假榻宴坐，一钵一衲，或累岁忘返。”[11]楼钥受这位叔祖的影响也颇大。据其自叙：“每侍居士则爰诲良渥，尚历历能记余论，又为字钥以大防也。”文中“居士”即楼弆，楼钥之字即这位叔祖所予。

4. 家族中女性与佛教之关系

楼氏家族中的女眷中有很多是信佛的。她们奉佛的方式主要是阅《大藏经》，作佛事，向寺院布施钱财。下文将楼氏女眷中信佛者疏理如下：

汪氏，楼钥之母，“奉佛素谨，甫三旬已阅《大藏经》，取《龙龛手鉴》以正奇字。越国尝再诵及半，又与二舅补之，近年犹作梵呗，时举因果以示人，晨餐以前无非佛事，寒暑如一。”[12]汪氏是一个虔诚的佛教信仰者，不是像一般的妇女信佛那样，仅仅念念佛号，她曾阅读整部《大藏经》，可见颇有佛学素养。越国夫人即汪氏之母，诵《大藏经》过半。汪氏之奉佛恐怕与其母的教养也有关。

张氏，即前文提到的楼钥叔祖弆之妻。楼弆死后，“持门户愈谨，奉佛愈严”，至“寺观营缮随所求而应之”。[13]

蒋氏，楼钥从嫂，年二十九寡居。楼钥为蒋氏作墓志云：

延庆寺有十六观堂，礼长忏僧，未免乞食。扬州欲卖田赡之，始捐百斛，孺人复用四十万钱以酬先志，且为扬州立祠。得龙眠李公伯时所绘五十三善知识于故家，置广慧寺中。[14]

延庆寺在明州子城南三里[15]，“扬州”即楼钥伯父楼璹，蒋氏即是其媳。楼璹与佛教亦有关联：延庆寺作佛事，楼璹卖田，“捐百斛”。楼璹死后，蒋氏捐四十万钱，为楼璹在寺中立祠。

楼氏，楼钥从妹。“既敛，面如生，两手俱结释氏印。”[16]

陈氏，楼钥之嫂。盛年而寡居，“晚耽内典，一丝不挂”[17]。

（二）楼氏坟庵与功德寺

宋代的高官依规定可以申请功德坟寺，以照看祖坟[18]。嘉定二年，宁宗皇帝以报忠福善院赐与楼钥作功德院，此外楼氏坟寺尚有法海寺、报国山仁济院、长汀庵、告城、明化等寺庵。

法海寺，楼郁之“香火寺”。楼郁，字子文，四明庆历五先生之一，楼钥高祖[19]，死后“葬奉化乡龙潭巽山，……守坟香火法海寺。”[20]据《宝庆四明志》，法海院在“（奉化）县东南十里，晋天福元年置，名龙潭，皇朝治平二年改今额，常住田四十三亩，山二百五十亩。”

告城院、明化院均在奉化县境内。《宝庆四明志》卷一五“告城院”条：

告城院，（奉化）县东半里，旧名光教院，皇朝开宝七年（974 年）置，大中祥符三年（1010 年）改今额，常住田一百七十亩，山无。

同卷“明化院”条：

县东十里，旧名建城，唐宝历二年（826 年）置，光化中（898～901）改名建宁，梁开成（平）中（907～911）改名善因，皇朝大中祥符元年（1008 年）改今额，常住田六十三亩，山无。”

楼钥七世祖楼皓曾赞助修建。从告成院和明化院建寺沿革来看，两院都是大中祥符年间改额，“邑之告成、明化等塔庙多所营建”恐怕就是指此事。而楼钥又云“明化院之西南一山坡陁数十百亩，上世葬埋甚众”[21]，明化院亦应是楼氏之坟寺。

长汀庵，在奉化县奉化乡。长汀庵建于宣和五年至七年之间，为供奉楼钥祖父而建。楼钥记载颇详：

少师龙虎二山皆平正如画，至江而止。龙山之前俯临沙洲，相传下有金钟，曾见光景。今神龙居之，亦圣迹也。俗谓江水一段为一汀，近金钟一汀最长，弥勒每浴其中，号长汀子，故地名金钟，而庵名长汀。少师薨于宣和五年，至七年岁在丙午而葬，今且八十年矣。

“少师”即是楼钥祖父楼异。楼异宣和七年葬于龙山下，山旁建长汀庵。此后楼钥父母、兄弟均葬于此。楼钥为父母合葬之时，又重修此庵：“为屋三十余间，造石桥三所。”[22]长汀是地名，奉化乡有长汀村[23]。坟庵由专门僧人负责看管。长汀庵亦有寺僧，最初僧希亮住于此庵，三十五年后传徒弟本权，本权又经三十年传妙悟。[24]

报国山仁济院，在奉化县之报国山，常住田一百三十亩。楼钥祖母魏国夫人葬于山左，而其父亦卜寿藏于仁济院，在山下建小庵，号“安遇山房”[25]。又《长汀庵》亦云：“祖妣秦国夫人冯氏蚤丧，葬南山，再娶魏国夫人冯氏，先卒，得地于报国山之左，今为仁济院，作三穴，以右穴葬魏国。”可知仁济院亦是楼氏坟寺。

报忠福善院，位于鄞县西南七十里通远乡四明山之支脉峒山。据《宝庆四明志》卷一三记载：“旧号峒山院，唐光启二年建，皇朝大中祥符元年赐名彰圣，本甲乙徒弟院，乾道四年改充十方禅院，踞峒山东南，支众峰环，合状若芙蓉。嘉定二年楼参政府请为功德院，赐今额。常住田三百四十二亩，山九千八百。”报忠福善院是宋宁宗赐与楼钥的功德院。楼钥死后并没有归葬祖坟，而是葬于报忠福善院之左[26]。

三、楼钥与佛教的关系

楼钥(1137～1213)虽然一再宣称“余非学佛者”[27]，但他与佛教的关系非常密切。楼钥自幼随母生长于外家[28]，而楼钥的母亲、外祖母均“奉佛素谨”。在这样的成长环境中，楼钥不可能不受浸染，对佛教的了解会更多一些。楼钥的佛学修养很好，也曾阅读佛教经典。《仰山太平兴国禅寺记》云“阅《传灯》，而知小释迦之开山”。《传灯》一般即指道原编著的《景德传灯录》，是宋代有影响的一部禅宗灯录。此外，他曾为无用净全等数名高僧的语录作过序跋。其母死后，楼钥手书《法华经》，为母荐福[29]。楼钥与僧人的交往广泛，他的文集中收有八篇僧人塔铭，及大量与僧人之间往来唱和、疏文，寺记。这些作品虽也有一些应景之作，但无疑反应出楼钥与当时的佛教界的密切关系。

(一)与僧人之交往

法恭(1102～1181)，明州奉化人，俗姓林，宣和七年(1125)具戒。曾于湖心寺修学南山律、天台学，得法于宏智正觉，先后入主光孝寺、报恩寺等大寺。法恭与楼钥还是有渊源的，他的从姑是楼钥叔祖之妻，故两人交往很多，楼钥自云“自少时与师游”[30]，法恭过世，楼钥又为其作塔铭。

智鉴(1105～1192)，安徽滁州人，俗姓吴，号足菴，问道于真歇清了禅师，得法于天童宗珏，为洞下第十一世孙，其法嗣为天童如净。楼钥与智鉴关系很好，自云“足庵住雪窦数年，与余素厚”[31]。淳熙十一年，智鉴住雪窦寺，建锦镜池，楼钥受邀，游雪窦，并作《雪窦山锦镜记》[32]。楼钥受智鉴之托，为智鉴的老师宗珏作塔铭，而智鉴塔铭亦是楼钥所作。

法平，字符衡，号怡云主人，参大慧宗杲，居天童寺时，人称平书记。楼钥有诗与法平互相唱和：《答杖锡平老》、《戏赠怡云平老》[33]。法平工文能诗，与当时的诸多士大夫都有交往，例如史浩(1106～1194)、孙觌(1081～1169)等人。

师益，光孝寺长老，楼钥曾有诗相赠[34]。光孝寺即报恩光孝寺，追崇徽宗之道场，常住田二千一百五十九亩，山二百六十亩，其规模之大，不在天童、雪窦之下[35]。

俊芿，日本国僧，字不可弃，号我禅房。庆元五年(1199年)入宋，嘉定四年(1211年)归国，在宋十二年。《攻媿集》卷八一收有《灵芝律师赞》，是楼钥应俊芿所作，文中称赞俊芿“恪守律严，究观诸书”。

宗晓(1151～1214)，四明鄞县人，俗姓王，字达先，号石芝，十八岁受具足戒。先从具庵强公，次谒云庵洪公。出世住四明昌国翠萝寺，学者云集，后退隐西山，日课《法华经》。又居延庆寺第一座。嘉定七年(1214)示寂，世寿六十四，法腊四十七。其人著述颇丰：《法华显应录》、《乐邦文类》、《乐邦遗稿》二卷、《四明尊者教行录》七卷、《三教出兴颂注》、《宝云振祖集》、《金光明经照解》二卷[36]。宗晓与楼钥是同乡，故楼钥称他为“乡僧”。《法华显应录》即由楼钥作序。

智融(1114～1193)，汴梁人，俗姓邢，以医入仕，官至成和郎。年五十弃官，祝发入灵隐寺，后居雪窦寺。智融以善画而名，楼钥曾专入雪窦而访之，“融素严冷，不可挹酌，一见心许，气韵谈吐果如所期。”[37]智融作“岁寒三友”图见赠。智融与足庵智鉴亦是好友。

此外与宝藏老道源、道全、净明方丈、退堂洪老、天竺珪老均有酬唱。与楼钥有交往的僧人大多为四明高僧，很多主持过名山大刹，在地方上素有影响。

(二)与寺院之关系

楼钥文集中保留有许多游览佛寺的诗文，也有一些是应寺院之请而作的寺记，从这些诗文和寺记中，大致可以看出楼钥与寺院的互动关系。他不仅与四明佛寺有往来，与其他地方的佛寺亦关系密切，例如与径山兴圣万寿禅寺(杭州)、仰山太平兴国禅寺(江西瑞安)都有往来。

1. 天童山景德寺。楼钥盛赞曰：“天童不特为四明甲刹，东南数千里亦皆推为第一”。他多次游天童寺，有《天童玲珑岩》（卷八）、《同王原庆知道游天童》（卷九）等诗。天童寺有著名的千佛阁。此阁系虚庵怀敞入主天童之时，以弟子日本国僧荣西从日本运来之巨木修成。楼钥应怀敞之请，特作《天童山千佛阁记》以记此盛事[38]。

2. 径山兴圣万寿禅寺。楼钥称之为“东南第一丛林”[39]、“天下丛林拱称第一”[40]。庆元五年，是寺遭火灾，“一昔而尽”，住持蒙庵禅师元聪重修，为之一新，请楼钥作《径山兴圣万寿禅寺》以记寺之始末。

3. 雪窦资圣寺。资圣寺在奉化县境内，为四明名刹，楼钥曰：“吾乡僧刹最众，奉川一邑凡七十有二，雪窦古道场为冠，其次则安岩山也。”[41]楼钥与雪窦资圣寺渊源颇深。与雪窦寺住持足庵智鉴禅师关系密切，此前文已揭。他与雪窦寺的另一个住持雪窦璧老亦有交往。例如，璧老离开雪窦，入主雪峰寺，楼钥有诗相送[42]。又有《题璧老笑庵》一首：

> 笑甚底，笑甚底，若要笑时笑杀你。说梦梦中，洗泥泥里。头上安头，以水济水。个个一般，滔滔皆是。我也要笑来，终不欲开唇露齿。[43]

《攻媿集》中尚有一些疏文与佛教关系密切[44]。此疏文大致分两类，一类是作水陆法会所作疏文[45]，例如《普觉寺禳风祈雨水陆疏文》[46]、《金山寺水陆疏文》[47]。楼钥在水陆法会中参与程度如何，尚缺乏评价资料，但他在《育王作潼川水陆疏文》称：“江浙近年，多用眉山苏公之法；东南信士，罕见潼川杨氏之仪。穷究本原，具陈规范。”[48]由此，楼钥对水陆法会仪式也是相当熟悉的。另一类疏文是请僧住持某寺的疏文。此类疏文是楼钥任地方官、宰执时奉命所作，例如《灵隐观老奉敕住天童疏》[49]。

注释：

[1]例如包伟民：《宋代明州楼氏家族研究》（《大陆杂志》第95卷第5期），阐述楼氏一族在宋代的兴起与发展；俞信芳：《鄞县楼氏研究中若干难点试释—读〈宋代明州楼氏家族研究〉、〈鄞塘楼氏宗谱〉札记》（天一阁博物馆编《天一阁文丛》第五辑，宁波出版社2007年）；骆巧凤：《家谱：补充订正史实的特殊档案》（《宁波大学学报》2008年1期），均使用家谱资料对包文进行了补充。此外黄宽重：《宋代四明士族人际网络与社会文化活动——以楼氏家族为中心的观察》（《中央研究院历史语言研究所集刊》第70本，此文又稍作改动收入氏著《宋代的家族与社会》第二章，东大图书公司2006年）探讨了楼氏家族的婚姻与人际网络。

[2]有关四明家族与佛教关系的文章有黄敏枝：《南宋四明史氏家族与佛教的关系》（《国际宋史研讨会暨中国宋史研究会第九届年会》会议论文）。本文的写作受该文启发很大，而家族、佛教与地方社会之间存在着怎样互动，尚在进一步探讨中。

[3]《攻媿集》卷一一〇《延庆觉云讲师塔铭》，《四部丛刊》本。

[4]胡榘修，方万里、罗濬纂：《宝庆四明志》卷一三，“阿育王山广利寺”条，《宋元方志丛刊》本，中华书局1990年。

[5]五山十刹是宋代的寺院制中等级最高，朝廷干预程度最强的一类官寺。有关五山十刹的相关研究可参阅刘长东：《宋代佛教政策论稿》第七章《宋代的五山十刹制》，巴蜀书社2005年，第349～379页。

[6]以鄞县寺院为例，兴教院有常住田六十六亩，治平院有常住田二百九十亩，而广利寺有常住田三千八百九十五亩，山一万二千五十亩，天童景德寺常住田三千二百八十四亩，山一万八千九百五十亩。参见《宝庆四明志》卷一三。宋元四明方志中详尽地记载了每个寺院的寺产，可见当地的寺院经济占地方经济的一个重要方面。

[7]袁燮：《絜斋集》卷一一《资政殿大学士赠少师楼公行状》云：“公七世祖讳皓，六世祖讳杲。”

[8]本文所引《鄞塘楼氏宗谱》均转引自俞信芳文。

[9]《攻媿集》卷七四《为赵晦之书金刚经口诀题其后》。

[10]同上。

[11]《攻媿集》卷一〇〇《叔祖居士并张夫人墓志铭》。

[12]《攻媿集》卷八五《亡妣安康郡太夫人行状》。

[13]《攻媿集》卷一〇〇《叔祖居士并张夫人墓志铭》。

[14]《攻媿集》卷一〇五《太孺人蒋氏墓志铭》。

[15]《宝庆四明志》卷一一。

[16]《攻媿集》卷一〇五《从妹楼夫人墓志铭》。

[17]《攻媿集》卷一〇五《绩溪县尉楼君墓志铭》。

[18]有关功德坟寺，黄敏枝《南宋四明史氏家族与佛教的关系》一文有涉及，可参阅。

[19]楼郁相关讨论可参阅包伟民《宋代明州楼氏家族研究》。

[20]《鄞塘楼氏宗谱》之《追远行记》，转引自俞信芳《鄞县楼氏研究中若干难点试释》。

[21]《攻媿集》卷六〇《长汀庵记》。

[22]《攻媿集》卷六〇《长汀庵记》。

[23]《宝庆四明志》卷一五，布袋和尚号“长汀子”，不知与长汀村有何关系。

[24]《攻媿集》卷六〇《长汀庵记》。

[25]《攻媿集》卷七三《跋仲兄严州所书安遇山房题扁》。

[26]袁燮:《絜斋集》卷一一《资政殿大学士赠少师楼公行状》。

[27]《攻媿集》卷八一《灵芝律师赞》，卷一一〇《径山涂毒禅师塔铭》、《瑞岩石牕禅师塔铭》、《延庆月堂讲师塔铭》等文中数次云“余非学佛者”。

[28]《攻媿集》卷八九《华文阁直学士奉政大夫致仕赠金紫光禄大夫陈公行状》云：“钥亦汪出，与公(陈居仁)俱生长外家。”

[29]《攻媿集》卷七四《为赵晦之书金刚经口诀题其后》。

[30]《攻媿集》卷一一〇《瑞岩石牕禅师塔铭》。

[31]《攻媿集》卷一一〇《天童大休禪師塔銘》。

[32]《攻媿集》卷五七《雪窦山锦镜记》。

[33]《攻媿集》卷九、卷八一。

[34]《攻媿集》卷一《赠光孝益老》。

[35]《宝庆四明志》卷一一。

[36]志磐:《佛祖统纪》卷一八，《大正藏》第49册，第239～240页。

[37]《攻媿集》卷七九《书老牛智融事》。

[38]《攻媿集》卷五七《天童山千佛阁记》。

[39]《攻媿集》卷一一〇《径山涂毒禅师塔铭》。

[40]《攻媿集》卷五七《径山兴圣万寿禅寺记》。

[41]《攻媿集》卷五七《安岩华严院记》。

[42]《攻媿集》卷八一《送雪窦璧老住雪峰》。

[43]《攻媿集》卷八一《题璧老笑庵》。

[44]传世《攻媿先生文集》有抄本数种，今国家图书馆著录抄本凡六部，皆有残阙。据《四库全书部目》卷一五九(中华书局1987年，第1373页)，阙卷七七、七八、七九，又卷五六、七三、七四诸卷中有部份残脱，又云：“诸家所藏刻本、钞本并同，今俱无从校补。至第四十八卷、第八十一卷、第八十二卷有青词、朱表、斋文、疏文之类，凡一百六七十篇，均非文章之正轨。谨禀承圣训，概从删削，重编为一百一十二卷，用聚珍版摹印，以广其传。”据此，知四库本已删去青词、朱表、疏文等，而《四部丛刊本》据聚珍本影印，故亦为删削本。傅增湘当日曾有幸借得宋刊残本，以校聚珍本，又钞补被四库馆臣删削之文章得八卷，今藏国家图书馆。《全宋文》收录楼钥文章，以武英殿聚珍版《攻媿集》为底本，校以文渊阁四库全书本，并以国家图书馆所藏之傅增湘校补本补为四库馆臣所削之文字。本文所引疏文即采用《全宋文》本。

[45]水陆法会，即“法界圣凡水陆胜会”之简称，相关研究可参阅李小荣《水陆法会源流略说》，《法音》2006年4期。

[46]《全宋文》卷六〇一五，第266册，上海辞书出版社、安徽教育出版社，第340页。

[47]《全宋文》卷六〇一五，第266册，第329页。

[48]《全宋文》卷六〇一六，第266册，第344页。

[49]《全宋文》卷六〇一六，第266册，第350页。

隋唐时期越州高僧及其佛学影响

姚培锋*

摘　要：隋唐时期越州佛教的发展以创立宗派和广泛进行佛学交流为主要特点，它改变了东晋南朝佛教由西向东单边传播的现象，代之以南北互动、东西交融的格局。在社会政治统一的前提下，高僧之间频繁的交往和弘法活动，成为推动越州佛学发展的主导力量，同时也扩大了越州佛学在全国的影响。越州与京师长安之间的往来，是南北两个佛教中心之间的一种交融。越州高僧的佛学成就和佛教宗派的交流、会通，反映了佛教文化认同的趋势，表明这一时期佛学发展的渐趋成熟。

关键词：隋唐佛教；越州高僧；佛教宗派；佛学成就；影响

隋唐佛教的发展主要体现两大特点，一是中国化佛教宗派的广泛兴起和创立。“由各类‘师说’发展成为大型宗派，是隋唐佛教的一个重要特征。”[1]二是各地区之间的佛学有了更为广泛的交流和会通。与魏晋南北朝时期不同，佛教的单边性由西向东流传，被南北之间的互动交流所取代，形成了局部性区间交流和全国性大交流并存的格局。这一趋势，应该说是隋唐统治者结束全国分裂割据局面而实现政权统一，以及佛学理论思想发展的结果，表明佛教的发展，此期已逐渐进入一个成熟的阶段。

这一时期，作为江南佛教三大活动中心之一的越州地区，由于出现了一大批具有较深佛学造诣的高僧，而推动着越州佛学的发展。越州是三论宗的诞生之地，再加上与天台宗、华严宗等佛教宗派具有很深的佛学渊源，从而确立起在全国的佛学地位。越州高僧的游学和弘法活动，尤其是与京师长安、东都洛阳等北方佛教重地之间的频繁交往，使之在不断汲取新的思想理论的同时，也在广泛弘扬所取得的佛学成就，从而在全国产生很大的影响。

一、隋唐时期越州高僧及主要事迹

隋唐时期全国的僧尼数量众多，据《法苑珠林》记载，隋朝时，全国有寺 3985 所，僧尼达 236200 人。至唐，《新唐书·百官志》载玄宗朝有寺 5358 所，僧尼 126100 人。唐代的寺院要比隋代多，但僧尼数量几乎减少了近一半。出现这一现象，除了隋末唐初战乱原因外，恐怕与僧尼在籍人数减少，而隐匿人数增加有关。因为经过一百多年后，至唐武宗会昌灭佛，从全国还俗僧尼就达 26 万余人这一情况来看，唐代实际拥有的僧尼数量应比隋代要多。照此推断，越州的僧尼数如按全国僧尼数的 1/20～1/15 估计，[2]也应在 1～2 万人左右。如此庞大的僧尼队伍，为越州佛学的进一步发展奠定了基础。当时，越州境内的高僧很多，仅《续高僧传》和《宋高僧传》等，列有专传的越州高僧就有近 40 人。现摘录其中较为重要的高僧，并将其事迹表列如下：

* 姚培锋，绍兴文理学院副教授。

表1　隋唐时期越州籍的主要高僧

僧号(含生卒年)	俗籍	俗姓	主要事迹	资料来源
大志	山阴	顾	事"智者大师"智岂页。开皇中,为庐山福林寺住持,修头陀法。大业初,帝敕令严禁游方隐逸,志大愤,遂往东都,谒帝谏言,于嵩山设齐燃臂。有愿誓文七十余篇。	《续高僧传》卷二七、《宋高僧传》卷二三
礼宗(612～708)	会稽	宋	道气酋壮,志求玄微,尝从天台传授,注《涅槃经》80卷。	《宋高僧传》卷五
道亮	越州	朱	八岁出家,受具后学河中《三论》,复讲《涅槃经》。神龙元年(705),孝和皇帝诏亮与法席宗师十人,入长乐大内坐夏安居。时帝命受菩萨戒。二年,诏于西园问道,朝廷钦贵。	《宋高僧传》卷八
玄俨(675～742)	诸暨	徐	年始十二,师事富春僧晖。证圣元年(695),隶悬溜寺,从光州岸师谘受具戒。后乃游诣上京,探赜律范,遇崇福意律师并融济律师。道尊戒洁,名动京师。后还江左,偏行《四分》,因著《辅篇记》10卷、《羯磨述章》3篇,并撰《金刚义疏》7卷。法华寺建置戒坛,招集律行,恩制度人,受戒离俗者万人。	《宋高僧传》卷一四、《嘉泰会稽志》卷一五《高僧》
大义(691～779)	萧山	徐	年十二,请诣山阴灵隐寺(疑为灵鹫寺)求师。开元初,从吴郡圆律师受具。复依越州开元寺深律师,学《四分律指训》。游长安,乃抠衣法华寺玄俨律师,其俊迈出伦。称心寺超律师请为寺任,誓入天台佛陇转《藏经》。宝应初,与大禹寺迥律师同诣左溪朗禅师,学止观。前后戒坛计十七登,受戒弟子三万余人。	《宋高僧传》卷一五
昙一(692～771)	山阴	张	年十五,从李滔先生习《诗礼》。受具于丹阳玄昶律师,学通《事钞》于当阳昙胜律师。开元五年(717),西游长安,依观音寺大亮律师,传《毗尼藏》,崇圣寺檀子法师学《唯识》、《俱舍》等论,安国寺印度沙门受菩萨戒。兼通外学。开元二十五年,仗锡东归。明年,主越州开元寺,讲《四分律》、《删补钞》,度人十万计。著《发正义记》10卷。	《宋高僧传》卷一四
澄观(738～839)	山阴	夏侯	依宝林寺霈禅师出家,诵《法华经》。乾元中,依润州楼霞寺醴律师,学《相部律》。本州依昙一,隶《南山律》,诣金陵玄壁法师,传关河《三论》。大历七年(772),往剡溪,从成都慧量法师,覆寻《三论》。十年,就苏州,从湛然法师习《天台止观》、《法华》、《维摩》等经疏。游历甚广,曾入长安。弟子传法者一百许人,余堪讲者千数。著述无数。	《宋高僧传》卷五
神邕(710～788)	暨阳	蔡	年十二辞亲学道,请业于法华寺俊师。开元二十六年(738),勑度隶诸暨香岩寺名籍。依法华寺玄俨师,通《四分律钞》。又从左溪玄朗师习《天台止观》、《禅门》、《法华玄疏》、《梵纲经》等。天宝中,……乃游问长安,居安国寺,公卿藉其风宇,追慕者结辙而至。旋居故乡法华寺,自至德迄大历中,频受请登坛度戒。著《破倒翻迷论》3卷,又纂地志两卷。	《宋高僧传》卷一七
海慧	越州		精习天台教,而禅寂悟。著《天衣十峰咏》,郡人钱易为之序。	《嘉泰会稽志》卷一五《高僧》
慧忠(?～775)	诸暨	冉	少而好学,法受双峰。游历名山,尝住南阳白崖山党子谷四十余年。开元中,居长安龙兴寺,罢相、节使、王公、大人莫不膜拜顺风,从而问道。肃宗时,居京师千福寺。卒谥"大证禅师"。	《宋高僧传》卷九

表 2　隋唐时期越州境内的外籍主要高僧

僧号(含生卒年)	俗籍	俗姓	主要事迹	资料来源
吉藏(549～623)	金陵	安	年七岁，投兴皇寺朗法师出家，具戒后声问转高。曾东游秦望，止泊嘉祥，并在会稽嘉祥寺讲法达十五年之久，有“嘉祥大师”之称。开皇末，被炀帝召入东都洛阳，后居长安日严寺。常与昙献禅师、僧粲等高僧辩论，并在京师完成《三论》注疏。唐初，高祖在长安设立“十大德”，统领僧众，吉藏亦在当选之列。著有《中论疏》、《百论疏》、《十二门论疏》、《三论玄义》等。晚年住延兴寺。	《续高僧传》卷一一
法敏(579～645)	丹阳	孙	八岁出家，事英禅师为弟子。后入茅山，听明法师三论。年二十三，又听高丽实公讲大乘经论，躬为南坐结轸三周。及实亡后，敏乃反俗三年潜隐。还袭染衣避难入越，住余姚梁安寺，领十沙弥讲法华三论相续不绝。贞观元年(627)，出还丹阳讲《华严》、《涅槃》二年。越州田都督追还一音寺，相续法轮。于时众集义学沙门七十余州八百余人，当境僧千二百人，尼众三百，士俗之集不可复纪。至十九年，会稽士俗请往静林讲《华严经》。	《续高僧传》卷一五
慧持(575～642)	汝南	周	生于豫章，初达丹阳开善寺，投满法师。隋末避难往越州，住弘道寺。常讲《三论大品》、《涅槃》、《华严》、老庄，累年不绝。书翰有闻，不出寺门将三十载。	《续高僧传》卷一四
神迥(565～629)			幼入法流，齐庄自任。居越州大禹寺，晚年慕称心寺大义律师，同习三观于天台宗。宝应年中，与大义同诣左溪玄朗禅师，学止观。著有《朗师真影讃》、《法华经文句序》，冠绝于时，为世所贵。	《宋高僧传》卷一五、二九
智凯(？～646)	丹阳	冯	年十三，覆藏经论，纵述不拘检约，随藏住会稽嘉祥等寺。及藏入京，即还静林寺，聚徒常讲。武德七年(624)，赴剡县立讲，听徒五百。贞观元年(627)，往余姚县小龙泉寺，常讲三论大品等经。十九年，齐都督请出嘉祥寺，令讲三论，四方义学八百余人，百有余日，日论十人，答对冷然消散无滞。	《续高僧传》卷一四
道岸(654～717)	光州	唐	生而不群，少而奇概。浮江淮，达洙泗，探禹穴。闻越中初法师名，杖锡游吴，由是常居会稽龙兴寺。孝和皇帝征其入朝，与大德数人同居内殿，颇受恩宠。后还光州，灭度于会稽龙兴道场。	《宋高僧传》卷一四
鉴真(687～763)	江阳	淳于	少出家，长安元年(701)得度，住扬州大云寺，神龙元年(705)，从道岸律师受菩萨戒。景龙元年(707)诣长安。天宝三年(744)，应越州龙兴寺僧众之邀，从明州转至越州，弘扬律宗。十年艰辛，六次东渡，终成日本律宗初祖。	《宋高僧传》卷一四
湛然(711～782)	荆溪(常州)	戚	为智五世孙，左溪玄朗之法子。天宝初年登僧籍。遂往越州昙一律师法集，广寻持犯开制之律范。曾住越州大善寺(时称开元寺)多年，与昙一精研《毗尼》。在玄宗至代宗的十余年间，诏书连征，辞疾不就。著述颇多，被尊为“天台九祖”。	《宋高僧传》卷六
允文(805～882)	嘉禾	朱	师授《维摩》、《法华》二经，十六岁出家，投嵩山临坛大德远和尚。大和五年(831)，归嘉禾，并赴钱塘天竺寺听讲《大涅槃经》。开成元年(836)，游台峤，止息越之嘉祥寺，众藉清分，甄命敷其经律。后移居静林寺。大中初年，隶名开元寺。在越州讲《相疏》、大经，其姿庄严端正，门徒弟子十分畏惮。	《宋高僧传》卷一六

续表

僧号(含生卒年)	俗籍	俗姓	主要事迹	资料来源
印宗(627～713)	吴郡	印	居会稽山妙喜寺,诵通经典,精讲《涅槃经》。咸亨元年(670),在京都,盛扬道化。上元中,敕入大爱敬寺居,辞不赴,请于蕲春东山忍大师谘受禅法。复于番禺遇慧能禅师。著有《心要集》及诸佛法,著述流布甚广。	《宋高僧传》卷四
寂然		白	大和二年(828),振锡观方,访天台胜境。到达剡之沃洲山后,慕其名山、名僧、名士,如归故乡,恋而不能舍去,卜筑而居禅院。	《宋高僧传》卷二七
希圆	姑苏	张	修三学,时推俊迈。光启中,属徐约军乱,孙儒略地,吴苑俶扰。圆由通玄寺附商船,避地于甬东。其估客偕越人,笃重于圆,召居会稽宝林山寺。著有《玄中钞》数卷。	《宋高僧传》卷七
神智	义乌	力	就云门寺惟孝为师。大中初年,巡游暨阳,号"大悲和尚"。大中中,入京兆,时昇平相国裴公休预梦智来,追乎相见欣然。	《宋高僧传》卷二五
文质(778～861)	须江	祝	曾随叔氏唯宽入长安内道场。年十五,诵《法华》、《华严》、《维摩》等经。二十三岁受具,善讲《四分律》、《俱舍》,精晓诸大经论。后约束大悲、禹迹二禅师,参问心要。后归诸暨法乐寺领徒。终住会稽吕后山院。	《宋高僧传》卷二七

表1、表2是列为专传的越州主要高僧,包括越州籍在本土或在外地的高僧,以及外籍在越州的高僧。另外,在两传或其他资料中列有专传的高僧,还有智永、智果、灵澈、清江、僧达、慧沐、全亮、道行、后僧会、丹甫、灵一、慧海、智藏、昙休等。

从这些高僧所列事迹来看,主要有如下特点:第一,师事名僧或师承多门。两表中所列之高僧大多具有这一特点,其中最有代表性的,如大志、玄俨、大义、昙一、澄观、神邕、吉藏、法敏、湛然、神迥等。来自于名师的佛学传承,为他们在这一领域的发展,乃至最终成为一代宗匠,奠定了深厚的佛学基础。第二,游历甚广,声名远播。这些高僧一般都有丰富的游学经历,广泛涉猎佛学成为他们的共同特点。值得注意的是,表中所列高僧很多曾游历过京师长安,如道亮、玄俨、大义、昙一、澄观、神邕、慧忠、吉藏、印宗、神智、文质等。与京师长安的密切联系,极大地提高了这些高僧的声誉和地位,扩大了越州佛学在全国的影响。第三,佛学精湛,著述颇丰。他们大多以研习本地较崇尚的、又有特色的《般若》、《毗尼》、《三论》、《涅槃》、《华严》、《法华》等经疏和律学、相部学为主,有不少高僧成为该领域的顶尖人物,如昙一、澄观、神邕、吉藏、法敏、湛然、允文、神迥、智顗等,所撰佛学著述也十分丰富。

二、隋唐时期越州佛学的突出成就

自东晋南朝以来,佛教在江南得到了较快的传播,这与浙东会稽(唐代称越州)的传教活动有着很大的关系,慧皎所撰《高僧传》就记录了众多西来高僧在此地的弘法活动。这里名士集聚,如孙绰、许询、刘惔、殷浩、何充等,都与高僧有广泛的结交,从而实现了佛、玄的有机结合,对推动江南佛学发展起到了十分关键的作用。正如有学者指出,如果说佛教传播在晋室南渡后有了一个飞跃,那么,"玄学则是这次飞跃得以产生的关键"。[3]那时,会稽一带已是江南的佛教中心,般若学中的所谓"六家七宗",其中大部分与会稽有关。"即色宗"的代表人物支遁(支道林),就曾在会稽一带长期活动;"识含宗"的于法开、"幻化宗"的竺道壹分别居住在剡山石城元华寺和会稽嘉祥寺;"缘会宗"的于道邃亦曾跟随其师于法兰到过会稽。

进入隋唐后,越州佛学因高僧而显贵,亦因高僧而弘扬。三论宗的创立,以及作为第一个中国化佛教宗派的天台宗，还有华严宗等，均与越州有着颇深的佛学渊源，这就更加突出了越州佛学的重要地位。

（一）吉藏和三论宗在越州的创立

三论宗是隋唐时期的一个重要佛教宗派，由“嘉祥大师”之称的高僧吉藏创立，嘉祥寺是三论宗的诞生之地。

吉藏，“俗姓安，本安息（今伊朗一带）人也。祖世避仇，移居南海，因遂家于交、广之间，后迁金陵（今南京）而生藏。”吉藏在七岁那年投法朗出家，十四岁习《百论》，十九岁学有成就，善讲经论。“隋定百越，遂东游秦望（即秦望山，在今绍兴南），止泊嘉祥”，在嘉祥寺宣讲三论达十五年之久，听众每达千余，“禹穴成市，问道千余”。“开皇末岁，炀帝晋蕃置四道场，国司供给，释李两部各尽搜扬，以藏名解著功，召入慧日（即东都洛阳慧日道场），礼事丰华，优赏伦异。”吉藏在京师经常与高僧进行辩论，声名远播。“王又于京师置日严寺，别教延藏往彼居之，欲使道振中原，行高帝壤。……藏乃游诸名肆，薄示言踪，皆掩口杜辞，渺能其对。然京师欣尚妙重法华，乃因其利即而开剖。时有昙献禅师，禅门钲鼓，……时沙门僧粲，自号‘三国论师’，雄辩河倾，吐言折角，最先钲问，往还四十余番，藏对引飞激，注赡滔然。”吉藏是在京师长安完成“三论学”的理论创作的，他先后撰写了《三论玄义》1卷、《大乘玄论》5卷、《二谛义》2卷、《三论游意》1卷、《中论疏》20卷、《百论疏》9卷、《十二门论疏》6卷、《大品般若经疏》10卷等，凡数十部。因此，吉藏是三论宗的实际创宗者。至唐初，“及大唐义举，初届京师，武皇亲召释宗，谒于虔化门下。众以藏机悟有闻，乃推而叙对，……武德之初，僧过繁结，置十大德（佛教界十大有德行者）”，[4]统领僧众，吉藏亦在当选之列。

三论宗源于“三论学”，属般若部经学，推龙树为初祖，以龙树的《中论》、《十二门论》和提婆的《百论》为经典。其佛学“思想驳杂多端，与法相宗的细密烦琐，并称为中国佛教史上的难治之学。”其基本教义，是“诸法性空”的“中道”、“实相”论，这在吉藏所著的《大乘玄义》和《中论疏》等佛学著作中，有较为完整的阐述。吉藏倡导的“中道”、“实相”说，“是针对当时佛教内部师说竞起、社会上三教争立而言的”，[5]其学说极富哲理，思辨性很强，因此，三论宗在隋及唐初十分流行。

当时，在会稽一带宣讲三论宗的还有与吉藏同出一门的明胜法师弟子法敏，他曾在余姚梁安寺讲法华三论。“贞观元年（627年），出还丹阳，讲《华严》、《涅槃》。二年，越州田都督，追还一音寺，相续法轮。于时，众集义学沙门七十余州八百余人，当境僧千二百人，尼众三百，士俗之集不可复记。……至十九年，会稽士俗请往静林，讲《华严经》。”[6]吉藏的门人乌凯（即智凯），晚年住嘉祥寺，亦聚徒常讲三论，门人800有余。

三论宗创立后，影响遍及长江流域的巴蜀、荆襄、金陵、会稽及京师长安，成为盛极一时的佛教宗派。至“唐贞观以后，三论渐衰。”[7]

（二）天台宗与越州的佛学渊源

天台宗是由号称“智者大师”的四祖智顗（538～597），在天台山创立的。天台宗在佛学理论、思想及后继者的传承方面，与越州都有着很深的佛学渊源。相传，隋开皇十七年（597年）冬，智岂页因晋王杨广之召赴扬州，途经会稽剡县石城山，在寺中大佛（即今新昌大佛）前端坐入灭。智岂页圆寂于会稽剡县，虽属巧合，却是天台宗与越州佛学结下的一种不解之缘。

智岂页师承慧思，其佛学思想主要有“一念三千”、“一心三观”、“三谛圆融”、“止观并重”和“性具实相”等。其佛学理论著作有《法华玄义》20卷、《摩诃止观》20卷和《法华文句》20卷，此三部大论，后人尊之为“天台三大部”。另有《观音义疏》2卷、《观音玄义》2卷、《金光明经玄义》2卷、《金光明经文句》6卷和《观无量寿佛经疏》2卷等五部义疏，被尊奉为“天台五小部”。[8]天台宗的这些佛学思想源于《法华经》，“就天台学产生的佛学脉络来讲，般若、玄学乃是其远因，《法华经》在江南的流传则是其主因。”[9]隋唐以前，江南地区诵习《法华经》以会稽为最盛，如会稽高僧法宗，“诵《法华》、《维摩》。常升台讽咏，响闻四达。士庶禀其归戒者三千余人，遂开拓所住，以为精舍，因诵为目，号曰法华台。”[10]法宗在会稽的弘法活动，反映了《法华经》在这一带流行的情况。

《大智度论》也是天台宗一部重要的佛学理论经典，它既与般若、玄学相当亲近，也与三论宗关系密切。《大智度论》的精神实质与三论宗有很大的一致性，"天台一宗，盛于南方，实有三论诸师之先容。吾人若论南齐至隋江东佛学之变迁，则首为摄山夺《成实》之席，次为天台继三论之踪。"[11]天台宗的最大特点是"定慧双修"，"江东佛法，弘重义门，至于禅法，盖蔑如也。而思慨斯南服，定慧双开。昼谈理义，夜便思择。"[12]由于三论宗将禅法与义理之学结合起来，而被天台诸祖所借鉴、发展。

智岂页弟子"章安大师"灌顶(561～632)，"常州义兴(今江苏宜兴)人也，祖世避地东瓯，因而不返。今为临海之章安焉。"他七岁出家，师从摄静寺慧拯法师，二十岁受具足戒。后入天台山修禅寺，礼谒智者大师，并随侍左右，成为继承智岂页佛学思想的一位高僧。灌顶在晚年曾移住会稽称心寺，宣讲《法华经》，"晚出称心精舍，开讲法华"。[13]

在天台宗的后继者中，湛然是一位促使天台宗中兴的高僧，被尊为天台九祖，他与越州的关系更为密切。史载，湛然为常州荆溪(今江苏宜兴南)人，曾于唐天宝年间游化东南，住越州大善寺(大善寺于开元二十六年改名开元寺，后唐长兴元年敕复为大善寺)多年，"遂往越州昙一律师法集，广寻持犯开制之律范"，[14]与高僧昙一共同精究《毗尼》，受昙一佛学思想影响较大。昙一为越州山阴人(今浙江绍兴)，开元五年(717)，西游长安，"依观音寺大亮律师，传《毗尼藏》，崇圣寺檀子法师学《唯识》、《俱舍》等论，安国寺印度沙门受菩萨戒。"他还通过大亮律师，学习崇福寺满意律师盛传的四分律，最后，"(昙)一依励律师疏及唐初终南宣律师《四分律钞》三卷，详略同异，自著《发正义记》十卷。"直至开元二十五年，才"仗锡东归"。开元二十六年起，主越州开元寺丈席，弘扬四分。[15]上述情况说明，湛然是与昙一共同研习天台宗佛学的，而且地点就在越州。

(三)华严宗与越州的密切关系

同属三论宗一脉的地婆诃罗三藏，于唐高宗仪凤年间来中国弘扬三论，并传法于贤首大师法藏。法藏即为华严宗的实际创始人。从华严宗的佛学传承来说，与三论宗有着相当大的关系。

华严宗与天台宗也有一定的承袭关系，它以推为初祖的杜顺所著《华严法界观门》和《华严五教止观》为理论基础。该宗在观行方面的"无尽缘起说"，是汲取了天台宗"一念三千"的性具说，而发展其"性起"教义。判教方面的"五阶次第说"，也多以天台宗的"判教"思想为基础，而逐渐形成。

继法藏后的澄观，有"清凉国师"之称，为华严宗四祖。澄观是越州山阴人，他集越州佛学与天台宗思想于一身，既向昙一学习过，又从湛然习《天台止观》等。"乾元中，依润州(今江苏镇江)栖霞寺醴律师，学相部律。本州依昙一，隶南山律，……大历十年(775年)，就苏州，从湛然法师习《天台止观》、《法华》、《维摩》等经疏。"其本人游历甚广，曾于贞元七年(791年)西入长安，"德宗降中使李辅光宣诏(澄观)入都，与罽宾三藏般若译乌荼国王所进《华严》后分四十卷。观苦辞，请明年入。……五月，内中使霍仙鸣传宣摧入。观至，帝颇敦重，延入译场刊正。又诏令造疏，遂于终南草堂寺编成十卷，进呈，敕令两街各讲一遍为疏。……顺宗在春宫，尝垂教令述《了义》一卷、《心要》一卷并《食肉得罪因缘》，洎至长安，频加礼接。"[16]可见，华严宗与三论宗和天台宗是分不开的。

由上可知，隋唐时期的越州仍然是浙东乃至江南的佛学中心。三论宗的创立，是历代高僧佛学思想积淀的结果。由于其地域的特点和佛学的深厚基础，它又成为连接天台宗与华严宗的重要枢纽。越州佛学的这些突出成就，无疑使它确立起在全国佛教中的重要地位。

三、隋唐时期越州佛学在全国的影响

隋唐时期，南北佛学和佛教宗派之间的交流是十分频繁的。那时，前来越州的外地高僧和越州高僧外出游学现象均十分普遍。在对外交流中，越州高僧把京师长安和东都洛阳作为两个首定的目标，因为那里既是全国政治、经济和文化的中心，也是北方佛教的两个著名活动中心，名寺、高僧众多，佛学典籍丰富。在高僧之间的不断交往和弘法活动中，越州佛学不但得到了发展，而且也扩大了对外的影响。

《宋高僧传》在写道宣的传时，说其母亲在怀他的时候，“梦月贯其怀，复梦梵僧语曰：‘汝所妊者即梁朝僧祐律师，祐则南齐剡溪隐岳寺僧护也。宜从出家，崇树释教。’”[17]道宣出生于丹徒（一说长城，实应为吴兴），后留居长安西明寺，是一位著述颇多、名气很大的高僧，《续高僧传》即为其所撰。在佛教界，对成名的高僧有意进行神化，这本不奇怪。但仔细分析一下道宣的出生故事，也不难发现，一个在京师长安出了名的高僧，其出生要与越地的僧祐、僧护挂上钩，这难道不能说明越州佛学在全国影响之大么！

当时，外地来越的高僧很多。据史料记载，大致有三方面的原因：

一是“避难来越”。由于隋末唐初的战乱，有不少外地高僧为了躲避战争灾难，来到越州并居于此地。如慧持，“隋末避难往越州，住弘道寺。常讲《三论大品》、《涅槃》、《华严》、《庄》、《老》，累年不绝。”[18]法敏，“避难入越，住余姚梁安寺，领十沙弥，讲《法华》、《三论》，相续不绝。……至（贞观）十九年，会稽士俗请往静林，讲《华严经》。”[19]又如希圆，“光启中，属徐约军乱，孙儒略地，吴苑俶扰。圆由通玄寺附商船，避地于甬东。其估客偕越人也，笃重于圆，召居会稽宝林山寺。”[20]

二是慕名而至。在《宋高僧传》卷二七《唐剡沃洲山禅院寂然传》中，说到高僧寂然来越是慕越之名，很有代表性。“剡沃洲山者，在天姥岑之阴，对天台华顶、赤城，北望四明，金庭石鼓山介焉西北。北有支遁岭、养马坡、放鹤岑次焉。晋宋已来，兹山洞开。初有罗汉白道猷言西域来，戾止是山。次竺法潜、支道林居焉。高人胜士，接踵而栖此中。至于戴逵、王羲之、郗超、孙绰、许询游憩其间矣。见是中景异，闻名士多居，如归故乡，恋而不能舍去。”将吸引他长居越州的原因说得十分清楚。

三是正常交流与往来。在前面提到越州高僧与天台宗高僧之间的往来时，还有许多越僧与天台宗有关的事，如大志、礼宗、大义、神邕、海慧、神迥等高僧，都与天台宗有较深的关系，说明佛教宗派之间的正常交往也是相当频繁的。外来高僧入越，无疑为越州佛教带来新的信息和新的佛学理论，也给越州佛学发展注入新的因素和动力。

与此同时，越州高僧也在不断扩大对外交流。仅以进入京师长安的越州高僧为例，除了前面已提及的吉藏、昙一、澄观等高僧外，还有不少高僧也到过长安，如道亮、玄俨、大义、神邕、慧忠、印宗、神智、文质等。越州高僧西入长安的目的，主要是：1. 游学帝京，增长见识；2. 皇帝征召，入宫服务；3. 宣传佛学，从事佛教活动。

进入长安的越州高僧，多数抱着崇尚帝京并向京师高僧学习的目的。他们之中有的短暂逗留，有的长期居住，少则一年半载，多则几年、十几年，如玄俨、大义、昙一、神邕、鉴真、文质等高僧。玄俨，“乃游诣上京，探赜律范，遇崇福意律师并融济律师，皆名匠一方，南山上足，咸能昇堂睹奥，共所印可。”[21]玄俨在长安游学时间多长，传中没有明言，但显然以寻访京城名师为其目的。神邕，“天宝中，……乃游问长安，居安国寺，公卿藉其风宇，追慕者结辙而至。”[22]文质因叔氏唯宽“被诏入长安，止大兴善寺，重诏入内道场，兼请受菩萨戒。质随宽入内，年十五，诵《法华》、《华严》、《维摩》等经。”[23]从传中记述可见，文质在长安留居的时间应是较长的。

高僧吉藏、道亮、澄观、慧忠、道岸等人，因名动京师，被皇帝征召，入京师或入宫服务。吉藏、澄观等高僧前已述及。道亮则是在“神龙元年（705 年），孝和皇帝诏亮与法席宗师十人，入长乐大内坐夏安居。……二年，诏于西园问道，朝廷钦贵。”[24]又如慧忠，《宋高僧传》卷九载：“开元年中，……上奏玄宗，征居香刹，则龙兴寺也。”“肃宗皇帝载定区夏，闻其德高，以上元二年（761 年）正月十六敕内给事孙朝进驿骑迎请，……天子钦之，待以师礼”。

越州高僧进入长安后，大多受到宫室和王公大臣的礼遇，如道亮、神邕、慧忠、吉藏、道岸等。他们在京师讲经说法，宣传佛学，从事着各种各样的佛教活动。如吉藏与京师高僧辩论，弘扬三论宗。澄观在长安译经、讲经和传法。又如印宗，“咸亨元年（670 年），在京都，盛扬道化”，[25]明确说到他在长安的弘法活动。

总之，隋唐时期的越州高僧将佛学带向了全国，使之在全国产生了一定的影响。越州高僧与京师长安之间的佛学交流，不仅发展了越州的佛学思想理论，巩固了其重要的中心地位，而且也表明了这样的事实，即随着隋唐统一社会的形成和发展，佛教中国化过程中的地区差异在不断缩小，宗派之间的佛学交融在日益增加。佛教宗派的这种佛学交融，客观上增强了佛教文化的认同性，反映了隋唐佛学的发展已进入高潮。

注释：

[1]杜继文主编：《佛教史》，江苏人民出版社2006年，第222～223页。

[2]李志庭：《浙江通史》，第4卷《隋唐五代卷》，浙江人民出版社2005年，第488页。文中记录隋唐两代，浙江的寺院分别占全国的16.4%和17.6%，因而估算出浙江的僧尼数量大致占全国的1/5。根据当时越州佛教的兴盛程度，越州的僧尼数应是浙江的1/4～1/3。

[3]严耀中：《中国东南佛教史》，上海人民出版社2005年，第44页。

[4]释道宣：《续高僧传》卷一一《唐京师延兴寺释吉藏传》，大藏经刊行会编《大正新修大藏经》第50册《史传部二》，台湾新文丰出版公司影印1983年修订版。

[5]杜继文主编：《佛教史》，江苏人民出版社2006年，第232～233页。

[6]释道宣：《续高僧传》卷一五《唐越州静林寺释法敏传》。

[7]汤用彤：《隋唐佛教史稿》，江苏教育出版社2007年，第102页。

[8]曾其海：《天台宗佛学导论》，今日中国出版社1993年，第116～126页。

[9]严耀中：《中国东南佛教史》，第145页。

[10]释慧皎：《高僧传》卷一二《宋剡法华台释法宗传》，中华书局1992年。

[11]汤用彤：《汉魏两晋南北朝佛教史》下册，昆仑出版社2006年，第574页。

[12]释道宣：《续高僧传》卷一七《陈南岳衡山释慧思传》。

[13]释道宣：《续高僧传》一九《唐天台山国清寺释灌顶传》。

[14]赞宁：《宋高僧传》卷六《唐台州国清寺湛然传》，中华书局1987年。

[15]赞宁：《宋高僧传》卷一四《唐会稽开元寺昙一传》。

[16]赞宁：《宋高僧传》卷五《唐代州五台山清凉寺澄观传》。

[17]赞宁：《宋高僧传》卷一四《唐京兆西明寺道宣传》。

[18]释道宣：《续高僧传》卷一四《唐越州弘道寺释慧持传》。

[19]释道宣：《续高僧传》卷一五《唐越州静林寺释法敏传》。

[20]赞宁：《宋高僧传》卷七《唐越州应天山寺希圆传》。

[21]赞宁：《宋高僧传》卷一四《唐越州法华山寺玄俨传》。

[22]赞宁：《宋高僧传》卷一七《唐越州焦山大历寺神邕传》。

[23]赞宁：《宋高僧传》卷二七《唐会稽吕后山文质传》。

[24]赞宁：《宋高僧传》卷八《唐越州云门寺道亮传》。

[25]赞宁：《宋高僧传》卷四《唐会稽山妙喜寺印宗传》。

中国古代伦理政治观转变的先驱

——黄宗羲政治思想新论

允春喜*

摘　要:中国古代政治最大的特征就是政治与伦理的结合。黄宗羲提出了天下为公的基本原则,从而使其政治思想建立在理性反思的基础上,而没有简单停留在君仁父慈的伦理模式之上。在此前提下,黄宗羲对传统的君臣父子说提出了质疑,认为君臣和父子关系是不同的,从而动摇了君主家天下的伦理基础,而且还进一步提出君臣之间应该是一种由民而连接起来的师友关系。黄宗羲的思想超越了韩非的非道德政治观,成为中国古代伦理政治观转变的具有转折意义的人物。

关键词:黄宗羲;伦理政治观;天下为公;先驱

中国早期国家是在家长制家庭公社的基础上形成的,当逐渐步入文明社会,氏族公社时期的血缘宗法关系和血缘家庭制度非但没有因为国家的产生而瓦解,相反却成为中国早期国家的重要支柱。原初的家长制家庭内部的家长权力直接演变为君主的权力。在中国古代,宗法血缘关系构成国家结构的范型,国家是家庭的摹本和延伸。由于人们把国家理解为家庭的扩大,因此,君主就成为家长制家庭的家长,"资于事父以事君而敬同,贵贵尊尊义之大者也"[1],按照这个逻辑,忠与孝便成为社会生活中最高的道德和最基本的人生准则。君君臣臣父父子子的秩序被突出,伦理道德在社会政治生活中具有绝对优先性与支配性。伦理成为构思国家架构、设想政治运作的基本准则。这样的伦理政治观在中国政治思想史上影响深远,古代的思想家所设想的理想政治生活都是基于对君主道德的期待。明末清初的思想家黄宗羲则超越了这样的理念,在中国历史上第一次系统论述了政治与伦理分离的要求。

一、天下为公的政治原则

在中西方政治思想史上,思想家们都曾经用道德的标准来判断政治的善恶,这些标准同时也就是政治生活所应遵循的法则。但是,在古希腊,美德即知识,而真正的知识来源于对理念世界的认识,只有依据真知去判断万物才是客观的,真正的美德之所以崇高也正是由于它根源于关于理念世界的知识。所以,思想家首先都会在理论上确定美德与正义的理论形态,然后才讨论现实生活中的善恶。而在中国传统政治学说中,诸如仁义、道义等表示价值判断的概念,思想家大都是基于父子、君臣、夫妇之类相对应的人际关系进行解释的,如孟子所说:"仁之实,事亲是也,义之实,从兄是也。"[2]所谓仁的主要内容就是侍奉父母,而义则是顺从兄长。因此,在早期儒家的政治理想中,伦理道德成为一条贯通各种社会关系的主线,严密的制度设计反倒退居一个次要的位置。所谓的符合道义的政治,实质上也就是要求君臣父子能够各得其宜。

黄宗羲的政治思想则超越了这种以人际关系作为评价标准的局限,他发展了中国古老的"天下为公"原则,作为品分政治的标准。天下为公思想在中国历史上源远流长,但是非常遗憾的是,在17世纪之前这一思想主要局限于道德领域的呼号,仅仅停留在对君主道德的要求,并没有导致对君主专制的否定。

*允春喜,中国海洋大学法政学院讲师。

而黄宗羲则将这一原则运用到政治领域，对君主与天下做了明确的区分。在黄宗羲看来："古者以天下为主，君为客，凡君之所毕世而经营者，为天下也。"[3]相对于天下来说，君主不过是客体，君主的更换伴随的不再是天下的灭亡。因此，君主就再也不具有和天下、国家同样的地位。君主只是一姓之私，而天下却并非一姓之私，这就对传统的君国一体学说提出了质疑。不管黄宗羲是不是说天下是民众的天下，但至少不再是一姓之私。那么，"天地之大，于兆人万姓之中，独私其一人一姓乎？"[4]天地不是一家一姓的私产，自然也就不会仅仅庇护一家一姓的江山。因此，谁若欲将天下私有，这样的国家是不会长久的。在黄宗羲的著作中，屡次将"天下"与"万民"相提，将君主与"一姓"并论，这就明确表明，君主不同于天下，仅仅是一姓之"朝廷"而已。君主不再是天下的代表，也就不再是"公"的代表。也正因此，民众才是国家之本，在社会生活中才比君主重要，君主也应该顾及民众的忧乐疾苦，所以黄宗羲对政治思想的反思开始以民众为中心。

天下与君主不再是同一意义的概念，因此，黄宗羲不再以朝代的更替来论兴亡，而是以治乱的标准来品分政治。在君国一体的政治制度下，君权的更替自然也就是国家的兴亡治乱。一家一姓得到天下以后，都要"改正朔，易服色"，来表示一个新国家的兴起，这就是"治"，而一姓朝廷失去天下以后所导致的亡国，就被称之为"乱"。而在黄宗羲看来，天下并非君主一姓之私，君主的更换、王朝的更替就不再具有天下兴亡的意义。一家一姓的更替只是朝代的改变，只有天下之兴亡才能上升到治乱的层次。那么，如何判断天下的兴亡呢？黄宗羲明确指出，应该以万民之忧乐作为评判标准。他说："天下之治乱，不在一姓之兴亡，而在万民之忧乐。"[5]只有万民的忧乐才是判断天下治乱的标准。如果万民生活的不好，那就是乱世；只有万民能够安居乐业，才是治世。他用这一标准对中国历史进行品分，认为："桀、纣之失，乃所以为治也；秦政、蒙古之兴，乃所以为乱也"[6]。桀纣的亡国，如果按照一姓兴亡的标准来判断的话，应该是乱世，但是继桀纣而起的国家却使人们的生活有了改善，所以黄宗羲认为这不但不是乱，反而应该称作治。同样的道理，秦朝和蒙古的兴起，如果按照王朝兴衰来看，应该是治，但是秦朝、蒙古统治下的民众反而生活得更加困苦，因此黄宗羲认为它们都是乱世。

既然天下是天下人的天下，君主只能代表一家一姓而已，那么，君主的利益就只能是一己之私，只有天下人的利益才是天下之公。黄宗羲明确指出，有生之初是一个"人各自私也，人各自利也"的社会，这样就充分肯定了民众的自私自利的本性。在此前提下，黄宗羲对封建君主专天下之利的现象进行了批判。在他看来，三代以降的君主反客为主，成为国家的主人。君主视天下为自己的产业，为自己谋取利益，而将天下万民的利益弃置不顾，不但不为民谋利，而且还专天下之利以为己有，"以天下之利尽归于己，天下之害尽归于人"，从而使得天下之人不敢自私，并且还"以我之大私为天下之公。"[7]因此，黄宗羲清醒地看到，三代以降的专制君主所标榜的"公"是虚伪的，专制统治者以这种虚伪的"公"来掩盖其一己之私利。在中国历史上，反对君主专天下之利，至迟在宋朝已经提出，宋朝理学家认为应该无欲或者灭欲，但是，这些说法无疑也认为天下一切人都应该"去私"，结果就造成利益主体在理论上的缺位。而黄宗羲则是在肯定民众私利的前提之下，提出对君主利益的否定，并反对君主专天下之利以为己有的行为，这就超越了宋儒的认识水平。在黄宗羲看来，君主的私利和民众的私利是不同的，他在表述民众私利的时候，用的是"自"，而在表示君主之私的时候用的是"己"。由此可见，民众的私利是自生、自发的，应该受到保护；而君主的一己之私则是私己、利己的，是应该被鄙弃的私。因此，黄宗羲思想观念中的"公"已经不是抽象类精神意义上的"公"，而接近了集民众之私的现代意义的"公"[8]。黄宗羲将这样的一种观念应用到政治领域，对君主职责和为臣之道都提出了新的要求，并且对限制君权进行了制度方面的构想。

虽然黄宗羲的理论还无法上升到用概念推理的方法来探讨政治原则的高度，但他至少开始从"天下为公"的原则来探讨问题。这样，虽然黄宗羲的思想与现代政治学的一些概念相差甚远，但是，这些原则和制度构想，都是建立在理性反思的基础上，而没有简单的停留在君仁父慈的伦理模式之上。萧公权先生曾经对明末清初思想家们之间的不同进行了比较，在他看来："顾亭林注重各种制度实际之措施，王船山注重民族观念之激励，而梨洲则着眼于政治上最高原理之发挥，三家鼎峙，而梨洲尤为尽探本穷源之能事。”[9]这也就是说，黄宗羲所发展的天下为公思想，可以上升到探本穷源的高度。因此，黄宗羲的全部政治思想都是从天下为公的认识出发，对国治族兴进行构想。纵观黄宗羲的著作，他所设想的具体制度都并非由他首次提出，它们或者在中国历史上曾经存在过，或者由其他思想家曾经提出过，但是黄宗羲的高明之处就在于，他并没有仅仅停留在制度本身，而是从“天下为公”的角度出发、站在民众的立场来赋予这些制度以理论意义。而且，相对于其之前的思想家而言，黄宗羲对这一问题的探讨更加系统全面。正如沟口雄三先生所说，与其说黄宗羲的思想是“集约了这些历史之声，倒不如说他是把个别的、片断的、局部的东西加以理论的整理、集成并且体系化了。”[10]尽管黄宗羲所设计的制度并不能真正解决专制政治下君权的滥用问题，但是，对于明清之际思想家来说，问题的提出远比问题的解决方案更重要。黄宗羲基于对中国传统政治文化的认识和反思，在“天下为公”这一政治原则前提下对理想政治生活进行了系统的探索，这是对中国传统政治学说的创新之举，并对后世产生了积极的影响。

二、对君臣父子说的批判

臣是不是要无条件地忠君，这一问题至迟在春秋战国时代就已经提出来了。孟子在回答齐宣王的询问时说：“君之视臣如手足，则臣视君如腹心。君之视臣如犬马，则臣视君如国人。君之视臣如土芥，则臣视君如寇仇。”[11]贵族之卿在“君有大过则谏，反复之而不听”[12]的情况下，可以把君主废弃，改立别人。而异姓之卿在这样的情况下，则会选择自己离职。从孟子的这些表述中可以看出，君和臣之间是一种各守职分、互尽义务的双向关系，如果君不恪守职分、不履行职责的话，那么臣就可以断绝君臣关系，离君主而去。为臣之道，是以天下国家为重，还是以君主个人的私利为重，是为民还是为君，个中道理，历代儒家也莫不明白。但是，由于秦汉以来君主专制政治的日益强化，历代思想家很少讨论这个问题，而且他们逐渐把君臣和父子关系纽结到一起，成为不可更改的一个整体。北宋的二程就曾说：“父子君臣，天下之定理，无所逃于天地之间。安得天分不有私心，则行一不义，杀一不辜，有所不为。有分毫私，便不是王者事。”[13]这句话表面上看似乎是对为君之道提出的要求，也就是君臣关系应该如同父子关系一样是无私的，如果含有丝毫的私心便不是王者之道，但是这其中无疑也隐含有君臣关系如同父子关系一样具有不可改变的绝对性的意思。朱熹则明确地指出：“父子之仁，君臣之义，莫非天赋之本然，民彝之固有；彼乃独以父子为自然，而谓君臣之相属，特出于事势之不得已，夫岂然哉！”[14]他把君臣关系与父子关系同视为天赋的、不可改变的绝对性关系，并进而对孟子的君臣关系论提出质疑：“孟子说得来怪差，却是那时说得。”[15]也就是说，孟子的论说是在特定的历史背景下提出的，只适合当时的政治环境，并不具有超时代的普遍适用性。黄宗羲则痛斥程朱等人为小儒，并对传统的君臣父子说提出了质疑，从而动摇了君主家天下的伦理基础。

首先，在黄宗羲看来，古代人“以君拟父”是有条件的，那就是古代君主能够履行“为天下兴其利而除其害”的职责，去做天下人所不愿去做之事。黄宗羲摒弃了历代思想家的君权神授论，他明确指出，在君主出现以前，是一个“人各自私也，人各自利也”的社会，人们采取行动的唯一标准就是自己的私利，这就使社会公共事务被漠视，没有人愿意主动为大家排危解难，甚至一些对所有民众都有益处的事情，也会被人所不为，从而导致“天下有公利而莫或兴之，有公害而莫或除之”[16]的结果。这个时候就有仁者出，为天下兴公利除公害，这个人因而受到天下人的拥戴，被称之为君主。很显然，君主起源于社会的需要，他应该“不以一己之利为利，而使天下受其利；不以一己之害为害，而使天下释其害。”[17]君主担负如此重担，必然比天下人勤劳千万倍，但是更辛苦的是，他还不应该有任何的一己之私，而应全心为了民众的公利。因此，在黄宗羲看来，理想的君主制度下，君主只是一种义务，而没有任何权利，这样的职责很明显“必非天下之人情所欲居也”[18]，如果不是最富有牺牲精神的人是根本无法承担的。但是，这样理想的关系只停留在三代，后世君主背离了这一职责，不但不为天下人谋利，反而“尽得天下之利”，同时将天下之害尽归于民，从而成为天下之大害的根源，因此再用父子关系来比拟君民关系就不再恰当，民众甚至可以理所当然地将君主"视之如寇，名之为独夫"[19]。

其次，君和臣之间应该是分工共治的关系。在黄宗羲看来，君主担负为天下人兴利除害的职责，但却无力一人独自完成，因此才需要设置臣下来共同分担，"缘夫天下之大，非一人之所能治，而分治之以群工"[20]，天下之大，事务纷繁复杂，并非一个人能够治理，这个时候就应该把社会事务分给臣下，由众多臣工共同治理。君和臣的目标都是为了万民的忧乐，其关系就应是"名异而实同"的平等关系，所谓"名异"，就是君与臣在"共治天下"中的具体位置不同；所谓"实同"就是君与臣之间实际上都是担负为民兴利除害这一职责的。黄宗羲曾经做了一个形象的比喻："夫治天下犹曳大木然，前者唱邪，后者唱许，君与臣共曳木之人也。"[21]君臣都是抬"天下"这根大木头的，只有分工不同，没有高下之分，大家只有相互配合，齐心协力，才能完成任务。这样，臣下是分担君主为民众兴公利除公害的职责的，两者就成为合作者的关系，而不是父子关系。

最后，黄宗羲最高明之处就在于，他还从哲学的高度论证君臣和父子关系是不同的。他从气的角度对这一问题进行了论述，在他看来，父与子之间的气是相通的，"父子一气，子分父之身而为身。"这样的话，父子之间这种血缘关系就是万古不变的，谁都无法否认父亲的存在和价值，父亲是儿子存在的合法性证明，无父则无子，因此应该孝敬父亲。父子之间的关系是无法选择的，是人们一生下来就命定的。"故孝子虽异身，而能日近其气，久之无不通矣；不孝之子，分身而后，日远日疏，久之而气不相似矣。"[22]如果不孝敬父亲，那么就不再具有与父亲相同的气，这时父子之间的关系就发生了改变，这种不孝之子的合法性来源就受到了质疑。但是君臣关系却不一样，君和臣之间并没有命定的血缘关系，将两者联结到一起的，就是他们治理天下的职责，所以说："君臣之名，从天下而有者也。"[23]相对于"分父之身而为身"的父子关系来说，臣下与君主不是天然或者宿命般的关系，而是可以互相选择的，臣下可以选择是否出仕君主，也可以选择出仕哪个君主。在这其中起决定性作用的，不是两者之间的血缘，而是天下万民的公利。臣下与君主在目标一致时才会进行合作。父子关系是血缘关系，千古不变，而君臣关系不是血缘关系，是因"天下之责"而联结在一起，可以"累变"。因此，君臣关系和父子关系之间有着本质的差别。

三、君臣师友说的深入

君臣父子说受到了黄宗羲的严重质疑和反对，那么君和臣是基于什么样的中介而联为一体的？二者间最基本或最本质的关系是什么？这其实也是先秦思想家一直在探讨的一个问题。在刘泽华先生主编的《中国传统政治思维》一书中，把先秦思想家对这个问题的看法主要归结为四种[24]。但是，这些认识最关键的问题就是，都把民众放在了君臣关系之外。但是，"无民，君与臣无可治，无可理也"[25]，没有了民众，那么君和臣又因何存在呢？黄宗羲则明确指出，君臣关系是以民众作为中介而联系到一起的，这要比他的前人进步得多。臣是为了辅佐君主完成兴利除害的任务而设的，因此，臣下出仕的目的是为了万民而非为了君主。黄宗羲明确指出："我之出而仕也，为天下，非为君也；为万民，非为一姓也。"[26]正确的臣道就应该是要无条件地为了民众的忧乐疾苦，而不是为了君主一姓的兴亡。臣不臣之辩的关键就在于是为民还是为君。他批判"轻视斯民之水火"的臣，"即能辅君而兴，从君而亡，其于臣道固未尝不背也"。如果轻视民众的疾苦，那么即使能够辅佐君主而兴，甚至以死殉君，这样的臣也是违背臣道的。在黄宗羲看来，如果臣对君一味顺从、讨好，盲目尽忠，就把正确的君、臣、民关系完全颠倒了，当臣以君为主人时，臣就成了君之看家奴仆，而民则成了君之私产。黄宗羲说这样的臣是"视天下人民为人君囊中之私物"，他们自以为是"君授吾以人民而后牧之"。这样，君臣关系便不再是"名异而实同"的合作者，而成了牧主与牧童的关系。臣下即使尽心竭力地看守牲畜，也只是为君主负责，而无关乎爱护所牧之人民。这样的臣只是站在君主的立场看问题，只关注于"一姓之兴亡"，而不关心"万民之忧乐"，只能是君之"仆妾"。臣下应该以万民为已任，这样，臣下为了民众的利益，就可以拒绝君主的不合理要求。在黄宗羲看来，"臣受命于君"之后，只要问心无愧地去做事，就不怕君主的怪罪，即使"君以形声强我"，甚至以死相威胁，也不能够屈从，这才是正确的为臣之道，也就是"臣不臣之辩也"[27]。因此，臣为民行德政就比对君尽忠更为重要。

只有在拥有"为民众兴公利除公害"这一共同的目标时，才有君臣关系的存在。当臣下没有治理天下职责，或者不愿承担这一职责的时候，则如同路人一样没有太多的关系。黄宗羲说："吾无天下之责，则吾在君为路人"[28]。这样，君和臣之间根本不会对对方的生活产生最直接的影响。只有君臣之间具有共同治理天下的目标的时候，臣下才应该出仕君主，二者才具有政治关系。反之，如果臣下"不以天下为事"而又"仕于君"，那么这种关系便是主奴关系，臣下就成为君主的奴仆，其所作所为仅仅是为了君主而已。

因此，在黄宗羲的思想体系中，理想的君臣关系就是臣下应该以天下万民为事而出仕君主，他说："以天下为事，则君之师友也"[29]，君臣之间应该是一种师友关系。黄宗羲这一主张有着非常强的针对性。明代君主专制达于极端，张居正却在万历年少期间权倾朝野，是明代罕见的有为重臣。但也由于位高震主而遭到非议，同时也为万历帝所忌恨，所以导致死后竟被剖棺鞭尸。按照尊君抑臣的舆论，时人多认为张居正是"受无人臣礼"。而黄宗羲则认为，事实恰恰相反，问题在于张居正没有能够把帝师身份坚持下去，为了维持其既得权势，甚至不惜讨好太监和后妃，这就背离了君臣师友之道。他说："居正之罪，正坐不能以师傅自待，听指使于仆妾"。而时人之所以认为张居正在皇帝面前无人臣之礼，在黄宗羲看来，这是因为"耳目浸淫于流俗之所谓臣者以为鹄矣"[30]，人们被所谓君君臣臣的戒律所束缚，耳濡目染，浸淫日久，以至于为流俗所伤而已，其实，对于国家和民众而言，臣下和君主只是"名异而实同"的师友关系。

在中国思想史上，君臣师友说古已有之。帝王应以贤能之臣为师为友，才能更好的成就帝业，治理国家。但是，思想家在提倡君臣师友论的时候是有前提的，那就是君主臣从，这个原则是无法改变的。因此，儒家虽然试图以"道德独尊"的旗帜来获得名分上的尊严，但是，秦汉以来"君日益尊，臣日益卑"[31]的现象则是一个不争的事实。在君臣师友关系发生改变时，臣下惟一可以做的事就是选择离开。在他们那里，臣下的走留要视君主对臣下的态度而决定，也就是取决于君主是否仁义，一个仁义的君主当然应该受到臣下的拥护。但是，判断一个君主是否具有优良的道德品质，有很多时候具有欺骗性，或者是不可靠的，而且一个对臣下仁义的君主未必就能普爱天下百姓，某些君主为了维护自己统治的稳定，可能也会以一副仁慈的面孔对待臣下，以便臣下更好的为自己治理万民。而在黄宗羲这里，臣下出仕是为了万民之忧乐，而非为了一姓之兴亡，所以臣下的走留要视万民的忧乐而决定。这也隐含着，臣下应该将民众放在首要位置，即使君主宽宏的对待臣下，臣下一样可以为了民众的利益而不仕君王。黄宗羲是在君臣名异而实同的前提之下主张君臣师友说，这已经超越了古代思想家在这一问题上的认识。

黄宗羲在天下为公的理论原则之下，对"君臣父子说"发出了否定的声音，这一思想打破了封建时代家、国同构的观念，将父亲与君主、孝与忠完全分离开来，彻底打破了君尊臣卑的理论基础。这就表明，黄宗羲划清了政治伦理和宗法伦理的界限，他所期盼的理想政治制度必须与旧的伦理基础相分离。阿拉斯代尔·麦金太尔曾经说过："伦理学与政治学的分野是建立在私人生活和公共生活的严格区分的基础上的：我能我行我素而毫不考虑什么政治制度是我的生活所必需的，这要么是由于我可以把政治制度看作是私人行为的既定和不可变更的背景条件，要么是由于某些其他理由我可以把政治制度看成与我的行为不相干"[32]。黄宗羲虽然还没有提出私人空间和公共生活的概念，但是他的思想中却隐含着，如果不参与政治生活，那么完全可以与政治划清干系。虽然我们还不能说，这与西方的公共领域和私人领域的划分具有同样的意义，但这至少部分表明，政治原则只能适用于特定的范围之内，如果不参与到公共事务之中的话，那么就可以不受君主的约束，和君主成为路人。黄宗羲的这一主张，是对君主无限权力的否定，这一激进的观点打破了传统社会"君臣父子，天下之定理，无所逃于天地之间"[33]的泛政治化倾向，初步显露出在政治事务之外有私人活动空间的思想萌芽，展示出政治与伦理分离的理性化方向。

在中国政治思想史上，早在春秋战国时期，韩非子也曾经提出过非道德政治观的主张。在韩非的政治学说中，只有对君主政治统治的成功和国家富强的渴望，而没有对于政治的道德境界的追求。韩非认为，时人所称道的一切美德都不利于君主专制统治："鲁人从军战，三战三北。仲尼问其故，对曰：吾有老父。身死，莫之养也。仲尼以为孝，举而上之。以是观之，夫父之孝子，君之背臣也”[34]。因此，作恶比行善更能满足政治统治的需要，他说：“严家无悍虏，慈母有败子，吾以此知威势之可以禁暴，而德厚之不足以止乱也”[35]。可见，韩非将这一问题走向了极端，他根本不承认道德伦理在政治生活中的价值。他十分提倡君主运用一切不道德的手段来巩固自己的政治统治，甚至要采用暗杀的手段消灭妨碍君主专制统治的臣下。然而，应该指出的是，由于政治生活的主体是人，君主的道德水平对于政治还是有着不小的关系，而且“政治无道德就是社会的毁灭”[36]，因此，政治无法摆脱道德的约束和善恶的评价，人类的理性需要人们对于好的政治和不好的政治做出判断。而黄宗羲虽然对君主的道德严重质疑，但他并没有走到极端，他并不反对人们追求道德，“泛穷物理，不若反身修德之为愈也”[37]，他只不过贬低了道德在社会政治生活中的决定性作用，认为伦理道德不能成为政治生活的决定性力量。他虽然提倡治法的作用，但同时也并不反对治人的重要性。黄宗羲的治法并不同于法家的“惟法为治”，他一方面继承了法家对法制的强调，批判了儒家单纯对治人的期待；同时也批判了法家理论所导致的“一家之法”，继承了儒家对君主道德的期待，从而呼唤“天下之法”[38]。正是在这个意义上，我们说黄宗羲超越了韩非的观点，在中国政治思想史第一次体现了伦理和政治分离的要求。

政治制度与伦理基础相分离的思想要求，意味着私天下或家天下的政治模式的结束。与黄宗羲同时代的顾炎武、王夫之、唐甄等思想家也都有这方面的构思，这就从不同的侧面构成一种呼应形势，表明黄宗羲的进步政治理想有着广泛的社会基础。李泽厚先生认为，这是由于明末清初所面临的日趋走向近代的新历史课题所导致的，明清之际要求限制君权以至取缔君权的主张，“它在理论上意味着‘意向伦理’（道德动机）与‘责任伦理’（现实效果）、价值判断与事实判断相分别的要求”，因此，经济学、政治学、社会学应该从伦理学中分化和独立出来，从而形成自己独立的科学形态。这样的话，“不再是靠宗教的信仰、道德的善恶，而是明确地由现实的利害、生活的功用来维系、调解和处理社会现象和人际关系。这其实正暗含着中国式的‘政’（行政）‘教’（伦常教义）相分离的近代要求。”[39]黄宗羲在明末清初的历史条件下，以中国思想的传统形式，打着“三代之治”的旗号，锐利地向中国古代的专制政治的伦理基础发起了攻击，他无疑是体现中国古代伦理政治观转变的具有转折意义的人物。

注释：

[1]《礼记·丧服四制》。

[2]《孟子·离娄上》，杨伯峻译注：《孟子译注》，中华书局 2005 年，第 183 页。

[3]黄宗羲：《明夷待访录·原君》，《黄宗羲全集》（第一卷），浙江古籍出版社 2005 年，第 2 页。

[4]黄宗羲：《明夷待访录·原君》，《黄宗羲全集》（第一卷），第 3 页。

[5]黄宗羲：《明夷待访录·原臣》，《黄宗羲全集》（第一卷），第 5 页。

[6]黄宗羲：《明夷待访录·原臣》，《黄宗羲全集》（第一卷），第 5 页。

[7]黄宗羲：《明夷待访录·原君》，《黄宗羲全集》（第一卷），第 2 页。

[8]沟口雄三先生把明末清初时期这种“公”的形态定义为“联结的公”，也就是从上面恩赐下来的天下公开始转换为百姓的“私”或“欲”的集积或调和态的公。与“领域的公”关于政府和公民对“职分”应有状态的公共性不同，这种公的关系是在非特定的私之间相互以私的自由意志规定的，有的是被联结的关系，有的是以各自的私的自由意志为基础的行为的集积态，有的是根据各自的私的自由意志规定的共同目标。这种私之间的公共的公，就是“联结的公”。沟口雄三：《公私》，井山静译，贺照田主编：《在历史的缠绕中解读知识与思想》，吉林人民出版社 2003 年，第 529～593 页。

[9]钱穆：《中国近三百年学术史》，中华书局 1986 年，第 33 页。

[10][日]沟口雄三：《中国前近代思想的演变》，中华书局 2005 年，第 264～265 页。

[11]《孟子·离娄下》，《孟子译注》，第 186 页。

[12]《孟子·万章下》，《孟子译注》，第 251 页。

[13]《河南程氏遗书》卷五。

[14]《晦庵先生朱文公文集》卷八二《跋宋君忠嘉集》。

[15]《朱子语类》卷一三。

[16]黄宗羲:《明夷待访录・原君》,《黄宗羲全集》(第一卷),第2页。

[17]同上。

[18]同上。

[19]黄宗羲:《明夷待访录・原君》,《黄宗羲全集》(第一卷),第3页。

[20]黄宗羲:《明夷待访录・原臣》,《黄宗羲全集》(第一卷),第4页。

[21]黄宗羲:《明夷待访录・原臣》,《黄宗羲全集》(第一卷),第5页。

[22]黄宗羲:《明夷待访录・原臣》,《黄宗羲全集》(第一卷),第5页。

[23]黄宗羲:《明夷待访录・原臣》,《黄宗羲全集》(第一卷),第5页。

[24]第一种观点认为君臣之间是利的纠结:“即认为君和臣是以‘利’为中介而结为一体的……君和臣各自追逐的利益不同。”第二种观点则与上述看法相反,认为“君和臣是道义的结合”,虽然他们对于君臣之间以利相争的现象也有所认识,但是他们坚持认为:“以利结合的君臣关系是反常或歪曲的表现,这样的君臣统一体必然破裂,造成严重的政治后果。……正常的君臣关系应当是道义的结合,是义或仁义的凝聚。”第三种看法则“徘徊于实利与情感之间”,认为:“君臣关系的结合既以实利为基础,又表现为一种感情交融。”最后一种则认为两者关系是“自然之道的体现”,认为:“现实生活中的君臣关系是对自然之道的背离,合理的君臣结合无非是自然之道的体现。”应该说,他们关于君臣关系的探讨,在论证方式上各有特色。从“利”的角度去考察君臣关系,把实际生活中君臣关系的真实面目毫无掩饰地指给人看,可谓入木三分。但是,如果现实政治中的君臣关系真的是以利为基础的话,那么政治就是赤裸裸的利益的竞争,老百姓被置于非常尴尬的地位,而政治无道德就是社会的毁灭,这样的君臣关系必然无法获得更多的合理性。而第二种则试图给君臣关系涂上一层道义釉彩,表达了对君臣关系予以某种约束的愿望,但是,这种以仁义规范两者关系的观点最终只能流于理想,而无法在现实中真正地发挥作用。而两者的结合,虽然比前两种看法要全面一些,但是,如何在实利和情感之间找到完美的结合点,却是一个难以回答的问题。至于以人的“自然”本性取代或抹杀人的全部社会经验,以至根本否定人的社会存在,最终对现实生活中的君臣关系采取了虚无主义的态度。刘泽华主编:《中国传统政治思维》,吉林教育出版社1991年,第255～261页。

[25]王明:《太平经合校》,中华书局1960年,第151页。

[26]黄宗羲:《明夷待访录・原臣》,《黄宗羲全集》(第一卷),第4页。

[27]黄宗羲:《明夷待访录・原臣》,《黄宗羲全集》(第一卷),第4页。

[28]黄宗羲:《明夷待访录・原臣》,《黄宗羲全集》(第一卷),第5页。

[29]黄宗羲:《明夷待访录・原臣》,《黄宗羲全集》(第一卷),第5页。

[30]黄宗羲:《明夷待访录・原臣》,《黄宗羲全集》(第一卷),第5页。

[31]《潜书・抑尊》。

[32][美]阿拉斯代尔・麦金太尔:《伦理学简史》,商务印书馆2003年,第180页。

[33]《二程遗书・卷五》。

[34]《韩非子・五蠹》。

[35]《韩非子・显学》。

[36]法国思想家路易斯・博洛尔所著的《政治的罪恶》一书中译本(蒋庆等译,改革出版社1999年)的封面上引用拉贝莱的话:“学术无良知就是灵魂的毁灭,政治无道德就是社会的毁灭。”

[37]黄宗羲:《孟子师说・卷二》,《黄宗羲全集》(第一卷),第65页。

[38]关于治法和治人的关系,参见本人发表于《北京工业大学学报》(社会科学版)2008年第3期的论文《黄宗羲“治法”思想研究》,第40～44页。

[39]李泽厚:《中国古代思想史论》,安徽文艺出版社1999年,第283页。

明清之际江南的三教交涉及其效应

陈永革*

摘　要：明清之际的江南宗教文化思潮，无论是佛教复兴、道教中兴还是民间教化传统的新兴，都完全有必要透过三教间的具体交涉活动而充分展开探讨。作为对于相对成熟的社会教化范式的整体性解读，或许可以部分地再现这一时期思想学术所处的话语情境，从中探寻明清区域性学术活动中独特而富有活力的文化记忆、学术记忆和社会记忆。这种探寻，不仅有利于深化认识此一历史时期江南地区出现的社会文化现象，从而加深对江南社会史的认识；而且可以藉此探究广大民众的宗教心理、行为观念和价值取向，丰富对这一地区域社会发展及民俗文化深层认识，从而为更深入的整体性研究提供不同的学术视角。

关键词：明清三教关系；思潮变迁；民众教化；江南文化

法国著名汉学家谢和耐在其《中国社会史》一书中曾经指出，在1550年至1644年出现过中国历史上的第二次“文艺复兴”（第一次“文艺复兴”出现于11世纪到13世纪的宋代时期）。这种以西方文明为参照体的表述话语，虽据一家之观察立论，但从中晚明这一时段类型繁杂的宗教思潮中，却可以看到一些有趣现象。特别是江南地区的宗教“文化复兴”景象，堪作其重要表征之一。

作为佛教弘化的传统重镇之一，晚明之际的江南地区，举凡禅宗、天台宗、净土宗、居士佛教乃至于民俗化佛教，皆可说是独领一时风骚，辐射江南乃至全国，产生了广泛影响。从历史上看，五家分灯之后的中国禅宗，至元末明初，虽说仅存临济与曹洞两支法脉，绵延而未绝，但延至晚明时期，特别是明神宗万历年间（1573～1620），江浙地区却是丛林遍布，俨然成为宗门盛地，一时间禅僧辈出，布化于大江南北。据圣严法师统计，这段时期，仅浙江籍而具有相当影响的著名禅僧就达三十一人之多。如云谷法会（1500～1579，嘉善人）、湛然圆澄（1516～1626，会稽人）、闻谷广印（1566～1636，杭州人）、雪峤圆信（1571～1647，鄞县人）、玉林通琇（1614～1675，杭州人）等。而当时作为一代宗匠的密云圆悟（1566～1642，江苏宜兴人）、费隐通容（1592～1660，江苏宜兴人）、木陈道忞（1593～1672，广东潮州人）等，也主要是在江浙弘化。

明清之际浙江佛教思潮，虽以禅学中兴为主体内容，但其效应却绝未仅限于此，而是既有禅净、禅教、禅律、显密等教内关系中的展开形态，更有佛儒会通、佛道融贯、佛法之于天学的论辨、佛法之于种种“邪魔外道”驳难等教外交涉内容。另外，尚值一提的是，晚明时期可谓是一次佛教版本的“文化复兴”，如对书写文化的高度重视、僧寺刻经事业的展开，直接影响到晚明时期的佛教通俗化进程。在此演进过程中，江浙佛教界扮演着极为重要的角色。有明一代，曾在永乐朝官刻南北二藏及石藏等佛教藏经。但在晚明时期，由于佛教繁兴，佛教藏经难以适应社会上对佛教经典的广泛需求，故僧人们在浙江杭州、余杭、嘉兴诸地，易梵夹本为方册本，在民间发起刊刻佛教藏运动，先后历经“武林”藏本、“径山”藏本及“嘉兴”藏本（方册藏）。明万历年间陆续刊刻的方册藏本，在嘉兴楞严寺等处公开发售流通，无论僧俗，皆可按价购买。如果说宋元及明初时期的官刻藏经主要是为了满足对佛教藏经作为“法宝”的崇拜需要，而晚明时期的刻藏事业则开始转向满足社会大众对佛教文化的普及性需求。佛教经藏刊刻的流通普及，不仅使当时社会中的知识阶层可以较为便利地检阅原先藏于寺院经楼的佛教经典，而且还迅速地扩大佛教通俗化的

* 陈永革，浙江省社科院哲学研究所研究员。

范围，直接影响着晚明世变中的文学趣味和生命旨趣。这一过程，无疑改变了佛教出世解脱的社会形象，并使佛教思想通过文化普及的途径而出现了俗世化。如作为东南之会而交通便利的浙江杭嘉湖一带，不仅成为当时中国的出版（特别是佛经刊刻）中心区域之一，而且士绅阶层的藏书文化也极为发达，二者相得益彰。

由于佛教经典大量普及所导致的文化趣味的多元追求，特别是俗文化的审美取向，自然会使后人感到晚明思想的“无根化”和“媚俗化”。就佛教而论，这种导向佛教普及于俗世的“文化复兴”，不仅在表面上显然偏离了中国禅宗“不立文字、教外别传”的修证传统，而且还直接影响到清代禅宗中人以诗文名世的流习。尽管这种对书写文化的重视，部分地可以归诸宋代以降丛林“文字禅”的传统影响，而在现实中则得益于当时刊刻技术的发达，但从思潮史的意义上，却不能完全为“文字禅”的流风所笼罩，其中蕴涵着许多知识社会学的现象。翻阅晚明开始大量涌现的僧人撰著的语录和诗文集，除佛教禅修文学传统的上堂、开示、小参、茶话、赞颂、拈古、偈语、诗文酬唱等文字内容而外，我们还可读到许多别样的文字，如对儒家经典的佛教化解读，对民风、民俗、民情等民众社会心态的解读，特别是与儒家士绅相互唱和的大量文字。在这些文字背后，无疑隐含着大量日常性的知识交往活动。

明清之际，浙江宁波、杭州、绍兴、嘉兴及江苏的苏州、南京等地都是当时江南佛教的中心区域，分别以密云圆悟、云栖祩宏、湛然圆澄、雪浪洪恩、汉月法藏、觉浪道盛等为代表僧人，他们不仅是享誉于佛门的教化领袖，而且在社会士绅中同样有着广泛的影响。而随着浙、苏、闽、赣等地呈现出佛教繁盛情形，当时文士官绅与出世僧人的交往活动，由于名僧云集、丛林遍布而益显密切。这固然有“东南形胜之地”对文士雅趣的区位吸引力，更重要的是江南地区讲会、学社形式的学术网络相当发达，且活动频繁。文士竞名逐利的科举仕途，甚至波及到作为出世清修的佛教寺院。乃至于在某些佛门名刹中，同样可以受到相当完善的科举应试教育。这使得僧俗之间、世出世间的知识界限更为模糊。这种典型的知识教育环境，无疑为学僧与士绅之间的知识交往提供了广阔空间。

透过士绅与佛僧的知识交往活动，当人们谈论晚明时期“心学逃禅”、“阳儒阴释”之类的儒佛交涉现象时，最值得考察的当推江浙地区的演进情形。作为阳明良知心学的主要策源地，中晚明时期的江浙士人的儒佛之辨，呈现出了不同的思想类型。在阳明亲传弟子（如王龙溪）中，主要以倡发良知体认为宗归，而在浙中王门的二传及三传弟子中，则呈现出良知体认混同于禅门悟境的趋向。如周海门（汝登）、陶石篑（望龄）之于湛然圆澄（所谓“湛然禅”），陶石梁（奭龄）及四明准遗民们之于密云圆悟（所谓“密云禅”）。这种毫无忌讳的引禅入儒乃至弃儒逃禅的思潮取向，严重地影响到儒家主导下的社会教化模式，不仅引发了学术歧异的日益明显，更遭到了以刘宗周等人的强烈抵制，开始转向严分佛教禅学与阳明心学疆限，力辟“跻阳明为禅”或“阳明禅”。为此，刘宗周等人力主以“证人”而不是“修佛”为宗归，极为明确地以当时佛门中人（如云栖祩宏、袁了凡）经过佛教化改造的“功过格”为论敌，进行纳归于儒家教化范式的重大修正，以“人谱”的形式加以推广。这种情形说明当时儒佛交涉的普遍处境，实际成为儒、释两教在现实的民众生活中如何争夺教化主导权。

与时代思潮变迁相适应，晚明学术思潮出现了多元分化的现象，使之同样置身于多元分化的格局中。晚明学术思潮的这种分化，简单地说，就是由弃朱（朱熹）而尊陆（陆九渊），再申朱而绌陆。此诚如清代著名学者纪晓岚（1726～1805）所论：“朱、陆二派，在宋已分。洎乎明代弘治以前，则朱胜陆。久而患朱学之拘。正德以后，则朱、陆争诟。隆庆以后，则陆竟胜朱。又久厌陆学之放，则仍申朱而绌陆。讲学之士亦各随风气，以投时好。”[1]

明中叶后，王阳明致良知的心学话语针对朱熹理学形态的话语转化，更是标志着有明一代学术思想的重大变更，较大程度地改变了当时学界“此亦一述朱，彼亦一述朱”的单调学风。阳明心学的风靡一时，确立了根植于内在良知的学术理想与道德理想。内在良知这一具有双重意义的主体性原则，对于明中叶以后的学术思想及学风均产生了重要影响。而晚明时期阳明良知之学所发生的分化，则衍变出所谓的“王学左派”、“王学末流”。对此学术情形，黄宗羲曾精辟地概括说，“阳明先生之学，有泰州、龙溪而风行天下,亦因泰州、龙溪而渐失其传。泰州、龙溪时时不满其师说,益启瞿昙之秘而归之师,盖跻阳明而为禅矣”[2]。阳明之学渐失其事上磨炼的为学宗旨,把致良知教的主体性原则推向极端化,以至于“学者以任情为率性,以媚世为与物同体,以破戒为不好名,以不事检束为孔颜乐地,以虚见为超悟,以无所用耻为不动心,以放其心而不求为,未尝致纤毫之力者多矣”[3]。晚明学界上述率情任性、媚世矫俗的学风,在一定程度的确表明了晚明学术思想的“无根性”。后世对此曾多有评论。如全祖望(1705～1755)评述说:“明中叶以后,讲学之风已为极敝,高谈性命束书不观,其稍平者则为学究,皆无根之徒也。”[4]

直到今日,明代学术思想仍被学者视为“无根的一代”[5]。明代思想之所谓“无根”,究其实,乃是无儒家经学之根、无儒家史学之根。这也就是说,所谓明代思想的无根性乃是基于正统儒家的五经学观和《春秋》史学观所作出的评判。更确切地说,明代思想之所以无根,正因其思想中并不突出“古”与“圣”的权威性。古则以三代为高,圣则以周孔为尊。复古当力究诸经,尊圣应效法诸经。基于此,经历明末社会“天崩地解”之惨痛巨变的王夫之(1619～1692)痛斥阳明心学为“阳儒阴释诬圣之邪说”[6],顾炎武(1613～1682)则更直斥之为“禅学”[7]。晚明学术思潮中王学末流的异端化、禅学化的非主流反正统倾向,同时也导致晚明学风的另一转向,此即为在晚明相当注重道德经世、学以致用的学者群体(如东林学派),转为尊经、崇圣、复古与现实经世密切结合的为学取向。总之,事极则反。晚明学界针对阳明后学空谈心性既狂且荡之学风的反思、不满与批评,导致了晚明学术的变更与转向。这一变更与转向,形成了晚明学术思想中朱子理学与阳明心学并存兼行的格局,其中潜存着于尊古崇圣中注重经世实学的思想能量。

从现实层面上说,晚明学界有意识地回归到朱子学的思潮转向,具体表现为倾向于学术当为人间社会服务、有益于现实人生的经世实学。如东林学派顾宪成(1550～1612)曾对朱子学与阳明学作出如下反思性的评论:“以考亭(朱熹)为宗,其弊也拘;以姚江(王阳明)为宗,其弊也荡。拘者有所不为,荡者无所不为。拘者人性所厌,顺而决之为易;荡者人情所便,逆而挽之为难。昔孔子论礼之弊,而曰:‘与其奢也,宁俭。’然则论学之弊,亦应曰:与其荡也宁拘。此其所以逊于朱子也。”[8]

东林学派对于朱子学和阳明学的评判乃是基于社会伦理学的价值评判,两者相较之下,宁拘勿荡,取朱子而舍阳明。在此必须指出的是,晚明学界对阳明心学的评价往往与对佛教禅学的评论相关。对此,明末大儒刘宗周(1578～1645)曾说:“今天下争言良知矣。及其弊也,猖狂者参之情识,而一是皆良;超洁者荡之以玄虚,而夷良于贼,亦用知之过也。夫阳明之良知,本以救晚近之支离,姑借《大学》以明之,未必尽《大学》之旨也。而后人专以言《大学》,使《大学》之旨晦;又借以通佛氏之玄览,使阳明之旨复晦。”[9]

依蕺山之见,阳明后学中主顿见良知的当下现成派,完全可以与佛教中的狂禅派相类,从而全然背弃了阳明良知之学的学脉意旨,而流于“狂禅”之学。撇开学派门户之见勿论,刘宗周的思想立场表明,阳明后学与佛教禅学之间有着剪不断理还乱的密切联系,乃至时人有所谓“阳明禅”之说。

晚明学术思潮中空疏狂荡妄谈心性的狂禅倾向,时人对此多有抨击。这种批辟,既有来自佛教内部基于修证立场对所谓狂解之徒的批评,更有出于儒家现实立场的道义谴责。如袁宏道(1568～1610,字中郎,号石头居士)曾说:“有一种狂禅,于本体上有所悟入,便一切讨现成。……往往利根上智者得之不费力,遂生容易之心,便不修行,多为目前境界夺将去,作主宰不得。”[10]

又如纪晓岚评议焦竑(1540～1629,字弱侯,号澹园)与李卓吾(1527～1602,名李贽,号温陵居士)之学说:“竑师耿定向而友李贽,于贽之习气沾染尤深,二人相率而为狂禅。贽至于诋孔子;而竑亦至崇扬、墨,与孟子为难。”[11]大致来说,狂禅的主要特征即是以悟废修、以本体取代工夫,以精神境界取代思想义理,以知觉情识认同于现成良知,于道德观上,则以心善置换性善、以念善取代善行,模糊了道德上的唯动机论和道德虚无主义二者之间的界限,并终将趋归于对儒家伦常理念的否定。

同样的情形还出于佛道交往中。从佛道会通的诠释历史来看,如果说东晋支道林等佛僧的“格义”佛教,首开以佛法义理附会老庄道学之风习,那么经过唐宋诸代佛道学子的诠解工作,到晚明丛林的佛道会通,则可说是已经完全摆脱了佛法附会于道学的从属性,全面确立了以佛法知见判释老庄之学的主动性。因此,对于晚明的丛林尊宿们(如憨山德清)来说,从以佛摄道的会通诠释中,更能够以佛法知见全面审察儒道二家引佛禅入道的诠释取向。诚如宋儒所言，庄学大类于佛教禅学，道道教徒（如陆西星）亦以为庄语大类禅语。儒、道二家皆以庄学类似于佛教禅学，对此成见，晚明僧人作出了基于佛法知见的回应。鉴于庄学作为中国天人之学的传统代表，据此扩大言之，这种回应同时也就构成了对中国传统天人之学的回应。在此意义上说，以佛法知见观照下，全面而完整地审视中国儒道传统的天人之学。因为只有通过对中国儒道传统天人之学的整体审察，才能真正深刻地领略到佛法出世解脱智慧的殊胜功德，有力地回应三教归一思潮下对佛法的冲击。这可说是晚明丛林佛道会通观念中最为重要的思想史效应。

晚明丛林的会通佛道另一个思想史效应，在于引导向佛学佛的士子能够以佛法知见判释老庄之学，特别通过以佛法判解佛老之异同，明确了佛道二家在佛法判摄系统中的义理定位，从而为晚明丛林对金丹道教的判释提供了佛理依据。这种定位意识，结合明中叶以后金丹道教的现实影响，可以更加清醒地认识到佛教出世解脱为本的智慧法门的殊胜性。尽管晚明时期的佛门末流仍不同程度地以秘法示人，但丛林高僧们通过深辨佛道，厘清了佛法修证与丹道修炼的应有界限，维护了佛法出世解脱智慧的纯粹性与完整性。这是晚明丛林如此注重会通佛道的一个非常现实的效应。

总体而论，以憨山德清等僧人为代表的晚明丛林，以佛法知见判摄道家之学的立场方法，从中所透显出的是佛法辩击外学的宗教本位，全然不同于持三教归一论者的他者立场，如陆西星等道教学者引佛显道以达佛道俱显，通过倡导仙佛合宗、同具同证来消泯佛道分界。从儒佛道三教交涉的思想演历上来看，晚明丛林通过回应以老庄道学为代表的中国传统天人之学所达到的思想高度与丰富内涵，自晚明以降，几无出其右者。

就这一时期的江南道教思潮来说，尽管相对于佛教复兴思潮而言，道教中兴影响的区域范围、影响力度等方面均不及佛教，但道教界不仅公开出现“仙佛合宗”、引佛入仙的合流倾向，而且还通过“究心儒典”（特别是周易象数之学）而为当时的知识界提供了另一向度的知识交往资源。这种趋势，在相当程度上甚至可以说是迎合了儒家由尊德性而转归“道问学”的博学需求。而博学求知、经史济世，正是明清之际思想文化界的一大学术标识。

晚明之际的江南道教，除茅山道派外，较重要的表现当推以湖州金盖山为中心的龙门道派中兴，这成为当时道教复兴的一大典型。尽管道教复兴思潮的影响范围，相对于佛教来说，对于社会知识界的作用较为有限。这一点从明代道藏与佛藏的刊刻情况可以看出。明代道藏刊刻主要有两次，先后汇刻成明《正统道藏》（成于英宗正统九年至十二年间，1444 年至 1447 年）和明《万历续道藏》（成于神宗万历三十五年，1607 年）。其间或有刊刻，但完整保存至今的明代《道藏》和《续道藏》，仅为一部，可见明代道藏的刊刻数量甚少，有机会通读的学者当为数不多。但一些知识精英，同样开始关注道教典籍的知识内容。换言之，道教同样成为当时知识交往中不容忽视的一大资源。如黄宗羲在 32 岁时，曾在南京朝天宫检阅道教典藏，成为明代少数通读《道藏》的儒家学者之一。这虽然是一种个人性的知识行为，但结合黄宗羲对佛教禅学、天主教西学等宗教思潮的敏锐洞见，也许可以看出明清之际的学术思想中的某种精神倾向，即从“百科全书式”的博洽学风透露出求真知、尚实知的“科学精神”。从中国学术思潮史上，则表现出从心体良知而趋归学术真知、从性理义学而返求真理实学的取向。对知识的态度或“问题意识”，在一定程度上决定着知识或解决问题的方法。明清士子企求从探求“问学”之道中，使生命的“德性”自然尊大，这其中是否有着道教对明清之际学术形态的知识性影响，是值得我们深入探究的一个不容忽视的方面。

佛道会通对明清之际思想的影响，还表现为思想文化的观念形态开始相当明显地渗透民众日常生活，并呈示出某种程度上较以往世代更为广泛的扎根民间的“草根性”。明代文化的“草根性”，有时会不可避免地被一些学者轻率地等同于明代思想的“无根性”。如果说明代思想文化的“根”，仍被简单地划归于儒家圣典，而晚明时期的思想却到处弥漫着“自圣化”的狂禅风习。在此意义上，晚明思想的“无根化”是可以成立的。而且，从这一时期儒佛两教均出现了“返经明教”的倾向，也从相反的角度表明这种“无根”现象的存在事实。“返经”即返归本宗圣典，“明教”即究明圣人教化。然而，儒佛二教“返经明教”思潮倾向的出现，还应充分考虑到明代文化的“草根性”，即当时民间社会普遍盛行的民众教化系统。在此教化系统中，佛道混融的民间信仰起着前所未有的渗透作用，并对形塑民众的伦理行为有着导向性影响。

明清之际，除传统中的佛教与道教这些制度化宗教类型之外，还出现了一股势力强盛的民间秘密教门力量。应该说，明清之际的江南地区，以佛道混融信仰为特征的民间宗教形态，甚为发达完备。如罗教、斋教、长生教、三一教等民间信仰类型，在江南地区均有不同程度地流传，并有着相当的渗透性影响。对此，同时代的佛教、儒家学者都有关注及评述。但对于这些混融形态的民间教化活动的流传过程，至今却未得以历史而具体的全面阐述。特别是对于江南地区民间教化的社会机制和思想史效应，仍未充分地进入学术研究的考察视野。直至今天，我们从浙江民众日常生活中，特别是注意到经济相对发达地区中，诸如"温州道士"、"萧山道士"、"台州道士"业务繁忙的法事活动，仍多少可看出以佛道混融形态为结构特色的明清民间教门的印迹。因此，民间生活中的教化劝善传统，同样需要反思性的建构。同时，还需要建构出社会主流的纯粹价值教化与非主流的混融价值教化之间的关系及其影响机制，从中再现明清三教间广泛知识性交游的文化背景。特别是考虑到今天当今人们遗忘了传统的儒家话语体系之后，处于后儒家话语时代中，如何在再现当时文化风尚的研究基础上，解读并诠释江南思想文化，我们从明清之际江南普遍成习的民间混融性宗教思潮中，也许可以寻找一些有益线索。而这并不是依赖于儒家话语诠释所能完全满足的。

总之，明清之际的江南宗教文化思潮，无论是佛教复兴、道教中兴还是民间教化传统的新兴，都完全有必要透过三教间的具体交涉活动而充分展开探讨。作为对于相对成熟的社会教化范式的整体性解读，或许可以部分地再现这一时期思想学术所处的话语情境，从中探寻明清区域性学术活动中独特而富有活力的文化记忆、学术记忆和社会记忆。这种探寻，不仅有利于深化认识此一历史时期江南地区出现的社会文化现象，从而加深对江南社会史的认识；而且可以藉此探究广大民众的宗教心理、行为观念和价值取向，丰富对这一地区域社会发展及民俗文化的深层认识，从而为更深入的整体性研究提供不同的学术视角。

注释：

[1]纪晓岚：《四库全书书目提要》卷九七，《朱子圣学考略》条，海南出版社 1999 年，第 503 页。

[2]黄宗羲：《明儒学案》卷三二，中华书局 1985 年，第 703 页。

[3]黄宗羲：《明儒学案》卷二〇，第 483 页。

[4]全祖望：《甬上证人书院记》，引自黄云眉：《鲒埼亭文集选注》，齐鲁书社 1982 年，第 347 页。

[5]赵令扬：《无根的一代：从明代思想谈起》，《国故新知：中国传统文化的再诠释》，北京大学出版社 1994 年，第 384 页。

[6]王夫之：《张子正蒙注·序论》，中华书局 1975 年，第 2 页。

[7]顾炎武：《亭林文集》卷三《与施愚山书》。

[8]顾宪成：《小心斋札记》，《四库全书》本，台湾商务印书馆印行。

[9]刘宗周：《刘宗周全集》第 2 册，台北中研院文哲所 1996 年，第 325 页。

[10]袁宏道：《黄檗无念禅师复问》卷五，台湾新文丰出版公司 1993 年，第 151 页。

[11]纪晓岚：《四库全书书目提要》卷一二五，《焦弱侯问答》条，海南出版社 1999 年，第 651 页。

陈郡谢氏在两晋南朝源流世系及婚宦考索

马晓坤*

摘　要：本文以现有史籍材料及近年出土碑刻为基础，详细考索了陈郡阳夏谢氏在两晋南朝共计十三代，129人的世系传承，并列表描述各代家族子侄的官职品位变迁及家族联姻状况，在此基础之上分析谢氏家族社会地位的盛衰演变。

关键词：陈郡阳夏谢氏；源流世系；官职品位；家族联姻

姓氏来源多种多样，谢氏之源据《元和姓纂》所言："谢，姜姓，炎帝之胤，申伯以周宣王舅受封于谢，今汝南谢城是也，后失爵，以国为姓焉。"[1]《郑樵·氏族略》："谢氏，姜姓，炎帝之裔，申伯以周宣王舅受封于谢，今兖州龚邱县谢城是也，后失爵，以国为氏焉。鲁有谢息，汉有谢弘、谢夷吾、谢该。"[2]。《万姓统谱》中亦主谢姓为炎帝之胤。而宋朝王应麟在《姓氏急就章》中则引《世本》曰"谢，任姓，黄帝之后。"古籍《世本》是成书于战国时期的史学著作，记载了从黄帝到春秋时诸侯大夫氏姓、世系、都邑等。《古今姓氏辩证》更为详尽："出自黄帝之后，任姓之别为十族，谢其一也。其国在南阳宛县。三代之际，微不见，至《诗·崧高》，始言周宣王使召公营谢邑，以赐申伯。盖谢已失国，子孙散亡，以国为氏。鲁有成大夫谢息。"[3]可见谢氏来源有炎帝或黄帝之说，源头悠邈已难辨析，或有多种来源亦未可知。关于其祖先都认为是周宣王之时的申伯，申伯为伯夷之后，在周成王时被封为申侯，周宣王时因为母舅之故而封谢城，后谢国被兼并，后人则以国为氏。但谢城的地点却有汝南谢城、兖州龚邱县谢城和南阳宛县之别。其中兖州龚邱县谢城当非申伯之谢城，因为在谢氏子孙的迁徙历程中，在周平王东迁后，洛邑周围的谢水之滨有周朝姬姓支族，他们被迫使迁至兖州龚邱县（今山东宁阳），为了纪念家乡就把新到的地方称作谢丘，且以此为氏。上文中所提到到的鲁大夫谢息，或许便是这一支族的人[4]。

谢氏子孙自周朝以后便向四处迁徙，如山东、湖北、湖南、浙江、四川一带，各地谢氏子孙代有名人，著于青史，如山东曲阜人鲁大夫谢息抗晋护城，西汉末年的南阳谢躬为汉代尚书仆射，协助光武帝刘秀平乱，东汉时期东郡武阳谢夷吾为在灵帝时任郎中，而南阳章陵人谢该则为当世鸿儒，三国时期的南阳谢景为吴太子孙登的座上宾，并任豫章太守，东汉时期会稽山阴谢氏家族已为吴国皇亲国戚，三国时期的陈郡阳夏人谢缵为曹魏的典农中郎将，秩两千石。在两晋南朝时会稽山阴谢氏与陈郡阳夏谢氏最为有名，尤其陈郡阳夏谢氏自随晋室南迁后因为种种机缘而成为第一等门阀士族，俨然侨姓士族之首。这里所要探讨的便是谢氏这一支族门系在两晋南朝的沿革传承及地位变迁。

一、陈郡阳夏谢氏源流世系

据现有资料来看，谢缵（生卒年不详）[5]为这支族的一世祖，他如何移居至陈郡阳夏（今河南太康）失考，谢缵或曾为长安典农中郎将[6]。子谢衡为晋散骑常侍、国子祭酒，在晋末乱世中移居会稽山阴

* 马晓坤，浙江工业大学人文学院副教授。本文是浙江省哲社项目，江南文化研究中心课题《两晋南朝琅琊王氏家族与陈郡谢氏家族比较研究》（JDJN0172）阶段性成果。

(今浙江绍兴)。谢衡有子三人:谢鲲(281～323),谢裒,谢广。谢广字幼临,子孙世系史籍失载,据谢鲲墓志补。谢鲲一系子孙不盛,子谢尚(308～357)文武双全,儒玄兼修,官至东晋尚书仆射,镇西将军,“无子,从弟奕以子康袭爵,早卒。康弟静复以子肃嗣,又无子。静子虔以子灵佑继鲲后。”[7]据1964年在南京中华门外戚家山残墓出土的谢鲲墓铭[8],可知其除子尚之外,尚有女谢真石[9],妻子为中山刘氏。谢真石嫁阳翟褚裒,女褚蒜子(324～384)入宫为康帝皇后,在后宫四十余年,经历了康帝、穆帝、哀帝、海西公、简文帝和孝武帝数朝,曾在穆帝幼时,桓温废海西公与孝武帝幼时数次临朝称制,影响东晋政坛格局达四十年之久,谢氏家族在这一历史时期政治权势的发展和社会地位的提升与她的支持当也不无关系。

东晋南朝谢氏子侄多是谢裒后人,谢裒为吏部尚书,有子六人:谢奕(？～358)、谢据、谢安(320～385)、谢万(321～362)、谢石(327～388)和谢铁。谢万子谢邵,官至车骑司马,少年与谢玄齐名,“时谢氏尤彦秀者,称封、胡、羯、末。封谓韶,胡谓朗,羯谓玄,末谓川,皆其小字也。”[10]后早卒,子恩,为黄门郎、武昌太守。谢恩有三子,史书只记谢曜(？～427)与谢弘微二子,谢曜为晋御史中丞,彭城王义康骠骑长史,谢弘微袭封建昌侯,出继从叔谢安之子谢峻。谢石官至尚书令,封南康郡公,子谢汪早卒,无子,从兄谢冲子谢明慧出继,死于孙恩之难,又无后,谢明慧从兄谢喻之子谢昺出继,宋受禅后国除。谢铁为永嘉太守,有子谢邈(？～399)与谢冲。谢邈为晋吴兴太守,谢冲为晋中书侍郎,二人皆死于孙恩之乱。谢冲子谢方明(380～426)晋陵太守,宋台尚书吏部郎,会稽太守,明礼方正,严于士庶之别。有子二人,谢惠连(407～433)与谢惠宣,谢惠连著名文学家,为彭城王义康法曹参军,有《祭古冢文》、《雪赋》流传。谢惠宣,竟陵王诞司徒从事中郎,临川内史。二人后世系不详。

其余兄弟三人谢奕、谢据、谢安瓜瓞绵延,不绝于世。谢奕是谢氏家族执掌兵权者,官至安西将军、豫州刺史。1984～1987年在南京市雨花台区铁心桥乡大定坊司家山东晋南朝的谢氏家族墓地出土了谢琉墓志,详细记载了谢奕之子谢攸一系的世系传承及联姻状况。据其记载,谢奕妻为陈留阮容,有女四人:谢道韫,字令姜,嫁琅邪王凝之;谢道荣,嫁顺阳范少连;谢道粲,嫁高平郗道胤;谢道辉嫁谯国桓石民。有子八人,谢探远,谢寄奴,谢渊,谢攸,谢靖,谢豁,谢玄,谢康。谢探远,谢寄奴并早卒。谢渊,字仲度,早有名誉,历义兴太守,袭封奕爵,夫人为琅邪王氏。谢攸,字叔度,散骑常侍,早亡,妻颍川庾淑。四女三子。长女谢令芬适同郡袁大子,散骑侍郎。谢令和适太原王万年,上虞令,谢令范适颍川陈茂先,广陵郡开国公,谢令爱适琅邪王□(碑文字迹模糊)之。三子:琉,玙,球。谢玙字景琡,早卒,谢球字景璋,辅国参军,夫人琅邪王氏。谢琉[11](？～421)字景玫,宋海陵太守,散骑常侍,妻子同郡袁琬。长子谢宁,字元真,驸马都尉,奉朝请,妻子王即二姑妈之长女。谢道休,早夭。谢奉字刚真,出继弟玙,妻袁氏,即琉夫人从弟松子永兴令之女。谢雅字景真,妻子同郡殷氏,东阳太守仲文之次女。谢简字德真,妻琅邪王氏,太尉咨议参军王缵之女。

谢靖,字季度,散侍常侍,官至太常卿,常乐县侯,夫人为颍川庾氏。谢豁字安度,早亡,生卒不详。谢玄,字幼度,散骑常侍、左将军、会稽内史,勋封康乐县公,前妻为太山羊氏,后妻为谯国桓氏,子谢焕为晋秘书郎,生而不慧,早卒,焕子谢灵运袭爵,子谢凤因灵运迁岭南,早卒,子谢超宗为齐黄门侍郎,有子二人,谢才卿、谢几卿,才卿为梁左光禄大夫,早卒,子谢藻赖弟几卿抚养教育成人。谢几卿官散骑常侍,中书郎,国子博士。谢藻后世系不详。谢玄一系多文学家,谢灵运、谢超宗、谢几卿皆以文义知名于世。谢康,字超度,出继伯父谢尚,袭封咸亭侯,早亡无子。据《晋书》谢尚传:“从弟奕以子康袭爵,早卒。康弟静复以子肃嗣,又无子。静子虔以子灵佑继鲲后。”[12]据出土墓志砖所载,谢奕子“谢静”,或为谢靖之误。灵祐后世史籍失载。

谢据有子谢朗、谢允。谢朗字长度,名亚于玄,娶王胡之女,善言玄理,终于东阳太守。子谢重,字景重,娶袁湛姊,明秀有才名,为会稽王道子骠长史,有子五人,谢绚字宣映,刘裕镇军长史,早卒。谢瞻(387～421)中书,黄门侍郎,豫章太守。谢晦(390～426),字宣明,荆州刺史,因宋初行废立之事,被诛杀,因此事受牵连而弃世者共子弟八人,包括晦弟谢遁(？～426),谢绚子谢世猷(？～426)、谢世基(？～

426)及谢晦子谢世休(？～426)及兄子著作郎谢绍等。谢瞬(396～426)宋黄门侍郎，子谢世平，仕历不详，在谢晦案中被赦免，但无子。经此一劫，谢朗一系基本凋零殆尽。谢允官宣城内史，有子四人，谢裕(370～416)、谢纯、谢飑、谢述(390～435)。字景先，司徒左长史，转左卫将军吴兴太守受到刘裕赏识，一直辅佐彭城王刘义康，有吏才。有子三人：谢综(？～445)有才艺，善隶书，为太子中舍人，与舅氏范晔谋反。谢约(？～445)坐死。谢纬尚太祖第五女长城公主，素与兄长不合，免死徙广州，官至正员郎中。子谢朓(464～499)字玄晖，齐吏部郎宣城太守。朓子谢谟尚梁武帝第二女，终不得妻，被责以门单而与主毗离。

谢安(320～385)，字安石，晋丞相、太傅。有子二人，谢瑶，谢琰(？～400)。谢瑶袭爵，官至琅邪王友。子三人，谢该、谢澹，谢模。谢该为晋东阳太守，无子，以弟谢模子谢承学出继，后有罪，国除。谢澹，刘裕命以柴桑侯千户奉安祀，晋光禄大夫。谢模，晋光禄勋。此系后世不详。谢琰字瑗度，会稽内史，死于孙恩之乱。子三，长子谢肇(？～400)历骠骑参军，同时死于孙恩之乱。次子谢峻(？～400)以琰勋封建昌侯，无子，以从侄谢弘微出继。幼子谢混(？～412)历中书令、中领军、尚书左仆射、领选。尚晋陵公主，袭父爵。党刘毅国除。无子，只二女。谢安一系能够繁衍生息，绵延不绝者正在于谢峻继子谢弘微。谢弘微(392～433)宋吏部郎，右卫将军。子谢庄(421～466)字希逸，吏部尚书，金紫光禄大夫。有子五人，"世谓谢庄名儿为风、月、景、山、水"[13]，五子为：谢飏、谢朏、谢颢、谢嵸和谢瀹。谢飏生卒仕历不详；谢朏为齐秘书监，临川内史，吴兴太守。二子，谖，谌。长子谢谖官至司徒左长史，次子谢谌[14]梁右光禄大夫，子谢哲(508～567)字颖豫，仕陈吏部尚书，中书令。谢颢字仁悠，齐吏部郎，谢嵸。谢(454～498)字义洁，吏部尚书，豫州中正，齐太子詹事。有子三人，玄大、览、举。谢玄大，仕梁侍中。有子二人：侨、札。谢侨字国美，有子二人：谢祎、谢启，生卒仕历皆不详。谢札字世高，博涉文史，位湘东王谘议。谢览字览字景涤，选尚齐钱唐公主，梁时为中书吏部郎，三代参掌选事，传为美谈。谢举(？～548)字言扬，太子詹事，尚书令，精通玄言释理。有子二：禧、嘏。谢禧，(生卒仕历不详)少知名。谢嘏(？～569)起家梁秘书郎迁中书令、豫州大中正、都官尚书。有文集行于世。有子二：谢俨(？～588)散骑常侍、侍中、御史中丞、太常卿，出监东扬州。谢伷(生卒仕历不详)。谢安一族另有一系传承不明，但有二人入《梁书》与《陈书》的孝义传中：谢经[15]，为谢安七世孙，梁中郎咨议参军，妻阮氏，子谢蔺(510～547)，以孝行显，妻琅邪王氏，王筠之从兄妹，子谢贞(535～585)字元正，尚书驾部郎中，侍郎。平南王友，掌记室事，子谢靖，谢贞去世时才六岁。另，《谢贞传》中提到同族三人，一是从叔谢洽，二是族兄谢皓，三是族子谢凯，关系较为亲密，应是同系传人，史籍失考，难以考索。

以上为两晋南朝陈郡阳夏谢氏一族发展传承的基本状况，共计十三代，一百二十余人。那么谢氏家族在两晋南朝政治地位与社会地位又是经历了怎样的迁延变化呢？下面通过婚宦的简单考索来阐释这个问题。

二、婚宦考索

谢氏家族在两晋南朝的政治地位升降变化可以从下表中初窥端倪：

表1 陈郡阳夏谢氏两晋南朝各代官品统计[16]

	总人数	1品	2品	3品	4品	5品	6品	7品	8品	9品
第1代	1					1				
第2代	1			1						
第3代	3			1		1				
第4代	8	1	3	1		1				

续表

	总人数	1品	2品	3品	4品	5品	6品	7品	8品	9品
第5代	21		2	2		6				
第6代	25	1		4	1	2	2	1		
第7代	29		1	3		4	1			
第8代	10			1		2		1		
第9代	8	1		3		2	1			
第10代	10		2	3	1	2				
第11代	8			1	2					
第12代	5			1	4					
合计	129	3	8	22	8	21	4	2		

上表为陈郡阳夏谢氏家族见于史籍及出土文献资料的各代人数及在两晋南朝的官职品位表，资料所见谢氏子侄在两晋南朝共有129人，其中一品3人，二品8人，三品22人，四、五品合计29人。在当时，一品与二品官职更像是一种荣誉，三品则为掌握实权的中枢官职，由此可以看出谢氏家族在两晋南朝政治地位的升降变化。从表中可知谢氏家族在其第二代和三代时期开始起步，进入朝中逐渐成为官僚阶层，第二代谢衡官列散骑常侍，已是三品朝官，其子谢裒则官至吏部尚书，在东晋属于三品之官，谢鲲虽官位不显，但他出儒入玄的文化选择提升了家族的文化地位。谢氏家族第四代虽然人数不多，但多官至一、二品高位，在东晋社会上层权势真空时期因时就势，正式进入东晋王朝政治权势的中枢阶层。谢氏家族第四代虽然人数不多，但多官至一、二品高位，在东晋社会上层权势真空时期因时就势，正式进入东晋王朝政治军事权势的中枢阶层，而且，家族的兴盛与发展除了中枢政治地位与权力外，尚需要军事力量的支撑，谢氏家族正是从这一代开始掌控军权，与中枢政治权力遥相呼应，共同推动了家族社会地位的提升，开启这一历史进程的人物是谢鲲之子谢尚。谢尚最初任文职，后舍文职而出就军旅，由此掌握军权，开启了家族发展的新契机。

第五代、第六代和第七代是谢氏家族在政治上最为活跃的时期，也是东晋南朝谢氏家族人物盛美之时，经过数十年（活动时间统计）的积累和发展，谢氏家族在政治势力、财富积累和文化传统方面都逐渐得到社会的认同，终于跃居一等门阀士族的行列。极致的荣华鼎盛转身便是难以言语的萧索寒意，谢氏家族在六、七代中虽不乏身处高位者，但不再握有中枢权柄，也没有强有力的军事力量来支撑家族的延续与发展，即使一品高官如谢澹，也仅仅是帝王禅代中必不可少的奉玺捧册的华奕高门代表，职高权轻。自第八代后，谢氏子侄留名史籍的人数锐减，而真正在政治权力中心占有一席之地的只有谢庄一系了。家族的繁荣昌盛、兴旺发达离不开各房各支脉人才辈出，在社会与政治生活中遥相呼应，时至此时，谢氏家族仅一系政治权势的延续已掩不去门单势孤、家族衰败的萧飒境况了。

家族社会地位的确立与政治地位的提升相比是稍显滞后的过程，在谢氏家族政治权势达到顶峰的第四代、第五代时还被当时的门阀士族视为“后出门户”而无礼待之[17]。然而也正是在这一代，谢氏家族的社会地位开始有了根本性的改变，这一点可以通过婚姻的情形来说明。在门阀士族时代，嫁娶非个体事务而是巩固提升家族社会地位的重要方式，最讲究门当户对，所以观察一个家族的联姻对象也可以看出这个家族的社会地位高低升降。谢氏家族在两晋南朝婚姻状况如下：（因第1代与第2代及第12代婚姻状况不详，从略）

表 2 谢氏家族在两晋南朝婚姻状况统计

	娶	嫁
3	中山刘氏	不详
4	陈郡袁氏沛国刘氏太原王氏琅邪阳都诸葛氏	阳翟褚氏
5	琅邪王氏颍川庾氏颍川庾氏太山羊氏谯国桓氏琅邪王氏琅邪王氏高平郗氏	颍川庾氏陈郡殷氏琅邪王氏顺阳范氏高平郗氏谯国桓氏
6	陈郡袁氏河东卫氏琅邪王氏陈郡袁氏太原王氏尚公主顺阳范氏	陈郡阳夏袁氏太原王氏颍川陈氏琅邪王氏
7	太原王氏陈郡袁氏陈郡殷氏琅邪王氏尚公主(刘宋)琅邪王氏	颍川荀氏刘宋皇族
8	琅邪王氏王敬则女	刘宋皇族(谢晦女)
9	尚梁武帝第二女,不终	不详
10	阮氏 皇后尚齐公主张敬儿女	不详
11	琅邪王氏	不详

而《世说新语·方正》篇"诸葛恢大女适太尉庾亮儿"条所载的谢氏家族与诸葛家族的联姻很有象征的意味,诸葛家族自东汉末年以来一直绵延不绝,维持强盛,余嘉锡先生在本条按语中曾言"诸葛三君,功名鼎盛,彪炳人寰,继以瞻、恪、靓,皆有重名。故渡江之初,犹以王、葛并称"[18]。与其通婚的羊氏与邓氏都是起自东汉,直到此时依旧保持活力的大士族,羊氏本以经术传家,而邓氏因开国元勋与外戚知名,均享盛名于魏晋,颍川庾氏则是当时的政治亲贵,所以当谢裒最初向其求婚之时,诸葛恢一口拒绝,但数年之间,形势变迁,诸葛家小女最终嫁入谢家,可见当时士族间社会地位的升降变化。当时据王羲之言:"二族旧对,故欲结援诸葛。若以家穷,自当供助昏事。"[19]可见诸葛家族的困境。对于一个以俸禄为主要经济来源的官僚型家族而言,经济状况的困窘往往是现实政治地位衰落的体现。而对于新兴起的谢氏家族而言,也需要与传统大士族的联姻提升自己的社会地位,并被整个士族阶层所承认。

第五代、第六代和第七代正是谢氏家族充满活力,蓬勃发展的时期,家族联姻也堪称盛美,太山羊氏,琅邪王氏,颍川庾氏,谯国桓氏,高平郗氏,陈郡袁氏等,这些联姻家族既包括东汉三国以来传统的士族华胄,亦有过江后的权门新贵,而且六七代中有两例公主,两例与皇族通婚者,都体现了社会地位与政治权势的荣耀。第八代后史籍所载谢氏子侄为官人物锐减,婚姻资料更为简略,既有与传统士族及皇族通婚者,亦不乏婚宦失类者。如第八代谢朓之妻便为王敬则女,第十代谢超宗儿媳为张敬儿女,二人都是出身低俗,以军功武力遂升荣显,成为萧齐的开国功臣,其社会地位与谢氏家族相差何啻千里。而且,自东晋以来,以黄散为高,鄙薄武力,轻视军人的社会风气与前代无异,谢氏家族两代之间都有这种联姻。谢氏家族第九代婚姻资料详细的只有谢朓之子谢谟。据谢朓之传所记,朓及殷睿素与梁武以文章相得,帝以大女永兴公主适睿子钧,第二女永世公主适朓子谟。及帝为雍州,二女并暂随母向州。及武帝即位,二主始随内还。武帝意薄谟,又以门单,欲更适张弘策子,弘策卒,又以与王志子諲。而谟不堪叹恨,为书状如诗赠主。主以呈帝,甚蒙矜叹,而妇终不得还。"谢谟能为书状如诗,可见是继承了其父的文学才华,但梁武帝所看重却是门第出身与家族的社会地位,此时谢谟被以门第单薄目之,可见已不被当作士族膏梁子弟。在此基础之上再来看谢氏与当时出身与门第低下的权臣联姻的情形,可知在门户衰败的阴影之下,甲等士族的虚名已不重要,重要的是要结交武力强宗提高家族的政治权力,以维持一定的社会地位。虽然历史证明这样的联姻只是加速了家族社会地位与政治地位的衰落,但曾经的努力却是显而易见的。

以上为两晋南朝陈郡阳夏谢氏一族发展传承及仕宦婚姻的基本状况,下文我们将在此基础之上,从家族生存的经济基础、家族子侄的政治行为及家学与家风的传承与变迁等诸方面阐释谢氏家族在这一时期的具体生存状态，寻绎他们自东晋起步而迅速在江南站稳脚根并成为侨姓士族之首的历程。

注释：

[1]文渊阁《四库全书》子部，类书类，元和姓纂，卷九。

[2]郑樵：《通志·氏族略》，文渊阁《四库全书》卷二六，史部，别史类。

[3]邓名世撰，王力平点校：《古今姓氏辩证》，江西人民出版社 2006 年，第 508 页。

[4]可参阅吴兴勇：《谢姓史话》，江西人民出版社 2007 年，第 16～24 页。

[5]本文提到谢氏子侄后均注明生卒年月，未注明者皆为史籍失载，不复一一注明。

[6]罗振玉校录的《芒洛冢墓遗文四编补遗》中有魏《谢君神道碑》："魏故长安典农中郎将谢府君之神道"。对此说明是"高二尺二寸二分，广二尺五寸，五行，行三字，篆书阳刻"。未记墓主之名，但姓氏、大致时间与官职与谢缵，若为谢缵神道碑，则可知他曾作过长安郡的典农中郎将。《先秦秦汉魏晋南北朝石刻文献全编》，北京图书馆出版社 2003 年，第 417 页。

[7]房玄龄等撰：《晋书》，卷七九，中华书局 1974 年，第 2069 页。

[8]释文：晋故豫章内史，陈[国]阳夏，谢鲲幼舆，以泰宁元年十一月廿[八]亡，假葬建康县石子岗，在阳大家墓东北[四]丈。妻中山刘氏，息尚仁祖，女真石。弟褒幼儒，弟广幼临，旧墓在荥阳。赵超：《汉魏南北朝墓志汇编》，天津古籍出版社 1992 年，第 18 页。

[9]晋故豫州陈郡阳夏县都乡吉迁里驸马都尉朝□溧阳令给事中散骑常侍□琰，字弘仁。夫人司徒左长史太原晋阳(王)濛仲祖女。太元廿一年七月十四日。江苏溧阳 1973 年出土。不详世系，应该是卒于官而葬于此。

[10]《晋书》卷七九，第 2087 页。

[11]谢琉，正史失载，此处谱系皆据《谢琉墓志》而补。《晋书》谢玄传中有"玄请以先封东兴侯赐兄子玩，诏听之，更封玩豫宁伯。"与墓志中的"琉本()次叔玄东兴侯，改封豫宁县开国伯"对照来读，知《晋书》误把"琉"作"玩"。

[12]《晋书》卷七九《谢尚传》，第 2072 页。

[13]梁萧子显：《南齐书》卷四三，中华书局 1972 年，第 762 页。

[14]此处《南史》与《梁书》记录有矛盾，《南史》卷二〇《谢弘微传附朏子谌传》云："次子谌，不妄交接，门无杂宾。有时独醉曰：'入吾室者但有清风，对吾饮者唯当明月。'位右光禄大夫。"《梁书》卷一五《谢朏传》言："次子谢𬤩(生卒不详)，颇有文才，仕至晋安太守，卒官。"今依《南史》。

[15]谢经一系传承不详，只是在《梁书孝行传》卷四七中收入谢蔺，言为"谢蔺，字希如，陈郡阳夏人也。晋太傅安八世孙。父经，中郎谘议参军"。不可能是谢混一系，据史书所载，无子，只二女。谢琰一系似亦不大可能，因为谢安一系后最为繁荣昌盛者为出继的谢弘微后人，史书中多有收记，如谢览、谢举及谢嘏等。或许应试是谢瑶一系，有子三人，后谢承伯出继谢该后，袭爵，奉安祀，但后来因罪国除，后人不见于史籍。未得实际证据，姑且存疑。《梁书》所记为谢经，而《陈书孝义传》中所言谢贞祖为"谢绥"。二者必有一误，姑依梁书。

[16]关于此表有三点要说明：第一，这里各代总人数的统计资料有三类，一是《晋书》《宋书》《南齐书》《梁书》《陈书》《南史》有传者，分单传、合传与附传数种；二是无传，只是在正史行文中提到之人；三是后世出土的墓志碑铭中提到。第二，统计的官职品位也仅限于现有之资料；第三，谢氏家族第十三代子孙仅有谢贞之子谢靖见于史书，但据《陈书》谢贞传所载，谢贞去世时谢靖才六岁，谢贞将其托付于友人吏部尚书姚察，史书未载其以后之命运，姑置不论。

[17]参见《世说新语·简傲》"谢万在兄前"及"谢公尝与谢万共出西"条。余嘉锡：《简傲篇》，《世说新语笺疏》，上海古籍出版社 1993 年，第 772、773 页。

[18]《简傲篇》，《世说新语笺疏》，第 307 页。

[19]《王羲之杂贴》，严可均辑：《全上古三代秦汉三国六朝文》之《全晋文》卷二六，中华书局 1958 年，第 1607 页。

江南政治文化的变革与中国政治的转型

陈　丽　吕建云*

摘　要：明中期，我国封建社会已经到了后期，这时主要在江南出现了资本主义萌芽以及资本主义生产关系。经济的变化引起了政治的变化，政治变化又首先表现在政治文化的变化，而政治文化中最主要的是政治思想。所以，在政治革命实现之前，政治变化主要表现为封建专制政治思想向近代民主政治思想转变。这样，在明、清之际的江南，首先出现了中国启蒙的第一人，即黄宗羲。黄宗羲提出了与资本主义发展相适应的反封建的民主思想，首开民主思想的先河。从黄宗羲始，经同时代的吕留良和清代的袁枚，直到近代的龚自珍、冯桂芬、王韬、章太炎。具有强烈的反封建民主精神的思想家，都集聚在江南，这不是偶然的，这是江南社会经济文化急剧变化的必然反映。正是这种思想基础，深刻地影响着中国政治由封建专制政治向近代民主政治的转型。江南是民主思想的策源地，也是西方民主思想传入中国的主要交融地，也是中国反封建专制、追求民主的主阵地。为什么？就因为江南一直是我国资本主义发展的最重要地区。

关键词：江南；政治文化；政治转型

从明中叶开始，由于商品经济的发展，在我国封建社会内部，主要是在江南，出现了资本主义萌芽和资本主义生产关系，封建社会的自然经济和专制政治从此逐步衰落，与资本主义紧密相联的商品经济和民主政治逐步生长。到明清之际，在江南终于出现了第一位新阶级的代言人，这就是黄宗羲。黄宗羲是我国民主启蒙的第一人，他在著作中充分表达了与资本主义发展相适应的民主思想，首开了我国民主思想的先河，显示着我国古代专制政治的一统江山开始被打破并开始出现政治文化的质变，也预示着我国古代专制政治向近代民主政治转型的开始。考虑到政治文化中最核心的是政治思想，所以，下面论述到政治文化的时候，我们主要论及政治思想。

一

黄宗羲(1610～1695)，浙江余姚人。黄宗羲的反封建、民主思想集中体现在《明夷待访录》中。黄宗羲在书中指出："古者以天下为主，君为客，凡君之毕世而经营者，为天下也。"所以，君主只是天下的公仆而已，但后世的君主却"以为天下利害之权益出于我，我以天下之利尽归于己，以天下之害尽归于人"，"视天下为莫大之产业，传之子孙，受享无穷"。因此，后世的君主为了得到天下，不惜"屠毒天下之肝脑，离散天下之子女，以博我一人之产业"；得到天下以后，又不惜"敲剥天下之骨髓，离散天下之子女，以奉我一人之淫乐，视为当然"。黄宗羲对此发问道："岂天地之大，于兆人万姓之中，独私其一人一姓乎？"黄宗羲看到了君主专制制度下君与民的严重对立，他得出结论是："为天下之大害者，君而已矣。"在黄宗羲的思想中，有两点很重要：一是黄宗羲提出的"天下利害之权"在民不在君的思想，即"主权在民"的思想，这与西方近代民主思想高度一致，但在时间上早于西方一个世纪左右；二是黄宗羲指出"为天下之大害者，君而已矣"，这实际上就是对君主制实行革命的思想，这种强烈的民主思想在当时无出其右。

* 陈丽，中共金华市委党校副教授；吕建云，浙江师范大学法政与公共管理学院副教授。

黄宗羲也批判了封建社会的君臣不平等。他认为设臣是为了与君共治天下,"缘夫天下之大,非一人之所能治,而分治之以群工"。君与臣的权力有大小,职责有分工,但在人格上是平等的,不应是附属关系。他认为君臣都应以天下为事,臣"出而仕也,为天下非为君也,为万民非为一姓也。"但后世之臣往往不以天下为事,而以君之仆妾自居。黄宗羲坚决反对臣绝对服从于君,更反对"君要臣死,臣不得不死"之类的封建伦理道德,这有力地表达了平等、自由的思想。

黄宗羲对封建帝王的"一家之法"也进行了批判。他认为三代之法,其根本特征就是"未为一己而立",因而是"天下之法",而三代以下却不然,"后之人主,既得天下,唯恐其祚命之不长也,子孙之不能保有也,思患於未然以为之法。"这样的法只为"一姓之私"服务,是为保持私家的政权而设立的,这就只是"一家之法"而非"天下之法"。

黄宗羲还提出了对君权的监督与制衡。他认为:第一、以宰相而摄天子。黄宗羲很不赞成明朝废除丞相制,他说:"有明之无善治,自高皇帝罢丞相始也。"黄宗羲认为,宰相的设置至关重要,设宰相,"以宰相而摄天子",这样就可以达到君臣分治,就可以防止君主一人专断独行。否则,天子的权力不可能得到有效的监督与制衡。第二、公其是非于学校。黄宗羲在提出君臣共同分权治理天下的基础上,又提出要在政权之外建立一个政事公议的机构,这个机构就是"学校"。他认为,学校应有三方面的作用:一是司教,二是养士,三是议政。这三方面的作用合在一起,就是要使对是非的判断不在于天子一人,而在于学校的公论。黄宗羲提出要把学校改革为既是培养官员、移风易俗的地方,也是评议朝政、实施舆论监督的场所。学校要具有公议的职能和督察职能,从中央到地方皆如此,这旨在政权之外设置一个合法的议政、监督政权的机构。这种政治设想虽有别于西方的议会制度,但其精神指向却是相同的,两者都要在王权之外建立一个监督、制约王权的机构,来"限制君权"。

黄宗羲提出了自古从未有过的民主思想,导致封建传统政治文化开始裂变,并对当时和后世的思想家起了深刻的影响,同时也掀开了中国政治转型的序幕。如梁启超、谭嗣同等人就曾将黄宗羲的《明夷待访录》摘录印刷数万份,作为讨伐专制主义的檄文,广为散布。梁启超说这部书是他当学生的时候刺激青年革命热情"最有力之兴奋剂",他自己的政治活动,受此书影响"最早而最深"。马叙伦说,他参加革命的原因之一,就是读了《明夷待访录》。革命派中的一些人甚至奉黄宗羲为中国之卢梭。陈天华在《狮子吼》中借"文明种"之口说:"明末清初,中国有一个大圣人,是孟子以后第一个人。他的学问,他的品行,比卢梭还要高几倍,无论新学旧学,言及他老先生,都没有不崇拜他的……(这个人)就是黄黎洲先生,名宗羲,浙江余姚县人。他著的书有一种名叫《明夷待访录》,内有《原君》、《原臣》二篇、虽不及《民约论》之完备,民约之理,却已包括在内,比《民约论》出书,还要早几十年哩"。章太炎说:"黄太冲发民贵之义……",这与晚近五洲诸大国"或立民主,或崇宪政"是一个意思,"太冲发之于二百年之前,而征信于二百年之后,圣夫!"

与黄宗羲同时的有吕留良。吕留良(1629~1683),浙江石门(今桐乡)人。吕留良对封建专制主义的批判,主要集中于《四书讲义》。吕留良认为,三代以前,圣人各种设施都是为天下人着想的,"不曾有一事一法从自己富贵及子孙事业上起一点永远占定、怕人夺取之心,可是自秦汉以后许多制度,本心却绝是一个自私自利,惟恐失却此家当。"这种"私天下"的封建君主是必须反对的。

吕留良还对君臣关系进行了论述,他说:"天为生民而作君,君为生民而求臣,君臣之分虽严,其情实亲近"。所以"君臣以义合,合则为君臣,不合则可去,与朋友之伦同道,非父子兄弟可比也。不合,亦不必嫌隙疾恶,但志不同道不行,便可去,去即是君臣之礼,非君臣之变也。只为后世封建废为郡县,天下统于一君,遂但有进退而无去就。嬴秦无道,创为尊君卑臣之礼,上下相隔悬绝,并进退亦制于君而无所逃,而千古君臣之义为之一变。""君臣师友之谊不可复见,渐且出宦妾之下矣。""君以为惟我之所欲为,臣以为生杀刑罚为君所制,不得不然。"这样,真正的"君臣之伦"完全失去。臣失去了原先与君平等的地位,成为君的工具,并且违背君臣皆为生民、皆为民立的古道,高居于生民之上了。在这里,吕留良对君臣不平等进行了批判,并提出了平等、自由和反封建君主专制的合理性。

清代统治者严厉实行"重农抑商"、"闭关锁国"的政策，江南的资本主义增长变得越来越难，这使得反封建专制的斗争也越来越激烈，其中反封建专制、民主平等自由思想最为强烈者，应数江南的袁枚。袁枚(1716～1797)，钱塘(今浙江杭州)人。袁枚的思想，具有鲜明的启蒙主义色彩，对传统思想文化具有强烈的批判性。这种思想的形成，一方面是由于他接受了前代启蒙思想家的影响，一方面是在清代以来，随着清朝日趋没落和资本主义因素的顽强增长，民主思想与专制思想的矛盾更加尖锐。袁枚生活的乾嘉时期，社会上的民主意识随着资本主义因素的增长而有所发展，这无疑也影响到了袁枚的思想。袁枚在他的诗歌理论和创作中突出地表现了这种可贵的民主意识，这主要体现在：对儒学及其传统的叛逆，反对等级特权，提倡平等，尊重女性，批判封建礼教，追求精神自由与个性解放。在清代中期，袁枚可说是思想最解放、民主意识最强烈者，其思想高度几乎达到了我国封建社会中所能达到的极限。

二

我国进入近代之际，在江南出现了当时全国最激进的思想家——龚自珍。龚自珍(1792～1841)，浙江仁和(今杭州)人。龚自珍的思想，是对鸦片战争前后社会变化的反映。龚自珍具有锋芒无比的反封建专制的思想，并具有鲜明的改革思想。他提出的前所未有的变革思想，使之成为当时中国开风气之先的第一人。他上承黄宗羲，下启近代民主思潮，是江南政治文化发展中的一位承上启下的关键人物，也是一位深刻影响中国政治变革、转型的重要人物。

龚自珍生活在清朝日益腐朽的年代，面对社会的腐朽状况，他敏锐地感觉到社会要发生变革了。龚自珍认为，要求生存和发展，就要革新图治，要革新图治，就要首先揭露和批判清朝当时极端腐朽的皇权专制制度和昏庸透顶的官僚政治，以唤起人们的改革意识，因此，他针对当时的社会弊病，写了一系列猛烈抨击封建专制的文章。龚自珍认为清王朝专制制度的最大弊病是君主专权。他认为，清朝君权太重，臣权太轻，形成了乾纲独揽，不容用词不当，这是君主专制恶性发展的表现。他说，无论干什么事，束缚太多太紧，必然干不好，君主只宜总其大端，对臣下"但责之以治天下之效，不必问其若之何而以为治"。他认为应当加重臣权，分轻君权，这与黄宗羲分权于下的思想是一致的。龚自珍在批判封建制度的基础上，强烈呼吁"更法"。他认为，清朝已经走投无路，不改革，必然灭亡；与其等后来者改革，不若自改革。总之，改革已到了迫在眉睫的地步。

明清之际，反对封建专制主义曾经相当猛烈，但由于封建专制的高压政策，反对封建专制主义的思潮后来走入了低潮，是龚自珍打破了万马齐喑的局面，呼唤了近代反对专制主义大风雷的到来。龚自珍是近代进步思想家的前驱，他开了近代以来变法图强的先声，他提出的变法图强思想，直接影响了后来的中国政治、思想和文化。对这一点，梁启超曾经说过：(龚自珍)其于专制政体，疾之滋甚，集中屡叹恨焉(集中如《古史钩沉论》、《乙丙之际著议》、《京师乐籍说》、《尊任》、《尊隐》、《撰四等十仪》、《壬癸之际胎观》等篇，皆颇明民权之义，其余东鳞西爪，全集往往见)……当嘉、道间，举国醉梦于承平，而定庵忧之，……其察投之识，举世莫能及也。生网密之世，风议隐约，不能尽言，……语近世思想自由之向导，必数定庵。吾见并世诸贤，其能为现今思想界放光明者，彼最初率崇拜定庵，当其始读定庵集，其脑识未有不受其激刺者也。"

冯桂芬也是一位承上启下的人物。在冯桂芬所生活的时代，一群受资产阶级思想影响的上层知识分子从洋务派中分化出来，站在新生的民族资产阶级立场上，提出了反映民族资产阶级要求的改良主义思想，从而形成了中国早期资产阶级改良派，冯桂芬就是当中的代表人物，也是早期资产阶级改良派的先导。他的革除封建专制弊端的思想，推进了江南政治文化的发展和中国政治的变革。

冯桂芬(1809～1874)，江苏吴县人。冯桂芬的思想集中于他的代表著作《校邠庐抗议》。冯桂芬在《校邠庐抗议》中指出，中国"人无弃才不如夷，地无遗利不如夷，君民不隔不如夷，名实必符不如夷"。"君民不隔不如夷"一语，道出了君主专制的最大弊端，指出了民主制度与专制制度的一个根本区别，即"上下通”与“上下隔阂”。冯桂芬还明确提出:“法苟不善,虽古先,吾斥之;法苟善,虽蛮貊,吾师之”,这里的“蛮貊”,当包括西洋。冯桂芬的态度是谁好就向谁学习,在政治制度方面,冯桂芬认为要向“夷”学习,建立“君民不隔”的制度。

冯桂芬提出了一套试图解决“君民隔阂”问题的方案。其方案的要点如下:

第一,公黜陟。冯桂芬提出:官员升降,一听公议。他认为评论官员优劣最好的办法就是听听“乡人”的意见,因为“官则未有乡人皆好而非好官者,即未有乡人皆恶而非劣员者”。中国官员的升降,向来全凭文字和“私见”,那是“断不足以得人”的。他建议,将会推和保举之权下移,而对各官考绩,“宜首以所举得人与否为功罪”。这些说明冯桂芬主张官吏要由选举产生。冯桂芬主张用民意来评判官员的优劣、决定官员升降,对当时中国“以一人之是非为是非”的专制政治具有改革的意义。

第二,复乡职。冯桂芬认为“天子不能独治天下,任之大吏;大吏不能独治一省,任之郡守;郡守不能独治一郡,任之县令;县令不能独治一县,任之令以下各官”。他建议在各县“驻城各图满百家公举一副董,满千家公举一正董,里中人各以片楮书姓名保举一人,交公所汇核,择其得举最多者用之,皆以诸生以下为限,不为官,不立署,不设仪仗,以本地土神祠为公所”,负责处理民间纠纷。这些正副董,皆三年一易,有功者许人荐举,“有过者随时黜之”。冯桂芬设想的乡官,既由选举产生,又有任期限制,优劣由民评判,其政由民监督,这与西方民主制度已相类似。

第三,复陈诗。冯桂芬提出用复陈诗,来改善民意上达机制,他认为,“诗者,民风升降之龟鉴,政治张弛之本原也”。他主张鼓励民间用竹枝词一类通俗的诗歌表达百姓的真实情况,借此使统治者可以增加对下情、民情的了解,从而打通上下之间的联系,而这正是冯桂芬为了祛除“君民隔阂”而提出的药方。

以上冯桂芬所提的措施,尽管主体还是维持中国封建政治制度,但已加入了民主的新意,它提出了要求选官公举、要求统治者重视、尊重、倾听民意,这可视为中国近代思想家要求实行民选制度和议会制度的最初设想。冯桂芬提出的民主思想,无论对当时还是后来都具有很强的启示意义。

三

中国由古代专制政治向近代民主政治的转型,肇端于黄宗羲,成于中国的资产阶级。在近代,中国资产阶级反对封建专制,追求民主,最后,在辛亥革命中,建立了民主政治体制,实现了中国政治的转型。而在这个过程中,反专制、争民主的主要战场是在以上海为中心的江南;受明清以来的民主思想的影响,近代中国资产阶级的民主思潮在江南孕育、发展,直至汹涌澎湃,最终转变为政治革命。由此可见,江南政治文化的变革对中国政治转型的影响之巨大。这一切,缘于江南的地理位置和社会经济文化的氛围,在近代,江南位于开放的最前沿,也是资本主义最发达的地方,故此,江南政治文化从明清以来所出现的变革直接影响了中国政治的转型。

在中国资产阶级反封建、争民主的过程中,形成了一股民主思潮,涌现出了一个民主思想家群体。在这个群体中,江南人士占到了大多数,而其中的王韬、章太炎,他们的思想一方面沿续、推进了江南政治文化的变革过程,一方面对中国政治的转型起到了至关重要的作用。

王韬(1828～1897),江苏长洲(今吴县)人。王韬是早期资产阶级改良派的代表人物之一,也是在近代中国最早明确倡导君主立宪的思想家。

王韬在比较中西方时指出:“夫欧洲诸邦,土地不如中国,人民不如中国,然而能横于天下者,在乎上下一心,君民共治。我中国人民为四大洲最,乃独欺藐于强邻悍敌,则由上下之交不通,君民之分不亲,一人秉权于上,而百姓不得参议于下也。”王韬认为君主专制造成了君民隔阂,也造成了国家贫而弱。

王韬说:“泰西之立国有三:一曰君主之国,一曰民主之国,一曰君民共主之国。……一人主治于上而百执事万姓奔走于下,令出而必行,言出而莫违,此君主也。国家有事,下之议院,众以为可行则行,不可则止,统领但总其大成而已,此民主也。朝廷有兵刑礼乐赏罚诸大政,必集众于上下议院,君可而民否,不能行;民可而君否,亦不能行也,必君民意见相同,而后可颁之于远近,此君民共主也。"而在这三种政治体制中,王韬比较推崇君主立宪制度。他说:"君为主,则必尧舜之君在上．而后可久安长治;民为主,则法制多纷更,心志难专一,究其极,不无流弊。唯君民共治,上下相通,民隐得以上达,君惠亦得以下逮,都俞吁咈,犹有中国三代以上之遗意焉。"可见,王韬在权衡了三种政体的利弊之后,认为君民共主为最好的政体,也是当下中国的最佳选择。

王韬还说,立宪制度与专制制度形式不同,本质也不同,而且这些不同决定着国家的强弱:"试观泰西各国,凡其骎骎日盛,财用充足,兵力雄强者,类皆君民一心,无论政治大小,悉经议院妥酌,然后举行。故内则无苛虐残酷之为,外则有捍卫保持之谊,常则尽懋迁经营之力,变则竭急公赴义之忱,如心志之役股肱,如手足之捍头目……中国则不然,民之所欲,上未必知之而与之也;民之所恶,上未必察之而勿之施也。"可见,国家强弱取决于是否立宪,中国要想由弱转强,只能是变专制为立宪,对此他说道:"中国欲谋富强,固不必别求他术也。能通上下之情,则能地有余利,民有余力,闾阎自饶,盖藏库帑无虞匮乏矣。"从王韬的论述中,可以看出:中国弱,是由于上下不通,中国只要解决了上下通,就能富强。王韬希望中国能速开议院而通民情,并成了在中国完整提出"开议院"思想的第一人,由此奠定了后来的资产阶级维新派的政治理论基础,推动了中国政治变革的进程。

章太炎(1869～1936),浙江省余杭县人。章太炎早期主张以改良来变法。他认为"中国羸弱","外夷交迫","不能惟日章之寸",必须"发奋图自强"。主张以日本为师,"顺天革政,蔚为望国";效法西方政治,实行三权分立;学习西方的联邦制,实行地方自治,使"外人不得挟政府以制九域"。

《辛丑条约》的签订使章太炎的思想产生了极大改变,章太炎从此放弃改良思想,转向革命,并在革命实践活动中,逐步形成了与众不同的革命思想和民主政治思想:

章太炎在"民智"问题上,也认为当时中国确实存在着"开民智"这一任务,只是他比较独特地提出可以"革命开民智",他在《驳康有为论革命书》一文中就提出了"以革命开民智"的观点:人心之智慧,自竞争而后发生,今日之民智,不必恃他事以开之,而但恃革命以开之。在当时,提出以革命为手段来"开民智"的应该只有章太炎一人,这表明在革命派当中,章太炎的革命思想是属于比较激进的。

章太炎在否定了自己原先的改良思想后,转变为高度赞同民主共和,他在《驳康有为论革命书》中说道:"在今之世,则合众共和为不可已……以合众共和结人心者,事成之后,必为民主。"

章太炎与当时人盲目迷信西方的民主制度迥然不同,他对代议制度持否定态度。章太炎在信仰改良主义的时候,曾经极为推崇西方的资本主义,但后来对资本主义社会有了较深入的了解,他一变而成为资本主义的激烈反对者,尤其是对西方代议制度,章太炎作了激烈的批判。

章太炎反对资产阶级代议制,认为不要说议会的运作极其黑暗,单说议员的选举方法就极不合理。本来"所为选举者,欲其伸民权、宣民志也",但是"选充议士者,大氐出于豪家,名为代表人民,其实依附政党,与官吏朋比,挟持门户之见,则所计不在民生利病,惟便于私党之为"。"故选举法行,则上品无寒门,而下品无膏粱"。由这些人组成的议院,"名曰国会,实为奸府,徒为有力者傅其羽翼,使得腠腊齐民"。"民权不借代议以伸,而反因之扫地"。"故议院者,民之仇,非民之友"。章太炎认为,"代议者,封建之变形耳,君主立宪其趣尤近。上必有贵族院,下必审谛户口、土田、钱币之数至纤至悉,非承封建末流弗能"。

章太炎认为,代议制度不是个好制度,行之不但不能伸民权而会起阻碍作用,他说:"代议政体,非能伸民权,而适堙郁之。盖政府与齐民,财有二阶级耳。横置议士于其间,即分为三,政府因多一牵掣者,齐民亦多一抑制者。"因此,章太炎认为,中国不能实行代议制。

章太炎否定代议制,主张实行一种比代议制更为完善的新型民主政体,即不设代议制,实行直接民权。章太炎主张"直接民权","以法治国",他认为西方的议会已成为"民之仇",为了"恢廓民权",只有取消议院,而实行总统制。虽已不选议员,但总统仍由人民选举产生。总统为国家元首,得掌国家政治、军事、外交大权。"民平时无得举代议士",遇有发生外交、宣战等紧急大事,可临时"举代议士",每县一人,与政府商讨并决定大计。而意见一经商定"政府毋得自擅,所以急祸难也"。

章太炎以上的思想，体现了他的“直接民权”主张，这也是他最具贡献的地方。这一思想，达到了江南政治文化发展的最高峰，为江南政治文化宝库增添了一笔最具民主价值的思想财富，同时也为中国政治彻底转为民主政治指明了前进方向。

注释：

[1]黄宗羲：《明夷待访录》，中华书局 1981 年。

[2]龚自珍：《龚自珍全集》，上海人民出版社 1975 年。

[3]冯桂芬：《校邠庐抗议》，上海书店出版社 2002 年。

[4]王韬：《弢园文录外编》，中华书局 1959 年。

[5]章炳麟：《章太炎全集》，上海人民出版社 1982～1986 年。

浙江地域文化三精神

聂付生*

摘　要：浙江悠久的文明历史和濒临大海、湖泊交错、又崇山峻岭的地理环境，形成或强化了浙江先民的“或多或少一贯的思想和行动的模式”，孕育了一种独具特色的浙江文化。我认为，胆剑文化、智性文化和诗性文化是最能体现浙江文化的三个方面。所谓浙江精神，也是孕育于这三种文化。

关键词：浙江；胆剑文化；智性文化；诗性文化

“一种文化就如一个人，是一种或多或少一贯的思想和行动的模式。各种文化都形成了各自的特征性目的，它们并不必然为其他类型的社会所共有。各个民族的人民都遵照这些文化目的一步步强化自己的经验，并根据这些文化内驱力的紧迫程度，各种异质的行为也相应地愈来愈取得了融贯统一的形态。一组最混乱的结合在一起的行为，由于被吸收到一种整合完好的文化中，常常会通过不可思议的形态转变，体现该文化独特目标的特征。”[1]浙江悠久的文明历史和濒临大海、湖泊交错、又崇山峻岭的地理环境，形成或强化了浙江先民的“或多或少一贯的思想和行动的模式”，孕育了一种独具特色的浙江文化。我认为，胆剑文化、智性文化和诗性文化是最能体现浙江文化的三个方面，浙江戏剧能成为中国戏剧的发展之源，并一直独领中国戏剧发展的风骚，与浙江人的这三种文化精神密不可分。现一一简略述之。

一、胆剑文化

胆剑文化源于春秋末年越王勾践苦心励志、卧薪尝胆、十年生聚、十年教训的复国经历。公元前494年，越王勾践被满怀杀父之仇的吴王夫差打得一败如水，勾践为越国前途计，只得忍辱称臣，卑辞乞和。在大夫文种、将军范蠡的帮助下，积极策划复国大计。《吴越春秋》卷八载：“越王是日立政，翼翼小心，出不敢奢，人不敢侈，越王念复吴仇，非一旦也。苦身劳心，夜以继日，目卧则攻之以蓼，足寒则渍之以水，冬常抱冰，夏还握火，愁心苦志，悬胆于户，出入尝之，不绝于口，中夜潜泣，泣而复啸。”还载其“食不重味，衣不重采，虽有五台之游，未尝一日登玩”[2]。公元前482年，勾践乘吴王大会诸侯的机会，一举攻入姑苏城，夫差自杀。然后，勾践踏着夫差的路径北进，名振诸侯，从而奠定了越国在战国争雄时代的地位。

因此，吴越文化，就其民族性格方面而言，主要表现为好勇轻死、善于拼搏的进取精神。对此，《汉书·地理志》载曰：“吴越之民皆尚勇，故其民好用剑，轻死易发。”[3]“尚勇”“轻死”的民族性格，决定了吴越地区舍身报国、舍身救人、舍身殉情的侠士义妇代不乏人的人文状态。从为治洪水、三过家门而不入，最后病死会稽的神话英雄大禹，到以身殉国、愤沉深溪的北宋名士谢绪；从为民请命的鲁迅，到视死如归的女英雄秋瑾，都是明证。

其实，勾践的忍辱侍吴是以好剑、好勇的民族精神为前提的。于越地区江河纵横，“水行山处，以船为车，以楫为马”[4]，惊涛骇浪，习以为常。生活在这样的自然环境中的人，自然会形成一种勇敢、刚劲、不怕死的品格，正如宋人黄震在《贷山书院记》中所云：“士生其间，往往多秀拔，冠乡书，登上庠，擢高科而跻膴仕者踵相接，非山海硕大之气所钟而能尔耶？”[5]加上越先民素有好斗、好勇的历史，形成越民彪悍、好武

*聂付生，浙江工商大学人文学院教授。

的民族特点，是非常自然的事情。据载："越王勾践有宝剑五，闻于天下。"[6]即是这种民族习性的最好说明。勾践侍吴三年，外执忠顺之辞，内怀复兴大计，采取了包括繁衍人口、强化军事、广纳贤才等一系列措施，"十年生聚，十年教训"，终于在短时间内凝聚了力量、壮大了国力，锻炼了一支能够与吴军抗衡的军队。这就是胆剑文化的核心意义。所以，温州状元王十朋曾说："慷慨以复仇，隐忍以成事。"[7]这是对勾践以来越人积淀的胆剑文化最精确的概括。

与中原文化相比，胆剑文化具有更多的原始性和粗野性，先秦典籍中屡屡提及的断发文身，凿齿锥髻，踞其而坐，喜生食、善野音、重巫鬼信仰等民俗特点，成为区别于中原礼乐文明的显著特征。据载："客有以吹籁见越王者，羽、角、宫、徵、商不谬，越王不善，为野音而反善之。"[8]由于此时越民还没有受到中原礼仪文化的熏染，他们的行为准则和思维方式都是在代代相传的习俗的框架中进行的。相传孔子为使这群越人懂得"五帝三王之道"，只身来到越国游说勾践，得到的却是勾践的冷遇。勾践回绝道："'夫越性脆而愚，水行而山处，以船为车，以楫为马；往若飘然，去则难从；锐兵敢死，越之常也。夫子异何说而欲教之。'孔子不答，因辞而去。"[9]胆剑文化之所以形成，就是因为有这份"野性"作文化的基因。

秦汉以降，越国作为一个国家早已成为历史，但越人的这种不屈不挠的"野性"却一直保持着，并发扬光大之。正如张兵先生所说："它已经成为越文化的重要血脉，一旦遇到合适的土壤，尤其是招致外族的侵犯或是国家危亡时，就会迸发一种强烈的爱国挚情。"[10]陆游，一个书剑飘零的书生，面对满目疮痍的祖国江山，面对沉湎声色犬马的南宋君臣，毅然以诗为剑、为文为枪，他创作的《书愤》道出了全体抗战者的心声："早岁那知世事艰，中原北望气如山。楼船夜雪瓜洲渡，铁马秋风大散关。塞上长城空自许，镜中衰鬓已先斑，《出师》一表真名世，千载谁堪伯仲间。"至死不改其恢复中原的雄心壮志。明人沈炼一生刚正不阿，疾恶如仇，因多次弹劾权臣严嵩而遭不测。曾任江西佥事、刑部主事、礼部右侍郎进本部尚书的王思任，在弘光败走，马士英打算退避绍兴时，上书《请斩马士英疏》，并致书痛斥临敌逃逸的奸相马士英，云："(阁下)只知贪黩之谋，酒色逢君，门墙固党，以致人心解体，士气不扬，叛兵至则束手无策，强敌来而先期以走……吾越乃报仇雪耻之国，非藏污纳垢之区也。"[11]斩钉截铁，掷地有声。祁彪佳在清兵渡钱塘江后，留下"含笑入九泉，浩气留天地"绝命词后，在清顺治二年(1645年)闰六月初六日的早晨，带着失去家园的痛苦自沉于寓园梅花阁的水池中，用生命谱写了一曲保家卫国的壮歌[12]。秋瑾素有"鉴湖女侠"之称，其诗充斥着一种凛然的正气和可以与一切恶势力抗争到底的豪气。诗云："大好时光一刹过，雄心未遂恨如何？投鞭沧海横流断，倚剑重霄对月磨。函谷无泥累铁马，洛阳有泪泣铜驼。粉身碎骨寻常事，但愿牺牲保国家。"[13]"祖国沉沦感不禁，闲来海外觅知音。金瓯已缺总须补，为国牺牲敢惜身？嗟险阻，叹飘零，关山万里作雄行。休言女子非英物，夜夜龙泉壁上鸣。"[14]等等，不胜枚举。

在这种胆剑文化的熏染下，浙人具有极强的生存能力，他们不怕冒险、勇于开拓。杭州"其民尚奇节而耻言势利"、"其民知廉洁而好义"(万历《杭州府志》)，萧山"士以气节相高"(《萧山县志》)，富阳"业诗书者崇气节"(《杭州府志》)，于潜县人"俗俭而质，民劲而武，难服而易化"(邵文炳《衮绣堂记》)，桐乡人"兼并好胜，挟持善斗，楚越之旧染"(至元《嘉禾志》)，宁海"其民执固勇敢，士多颖质"(薛三才《林公祠碑记》)，金华"民朴而勤，勇决而尚气"、"登仕者多尚风节"(《金华府志》)，宁波"民多刚劲质直"(嘉靖《宁波府志》)，诸暨"民性质直而近古，好斗而易解"(《诸暨县志》)，衢州龙游"其民尚气而夸功"(《衢州图经》)，江山"民朴鲁而鲠直"(张斗《县令题名记》)，严州府"郡人物表表相望，大抵尚气节而轻功名，有子陵之风"(《新定续志》)，乐清人"多刚直，尚节概"(万历《温州府志》，遂昌人"好讼而喜斗"(《遂昌县志》)，长兴"山水雄壮，故人多尚气"(《长兴县志》)，余姚"愈贫寒者愈兀傲"(《余姚县志》)，上虞人"尚节义而耻刁漓浇"(《上虞县志》)，永嘉"其俗剽悍，其货纖靡，其士风任气而矜节"(《永嘉县志》)等等，这些都充分说明，"好勇轻死"的民族性格作为一种文化传统，已被浙江大部分地区的民众所吸收，并积淀成一种文化心理和文化精神，代代相传。奔走世界各地的浙商就是最好的例证。

二、智性文化

浙江人聪明，自古皆然。

远古的时候，盛传以疏浚的办法止住了肆虐的洪灾的大禹即是心目中的智能化身和道德楷模。越王勾践在“慷慨以复仇”之前，还有十年的“忍隐”期。这十年的忍隐就是勾践的智能过人处。浙江人懂得“鸷鸟之击也，必匿其形”的道理[15]，以屈求伸、柔顺执着，目的就是韬光养晦，等待时机以图东山再起。宋代罗大经说：“大凡临事无大小，皆贵乎智。智者何？随机应变，足以弥患济事者是也。”[16]禹和勾践就是如此。

这种智性文化像血浓于水，深深根植于浙江人的文化基因之中。据《考工记》载：“粤无镈，燕无函，秦无庐，胡无弓车。粤之无镈也，非无镈也，夫人而能为镈也。”[17]粤同“越”。越人的聪慧似乎与生俱来。王充（27～96）的哲学“是基本上属于儒家但被道家自然观所吸引的那些人物中的典型”[18]，其《论衡》是“后世学者取之不尽的思想源泉”[19]；虞喜（281～365）的天文学被认为“在中国天文发展史上，尤其具有划时代的意义”[20]；毕昇（生卒年不详）首创的活字印刷比德国人戈登堡发明的金属活字印刷足足早了四百余年，开创了中国出版印刷的辉煌历史；沈括（1033～1097）撰写的《梦溪笔谈》是“中国科学史上的坐标”[21]；王克明（1069～1135）的医术有“针到病除”的神效；杨辉（约13世纪中叶在世）开创的“增乘开方法”被称为“杨辉三角”；朱震亨（1281～1358）被尊称为“金元四大医家”之一；单俊良发明的牛转翻车极大地减轻了农民的劳动强度；潘季驯（1520～1595）的治黄方案和措施造福了人类。诸如此类，无不闪烁着浙江人的智性之美和智能之光。

浙江多智谋之士，这是大家公认的事实。浙东，一般认为是偏乡穷壤之地，然而却不断涌现出智能群体。朱元璋初创政权之时，周围罗致了一批浙东文人，他们是金华人叶仪、宋濂、范祖乾、苏伯衡、乐清人陶凯、浦江人张孟兼、慈溪人桂艳良、台州人方孝孺、临海人朱右、兰溪人吴沉、丽水叶琛、龙泉人章溢、青田人刘基等等。他们积极为“朱元璋集团削平群雄驱逐蒙古统治者出谋划策，为明朝政治、经济、军事等一系列制度的制定，特别是为明王朝的思想文化建设，作出了重要贡献。明王朝的建立，在一定程度上可以说就是淮西武力集团与浙东文人集团相结合的产物”[22]。尤其是通经史、晓天文、精兵法的刘基（1311～1375），时人比之诸葛亮，认为是朱元璋阵营的智囊。其他地区也应作如是观。

浙江人对政治的敏感和丰富的人情练达，在险恶的官场上往往能如鱼得水，左右逢源。王士性说：“自九卿至闲曹细局，无非越人。”[23]嘉靖年间被誉为“明代第一才人”的徐渭，即为典型的绍兴师爷。《明史》载：“徐渭，字文长，山阴人。……为诸生，有盛名。总督胡宗宪招致幕府，与歙余寅、鄞沉明臣同筦书记。宗宪得白鹿，将献诸朝，令渭草表。……表进，世宗大悦，益宠异宗宪。宗宪以是益重渭。”为进剿倭寇，徐渭常为胡宗宪出谋献策。《明史》还载云：“渭知兵，好奇计，宗宪擒徐海、诱王直，皆预其谋。”[24]足见他就幕五年，政绩卓著，堪称绍兴师爷的早期代表人物。清时绍兴师爷邬斯道曾替河南巡抚田文镜上过一道奏折，为雍正皇帝除去心腹大患隆科多出了大力，使得雍正对他佩服不已，甚至在田文镜问安的奏章上写下“朕安，邬先生安否”的御批，因此而扬名天下[25]。

浙江又是生产商人的地方，素有“浙商”的美誉。浙江人不保守，总以开阔的胸怀和辛勤的创造去改变现实，迎接未来。正因为如此，浙江的文人较少有两耳不闻窗外事的书呆子，看重的是经世致用之道，而不是浮文虚礼之举。吕祖谦、陈亮、叶适等都以尚功利、崇事功为执政之要，追求“立国本”和“活民命”之实用之途，以合“天道人心”。所以，南宋周密即有两浙路“人多好市井牟利之事”[26]的感慨。明清时期的浙江，城内外都是一片“机杼之声，比户相闻”的图景。清初康熙帝南巡途经江南大运河时，曾感叹到：“天下丝缕之供皆在东南，而湖丝之盛，惟此一区。”[27]可见浙江的商业意识之深入人心。读书士子和政府官员也不乏下海经商者。工部尚书王逵“构屋于梅溪，聚货贸易，因名王店”[28]。当代浙江商人马云曾说：“浙江人的创业精神可以媲美硅谷的车库文化：脑子活，接受新事物快，而且脚踏实地。你看现在全世界哪个地方没有浙江商人的足迹？浙江人的商业逻辑是典型的'轻资产'经营，讲究资金流的快速周转，如果你问十个浙江商人是做什么的，有九个会告诉你是做买卖的。"[29]这段话用在古时浙商身上也是适用的。

由此看来，浙江人的智性表现是多方面的，也是历史的、动态的。作为一种文化，智性是这多面综合起来积淀而成的一种集体无意识。弘治《嘉兴府志》云："平湖多秀，民天性巧慧。"戴表元《学古堂记》云："三吴之州，莫大于杭。其地山秾水妍，其人机慧疏秀而清明，其俗通商美宦，安娱乐而多驰驱。"《常山县志》说常山"产多聪明俊杰"。嘉靖《余姚县志》说该县人"敏柔而慧"。这些表述都是后人对浙江人这种集体无意识的一个总体判断。维柯说："智能是一种功能，它主宰我们为获得构成人类的一切科学和艺术所必要的训练。"[30]这种看似总体判断的智性文化构成了浙江艺术发展的一个重要的文化背景。

三、诗性文化

刘士林说："构成江南文化的'诗眼'、使之与其他区域文化真正拉开距离的，恰是在它的人文世界中有一种最大限度地超越了文化实用主义的诗性气质与审美风度。也正是在这个诗性与审美的环节上，江南文化才显示出它对儒家人文观念的一种重要超越。"[31]浙江就是如此。浙江先民自吟诵"候人兮猗"[32]那一刻起，即与诗歌这种最有灵性的文学样式结下了不解之缘，并且在浙江这块土地播下了诗性文化的种子。不管无情的历史经历着怎样的血与火的洗礼，也不管我们浙江的先民怎样的忍辱负重，诗意地栖居，一直是浙江人文化字典里常翻常新的一种美学名词。

我们可以从三个方面验证以上说法：一是文献中对浙江先民善歌善舞的具体例证的记载，二是浙江历代文脉的诗意传承，三是方志、笔记、个人著述等史料的评述。

据《吴越春秋》记载，越王喜欢激情奔放、原生态的"野音"，即民间歌谣。可能这不只是越王个人的偏好，而是盛行于于越地区的审美风尚在越王身上的投影。这些"断发文身"、"徒跣"不履的越人，天生就具有诗人般的气质和灵性，凶险丛生的原始般的生活在他们眼里多彩而浪漫，正如滕复所说："那时的于越人民，从贵族到平民，皆能即兴吟唱，出口成歌。"[33]相传公元前5世纪中叶，越人即用方言吟咏了一首抒情浓郁的《越歌》，云：

> 滥兮抃草，滥予昌枑。泽予昌州，州𩜱州，焉乎秦胥。胥缦乎昭澶，秦逾渗惿随可湖。

翻译出来，就是：

> 今夕何夕兮，搴中洲流，今日何日兮，得与王子同舟。蒙羞被好兮，不訾诟耻，心几顽而不绝兮，知得王子。山有木兮木有枝，心说君兮君不知[34]。

得楚骚风韵，而与同时期的《诗经》风格迥然有别。《吴越春秋》中记录的几首民歌，都是越人浓郁的诗性流露。试举两首。其一，越王勾践忍辱侍吴，"越王夫人乃据船哭，顾乌鹊啄江渚之虾，飞去复来，因哭而歌之"。歌云：

> 仰飞鸟兮乌鸢，凌玄虚号翩翩。集洲渚兮优恣，啄虾矫翮兮云间，任厥兮往还。妾无罪兮负地，有何辜兮谴天？飒飒独兮西往，孰知返兮何年？心惙惙兮若割，泪泫泫兮双悬。又哀吟曰：
> 彼飞鸟兮鸢乌，已回翔兮翕苏。心在专兮素虾，何居食兮江湖？徊复翔兮游扬，去复返兮于乎！
> 始事君兮去家，终我命兮君都。终来遇兮何幸，离我国兮去吴。妻衣褐兮为婢，夫去冕兮为奴。
> 岁遥遥兮难极，冤悲痛兮心恻。肠千结兮服膺，于乎哀兮忘食。愿我身兮如鸟，身翱翔兮矫翼。

去我国兮心摇，情愤惋兮谁识？[35]

其二，一位采葛织布的妇女因为“伤越王用心之苦”，遂以《苦之诗》表达其对越王的敬意。云：

葛不连蔓棻台台，我君心苦命更之。尝胆不苦甘如饴，令我采葛以作丝。饥不遑食四体疲，女工织兮不敢迟。弱于罗兮轻霏霏，号絺素兮将献之。越王悦兮忘罪除，吴王欢兮飞尺书。增封益地赐羽奇，机杖茵褥诸侯仪。群臣拜舞天颜舒，我王何忧能不移？[36]

尽管有人怀疑其真实性，但于越之地民众所具有的勃勃的诗意情感是不容置疑的。我们还可以举宋赵彦卫《云麓漫钞》一段经历来证明。该书卷九中云：

自浙江东南溪行，而溪水浅涩湍急，深五七寸，碎石作底，小者如弹，大者不过碗盆，齿齿无数，五色可爱。行三五步一滩，即四边或上流，有拥起碎石，或如堆阜，或如堤堰。水势喷激，怒如瀑。即舟师所用器，特与他舟异，篙用竹，加铁钻，又有肩篙拐篙，皆用木加拐，如到书某字于其上。每遇滩碛，即舟师足踏樯竿，手执篙，仰卧空中撑舟。忽翻身落舟上，覆面向水急撑，谓之“身攧篙”，舟师每呼“肩篙”、“头篙”、“转身篙”、“抢篙”者，诸人即齐声和曰“嗷嗷”，诸人皆齐力急撑。……自处之青田至温州，行石中，水既湍急，必欲令舟屈曲蛇行以避石，不然则碎溺为害，故土人有“纸船铁梢工”之语，言寄命于舟师也。

且不说舟师的“嗷嗷”船号子即是激情饱满的诗性弥漫，单看那“忽翻身落舟上，覆面向水急撑，谓束身攧篙”的敏捷、空灵的动作，是诗、画、舞难以再现的。另外，春秋时代的《渔父歌》、钱镠即席朗唱的《吴越王还乡歌》、宋代的《壁上谣》等都应作如是观。

浙江人文荟萃，名人辈出，特别是六朝以来，名士文化已经成为浙江文化的一个重要组成部分，其丰富的人文内涵是培养浙江诗性文化的重要资源。

东晋永和九年(353年)上巳日，王羲之邀约谢安等当世名士及亲朋四十余人聚会兰亭，大行修禊之礼，作流觞之娱。他们“出则游弋山水，入则言咏属文”[37]，风流度人生，潇洒送日月。王羲之(303～361，一作321～379)有“山阴道上行，如在镜中游”的句子，王献之(344～386)也说：“从山阴道上行，山川自相映发，使人应接不暇，若秋冬之际尤难为怀”[38]。其风流习性简直就是从骨子里面渗透出来的。在这样的环境里，能“暂得于己，快然自乐，曾不知老之将至。及其所之既倦，感慨系之矣”[39]。宗白华先生说：“汉末魏晋六朝是中国政治上最混乱、社会上最痛苦的时代，然而却是精神史上极自由、极解放、最富于智能、最浓于热情的一个时代。”[40]于此得之。

吴兴处太湖之滨，“水透迤而清深，山连属而秀拔，人才之生是以似之。”(刘焘《进士题名碑记》)“自江左而清流，美士余风遗韵相续也”。苏轼曾由衷地赞美道：“吴兴自东晋为善地，号为山水清远。其民足于鱼稻蒲莲之利，寡求而不争。宾客非特有事于其地者不至焉。故凡郡守者，率以风流啸咏、投壶饮酒为事。”(《墨妙亭记》)因此也成为文人墨客流连忘返的宝地，经常举行诸如诗文酬唱的盛会。唐德宗贞元年间，诗僧皎然邀请张志和(743～810)、顾况、颜真卿(709～785)、孟郊(751～814)等举办诗会，盛况空前，是浙江诗史上的一大亮点；北宋时，又有六客雅集，一时传为佳话。六客指李常(1027～1090)、苏轼(1037～1101)、陈舜俞(？～1076)、杨绘(1027～1088)、刘述(生卒年不详)，苏轼回忆此事时说：

昔自杭移高密，与杨元素同舟，而陈令举、张子野皆从。余过李公择于湖，遂与刘孝叔俱至松江。夜半月出，置酒垂虹亭上，子野时年八十五，以歌词闻于天下，作《定风波令》(《书游

垂虹亭》)

《定风波令》,即张先的《定风波·霅溪席上,同会者六人:杨元素侍读、刘孝叔吏部、苏子瞻、李公择二学士、陈令举贤良》。

杭州是浙江的政治、文化、经济的中心,也是文人荟萃之地。临安钱惟演为宋初“西昆体”的代表人物,是《西昆酬唱集》的主要作者之一。钱塘林逋(967～1028)是隐逸派诗人的代表,有《林和靖诗集》,主要描写杭州西湖的自然景色,表现隐逸生活的情趣,作品闲淡清俊,刻画细致。钱塘自古繁荣,兼有“三秋桂子、十里荷花”的妩媚风光,招引了大批才子云集于此。他们或结社吟诗作画,或组织家班串演,吟诵之声不绝,丝竹之音盈耳,让杭州这座城市到处洋溢着诗情画意。周密《采绿吟》词序云:“甲子(1264 年)夏,霞翁会吟社诸友逃暑于西湖之环碧。琴尊笔砚,短葛缌練巾,放舟于荷深柳密间。舞影歌尘,远谢耳目。酒酣,采莲叶,探题赋词。余得《塞垣春》,翁为翻谱数字,短箫按之,音极谐婉,因易今名云。”[41]元代后期不少北方曲家如郑光祖、乔吉、贯云石等寓居西湖,杭州逐渐成为当时杂剧、散曲创作的中心。

永嘉山水陶冶了文人的灵性,诗性郁勃之气弥漫这里的每一寸土地。乡会作诗的风气蔚然成风。据温州文人陈傅良(1137～1203)说:

> 吾乡风俗,敬客而敦师友。每一重客至,某人主之,邻里乡党知客者必至,不知客知某人者亦至。往往具觞豆,登览山水为乐,间相和倡为诗致殷勤,或切磋言之。于其别,又以诗各道所由离合欢恻之意,冀无相忘。盖其俗然久矣,而未有盛于此会者[42]。

又观王十朋《梅溪集》,也可知他考中状元之前,有与乡里众多文士唱和酬咏的事实。在此背景下,南宋出现了影响深远的永嘉四灵诗派,是毫不奇怪的。

即使地处浙江最西边的金华、义乌也是文人辈出之地。骆宾王(约 640～684 以后)是“初唐四杰”之一,其七言歌行体,铺陈排比,刚健开阔,《帝京篇》堪称绝唱;张志和所作的《渔父》五首实开浙江词创作的先声。

浙江确实是名副其实的“江南人文薮”。天下有才,于此为盛。罗隐、周邦彦、钱惟演、汪元量、瞿佑、毛先舒、查慎行、干宝、胡震亨、沈德符、朱彝尊、钱起、茅坤、谢灵运、孔稚珪、贺知章、赵师秀、徐照、翁卷、徐玑、谢安、王羲之、颜真卿、王十朋、杜牧、沈约、孟郊、叶梦得、张先、赵孟頫、张志和、杨维桢、陆游、王冕、徐渭、张岱、陈洪绶、王思任、赵之谦、任伯年等,旅居此地的苏轼、李白、关汉卿、郑光祖、宫天挺、乔吉、秦简夫、钟嗣成等;甚至连僧徒中也多有以诗名者,如皎然、维琳、支遁等。名字太多,很难一一列举。光绪二十五年重刊的《浙江通志》卷一七八至一八二载有历代文人九百三十五人。这确实是一串十分庞大、又令人欣喜的数字。正因为有这些文人的共同创造,使浙江的生活环境和社会环境更加诗意昂然、灵性流动。这些文人营造的诗性文化由点及面,由近而远,久而久之,也成为浙江地区的一种文化因子而积淀下来。

方志、笔记等真实记录一个地区风土人情、人文地理的载体,其中凝聚着民众的社会情感和民俗心理。我们从《浙江风俗志》和时人的笔记中确实真切地感受到了浙江诗性文化的浓郁气息。张方平《府学记》云:“吴兴山水发秀,人文自江左而后,清流美士,余风遗韵相续。”《常山县志》云:“其产多聪明俊杰,负气尚志,知廉耻,谨修饰。”葛邲《贡院记》云,嘉兴“得江山之助,其人秀而文”;《方舆胜览》亦称嘉兴“文贤人物之盛,前后相望。百工技艺,与苏杭等”;《梦粱录》卷十七云:“杭州湖光山色之秀,钟为人物,所以清奇特杰,为天下冠。”徐一夔《县学记》云:“余杭山水之邑,其民多秀而知学。”朱德润《乡贤祠记》云,石门县“士美民秀,夙称多贤”;《杜氏通典》云:“永嘉之后,衣冠萃止,文艺儒术,斯之为盛。”商辂《庙学记》说镇海县“山川清淑,士生其间,伟然秀出”;吴学周《县志序》说象山县“硕儒名德,彬彬辈出,衣冠文物之乡”;陈敬宗《科甲题名记》云:“萧山山水之秀,会聚英华,钟灵贤才,其硕德雅望,英声伟烈,表表在人耳目者,前后相望。人物之盛,习为风俗。男女有别,而耕织惟勤;弦诵相闻,而文风益振。"《绍兴府志》说,绍兴人"耻不以诗书训其子;自商贾鲜不通章句;舆隶亦多识字";嘉靖《余姚县志》云:"其人敏柔而慧,尊吏畏威,其教易成。"王洪《乡贤祠记》说嵊县"山川钟灵,名贤辈出";《新昌县志》云,新昌人"以读书尚礼为美事,不远行商,不尚华丽,无淫乱之风,然好歌舞,明法律以绳人"。《黄岩县志》说黄岩"其民秀而敏,人人殊异,皆以文艺相应,有邹鲁风。"《赤城新志》云,天台"及晋唐来,俗尚诗书,人敦孝弟,而人文渐蒸起矣"。王祎《送顾仲明序》云:"永嘉东南名郡,山川峻清,伟人间出,号称'六艺文章之府'。"徐一夔《县学记》云,临安县"风俗淳固,其人素知诗书";李正民《儒学记》说海盐人"喜教子弟以诗书";范应期《县学记》云,湖州"炳灵发祥,代钟名哲,诗书弦诵,等于齐鲁,巍科膴仕,甲于旁邑。"《奉化县志》说,奉化"皆训子弟以诗书,故其俗以儒素相先,不务骄奢";余阙《均役记》云:"越地……小人勤身而饬力,其君子尚朴俭而敦诗书。"余植《进士题名记》云,建德"瑰奇特杰之观,潇洒清绝之气,独萃斯邑。士气夙醇,文风寖盛,方来者尚源源也";宋濂《县学记》云,青田县"素称文华之邦,声猷相尚"。《遂昌县志》说,遂昌"人文彬起,礼让成俗而好气"。等等,不一而足。

浙东和浙西地理环境不同,因此具有明显不同的文化差异。周起莘《雷琴记》总结云:"两浙人文区薮,浙以西之文华而靡,浙以东之文清以淑。"《旧浙江通志》也说:"浙东多山,故刚劲而邻于亢;浙西近泽,故文秀而失之靡。"尽管如此,两浙在诗性文化上的追求却基本趋于一致。从上面各种文献记载中,我们清楚地可以看出这一点。

注释:

[1][美]鲁思·本尼迪克特:《文化模式》,浙江人民出版社1987年,第45页。

[2]周春生:《吴越春秋辑校汇考》,上海古籍出版社1997年,第135页。

[3]班固撰、陈焕良等校:《汉书》卷二八下,岳麓书社1993年,第745页。

[4]周春生:《吴越春秋辑校汇考》,上海古籍出版社1997年,第177页。

[5]袁梅等:《延佑四明志》卷一四,清咸丰四年刊本,陈谷嘉、邓洪波主编:《中国书院史资料》上册,浙江教育出版社1998年,第140页。

[6]袁康、吴平辑录:《越绝书》卷一一,上海古籍出版社1985年,第79页。

[7]王士朋:《会稽三赋·会稽风俗赋》,文渊阁四库全书。

[8]《吕氏春秋》卷一四,遇合,《百子全书》,岳麓书社1998年,第804页。

[9]周春生:《吴越春秋辑校汇考》,第177页。

[10]张兵:《越文化新论》,《云南大学学报》2004年第2期。

[11]计大奇:《明季南略》卷五,《思任又上士英书》,中华书局1984年,第286页。

[12]查继佐:稿本《罪惟录·致命诸臣传》卷一二下《祁彪佳传》,引彪佳遗书曰:"臣子大义,自应一死。十五年前后,皆不失为赵氏忠臣。深心达识者,或不在沟壑自经。若余硁硁小儒,惟知守节而已。遗诗一章曰:'运会厄阳九,君迁国破碎。我生胡不辰,聘书乃迫至。委贽为人臣,之死谊无二。光复或有时,图功当时势。图功何其难,殉节何其易。我为其易者,聊尽洁身志。含笑入九泉,浩然留天地。'"

[13]秋瑾:《失题》,《秋瑾集》,上海古籍出版社1979年,第92页。

[14]秋瑾:《鹧鸪天》,《秋瑾集》,第112页。

[15]司马迁:《史记》卷四一,《二十五史》,上海古籍出版社、上海书店1986,第209页。

[16]罗大经:《鹤林玉露》乙编卷六,临事之智,中华书局1983年,第220页。

[17]《周礼》,冬官考工记第六,《笔记小说大观三十四编》(十),(台北),新兴书局1981。

[18]李约瑟:《中国古代科学技术史》第二卷,科学出版社1975年,第395页。

[19]徐斌:《论衡之人》,浙江人民出版社2005年,第268页。

[20]杜石然:《中国古代科学家传记》(上集),科学出版社1992年,第188页。

[21]李约瑟:《中国古代科学技术史》第二卷。

[22]廖可斌:《论浙东派》,《浙江学刊》1992年第2期。

[23]王士性:《广志绎》卷四,江南诸省,中华书局 1981 年,第 71 页。

[24]张廷玉等:《明史》卷二八八,中华书局 1974 年,第 7387 页。

[25]《邬先生》,《清朝野史大观》卷五(中),江苏广陵古籍刻印社 1998 年,第 135～136 页。

[26]《癸辛杂识》别集卷上,中华书局 1988 年。

[27]玄烨:《桑赋》序,转引章楷:《明清时代太湖地区蚕桑兴衰考》,《农史研究》第三辑,农业出版社 1983 年,第 183 页。

[28]道光:《嘉兴府志》,转引自林正秋:《浙江经济文化史研究》,浙江古籍出版社 1989 年,第 69 页。

[29]杨宏建:《浙商是怎样炼成的》,北京工业大学出版社 2006 年,第 47 页。

[30]朱光潜译:《新科学》,人民文学出版社 1986 年,第 152 页。

[31]刘士林:《江南诗性文化:内涵、方法与话语》,《江海学刊》2006 年第 1 期。

[32]《吕氏春秋》卷六,音初,《百子全书》,浙江古籍出版社 1998 年,第 790 页。

[33]滕复等:《浙江文化史》,浙江人民出版社 1992 年,第 71 页。

[34]刘向:《说苑》卷一一,《百子全书》(上),浙江古籍出版社 1998 年,第 194 页。

[35]周春生:《吴越春秋辑校汇考》,上海古籍出版社 1997 年,第 120 页。

[36]周春生:《吴越春秋辑校汇考》,上海古籍出版社 1997 年,第 136 页。

[37]《晋书》卷七九,谢安传,《二十五史》(2),第 242 页。

[38]《世说新语》,言语第二,余嘉锡笺疏:《世说新语笺疏》,上海古籍出版社 1993 年,第 145 页。

[39]王羲之:《兰亭集序》,李克和主编:《历代名文一千篇》第 2 册,岳麓书社 1997 年,第 274 页。

[40]宗白华:《论世说新语和晋人的美》,《美学散步》,上海人民出版社 1981 年,第 177 页。

[41]唐圭璋编:《全宋词》第 5 册,中华书局 1965 年,第 3270 页。

[42]《分韵送王德修诗序》,《止斋集》卷四〇,《文渊阁四库全书》(1150),集部(89),别集类,台湾商务印书馆,第 812 页。

近代外来文明的地方性回应

——以上海城乡为中心

戴鞍钢*

摘 要:近代上海开埠后,都市文化对市郊农村的辐射强烈,并促使后者人们的思想观念、职业选择、社会习俗乃至家庭生活等各方面,都发生了顺应时代潮流的变化。

关键词:近代上海;都市文化;市郊农村;辐射

近年来,关于近代外来文明对中国社会生活影响的研究成果丰硕,但总的说来,对这种影响的地方性特别是在农村的回应论述较少[1]。中外学界瞩目的近代上海史研究,也有这种缺憾[2]。本文拟作专题探讨[3]。

一

1843年上海开埠后,逐渐成为中国的商贸、工业和金融中心,以外来文明为基干的都市文明也同步演进,在中国乃至远东独领风骚。这种发展态势,给市郊农村以持续、有力的触动,其中都市文明的辐射及其回应引人注目。

上海开埠前,市郊农村的生活习俗和人们的思想观念。是与传统小农经济占主导地位的社会形态相吻合的,"重农务本"为人们所遵从。"女子庄洁自好,无登山、入庙等事,井臼之余,刺绣旨蓄,靡不精好。至于乡村纺织,尤尚精敏,农暇之时,所出布日以万计,以织助耕。"[4]上海开埠后,特别是19世纪七八十年代后,中外近代企业明显增多。机器工业的兴盛,促进了商业、金融、交通运输、市政建设等各个方面的发展。随着城市经济的发展、城市人口的增长和城区范围的扩大,上海的城市面貌已发生根本的变化,可以作为衡量近代城市的几个要素,如资本主义工商业,近代市政设施和管理,新式科技、文化、教育事业等,在这里都已有了较大的发展,城市人口也从开埠初期的约27万人增至1910年的128万余人[5]。上海,已从一个旧式县城发展成为中国最大的近代都市。

以近代外来文明为基干的上海都市文明,直接辐射市郊农村。繁华的近代经济和都市文明,给市郊农户提供诸多新的谋生途径,也对闭塞守旧的传统观念及生活习俗带来很大触动,并促使其逐渐让位于新的呼应都市文明的思想观念和社会习俗。人们不再安于厮守土地,纷纷将眼光投向大上海,向往并投入都市生活。引人注目的是,其中不乏众多农妇村姑。1883年8月7日《申报》载,上海"合城内外,洋场南北,岁有百金、家三四口者,无不雇用佣妇,大抵皆自乡间来"。同年12月11日《申报》称,自上海"缫丝局开,女工之受雇者不少,其他之有需乎妇女者不及备述,总之至于女工而亦藉通商之故,而得以自求口实"。此种情景,有增无减。1888年4月1日《申报》云:"一闻有人招雇女工,遂觉勃然以兴,全家相庆,举国若狂,利之所在,人争趋之,于是相与联袂随裙或行逐队以去……呼朋引类,无论小家碧玉,半老徐娘,均各有鼓舞,踊跃之心,说项钻求,惟恐不能入选。"据1893年11月24日《北华捷报》估计,当时上海

*戴鞍钢,复旦大学历史学系、中外现代化进程研究中心教授。本文为浙江省2007年度社会科学规划课题(07JDJN0102)和教育部人文社会科学重点研究基地2007年度重大研究项目(07JJD770098)阶段性成果。

"有一万五千或两万妇女被雇佣,从事清理禽毛以便载运出口,从事清拣棉花与丝,从事制造火柴与卷烟"。其收入则明显高于以往,缫丝厂和棉纺厂所雇用的许多中国女工每月能赚得 5 到 15 元,"对于以前整天在手织机前辛苦地生产土布,一个月要想赚到 2 元,对之抵去材料成本后要多余一点作为劳力代价还感到困难的女工来说,这确是一笔大钱"[6]。有守旧者则抱怨:"女工本事纺织,今则洋纱洋布盛行,土布因之滞销,多有迁至沪地入洋纱厂、洋布局为女工者,虽多一生机,而风俗不无堕落。"[7]

一旦突破了闭塞守旧的生活方式,很多人便发现传统的谋生手段不敷支用,遂纷纷另辟新径。上海县法华乡,"光绪中叶以后,开拓市场,机厂林立,丁男妇女赴厂做工。男工另有种花园,筑马路,做小工,推小车。女工另有做花边,结发网,粘纸锭,帮忙工。生计日多,而专事耕织者日见其少"[8]。宝山县彭浦里,原先"农家最劳苦而安分,终岁勤动,竟无休日,若无产者受值佣工,不少偷懒。妇女亦事耕耘,暇则纺织,犹存勤俭之遗风焉。然自租界北辟,男以鬻贩营生而奢华渐启,女以纱丝工作而礼教鲜存"[9]。地处远郊的青浦县农村,亦有"妇女贪上海租界佣价之昂趋之若鹜,甚有弃家者,此又昔之所未见者也"[10]。

二

以近代外来文明为基干的上海都市文明持续有力的辐射,促使市郊农村闭塞守旧的社会习俗逐渐被打破,"重农务本"之类的观念日益退居一旁,商品经济的意识越来越被人们所接受,人们安土重迁的习惯淡化。众多村民离开乡村流入上海,扩大了商品消费者的队伍,也为资本主义的发展提供了劳动力市场,给城市经济的发展注入新的活力,这些人的生活状况和精神面貌也有明显的改观。《1892 年至 1902 年海关报告》称,在毗邻厂区的农村,"村民衣着和一般外表有了显著改善。这些村民在走向进步的历程中,已从贫困和不足的状态逐渐改变为中等程度的舒适和富裕状态,特别是妇女和少女更是如此。随便哪个下午,都可以看到从闸北或杨树浦各厂家走出愉快和看来满足的人群,他们当中大部分人的情况能得到改善,同大型地方工业的建立有关"[11]。剔除其中夸饰的成分,这段描述还是反映了一些实情。

20 世纪初,包括外资企业在内的上海工业增长加速。据统计,1895～1911 年上海工业产值的年平均增长率为 9.36%,1911～1925 年上升至 12.05%;1925～1936 年有所减缓,但年平均增长率仍为 6.53%。[12]与此相联系,更多的农民进入工厂,他们所在的市郊农村,更多地接受都市文明的辐射,其生活习俗和思想观念,也因此逐渐发生深刻的变化。1934 年刊布的一份对上海杨树浦附近 4 个村庄 50 户农家的实地调查,从一个侧面生动地反映了这种辐射和引发的相应变化。[13]

其一,家庭形式的分化。调查显示,"那些首先与城市经济接触的村落,因为工厂及其他工业林立,提供他们新的雇佣机会,其变动的情形极为显著。妇女们从工业方面获得新的生产能力,因之增高了她们独立的地位与生活情状。许多已婚及未婚的男工,离乡背井,群趋于邻近都市的区域,他们使住宅与工作场所接近。因都市具有吸引男女职工的势力,农民离村的运动日益增剧,家庭中因袭的团结力脆弱了,大家庭制崩溃,小家庭制起而代之"。家庭内部长幼之间的关系,也相应发生变化。以往,"儿子结婚及居住,皆靠近父母,有时竟住在一间屋内,大家互相帮助,互相照顾。现在就不然了,许多儿辈皆是单身或者和妻小搬进城,许久才回家一次,固然有些人送钱回来给村中的父母,但多半则因城市中开销大、家庭负担重,只能留少许钱给父母。于是,家庭关系日见淡薄"。

其二,离土进厂者日多。"在上海市的东端,越出公共租界数里,沿直趋吴淞的引翔港路两侧,散处着许多小村落。数十年前这些村落中的农民,与中国其他各地无数农家一般,完全处于耕种及村镇交易的状态中。但在最近一二十年内,上海市的工厂范围已扩展至杨树浦区域。于是这些村落,距离工厂很近了,现在每日朝夕,成群的工人——其中以女工占多数,每个人的手中携着一只盛饭的竹篮,终岁不断地到工厂内工作。"

其三,那些女工在家庭中的地位有了明显提高。调查显示,"现在父母令女儿结婚,女儿显然能加拒绝,这是数年前的农村社会中未之前闻的现象。一个女子曾说:'假如我们能够自营生计,我们为什么要结婚呢？我们不是能享受完全的自由呀。'另一女子说：'现在男子们不能骄傲了，因为我们能够谋生，不再似从前的妇女般依赖男子了。'"她们未婚时，"仍留居家内，每日至工厂工作，直到结婚时为止。事实上女子较易觅得固定工资的工作，她们为父母觅取家庭经济的财源，所以父母不愿女儿在这时期内出嫁的。女儿自身却可在这时期内自由选择意中人"。有一位老年村民反映："女人做工和经济独立的机会增多了，女儿们也自由得多了，可是少年人具有自立的力量以后，凡事都跟外面学，自有主张。他们常对我们说：'你不懂这个，你不懂那个。'"

其四，有着独立经济收入的女工，较主动地适应和融入都市文明的氛围。"工厂女工经济既能独立，她们便有钱可以修饰，从前妇女自身没有生产的能力，所以赶不及。丝手巾、手表、金耳环、擦面膏粉、漂亮衣服等项成为她们新的购置品。"调查载："工厂内的女工常好装饰，尤以日本纱厂的女工特别地重视梳妆。数日前作者在引翔港小店内费洋一角购了一个雪花膏。某日，在同处走过一群女工，某教授将我说：'这些农村内人们的容貌已有显著的变化，尤以工厂工人的容貌特别地改革了。从前我从这些农村走过时，农民的面貌很脏的，现在他们常好修饰了。他们的生活程度似已提高。'有些青年女子仿效城市中的时髦女子，也学着烫发了。这使得理发店的营业发达，同时她们增加了梳妆的费用。"其中一位女工，"爱好装饰，常暗以一部分收入花在自己身上，其余才拿回家"。

其五，远郊的农民也有追慕城市生活，离乡迁居者。在被调查的村庄里，"近年有一部分，就有崇明人搬来居住。他们以为居近上海，便于寻找较好的生活。其中有一家，寄居一位来自崇明的少女，目的在向工厂里找工做。但学习以后，仍然没有工做，只得跑回来为村民缝衣，以维持生活。工厂对于少年人，尤其是对于女子，给与种种赚钱机会，为返回农村中所不能得的，所以各家都被引到城里来。在城市里，他们的孩子或可变为经济材"。其中，"也有人因为营业失败或失业，跑回乡下去"。

其六，受都市文明的习染，农户的生活习俗渐趋城市化。"进工厂中工作，比较单靠土地，家庭可以增加收入。但是收入增加，消费也增加了。因为他们遇到从他村而来之同类的工人与夫享乐欲望。因为在工业区域见到店铺中许多物品，产生新的需要，要求较美的服装，并且稍习于奢侈了。"具体而言，"衣布从前系由家自制，且以自种之棉，自家纺纱；今则向布贩或向杨树浦商店中，购用机器制造之布。土产棉花，大部分变卖现金，仅有一小部分保存，以供制造棉衣及被褥之用。从前使用土产油纸伞，今则通行使用外国式之布伞。昔日雨天使用之皮鞋，系套在布鞋外面，今则每每使用外国式之皮鞋，直接穿在袜外，比较进步的人民，亦多在店铺中购买机器制造的橡皮雨鞋。工人现已多用弹性吊袜带，不似从前一样，使用细绳或布条。当你问女工人是否购买洋货时，她便答道：'价廉物美，我们就买，不管是国货还是洋货'"。另外，"因为工厂方面不需要缠足的女子，所以女子缠足的陋习也渐次革除了"。

其七，稍有文化的农家子弟，多不愿继续务农。"他们以为农业是下等的职业，而认有学问的职业为高尚职业。凡是受教育的农民，普遍不从事任何农业工作。有机会能进学校的农民，毕业之后，是不希望仍回农村的。他们愿意在都市中寻些工作，例如书记等是。假如无人介绍此类工作，则宁愿在家住闲，亦不肯帮忙农事。有时即使承应做些家庭农事，但亦非常勉强，不甚愿意。"

其八，进厂女工的独立意识空前增强。她们"对于家务好发议论，她们与村中的男子很自由地谈话，她们着时髦衣服，她们的黑发与其他村姑不同。女工从同伴方面学会了编花边，许多有用的手工艺品如围巾、汗衫、手套等物均这样地学会了。她们每日与其他工人及城市中工业生活接触，自会发生精神的刺激，结果有些女子不服从家长的命令"。农村的精神生活也较前活跃，"社会新闻与笑谈，均由工厂女工带回家中，否则各种消息实无法传至农村社会的"。

综上所述，近代上海都市文明对市郊农村的辐射强烈，并促使后者人们的思想观念、职业选择、社会习俗乃至家庭生活等各方面，都发生了顺应时代潮流的变化。这些变化，进一步加强了城乡间的经济和文化互动联系，推动了上海城乡社会的近代化进程，也从一个侧面生动地反映了近代外来文明在中国的地方性回应。

注释：

[1]以往研究状况，可参阅熊月之、张生：《中国城市史研究综述（1986～2006）》，《史林》2008年第1期。

[2]中外学术界有关近代上海史的研究成果丰硕，如熊月之主编：《上海通史》（上海人民出版社1999年）、熊月之等编："上海史研究译丛"（上海古籍出版社2003～2004年）、张忠民主编：《近代上海城市发展与城市综合竞争力》（上海社会科学院出版社2005年）、罗苏文著：《上海传奇：文明嬗变的侧影（1853～1949）》（上海人民出版社2004年）、许纪霖主编："都市空间与知识群体研究书系"（上海人民出版社2006～2007年）等，但尚少对近代上海都市文化对市郊农村辐射及其反响的专题研究。

[3]本文所称的市郊，是参照今上海市行政区划；研究时段，侧重19世纪七八十年代至1937年。

[4]光绪《重修华亭县志》卷二三，风俗。

[5][美]罗兹墨菲著，章克生等译：《上海：现代中国的钥匙》，上海人民出版社1986年，第82页；邹依仁：《旧上海人口变迁的研究》，上海人民出版社1980年，第90页。

[6]《代理总领事满思礼1897年度上海贸易报告》，李必樟编译，张仲礼校订：《上海近代贸易经济发展概况：1854～1898年英国驻上海领事贸易报告汇编》，上海社会科学院出版社1993年，第938页。

[7]民国《川沙县志》卷一四，风俗。

[8]民国《法华乡志》卷二，风俗。

[9]宣统《彭浦里志》卷一，风俗。

[10]葛冲编：《青浦乡土志》，风俗。

[11]徐雪筠等译编，张仲礼校订：《上海近代社会经济发展概况—〈海关十年报告〉译编（1882～1931）》，第45页。

[12]徐新吾、黄汉民主编：《上海近代工业主要行业的概况与统计》，《上海研究论丛》第10辑，上海社会科学院出版社1995年，第137页。

[13]著者何学尼译：《工业化对于农村生活之影响——上海杨树浦附近四村五十农家之调查》，《社会半月刊》第1卷第1～5期（1934年）。以下引文均见该项调查，不再另注。

略论南宋浙江地区进士

龚剑锋 王正良*

摘 要：南宋时期浙江地区进士异军突起，在数量上迅速跃居全国榜首，出现了浙江科举史上第一个高潮。究其原因是南宋时期浙江政治、经济、文化综合发展的结果。南宋浙江进士在各州的分布上不很均匀，其中东南沿海的温州最多，西部山区的严州最少。

关键词：南宋；浙江；进士

南宋时期浙江地区(指今浙江省区域，下文简称浙江)进士异军突起，在数量上迅速跃居全国榜首，出现了浙江进士科举史上的第一个高潮。究其原因并不偶然，它是南宋时期浙江政治、经济、文化综合发展的结果，是全国政治、经济、文化中心南移浙江的一个具体体现。本文试图对南宋时期浙江进士状况、特点及其原因作一初步的考察分析。

一、南宋浙江进士盛况

南宋自建炎元年(1127 年)起，到祥兴二年(1279 年)止，共 150 多年时间。在这一个半世纪里浙江分属于两浙西路、两浙东路，在今浙江省区域内的有 11 府(州)、66 县。在区区 11 府(州)、66 县的土地上，在南宋王朝短短的一个世纪半中，浙江所出之进士可谓前所未有。反映这种科举盛况最清楚、最明显的首先是进士总数。南宋时期浙江地区总共出了 6100 多名进士(本文所列数据除特别注明出处外，均出之清雍正《浙江通志・选举志》，且不包括缺姓少名和无籍贯可考者。如加上这些缺姓少名和无籍贯可考者，南宋浙江进士总数可达 6900 人左右，占全国进士总数的百分之三十八。北宋时期(960～1127 年，约 160 多年)时间与南宋差不多，而浙江出的进士仅有 1586 人，几乎只有南宋时的四分之一，还不及南宋时温州、严州出的进士数。我们再来看看浙江省南面的福建省，面积 12 万平方公里，比浙江大 2 万平方公里，福建长乐人南宋陈必复称福建举子“负笈来试于京者，常半天下。家有庠序之教，人被诗书之泽，而仕于朝为天子之侍从亲近之臣、出牧大藩持节居方面者亦常半。而今世言衣冠文物之盛，必称八闽”[1]，可福建两宋所出进士也不过 6869 人[2]，仅与浙江南宋一朝差不多。

南宋浙江进士的盛况还体现在他们具有远大的抱负和真才实学上。因之，一时名门大家辈出，学派争奇斗艳。如文学界里有伟大的爱国诗人陆游，史学界中有王应麟、胡三省，哲学家中有婺州学派的吕祖谦、陈亮，永嘉学派的陈傅良，四明学派的淳熙四先生等，他们都是南宋科举出身的浙江进士。浙人胸怀大志，抱负远大，又有真才实学，在激烈的科举竞争中夺魁的状元也是层出不穷。南宋一朝，浙江至少出了 33 名状元(不包括特奏状元 4 人)：

* 龚剑锋，浙江师范大学人文学院江南文化研究中心副教授；王正良，中共温州市鹿城区委宣传部干部。

表 1 南宋浙江所出的状元一览表

州名	状元 籍贯
杭州	张九成(钱塘)、朱熠(临安)
秀州	卫泾(嘉兴)
湖州	黄朴(归安)
明州	姚颖(鄞)、傅行简(鄞)、袁甫(鄞)
越州	方山京(余姚)、邹应龙(会稽)、王佐(山阴)、詹骙(会稽)、莫子纯(山阴)
台州	王会龙(临海)
婺州	陈亮(永康)、王龙泽(义乌)、刘渭(金华)
衢州	刘章(江山)、毛自知(西安)、留梦发(西安)
严州	方逢辰(淳安)
温州	王十明(乐清)、木待问(永嘉)、张叔椿(永嘉)、赵建夫(永嘉)、蔡起辛(瑞安)、徐俨夫(平阳)、周坎(平阳)、陈鰲(平阳)、蔡必胜(平阳)、黄裒然(平阳)、林管(平阳)、林时中(平阳)、翁愕(平阳)

从上表(所列状元还参考了民国《重修浙江通志稿》)可知,南宋浙江至少出了 33 名状元,而北宋浙江的 1586 名进士中,却只有 7 人夺魁:分别是钱塘的沈晦、归安的何栗、乌程的贾安宅、归安的沈钦正、江山的柴成务、开化的程宿、嘉兴的莫俦,仅约为南宋的五分之一。同样,南宋浙江进士中,在王朝政治生活中有所作为,问鼎政界者也是层出不穷。作为群臣首脑的丞相就有 12 人(不包括其他途径晋升的),其中右丞相 5 人,分别是鄞县的史浩、黄岩的杜范、金华的叶衡、西安的留梦发、青田的汤思退;左丞相 7 人:分别是鄞县的史弥远、归安的莫邲、天台的贾似道、金华的王淮、东阳的乔行简、兰溪的范钟、龙游的余端礼。至于手握实权,掌握国家各种事务的内阁大臣——尚书就更多了,至少有 36 人,这是浙江进士自隋唐科举制度建立以来所没有过的。像北宋浙江进士中,丞相只有山阴的陆佃一人,尚书仅五人,不及南宋时的七分之一。至于任职于中枢或地方者更是不胜枚举,这些也是后来元明清三朝所望尘莫及的。

表 2 南宋浙江进士出生的尚书一览表

部名	尚书 籍贯
吏部	余杭夏景凌、嘉兴张伯垓、崇德赵汝遇陆德舆、萧山张震、临海董楷应武、宁海王应之、开化余梦魁、瑞安蒋朋良、景宁叶翥
礼部	鄞县王应麟、西安倪思、新昌黄度、江山刘章、庆元陈嘉猷、永嘉木待问、张叔椿
户部	富阳李崇简、嘉兴朱端常、瑞安蔡幼学
刑部	嘉兴莫泽、鄞赵汝述、奉化何中立、金华倪普、余杭赵汝谈
兵部	德清沈示、乌程芮晖、上虞宋延祖、山阴张泽、临海陆峻、赵师幸、宁海任洗、龙泉孝可
工部	宁海郑发、永嘉赵建夫

二、南宋浙江进士繁盛的原因

南宋浙江进士盛况的出现,与当时浙江的经济、政治、文教氛围及社会风尚是分不开的。

首先,浙江早在北宋时期已是全国经济发达地区,北宋文豪苏轼在给朝廷一个奏折中说,“两浙之富,国用所恃,岁漕都下米百五十万石,其他财赋供馈不可悉数”[3]。宋室南渡以来,浙江成为南宋王朝统治中心所在,经济更是进入一个全新的发展时期。绍兴五年(1135 年)知湖州的李光说,“朝廷经费之源,实本于此”[4],一语道破了浙江已成为全国的经济中心。进入南宋以来,国土丧失三分之一强,而财政开支却有增无减,《宋史·理宗纪》有一段话反映了这一状况:“境土蹙而赋税日繁,官吏增而调度日广。景德、庆历时以三百二十余郡之财赋，供一万余员之俸禄；今以一百余郡之事力，而赡二万四千余员之冗官”。因此，南宋统治者不得不采取措施发展社会经济，如兴修水利，奖励垦荒。史载南渡后“水田之利，富于中原，故水利大兴”[5]。加上这里河流湖泊星罗棋布，气候适宜，这些极有利发展农业生产。浙江手工业也很发达，丝绸、造纸、瓷器、印刷等都是南宋浙江的主要手工业部门，而且都成全国名优产品。像杭嘉湖地区丝绸，瓯江流域的瓷器以及温州、明州等地的造船业。“东南之利，船商居其一”[6]。杭州、明州、温州是全国主要港口，那里南宋政府设有市舶司，经济的发展带来商品经济的繁荣，特别是海外贸易的不断扩大，这些有力地促进了浙江经济的向前发展。

其二，南宋开国不久，抗金军民齐心协力，把金人的势力限制到江北，浙江社会相对稳定。加上杭州是全国的政治、经济中心，导致北方人口大量南迁，所谓“四方之民云集两浙，百倍于常”[7]，使得浙江人口激剧增加，崇宁元年(1102 年)两浙人口 3373441 人，南渡后的绍兴三十二年(1162 年)增加到了 4327322 人，增加 953881 人。特别是这些南迁人口中很多是北方豪商贵人，也有不少文人画士，这些为浙江经济繁荣、文化发展创造了极有利的条件。加上宋政权建立以来，推行文人政治，“兴文教，抑武事”[8]，主张“以文化治天下”[9]，使得整个社会形成重文轻武的风气，宋代儿童启蒙读物《神童诗》一开头就说，“天子重英豪，文章教尔曹，万般皆下品，唯有读书高”。同时，朝廷还大大提高了科举进士的社会地位及各种待遇，宋代进士，“一登第即释褐，待遇远优于唐，进士应试遍及全国……，状元及第更为士人无尚之光荣”[10]。这种社会环境、政策无疑有利于进士选举。

第三方面因素是繁荣的文教事业，浓厚的学术气氛。如作为传播文教媒介的造纸、印刷、书刻和藏书，南宋浙江堪称天下第一。浙江造纸自古闻名，如余杭“由拳纸”，嵊县的“剡藤纸”，温州“蠲纸”，到南宋时都得到进一步发展。浙江是宋代印刷业最发达的地区，杭州是全国四大印刷中心之一，“北宋刊本，刊于杭州者，殆居天下大半”[11]。刻书业也很发达，在全国 170 多处刻书中心中浙江最多，王国维讲“自古刊版之盛，未有如吾浙者”[12]，可见数量至极。不仅如此，所刻质量也冠天下，“天下印书以杭州为上，蜀本次之，福建最下”[13]，至于私家的更无法枚举。再如藏书，南宋浙江公私藏书亦为天下之最，根据吴晗《两浙藏书家史略》统计，宋代浙江藏书家有 33 位之多，其中南宋占绝大多数。在中央，为了寻找在战乱中失去的大批书籍，朝廷多次下令征收天下遗书，并落实人员负责，使得流失民间的珍贵图书逐步聚集起来，嘉定十三年(1220 年)国家的藏书达到了 6 万多卷，“典籍之盛无愧先朝”[14]。“中秘所藏，视前世独无歉焉，殆且过之”[15]。宋代教育在浙江也非常发达，由于南宋王朝政治中心南渡江浙，故中央教育机构随之南迁，“南渡以来，复建太武宗三学于杭都”[16]。在宋代，教育机构除中央官学外还有大量地方学校，像杭州除“三学”外，还有州府级学校及钱塘、仁和二县学。广大山区兴办许多村社学校如“冬学”。另外，还有一类非官方的特殊教育机构——书院，南宋书院主要分布在文化荟萃之地的江南地区，其中以江西、浙江、湖南、福建为最多。据统计，宋代浙江共有书院 181 所[17]，居全国之冠，大多建立于南宋时期。同样，南宋浙江学术风气也很浓，理学是宋代社会的主要社会思潮，至南宋到达极盛时期。在浙江，究其学派有二，一是心性之学如四明学派，另一个是事功之学，由婺学和永嘉学组成，又称浙东学派。其中的许多哲学大师是南宋科举出身的进士，如婺学陈亮还是绍熙四年(1193 年)状元。他们为弘扬各自学说创办书院，招纳四方弟子，象四明学派的高闶，在自己的家乡鄞县创办长春书院。舒璘任徽州教授时，丞相留正称之“天下第一教官”[18]。又如婺学吕祖谦在金华丽泽书院，陈亮在五峰书院讲学，在他们周围吸引一大批年轻弟子。他们还著述立说，鼓励学生勤奋读书，这些对浙江科举进士产生了很大影响。

南宋浙江进士的这种盛况表明，魏晋南北朝开始的经济文化中心南移，到南宋已经固定在以江浙为中心的江南地区。后来的历史发展也证明了这一个事实，尽管元清两朝是北方少数民族建立的政权，但即使是他们竭力地排斥汉人特别是其中的南人，但终究抵抗不住历史的潮流，浙江进士还是大量出现在封建统治集团中。汉人统治的明代，浙江进士又居全国第一，这是浙江进士史上的第二个高潮。

三、南宋浙江进士的分布特点

根据清雍正《浙江通志·选举志》统计表明，南宋浙江进士在各州的分布上不很均匀，其中温州最多，达1380人，占南宋浙江进士总数的22.9%，西北山区的严州最少，仅213人，占浙江进士总人数的3.49%。

表3　南宋浙江进士在各州的分布情况

州名	人数	百分比	名次	州名	人数	百分比	名次
温州	1380	22.9%	1	越州	438	7.17%	7
明州	780	12.7%	2	秀州	370	6.6%	8
台州	618	10.12%	3	湖州	332	5.44%	9
杭州	594	9.70%	4	衢州	311	5.09%	10
处州	588	9.63%	5	严州	213	3.49%	11
婺州	478	7.83%	6				

根据上述附表，如果我们对照一下浙江地图，可以总结出几个特点：

一是南部（两浙东路）的进士数超过北部（两浙西路），我们看统计数字，浙北杭嘉湖严四州共1506人，不及南宋浙江进士的四分之一，而南部六州达4592人，是浙江北部地区的三倍。当然南部地区的面积要大于北部地区。

二是南宋浙江进士大多分布在东南沿海，仅杭明台温四州就高达3372人，超过总数一半。另外，这些州都在浙江几个水系的下游，台州位于灵江下游，明州位于甬江下游，杭州则在浙江最大水系钱塘江下游，温州位于瓯江下游，这些大江抚育出成千上万的进士。特别要指出的是瓯江水系，它贯通的主要是温、处两州，这条大江在南宋一朝抚育了2000名进士，占总数三分之一，还有13名状元。而与之相对的西北山区严州、衢州，那里人口稀少，为大片的原始森林所覆盖，所出进士中南宋一朝两州一共不过524人，不及瓯江中上游处州之数。

三是原来属于经济文化发达地区的越州、秀州、湖州，显得很不正常。像越州进士438名，列第七，为温州的三分之一，全省总数7.17%，秀州、湖州排列在八、九位，分别是370人和332人。其实这三州与前朝相比并不显得落后，加起来也有1140人，而北宋浙江进士总数也不过1586人，说明三州还在继续增长，只是浙江东南各州发展迅速，并有超过之势。经济上看，浙江东南地区有广阔肥沃的大河冲击平原，加上当局大兴水利，积极发展农业生产。如明州开掘东钱湖潴水灌田。在杭州，1140年即南宋定都杭州的第二年，调动200士兵，专门修浚西湖水利工程，促进当地农业发展。就是河流上游山区如天台山区也呈现出一片片农忙景象，南宋诗人虞似良有《横溪堂春晓》诗反映天台山中情景："一把青秧趁手青，轻烟漠漠雨冥冥，东风染尽三千顷，白鹭飞来无处停"。同时，经济作物在这里也得到广泛种植，杭嘉湖地区的蚕桑业失去昔日垄断地位，浙江南部温州一带蚕桑业已成为主要的家庭副业。翁卷的《乡村四月》描述了这个事实，"绿遍山原白满川，子规声里雨为烟，乡村四月行人少，才了蚕桑又插田"。除此以外，这里还有许多的名优特产，如温州柑橘，黄岩蜜橘，明州的甘蔗及制糖，瓯江流域的瓷器，特别是龙泉青瓷，温州、明州的造船等等，使得浙江东南的明州、杭州、温州发展成为全国重要贸易港口。像明州是全国三大港口之一，日本、高丽等许多国家的船舶货物都集中在这里。绍兴元年（1131年），温州开设市舶使。这里的造船业也非常发达，早在北宋哲宗时，温州和明州已是"岁造船各以六百只为额"[19]的船舶生产基地，它除承担国家战舰生产外，还打造粮船，数额为340艘。而处、吉、潭、衡四州总数额仍为723艘，"还拖欠甚多"[20]。杭州是全国政治文化中心，号称"东方第一州"。这些港口地区不仅货物贸易频繁，而且人物往来、文化交流也十分频繁。在温州、明州，有许多日本人来游历，有的还长期居住下来，诗人徐照《移家雁池》对这一现象作了描述,“夜来游岳梦,重建日东人”[21],在《题江心寺》诗中又称“两寺会为一,僧多外国人”[22]。另外,就是学校林立,学风浓厚。杭州是全国的文化教育中心,中央、地方学校集聚一地,“四方学士皆弃背乡里,违去二亲,老于京师,不复更归”[23]。至于私家书塾、舍馆和书会更举不胜举。“每一里须一二所,弦颂之声往往相闻”[24]。在宋代理学的几个著名学派中,四明学派流行于以鄞县为中心的明州,永嘉学派活跃在永嘉县为中心的温州地区,并在南宋时期达到全盛时期,进一步推动了当地文化教育发展,使得这些地区进士出类拔萃,后来居上,仅状元温州一地就占去了 12 席之多。

从建炎二年(1128 年)至咸淳十年(1274 年),我们循着五条时间线索,发现南宋浙江进士变化还有两个特点:

一是进士数量总数变得越来越多,沿着一条向上曲线螺旋上升。从建炎二年(1128 年)李易榜 65 人,到绍兴二年(1132 年)张九成榜达到 69 人;从绍兴十二年(1142 年)陈诚之榜 74 人,到绍兴十五年(1145 年)刘章榜达到 85 人;从绍兴二十七年(1157 年)王十朋榜 94 人,到隆兴元年(1163 年)的木待问榜 152 人;从南宋末咸淳元年(1265 年)阮登炳榜 170 人,到咸淳十年(1274 年)王龙泽榜达到最高峰 214 人。当然,这是一条曲线,像宝祐三年(1255 年)徐用儒榜突然下降到留梦发 1 人,但如果我们把它绘成一张曲线图的话,它总体方向是上升的。这说明南宋浙江经济、文化还是持续稳定向前发展的。尽管朝廷日益腐败,军事失利,但这些没有影响浙江作为全国政治中心的地位,社会依然稳定繁荣。当然,另一方面也反映了南宋在继续奉行北宋以来的冗官政策。北宋以来,宋统治者为取得地主阶级支持,巩固政权,采取事权与官职分离的作法,即通过增加新的机构或副职,分享权臣的权力,因此出现“国家郡县素有定官,譬以十人为额,常以十二加之”的[25]现象。其中官员相当一部分来自科举出身的进士,从而使得进士越来越多。“宋初取进士,循唐故事,每岁不过三十人,太宗即位,天下已定。有意修文,太平兴国二年特取一百九人,自唐以来未之有也。自后岁循有增减,南渡以来,每岁有多至五六百者”[26]。

二是自始至终,进士在地理上分布有时这些州多,那些州少,有时那些州多,这些州少的特点。如从建炎二年(1128 年)的李易榜至庆元元年(1195 年)邹应龙榜为止,进士总数居前二位的是温州(413 人)、湖州(259 人)。如果再联系一下北宋重和、政和年间进士数——湖州 33 人居第一,温州 23 人居第二,就会发现湖州地区在北宋后期到南宋初期还是浙江的一个进士密集地区,只是进入南宋以后,于绍兴二年(1132 年)张九成榜被温州所超过,到绍熙四年(1193 年)陈亮榜后又被明州超越。到开庆元年(1259 年)周震炎榜后,前二位是温州、杭州。在这一个特点里还有一个事实,在各州中温州自始至终不仅总数最多,而且在各县的分布也很均匀。相反其他一些州主要集中在几个县里。而像昌国、武康、分水等县,南宋朝所出进士则寥寥无几。观南宋一朝,进士出的最多的一般都在州府所治之县和江河下游地,像永嘉县 470 多人,鄞县 500 多人,还有一个县就是鳌江水系与瓯江水系间的平阳县,共出进士 546 人,它与永嘉县加起来就有 1000 多人。

附:

南宋浙江地区进士分布表

州(府)名 / 榜名	杭州	秀州	湖州	明州	越州	台州	婺州	衢州	严州	温州	处州	总数
建炎二年(1128)李易	4	4	15	7	4	4	2	8	4	5	8	65
绍兴二年(1132)张九成	4	0	9	6	7	3	8	7	3	16	6	69
绍兴五年(1135)汪应辰	6	7	4	7	10	4	4	3	2	14	5	56

续表

州(府)名 榜名	杭州	秀州	湖州	明州	越州	台州	婺州	衢州	严州	温州	处州	总数
绍兴八年(1138)黄公度	3	3	11	6	2	2	2	6	3	17	7	62
绍兴十二年(1142)陈诚之	2	4	13	5	9	3	4	7	3	20	4	74
绍兴十五年(1145)刘章	2	8	12	12	8	3	5	7	2	16	10	85
绍兴十八年(1148)王佐	4	6	11	4	10	4	9	9	0	9	12	78
绍兴二十一年(1151)赵逵	4	8	12	6	4	6	9	5	2	22	8	86
绍兴二十四年(1154)张孝祥	6	9	12	1	9	5	5	4	1	13	15	87
绍兴二十七年(1158)王十朋	6	9	5	3	4	7	9	11	3	21	16	94
绍兴三十年(1160)梁克家	8	18	10	14	5	9	12	6	1	21	13	119
隆兴元年(1163)木待问	16	9	18	12	11	14	12	7	5	28	20	148
乾道二年(1166)萧国梁	25	15	12	4	11	10	7	12	3	27	15	141
乾道五年(1169)郑侨	15	9	8	10	5	7	4	3	4	11	6	82
乾道八年(1172)黄定	9	9	12	9	12	10	5	14	1	16	11	108
淳熙二年(1175)詹骙	8	8	5	4	11	6	11	10	4	10	14	96
淳熙五年(1179)姚颖	12	4	13	7	7	6	5	11	2	20	10	98
淳熙八年(1181)黄由	9	6	7	3	9	6	12	7	4	23	14	100
淳熙十一年(1184)卫泾	10	6	13	6	11	15	12	11	1	20	16	125
淳熙十四年(1187)王容	7	12	15	14	7	3	9	11	5	17	18	123
绍熙元年(1190)余复	8	11	13	12	4	11	15	13	7	30	15	139
绍熙四年(1193)陈亮	11	3	16	18	5	1	9	7	3	24	11	110
庆元元年(1195)邹应龙	12	9	13	23	15	8	10	11	2	13	0	116
庆元二年(1196)周虎	3	0	0	2	0	0	0	0	0	7	10	22
庆元五年(1199)曾从龙	9	4	6	18	10	10	9	12	4	20	6	118

续表

州(府)名 榜名	杭州	秀州	湖州	明州	越州	台州	婺州	衢州	严州	温州	处州	总数
嘉泰二年(1202)傅行简	12	3	5	4	5	12	15	5	3	19	11	94
开禧元年(1205)毛自知	11	6	1	10	9	9	7	9	7	14	17	100
嘉定元年(1208)郑自诚	10	11	1	14	4	9	10	9	3	24	4	99
嘉定四年(1212)赵建夫	10	4	3	2	9	10	8	7	3	23	16	95
嘉定七年(1214)袁甫	10	4	2	23	10	13	9	6	4	17	15	113
嘉定十年(1217)吴潜	8	8	3	31	13	15	10	13	2	27	14	144
嘉定十三年(1220)刘渭	11	9	0	18	11	10	12	4	3	27	10	115
嘉定十六年(1223)蒋重珍	22	6	3	20	11	16	14	2	3	24	10	131
宝庆二年(1126)王会龙	14	29	6	48	2	23	11	1	11	28	17	190
绍定二年(1129)黄朴	7	9	5	31	8	14	10	0	4	25	10	123
绍定五年(1132)徐元杰	13	3	2	42	25	5	10	3	2	0	6	111
端平二年(1235)吴叔告	9	12	4	28	5	12	11	3	3	0	9	96
嘉熙二年(1238)周坦	7	8	2	36	15	13	16	2	9	37	14	159
淳祐元年(1241)徐俨夫	10	4	3	30	5	11	11	4	4	21	11	114
淳祐四年(1244)留梦严	5	3	1	21	9	7	7	2	2	22	14	93
淳祐七年(1247)张渊微	8	3	3	34	6	19	22	4	9	24	16	148
淳祐十年(1250)方逢辰	5	9	0	27	10	13	11	0	6	22	15	118
宝祐元年(1153)姚勉	6	11	4	30	15	16	16	2	5	35	7	147
宝祐三年(1255)徐用儒	0	0	0	0	0	0	0	1	0	0	0	1
宝祐四年(1256)文天祥	7	6	1	32	10	26	16	1	7	27	14	147
开庆元年(1259)周震炎	8	5	1	29	15	13	2	1	4	23	9	110
景定三年(1262)方山京	13	4	3	12	11	21	12	7	6	32	18	139

续表

州(府)名 / 榜名	杭州	秀州	湖州	明州	越州	台州	婺州	衢州	严州	温州	处州	总数
咸淳元年(1265)阮登炳	44	17	9	16	14	0	0	0	0	43	27	170
咸淳四年(1268)陈文龙	6	3	3	4	7	22	8	4	16	42	12	127
咸淳七年(1271)张镇孙	0	2	1	8	5	18	9	2	9	31	10	95
咸淳十年(1274)王龙泽	0	5	1	7	6	72	31	1	18	62	11	214
皇祐年——咸淳年	158	5	0	9	8	62	1	16	1	291	1	505

注释：

[1]见陈必复为林尚仁《端隐吟稿》所作序，《南宋六十家小集·端隐吟稿》，汲古阁影宋抄本。

[2]傅宗文：《宋代福建科第盛况试析》，《福建论坛》1988 第 3 期。

[3]《进单谔吴中水利书中状》，《东坡奏议集》卷九。

[4]《宋会要辑稿·食货》七之四三。

[5]《食货志》上一，《宋史》卷一七三。

[6]《食货志》下八，《互市舶法》，《宋史》卷一六五。

[7]李心传：《建炎以来系年要录》卷一五八。

[8]司马光：《稽古录》卷一七。

[9]周必大：《〈文苑英华〉序》。

[10]民国《重修浙江通志稿·选举志》。

[11]王国维：《两浙古刊本考·序》。

[12]同上。

[13]叶梦得：《石林燕语》卷八。

[14]袁褧：《枫窗小牍》卷下。

[15]陈振孙：《直斋书录解题》卷八。

[16]吴自牧：《学校》，《梦粱录》卷一五。

[17]龚剑锋、杨飞：《宋代浙江书院略论》，《教育史研究》1991 年第 4 期。

[18]《广平定川学案》，《宋元学案》卷七六。

[19]《宋会要辑稿·职官》五〇之四。

[20]《宋会要辑稿·职官》七之四五。

[21]徐照：《芳兰轩诗集》。

[22]同上。

[23]《宋文鉴》卷四。

[24]《都城纪胜·三教外地》。

[25]《宋史·宋祁传》。

[26]民国《重修浙江通志稿·选举志》。

明清时期地方士绅在江南地区的禁奢活动

陈彩云*

摘　要:明清时期江南地区自古而有的奢侈风气引起了地方士绅的高度重视,促使他们积极革除民间奢侈风气。对于士绅禁奢努力来说,除了禁止奢侈风气中的僭越,建立一个尊卑有序的社会是其目标。不同于官方禁奢令士绅比官员更加注重儒家礼仪的实践性,他们把儒家礼仪和生活方式在地方上表现出来,积极通过家庭、宗族、士绅组织及乡约等方式革除奢侈风气改变民众奢侈僭越的习俗。

关键词:礼俗;禁奢;士绅;江南地区

风俗的纯美与否关系着社会的兴衰,向来为官方所重视。而江南地区自古就存在着同统治者倡导的礼法生活相背离的倾向。明清时期随着江南地区社会经济的逐步发展,直接反映为民风由"俭"到"奢"的转变,这种风气不仅仅存在于上层社会,同时也下移到普通民众,对他们的生活和观念产生了极大的影响。

需要指出的是,明清时代的人认为的奢侈观念和今人有极大不同,明清时期的奢侈有时看似就经济等方面而言,而实际上其背后的根本目的是维护身份与等级,其根本标准是是否遵从当时的礼乐之制与等级秩序,其次才是道德与经济。在明清的文献中经常可以看到,"奢侈"和"僭越"行为有着直接的联系。[1]正如上面提到的,在明清时期的江南社会,举世滔滔的奢侈风气,却极大的冲击了儒家的礼教秩序,引起了作为礼教维护者的士绅的深切忧虑。如何把儒家所提倡的"礼"的等级秩序,以教化和其他的手段渗透于民间生活,影响他们的生活方式,以期达到禁奢的目的,成为当时官方和士绅都普遍关注的问题。[2]

"礼"的等级秩序在传统中国社会具有特殊的意义,所以基于维持"礼"的等级的禁奢思想和实践也呈现微妙的关系,儒家的繁文缛节在推行时,必然受到民间的对抗而难行的问题。而在明清时期,作为儒学教化主要推动力量的地方士绅,[3]在举世滔滔的奢侈风气下,如何使得儒家等级秩序为庶民所认同,同时又是怎么样采取变通的措施来与民间的"俗"妥协,奢侈风气流行意味着必然存在违背礼制的情况,但是换一角度来看,"礼"本身并不是一成不变的,民间习俗若能被礼制制定者吸收,甚至可以成为礼仪的一部分,所以两者往往存在互动的情况。有利于两者关系的研究,对于我们更好认识在明清时期的江南社会,在民众和官方之间"奢侈风气"和"禁奢"的对抗。[4]

需要说明的是,我是以江南地区为主要的研究对象,我必须强调的是,我所作出的结论,主要符合江南地区的社会文化特征,未必符合中国其他地域的社会文化特征。[5]

一、循礼到违礼——明中期以后奢侈风气在江南的蔓延

明朝建国之初,在复兴汉文化的旗帜下,整顿纲纪人伦的观念下,制定颁布了一系列的儒家礼教制度。明太祖心目中的理想社会应该是敦本尚朴的小农社会,他总结元朝亡国的经验,指出元废弃礼教,不知制礼以节民欲,不仅造成风俗奢僭,还导致了国家败亡。所以他认为,必须对民众生活息息相关的日用

*陈彩云,浙江师范大学人文学院讲师。

习俗加以规范，以重新建立礼的秩序。他说：

> 古昔帝王治天下，必定礼制以辨贵贱，明等威，是以汉高兴，即有衣锦□绮谷，操兵乘马之禁，历代皆然。近世以来风俗相承，流于僭侈，闾里之民，服食杂处，与公卿无异，而奴仆贱隶，往往肆侈于乡曲，贵贱无等，僭礼败度，此元之失政也！中书其以屋舍服色等，策明立禁，颁布中外，俾各有所守！[6]

他意图通过礼仪的制定，来建立一个上下有序、贵贱有等的社会。明太祖在制定礼仪外，更透过强制的法律制度，促使官民遵守礼制！一直到明代中期，何乔远（1557～1633，泉州人，万历十四年进士）依然感慨明初禁奢之严，他说："窃惟礼也者，辨上下，定民志，衣服有章，等威有别，明主所以纳民也！臣尝庄诵《大明会典》、《大诰续编》、及《大明律》诸书，太祖高皇帝当时奢靡之禁，盖亦甚严。"[7]

相对于对民俗朴质节俭的描写，明朝中期以后的文献更多表露出对社会奢侈风气的感叹。如在浙江南部的温州地区，整个社会的风气转向奢侈，这种转变大概是在明弘治、正德年间。明朝中期温州人侯一麟曾与其兄侯一元一起纂修过多部郡志，乐清、平阳等县志，作为当时人，他明显感觉到弘治到正德之间温州民俗的转变。他说："弘治间，财段物阜，田亩十金有废者，人辄居之，当时方内承平，禁风疏阔，人多温厚称易治，正德以后，渐侈靡耗矣！犹庶几家给而人足，迄于今，物大以丰，文采转盛，自是俗大抵务外少朴，竞夸诩，往往治屋室过制，多亭榭花石之欢，及器服事事丽巧，中人之产，望之俨然巨资也！其宴会余粱肉，饶金银杯器。岁时剧戏鼓乐达旦，男子洁饰多容，妇人锦绣雕镂金，一珠至数十金，转相夸咤，其嫁娶车两，缇帷装奁，塞道不绝，奴婢扶毂而趋，大姓货假相赢，中产破业思正矣！"[8]

入清以后，江南地区的奢侈风气依然盛行。在当时最为发达的苏州地区，"虞邑僻在海陬，非络绎孔道，其民柔软逸乐，鼎革之后，生齿仍繁，富者田连阡陌，奢华靡丽"[9]。有些地区甚至入清之后，反而更奢侈。在浙江康熙时的上虞县，"迩来习尚侈靡，更相煽效，节啬之风稍变，朴茂之风顿殊"。[10]浙江建德县，处于山区，本来风俗醇美，入清后也逐渐入奢，"城居山中，俗尚勤俭，商贾末作，皆习简朴，不尚华丽……迩来俗渐奢靡，家鲜盖藏。"[11]

婚姻是儒家十分注重的礼仪，但在此时，倍受儒者关注的是社会上婚姻论财的奢侈风气的蔓延，并逐渐成为腐蚀百姓心灵，冲击名门世家的一股越来越强健的势力。明中期绍兴人徐渭（1521～1593，山阴人）曾就当时婚嫁惟论财势，讲究奢侈有过评论：

> 吾乡近世嫁娶之俗浸薄，嫁女者以富贵相高，归之日，担负载舟，络绎于水陆之途，绣袱冒箱笥如鳞，往往倾竭其家，而其女始自衿高，闭门拱手，以求重聘。娶一弟若被一命，有女虽在襁褓，而受富家子弟聘，多至五、七百金，中产半之，下此者轻之，谈及不及也，相率以为常"，[12]

婚礼讲究排场已经到了不计后果的地步，这种竭家产，博亲戚顷刻之欢的做法，使得那婚姻中仅存的一点人情味，都给铜臭熏跑了。女家苛索聘金，男家也只得汲汲于妆奁的丰厚，加上婚礼讲究排场，致使中产人家穷于应付，贫者或是不得良配，或是婚嫁失时，给社会带来了许多不安定的因素。[13]

同时丧葬习俗的奢侈也十分引人注目，随着许多人财富的增加，让人子有能力为亲人办一场风光的葬礼，奢侈盛大成为当时丧礼的普遍现象。丧仪并不是表达人子对于失去亲人的悲痛，反而丧仪的盛大与否成为了世人衡量人子孝心的标准，失去了儒家的"慎终追远"的意义。令当时的士大夫所惊讶的是，丧仪上宴客会亲的习俗，甚至在死去亲人的时候，毫无悲戚的样子，一味就是游乐，在平湖县，"吴间薄俗，凡亲戚送葬，必置酒花船，为孝子节哀，飞觞痛饮，狎妓狂谑，丧家妇女亦妆妍，饰缠绵，游冶连宵"。[14]在康熙时的临海县，"丧葬为人道之大，治丧不在哀戚，而务纷华，陪吊则五服纷纭，拥膝蹲踞，谢孝则亲朋杂沓，醉谑盈衢"。[15]为求办一场体面的丧礼，极度铺张浪费，贫者往往穷于应付，造成了许多奇特的"风俗”，在浙江安吉，“殡之日，用鼓乐僧道前导，戚友咸来送殡，族繁者，酒食甚费，有贫者不能办者，乘夜就窆，不闻哭泣声，谓之偷丧”。[16]为亲人丧礼竭力办理，本人人之常情，但儒家认为，人子在丧，更应该注重是内心的悲戚，并以礼葬亲，而不是丧仪的风光盛大，荣耀其亲。[17]

不仅仅是所谓“红白喜事”的大操大办，在生活领域的其他方面，当时都存在着奢侈僭越的情况。首先在于基本饮食上的铺张浪费，在乾隆时的六合县，“茶坊、酒肆、座客常盈，市脯烹鲜，虽贫不免，且有以精异相夸，伎乐相助者，富者一脔之味，可□贫者数口之糠，贫人一时之甘，可费从前数日之积。”[18]华宴之上，水陆山珍，几乎足够为农家数年之食。

同时奢侈风气还在于对服饰、居舍住宅以及日常器物的刻意追求，互相较奢。在服饰奢侈僭越上已经到士绅认为的“触目惊心”的地步。[19]经济日益发展和物质生活质量的提升，促进服饰日益丰富华美，服饰礼制也逐渐无法维持。人们只要有钱，就可以好好打扮自己，不再受身份和地位限制，女子的服饰尤其是这样，在康熙时南京地区，“而俗又日奢，妇女尤甚，家绕儋石，已著绮纚，积未缁铢，先营珠翠”。[20]士大夫阶层最为重视的仍是服饰的“区分”功能，以下僭上，贵贱不分的服饰风尚无不为世教者所忧，张溥(1602～1641，太仓人，崇祯四年进士)说：

> 嗟乎！言风俗而天下之士，益有不可道矣！南亩之民，而王者之饰；庶人之妾，而帝后之服，昔人之所太息而伤其已甚也。”[21]

江南地区山水清嘉，风物秀丽，自古以来就有“上有天堂，下有苏杭”的美誉，优美的自然和人文环境，促使游乐、节庆风气的滋长。这个时期，城市中的市民生活也日趋丰富。节庆活动的消费也是十分的惊人，在浙江会稽县，“元宵前三日，官府例弛禁，民则比户接竹棚，悬灯悉出，土制若购自他方者，毯彩错之，好事者，复箕敛于市要区，为烟楼月殿火戏，鳌山集珍聚奇，萧鼓歌讴，彻旦不息，而仙释之居，灯丛以剪扫者尤盛。”[22]

江南地区，无论城市还是乡村，缙绅庶民多崇信佛教，迷信活动的奢靡风气也是久盛不衰，民众为了求菩萨保佑，往往倾竭其资产。各种迷信活动中最为著名的是江南的“迎神赛会”活动。清朝人胡启运(宜兴人，雍正进士)仍感叹宜兴地区寺庙的“迎神”活动的奢侈，他写道：

> 今宜兴之风俗极弊矣！……高台演戏，岁费以万计，而不知节也！寺庙兴作，舁神出会，开场聚众，日费以千计而不知禁也”。[23]

这样的“迎神赛会”活动还引起了许多社会问题。在万历年间的青浦县，“至每岁二、五月中，市棍妄称会首，执薄鸠财，迎神赛戏，引诱良家子女，招摇道路，酿成奸盗，及布肆黑衣，燃灯为市，致起儇徒，剽夺之端，二事浸淫成俗”。[24]官员们担心如果任凭其无序发展，将成为官方严重忧虑的社会问题。

二、地方士绅对奢侈风气的忧虑与批判

财富在奢侈挥霍的情况下造成的问题，不仅在中国，在世界的其他地区，也一直是道德家面对的难题。明清时期的士大夫也对这样的奢侈风气表达了忧虑和关切，但是他们更多的是从维护儒家传统礼教出发来看待这个问题的。

对于士大夫的上层来说，奢侈的生活使得他们的心灵受到了污染，不会珍惜财富的来之不易，极端的感官享受，必然使得他们缺乏坚毅的性格。高消费也使得官员腐败难以避免，为了维持奢侈风气下的上等人的体面生活，廉洁似乎是不可能的。金埴(1663～1740，山阴人)说：

重声誉则丰程尽以娱宾，甚至于纵心志，悦耳目，声乐工伎，仆从舆服，无所不张其华繁，而且女嫁男婚，匮金囊帛，悉自此资纵，欲廉得乎?[25]

很明显，追求奢侈享受的官员是腐败的很大诱因。梁显祖称："士庶之家，财产易尽，固当善留余地，即宦家禄入有限，若非做贪官，做罪孽，何从供其靡费乎？大抵败名坏品，多由败度过奢。"[26]奢侈风气下的生活影响到社会上关于富贵贫贱观念的转变，入仕收取贿赂，苛求润笔，贫穷的士大夫大多生活得狼狈不堪，整个社会不再欣赏尊重他们，正是所谓"笑贫不笑娼"。清初的著名思想家唐甄(1630～1704，达州人，流寓江南，顺治十四年举人)在江南等地为官时感受到当地的风尚，观察到那些因为受贿而致富的人：

谓之能吏，市人荣之，乡党尊之，教子弟者劝之。有为吏而廉者，出无舆，食无肉，衣无裘，谓之无能，市人贱之，乡党笑之，教子弟戒之。[27]

唐甄自己一生为官贫困潦倒，对于官场上的惟利是图是深有感触的。在整个社会普遍的崇尚奢侈下，节俭遵礼的士大夫往往感到很大压力，有些人就会迫于世俗的压力而改变，明代范濂(松江人，万历年间)就有这样的经历，他说："余最贫，最尚俭朴，年来亦强服色衣，乃知习俗移人，贤者不免"，[28]，那些生活循礼而节俭的人，反而遭到嗤笑，在浙江嘉兴：

家苟温饱，则酒核之设，辄罗水陆之珍，室即空虚……仆隶皆□裼之衣，梨园青楼何日得暇，画船萧鼓，无日不闻，比栉崇墉，诸年贫交之无以举火，夸多竞美，反嗤苦节者，以为鄙。[29]

节俭带来了巨大的舆论压力。对照范濂说的"习俗移人，贤者不免"这样的字里行间，显然在生活消费上顺从这样的风气对于人的社会关系会比较有利。

奢侈风气下下层民众的生活变得更加艰难。本来江南地区素来就是富庶之地，有鱼盐漆丝的收益，如果能稍加节俭，生活可以说相对是比较富足的，可是因为奢侈浪费，许多民众的生活没有保障。吴伟业(1609～1671，太仓人，崇祯四年进士)指出：

自俗之靡也，口穷刍豢之养，人夜倡乐，身极纂锄之华，费日而消功，訾窳偷生而无蓄藏，水旱灾疹之或作，诛求无时，奔走丐贷不足以自救。[30]

即便是偶来南巡江南的康熙皇帝也一针见血的指出奢侈风气对于江南民众的祸害，强调移风易俗的重要性，他说："南人习俗侈靡，家无储蓄，日所经营，仅供朝夕，一遇水旱不登，而民生将至坐困，苟不移风易俗，何以致家给人足之风?"[31]

上面讲到了面对奢侈风气，大部分的知识分子对此也是随波逐流，应该说一种社会风气形成之后，就会具有极大的稳定性，没有社会急剧的变化是难以在短时期之内改变的，本文中所说的一些社会奢侈习俗在今天的江南地区还是可以见到，直到今天还在影响着我们的日常生活。明人徐祯稷(华亭人，万历进士)言：

今为天下而不去其奢，虽使周公制法，召公宣政，治之兴无日也！夫必奢去，然后士大夫廉，百姓务本而易足，以廉士大夫御，务本易足之百姓，于王道乎何有。[32]

奢侈风气破坏伦理纲常，古人也充分认识到这给社会的运行带来了巨大危害。然而现实是大多数的士大夫沉溺于世俗不知警醒，更不用说一般的庶民了，这才更加引起了抱有儒家正统思想的士绅的忧心忡忡。也许普通的下层民众感受的奢侈风气，只是停留在生活花销上的增大，生活的日益艰难，但是士大夫们关心的是恢复被破坏的儒家礼教社会，当绫罗绸缎、金玉宝石、高堂华屋已经变成贵贱皆可为的消费行为时，官方和士绅一再申禁的“奢侈”，其实也只是不准“僭越身份”、“越礼犯分”的坚持，而少有那些平常意思上的“奢侈”、“浪费”的经济层面的含义了。[33]清人张惠言(1761～1802，武进人，嘉庆四年进士)说得更明白，礼仪等级的赏罚，是激励皇帝让臣下效命的大典，不能随民僭越。他说：

> 夫人口甘酒醴，而身乐黼绣，体便宫室舆马，先王之制礼曰：‘庶人虽富，不得衣丝帛，乘车马，宫室高下，皆有数制，惟有德行者，则赐之章服。岂直以禁民之奢哉！赏罚者，上所以激励天下之者也。[34]

社会精英的责任感使得士大夫们认为责无旁贷，追本溯源，他们认为最好的移风易俗的方法，还是儒家的礼仪道德，他们始终认为：“安上治民，莫善于礼，移风易俗，莫善于乐，礼乐者驭世之大防，而致治之原本也”。袁袠(1502～1547，长洲人，嘉靖五年进士)提出自己的禁奢思想时也说：

> 痛乎！风俗之移人，而奢靡之蠹材也。……是故欲富国者，莫如足民，欲足民者，莫如节用。重农桑而抑末作，赏廉洁而诛贪墨。礼教以示之，刑禁以威之，天子公卿躬行于上以为之先，崇汉文之俭朴以修高皇之法轨，则财何以不若水火，俗何以不若淳古哉。[35]

正统的儒家知识分子正是以这样的使命感，扭转江南地区的奢侈风气，以礼化俗，用行动来重新构建被破坏的礼教秩序。虽然部分在任官员比较积极的推行禁奢措施，但是由于地方官员受到任职时间、里籍的限制，任职的时间一般也不会太长，信息条件的限制，很难在短时期之内就准确的了解民间风俗的情况及其危害，造成了官员对地方风俗影响十分有限，无论是强制的立榜申禁，还是刊刻礼书推行《家礼》，效果往往止于一任，若是后继无人，则改革也不易延续。较有责任心的官员往往在改革地方风俗上和地方士绅合作。如在乾隆时期，江苏巡抚陈宏谋(1696～1771，临桂人，雍正元年进士)申明《风俗条约》，就嫁娶、丧葬、宴会、迷信等活动中的奢侈行为都做了规定，并且希望地方绅士勇于表率，“父兄戒其子弟，夫男戒其妇女，老成者戒其后生，贤智者戒其愚鲁，而绅士明理之家，更宜以身作则严切防闲，式化乡里，以敦礼教以阜财物，以保身家，以全颜面。”[36]面对着社会日益严重的奢侈僭越风气，那些知礼行礼的士绅不能等闲视之。化民成俗，是历代朝廷和地方官府对士绅阶层的要求，“士人有美节而后天下有风俗，甚矣！风俗之权操在士君子也”。[37]

在下层民众中禁止奢侈的移风易俗，是需要在基层做大量的教化工作，官员需要借重士绅在民众中间权威导向的力量。所以很明显，禁奢复礼的活动中，官员和士绅存在着相互合作，互相依赖的关系，确切的说，官员只是规定了禁奢的大致方针，而真正在民众基层进行这方面努力是身居地方上的士绅。

三、士绅在江南地区禁奢复礼的具体努力

明末清初的颜茂猷(平湖人，崇祯七年进士)说：乡绅，国之望也，家居而为善，可以感郡县，可以风州里，可以培养后进，为功化，比士人百倍。故能亲贤扬善，主持风俗，其上也。[38]这句话清楚的表明了士绅居家时的责任，儒家士大夫们也以此作为自我期许。面对社会上的奢侈违礼的现象，正直的士人是不会仅仅停留在批评层面上，而是起而改革奢侈风气。

(一)士绅的自我约束

一方风俗的好坏，取决于守令之官能否化导于上，士绅能否表率于下。在儒家的“礼下庶人”的过程中，饱受儒家教育的士绅发挥的作用不能替代。他们身居地方，为一般百姓的道德楷模，行为表率，甚至

是民间的偶像。他们的儒家观念和原则以生活方式表现出来，由于他们特殊的社会地位和身份，周围的人群必受其影响，从而改革该地的风俗，另一方面士绅们制定家规族法，实行家礼、乡约等，向社会传播儒家伦理原则，并将其变为民众的社会习惯。[39]在明代万历时期的江浦县风气变奢，当政者就把改革奢侈风气的希望寄托在士绅身上：

欲一道德以同风俗，当先酌四礼行之，而锄其异端之惑，而民者庶几其本正矣！若其勤俭之道在上之人，一振剔之耳，风行草偃，是有望于君子之德焉。[40]

士绅们也意识到禁止民间奢侈风气，不能只依靠任职不定的官员来改革，更不是一纸禁令就能达到的。部分怀着改革风俗愿望的士大夫居乡积极禁奢复礼，日常生活中以为民众的表率，也期移风易俗。如明人周汝登就认为剡县燕饮奢侈败礼，请求守令官别立一道《燕约》，以约束士绅。他说：

近时风俗奢靡，种种不可胜道！即燕饮一节，其败礼踰度，殚力靡财亦甚矣，……余诚不忍父母之邦，美道纯风之日澌灭而无遗也！敢集同袍及文学耆民，共以请于邑大夫博士立为燕饮一约，殽有定数，生无滥杀，使尚侈者，有所制而不渝，慕古者有所据以自立，夫余非故违时尚，以还吾剡而已矣，亦非过啬难堪，故去其太甚而已。[41]

这样的士绅之间的"约定"并不鲜见于文献。明人季本（1485～1563，山阴人，正德十一年进士）在与亲友登舟游乐时，就订立一约。他说："近时民俗过奢，暴殄天物，天心厌之，已生大乱。亲友有携觞豆，假舟游览者，止以四果四盘四格，勿特杀鹅，及用牛肉，酒多不过长行，未面多不过二品，取于充饥，勿纵恣以犯天厌。"[42]

明人唐顺之（武进人，嘉靖已丑进士）的妻子亡故，族戚朋友欲助以丧葬之金，为其所拒绝。他给朋友的信中辩解道：

近世丧葬日奢日靡，富贵人家一日至享十家之奠。自启殡至葬数日间，大牲小牲刳割狼籍，且百千计，鬼神情状与人情不相远，鬼而无馁，所食几何。今若此不惟生者靡费，抑亦使死者不忍。且夫放生以资冥福，则儒者所不信，杀生以重冥咎，则理未必无是。以痛为亡妻谢此业债，族戚朋友则相信者多矣，而一廛自宜兴归，乃闻诸友复欲醵金为奠，且杀生靡费于有所用，所必受，犹尚不可。况施于所必无用所，必不敢受。其谓之何如？诸友以为情有未尽，但远来临葬，此亦足矣。即使吾身后，诸友亦只须如是行之，但能相体不为无情也。[43]

但是士人禁奢作用，远不只是"独善其身"，更重要是想通过他们自上而下的行为示范和教化提倡，使得禁奢复礼的观念深入人心。所以运用他们的文化权力，把这些儒家伦理原则向周围的人群传播，才是士绅最为关注的问题。

（二）家训族规中的禁奢复礼

这一时期，民间正在逐步脱离明代初期符合儒家理想的社会形态，国家的礼法和儒家的礼教正在被庶民大众甚至于大多数的士大夫所忽视，重新建立礼教社会以遏制奢侈风气，是这一时期正统士大夫的迫切愿望。正所谓"修身齐家"，禁奢思想也具体反映在这时期士绅编写的家训中。

在禁奢中，士绅十分强调家教的礼仪教育对禁奢的作用。清人秦坊（锡山人）更是指出家庭教育的缺失，是许多子弟骄奢、不习礼仪的重要因素。他说：

世宦家子弟，不知稼穑艰难，每每怠惰奢侈，不习礼节，此未必其不肖性生，亦由是父兄失教之故，盖子孙之贤不肖，关系家运之继续，为父兄者，诚心端行”。[44]

受人注意的是，士绅往往会把反儒家的仪式和奢侈行为联合起来一道加以反对。万历年间的姚舜牧(1543～1622，乌程人，万历元年举人)在家训中训诫子弟：

丧事有吾儒家礼在，切不可用浮屠，冠婚丧祭四事，《家礼》载甚详，然大要称家之有无，中于礼而已，非其礼为之，则得罪于名教，不量力而为之，则自破其家产，是不可不深虑者。[45]

明人徐三重(上海人，万历五年进士)更是立下详细的规条，特别禁止家中妇女信仰佛教，浪费财物，以坏礼教。他说：

妇人女子，最易以佛诱，不但倾财施舍，浮费无益……缘老者惑于福罪，少者喜于放荡，而主者又无古礼正义以检遏之，……昔人排佛老，谓其要在明先王之道，若修齐之士，以先正仪礼，作法门庭，安得复有兹事?”[46]

反对婚礼的论财奢办也是这个时代家训的重要内容，家训的制定者既是儒家的维护者，但是他们同样是人的父母，也许他们同样能感受到婚姻奢侈风气的伤害，对于这种风气的危害也是有着清醒的认识的。许汝霖指出：

今则不问门楣。耑求贵显，因之真假难究，且晤对不伦，妇或反唇，婿且抗色，嫌滋妯娌，衅起弟昆，种种不详，莫可殚述……女家未嫁之先，徒争贿势，男家既娶之后，又责妆奁……厚饰金珠，徒炫耀于目前，致萧条于日后。[47]

行之于一家之内的家训，因为家长的权威容易对子孙具有约束，但是更多的时候，由于士绅在宗族内的权威，家训还被纳入族谱之中，成为族规的一部分，使得训诫的对象不只是家庭的直系血亲，更扩大到人数众多的宗族成员。此时家训约束力也会因血缘疏远而受到限制。为了规范众多的族众，大多数宗族也试图订立明确的赏罚标准，用强制的手段控制族众，确保族规的顺利推行。

士绅在建构宗族时，自然而然以儒家的礼仪实行于宗族之内，它的规范还是朱熹所提倡的《家礼》，制定一套礼仪的规范，并使之起到动员和约束族众的作用，不仅可以增加族人之间的凝聚力和归属感，也更加有利于确立士绅在宗族内的领导地位。这样的族规以祠堂为主要的宣讲地，并通过文字记载于族谱之内，被后世的子孙不断刊刻而保存下来。

明代初期，明太祖对“义门”浦江郑氏大加褒奖，给于种种隆恩，一代大儒宋濂也帮助郑氏子孙重编以前的家族规范为《郑氏规范》。由于帝王的爱好和《郑氏规范》的示范作用，许多士大夫纷纷仿效，订立本家族的族规。[48]规定郑氏子孙冠婚丧祭均要遵守《家礼》，称：“于作家制度，已有《家礼》可法，不必过奢”，“婚姻……其仪式遵《文公家礼》”并且十分强调遵礼而不奢，“诸妇服饰，毋事奢华，但务雅洁，违者罚之”。[49]它的内容对江南后世的族规有着很大的影响。

面对社会上流行的奢侈风气对于儒家礼仪的冲击和破坏，在这一时期的族规中也有反映。大致来讲，族规的内容和家训大同小异，多数是告诫族众在家庭礼仪上要遵从《家礼》，勤俭持家以及立身处世的准则为主。如明万历时制定的范氏《林塘宗规》记载：

冠婚丧葬，风俗攸关，吾家相传丧祭之礼，合文公仪节……今复有行者，宾赞之谢，诚朴为文，亦无费。各父母迭相效法，渐成礼教，庶挽颓风。婚娶贫富不同，各随丰俭。[50]

由于各地风俗不同以及制定者的侧重点也不同，族规中记述的礼仪详略不一，差别也很大。但是相对而言，婚姻和丧葬中反对奢侈风气是族规规范的两大重点。作于万历年间的《余姚江南徐氏宗范》称："婚姻男女须择温良有家法者，不可慕一时富贵，以污择配之道。"[51]在丧葬礼仪上也同样反对奢侈办理，作于康熙三十五年常州地区的《毗陵长沟朱氏祠规》规定："人子居丧，称之有无。棺木衣衾从厚，其余仪文宁俭，不得信惑僧道，滥费无益之斋醮，"同家训不一样的是，族规为了规范人数众多，良莠不齐的族人，大多数都建立了赏罚制度，上面提到的《毗陵长沟朱氏祠规》中提到如果子孙有人不加遵守，"淫佚奢华，暴殄天物，并妇女珠翠过盛，罚银五两"，同时在上面的《林塘宗规》也规定："有故违规约，众议祠谱两诘之"。

当然士绅改革奢侈风气的努力并非只是局限在家庭和宗族内，而是突破这个界限，扩大到乡里地方，与家训和族规只能约束有血缘关系的族众不同，在地方上推行移风易俗，士绅需要借助官府的国家力量来作为推行教化的支持，在明代以后逐渐盛行的乡约组织就承担了这样的功能，它是由政府提倡，而士绅具体在地方执行的。

（三）乡约组织的风俗教化

同样的，乡约作为地方官员公开宣讲礼教、褒贬善恶以教化民众的主要方式，成为官方禁奢的重要内容。当然乡约制度并非明代人的独创，在宋代，朱熹就已经修改制定了《蓝田吕氏乡约》，后来到了明代中期，经过王守仁略加修改之后又重新在社会上流行起来，当然这个绝对不是偶然的，反映了这个时期风俗急剧变化，士绅急于推行"礼"于地方之上，以求重新建构一个理想的儒家社会形态的愿望。乡约成为地方官员和士绅公开宣讲礼教、褒贬善恶来教化民众的准则。[52]

在著名的《蓝田吕氏乡约》中就有崇尚节俭的内容，这些思想都对以后乡约的内容有很大的影响，其中的禁奢崇俭的思想也被后世所继承和发扬。张履祥在家乡推行乡约时指出："崇俭约，宫室、饮食、衣服、用度，不得侈靡，非时不得宴会，无故不得饮酒食重肉。"[53]清人应为谦更指出其乡约中人要互相劝戒，切忌用度奢侈。他说：

> 用度不节，谓不计有无，过为多费者，不能安贫，非道营求者，右件过失，同约之人，各自省察，互相规戒，小则密规之，大者众戒之，不听，则会集之日，直月以告约正，约正以义理诲谕之，谢过请改，则书于籍以俟，其争辨不服，终不能改者，听其出约。[54]

从上述内容可以看出，举行乡约更多采取的是官方的方式，如包括颁布禁令，强迫民众听讲，在乡约中订立赏罚和旌奖等。彰善纠恶是乡约的重要工作，乡约中置有纠恶薄，在集会上宣讲对乡人的善行或是恶行，公开加以表扬和纠举，对于民众中间的舆论导向有着积极的作用。浙江金华县，在康熙中期时候的地方官就：

> 因行赏罚之典，地方有事可风世，行可表率者，令上立听讲；乖张背礼□法者，责令跪听，讲毕，善者给以花红，恶者惩以蒲鞭，既复命。老者席地列坐，谕以广传条约，饬俗明伦务农息讼等事，更于政暇，躬诣四乡，亦如城坊举行，远近向化，维风励俗之良规，允宜遵行，勿替者也！"[55]

在浙江常山县，"德劝宜严也，事之有关风化，由乡约处分者，讲毕之后，即于约所，公审善者奖之，恶者枷责，庶几人心知所劝惩！"[56]

那些厉行节俭和使用儒家礼仪的人自然成为官员表彰的楷模，乡约制度推行儒家礼仪时重点放在了旌奖制度上，它的目的就是在民众中间利用官方权威的奖赏抵消奢侈风气下民众的压力。由于缺乏足够的史料支持，乡约在江南等地的具体推行情况很难知悉，它对于改变江南地区的奢侈风气又有多大作用不得而知，但是社会上移风易俗之难，绝非短期可以改变的，就积极推行乡约的浙江海宁地区来说，对于奢侈风气的记载一直到清代的末期也见之于文献中，似乎也可以说乡约制度至少在海宁就没有取得预期的结果。

士绅比官员更是注重儒家礼仪的实践性，他们把儒家礼仪和生活方式在地方上表现出来，积极通过家庭、宗族、士绅组织及乡约等方式革除奢侈风气的弊端，改变民众奢侈僭越的习惯。乡约集体宣讲的方式，对于宗族和家庭也有启发意义，很多情况下，家庭和宗族中，对奢侈行为的惩戒，也采取了集体集会这一教育方式，对族人的善行或者恶行公开加以表扬或纠正。而在江南，宗族往往聚族而居，乡约的推行很大程度是依靠宗族的力量来执行，甚至于有些地方，乡约也只在本族中实行，在固定的时间，集合族众，以较为通俗的方式宣讲儒家礼仪来革除奢侈弊端。在明清时期僭越无等的情况下，这种知识分子重建儒家道德社会的努力，进一步表达了他们“礼下庶人”的理念。

注释：

[1]钞晓鸿：《明清人的“奢靡”观念及其演变——基于地方志的考察》，《历史研究》2002 年第 4 期。

[2]关于明代教化的总体思想，请参见刘静：《走向民间生活的明代儒学教化研究》，第 11～13 页，华东师范大学博士学位论文，2004 年。

[3]历史学者对于“士绅”的定义众说纷纭，详细请参见徐茂明：《明清以来乡绅、绅士与士绅诸概念辨析》，《苏州大学学报》(哲社版)2003 年第 1 期。他指出中外学者在明清“乡绅或绅士”由退居的官员构成和拥有科举功名这一点上，看法基本一致。但对于是否包括在职官员，是否包括生员，是否包括无身份的庶民地主，日本学者重田德说：“如果只从地域社会考察，乡居的退休者当然就成为(乡绅)主体，事实上，那样的实例确实存在，但并不仅止于这种正规的官僚以及官僚经验者，同时也包含可称为官僚预备军的取得科举资格者，如举人、生员层等所谓乡绅的特权身分”。(重田德：《乡绅支配的成立和结构》，收于刘俊文主编：《日本学者研究中国史论著选译》第二卷，中华书局 1993 年，第 215 页)他也认为取得科举资格这点非常重要。本文的“士绅”概念采取了较为宽泛的解释，主要是指具有儒家文化的知识阶层。因为维护儒家的观念和伦理才是他们禁奢的真正动因。他们采取的禁奢行为是指向他们的居住地的。如本文中涉及的自律、家训、族规、乡约，无疑都是士绅在所居地禁奢的努力。

[4]我们发现在明清时候的文献中，已经注意到士绅和官员对国家礼制的破坏问题。对于社会风气的研究可以发现，奢侈风气很大程度是上行下效，由于士绅经济实力好，反而率先破坏儒家礼制。或者也有迫于社会压力，跟从舆论，淹没在奢侈风气的大潮中。如明人张天复说：“荀士夫不知节俭，争尚奢靡，则必贪饕朘削以济其欲，而殃及生民，将何以培植元气，维持风化”。(张天复《鸣玉堂稿》收于《续修四库全书》集部别集类 1348 册卷九《题禁革奢靡疏》，第 584 页)明人万士和在万历二年上奏称：“近日缙绅中，多苦礼义缛繁，应酬不暇，或一馈而备诸品，或一席而费数金，牲殽狼籍，鼓乐喧填，观则美矣！诚于何有？”(万士和《万文恭公摘集》收于《四库全书存目丛书》集部别集类 109 册卷一一《题崇俭去奢疏》，第 446 页)徐阶也指出明京师官员的奢侈风气，他说：“窃见近年以来，在京大小官员于饮食、服用、居室、舆马及一应问劳往来之礼，俱喜为奢侈，至相夸耀。”(徐阶《世经堂集》收于《故宫珍本丛刊》539 册卷七《请禁奢侈》，第 179～180 页)清人张贞生更为直接，他说：“今日奢侈之弊，不始于市井之技巧，而始于缙绅之门第，不始于耕凿之民氓，而始于之有司”。(张贞生《庸书》收于《四库全书存目丛书》集部别集类 229 册卷一〇《风俗》，第 264 页)

[5]在参考前人的基础上，本文认定的“江南”概念，是从文化地理的角度出发而得出的。本文既然是论述明清时期江南的奢侈的社会风气，一种社会风气当然具有很强的传播性，由中心区域传播到周边，虽然本文也认为应天、苏州、松江、常州、镇江及浙江三郡：杭州、嘉兴、湖州是“江南”的核心区域，论述的重点也将放在这个核心区域，但是该地的社会风气很明显将会影响周围地区的风气，所以本文论述也将旁及周围的江苏中部的扬州、泰州、通州以及浙江大部。这样对江南地区的界定并不孤立。顾希佳也认为“江南”应为江苏北部古运河以东，江苏南部，上海市和浙江省的大部分地区。(顾希佳：《江南地区民间信仰沿革考》，《宗教学研究》1994 年第 4 期)

[6]《明太祖实录》卷五五，洪武三年八月庚申，台湾中央研究院历史语言研究所 1966 年，第 1076 页。

[7]何乔远：《何氏万历集》收于《故宫珍本丛刊》，第 538 册，卷二七《覆礼科给事中张贞观禁奢靡疏》，海南出版社 2001，第 156 页。

[8]侯一麟：《龙门集》(美国哈佛大学哈佛燕京图书馆藏中文善本丛刊)，第 35 册，商务印书馆 2003 年，第 94～95 页。

[9]戴兆祚编：《于公德政录》，《明清史料丛编初集》第七册《治绩纂·行官兑》，台湾文海出版社 1967 年，第 3551 页。

[10]郑侨等编：康熙《上虞县志》，收于《中国地方志丛书》545 号，卷二，《舆地二·风俗》，第 135 页。

[11]王宾等修、应德广纂:乾隆《建德县志》,收于《中国地方志丛书》546号,卷一,《方舆志·风俗》,第88页。

[12]徐渭:《徐渭集》,第2册,卷一四《赠妇翁潘公序》,中华书局1983年,第546页。

[13]郭松义:《伦理和生活——清代的婚姻关系》第二章第一节《结婚论财之滥觞》,商务印书馆2000年,第100～109页。

[14]《天启平湖县志》,《天一阁藏明代方志选刊续编》第27册卷七,《礼乐·礼仪》,第448页。

[15]洪若皋修纂:康熙《临海县志》,收于《中国地方志丛书》509号,卷一,《风俗》,第151页。

[16](清)刘蓟植纂修:乾隆《安吉州志》,《稀见中国地方志汇刊》,卷七,《风俗》,第554页。

[17]值得注意的是,明清时候的奢侈并不是江南各地皆同,可以说江南各地的差异极大,无锡地区丧葬风俗甚至存在着和当时奢侈风气相悖的现象。乾隆时期的《锡金识小录》记载(黄印辑,乾隆十七年修,收于中国地方志丛书426号卷一《备参上·风俗变迁》,第74页):"近日婚丧皆趋苟简,而丧为尤甚,虽巨族显位治丧,罕见至三日者,贫者瓦圹不能具,姻族不相闻,孰肯以难得之财,供无益之费。"各地习俗因地而殊,需要加以精确地微观分析。

[18]乾隆《六合县志》(清)李龙湛修,《故宫珍本丛刊》第87册,卷六附录《礼俗·饮食》,第460～461页。

[19]有关明代后期的服饰僭越违礼,请参见林丽月:《衣裳与风教——晚明的服饰风尚与"妖服"议论》,《新史学》第一〇卷,第111～141页,1999年第3期。

[20]唐开陶修纂:康熙《上元县志》,《稀见中国地方志汇刊》第11册,《疆域志·风俗》,第545页。

[21]张溥:《七录斋诗文合集》,收于《续修四库全书》集部别集类1387册论略卷一《正风俗议》,第564页。

[22]万历三年修《万历会稽县志》,《天一阁藏明代方志选刊续编》第28册卷三,《风俗》引《山阴志纪岁时》,第117页。

[23]胡启运:《清芬楼遗稿》,收于《续修四库全书》集部别集类1424册卷一,《与胡邑侯书》,第169页。

[24]卓钿修、王圻纂:万历《青浦县志》,《稀见中国地方志汇刊》第1册,卷一《风俗》,第986页。

[25]金埴:《不下带编》卷三,中华书局1982年,第44页。

[26]梁显祖:《教家编》,张师载辑:《课子随笔节钞》,收于《四库未收书辑刊》五辑九册,第139页。

[27]唐甄:《潜书注》,四川人民出版社1984年,第312页。

[28]范濂:《云间据目钞》,《笔记小说大观》第13册,卷二《记风俗》,江苏广陵古籍刻印社1983年,第110页。

[29]罗炌修、黄承昊纂:崇祯《嘉兴县志》,《日本藏中国罕见地方志丛刊》,卷一五《里俗》,书目文献出版社1991年,第638页。

[30]吴伟业:《吴梅村全集》卷三七,上海古籍出版社1990,第795页。

[31]《清实录》第五册卷一三九《圣祖实录》,康熙二十八年二月丙辰条,中华书局1985年,第523页。

[32]徐祯稷:《耻言》,收于《丛书集成初编》,第1页,第0375册卷一。

[33]林丽月:《明代禁奢令初探》,《台湾师范大学历史学报》1994年第22期。

[34](清)张惠言:《茗柯文补编》,收于《续修四库全书》集部别集类1488册,卷下《吏难下》,第578页。

[35]袁袠:《世纬》,收于《历代笔记小说集成》第43册,卷下《革奢》,第135～136页。

[36]贺长龄、魏源编纂:《清经世文编》卷六八,礼政十五《风俗条约》,中华书局1992年,第1684～1685页。

[37]洪若皋:康熙《临海县志》,收于《中国地方志丛书》509号,卷一《风俗》,第149页。

[38]颜茂猷:《颜光衷官鉴》,《从政遗规》,陈弘谋编:《五种遗规》卷下,第290页。

[39]刘静:《走向民间生活的明代儒学教化研究》,华东师范大学博士学位论文,2004年第四章,第149页。

[40]《万历江浦县志》,收于《天一阁明代方志选刊续编》第七册,卷四《舆地志·风俗》,第541页。

[41]周汝登:《东越证学录》,收于《四库全书存目丛书》集部别集类165册,卷一三《燕约》,第660页。

[42]季本:《季彭山先生文集》,收于《北京图书馆古籍珍本丛刊》106册,卷四《舟居条约》,第921页。

[43]唐顺之:《荆川集》,收于《文津阁四库全书》集部别集类426册,卷四《与宜兴诸友书》,第614～615页。

[44]秦坊:《范身集略》,收于《四库全书存目丛书》补编90册诫部,卷八,第307页。

[45]姚舜牧:《药言》,收于《丛书集成初编》0976册,第8页。

[46]徐三重:《鸿洲先生家则》,收于《四库全书存目丛书》子部杂家类106册,第143页。

[47]许汝霖:《德星堂文集》,收于《四库全书存目丛书》集部别集类253册,《家订六则·嫁娶》,第79页。

[48]参见陈延斌:《〈郑氏规范〉的家庭教化及其对后世的影响》,《齐鲁学刊》2001年第6期;方小芬:《家法族规的发展历史和时代特征》,《上海社会科学院学术季刊》1998年第3期。

[49](元)郑太和:《郑氏规范》,收于《丛书集成初编》,第2、9、16页,0975册。

[50]转引自李文治、江太新:《中国宗法宗族制和族田义庄》附录,社会科学文献出版社 2000 年。

[51]转引自费成康主编:《中国的家法族规》附录,上海社会科学院出版社 1998 年。

[52]乡约的倡导者,可能是地方官或者是士绅。但是任何一个官办的乡约都要注意到的,在民间推行相约很大程度上需要依靠地方士绅的努力和权威。乡约的推行和地方保甲,里老人制度等息息相关,无疑的是,地方官构想是委教化之责于乡里的士绅。很著名的举行乡约的书籍黄佐《泰泉乡礼》中卷首就开宗明义的说:“凡乡礼纲领。在士大夫,表率宗族乡人,申明四礼而力行之,以赞成有司教化。”(黄佐《泰泉乡礼》,收于《文津阁四库全书》经部礼类 48 册,卷一《乡里纲领》,第 858 页)。

[53]张履祥:《杨园先生全集》,卷一九《保聚事宜》,中华书局 2002 年,第 580 页。

[54]应为谦:《性理大全》,收于《续修四库全书》子部儒家类 950 册,卷一五《乡约》,第 24 页。

[55]王治国,赵泰甡:康熙《金华县志》,收于《中国地方志丛书》491 号《方舆类·风俗》《增讲乡约法》,第 127 页。

[56]孔毓玑:雍正《常山县志》卷四,《礼秩志·讲约小序》,第 239 页。

明清以来上海与长三角区域经济关系的发展和演变

——以上海与浙北区域经济关系为例

陈剑峰*

摘　要:上海作为长三角的中心城市、龙头城市,是长三角经济区的重要组成部分,本文以上海与浙北区域经济关系发展为例,解构明清以来上海与浙北两地区域经济关系发展的历程。两地经济关系演变经历了明清时期的邻域渗透型区域经济关系,近代集聚为主、扩散为辅的腹地中心型区域经济关系和当代扩散为主、集聚为辅的中心腹地型区域经济关系三个阶段。明清以来上海与浙北区域经济关系发展既是“15+1”经济发展的缩影,也总体反映了1与15之间经济关系的发展与演变。

关键词:长三角;区域经济关系;演变

法国学者佩鲁最早提出以“发展极”为标志,并以“不平等动力学”为基础的不平衡增长理论。在他看来,一国经济乃至全球经济是由各种“经济空间”构成的,经济在一些地区或城市的集聚和优先发展会形成发展极。它不仅能促进自身发展,并以推进效应即吸引和扩散作用进一步推动其他地区发展,形成经济区域和经济网络。上海开埠后,长三角区域经济关系构架发生重大变迁,围绕上海中心进行了区域经济关系格局的重组,引领整个长三角地区区域经济的近代发展和转型。本文以浙北为例,分析自明清时期至当代上海与长三角地区经济关系,两者依次经历了明清时期的“邻域渗透型区域经济关系”、近代的以集聚为主,扩散为辅的“腹地中心型区域经济关系”和当代的扩散为主,集聚为辅的“中心腹地型区域经济关系”三个阶段,且极化作用的两个功能在各个不同时期的效能是有区别的。领会这种关系变迁及引发的深层变化,对制订正确的区域经济发展战略和区域合作政策极为重要。

一、明清时期的邻域相互渗透型区域经济关系

“在长江三角洲的特殊地形之上,经过长期的演变,构成了一个中心与边缘地带相互依赖的经济系统。在清代,长江三角洲外围的高地主要种植棉花,生产的原棉和棉布供应低洼的中心区域。中心区域则发展成一个水旱作物相辅的系统,田地中间种植水稻,堤圩上植桑以供养蚕。售丝所得用以支付输入的棉制品。在中心区域和边缘地带之间的地方,地势既未低到非筑圩不可,又没高到引起灌溉困难,所以田间几乎无一例外地种植水稻。此地区供其他两个区域粮食,以换取棉花和棉布。”[1]明清时期浙北地区处于长三角的中心区域,上海则处于长三角地区的相对外围、边缘区域,两者由于商品经济发展核心取向差异,导致两者在经济上能相互促进,相互渗透。从商品贸易来看,由于浙北地区棉纺织业的发展,导致对棉花需求量的增加,形成上海地区向浙北地区供应棉花。如嘉兴府王店镇,农民经常载着自己的农产品到吴淞江换取棉花。王店镇的棉纺织业由此发展起来,其品种繁多,其棉织精品水纱布还直接打入了苏松棉布产区。[2]就是丝织业中心南浔镇,“四乡之人,自农桑外女工尚焉,推车蹋弓纺线织机,率家有之。村民入市买棉归诸妇,妇女日业于此。”[3]其主要制成品有大布(阔布)、小布(狭布)、棋棉布、锦布(五色镂布)等。可见,这种现象还带有一定的普遍性。但有一点是肯定的,与蚕丝业相比,总体上比例较小。由

*陈剑峰,湖州师范学院法商学院教授。

于丝价、丝织品价格远高于棉花、棉布，百姓很少自用，往往购买棉花自织或直接购买棉布；相反，浙北地区的桑叶、蚕种等因上海地区没有丝织业而没有形成向上海地区的原料供应物流，且因丝织品价格较高，在上海地区也很少有市场，因而，明前清时期的两地物流贸易呈现出很强的单向性。导致的结果是松江、太仓地区的棉花生产不仅供应本地区的纺织所需，使之成为重要的棉纺中心，而且也令其周围嘉湖蚕桑区的部分县镇介入了棉纺织业的行列，形成了以松江、太仓地区为中心，以苏州、嘉兴、湖州等周围部分地区为外围的江南棉花生产、纺织基地。它不仅进一步巩固和扩大了长江三角洲地区棉纺织生产，同时也间接地巩固和促进了蚕丝业的发展，蚕丝产区不仅从发展中获得了部分利益，更重要的是，大众化的棉布业的适度发展，可保证蚕丝业百姓的生活所需，从而使生丝及丝织品实现全部商品化，形成了两地双赢。

明清时期，上海与浙北两地经济发展关系表现为一种邻域相互渗透型区域经济关系。一方面，松江府植棉与棉织业向西部扩展，另一方面，浙北湖州府的蚕丝业突破传统范围，向东普及和推广，这样就产生了两种经济样式兼具的结合部。据天启《海盐县图经》记载，海盐县原来不会育蚕缫丝，也很少种植棉花。天启年间，商贾从松江府等地贩棉花到海盐，该县城乡居民纺纱织布“家户习为恒业”。也就在同一时期海盐人又从湖州学得养蚕法，蚕丝业在当地迅速普及，形成“桑柘遍野，无人不习蚕矣。”[4]又如万历时海宁县既有蚕丝业生产，也有以棉织业出名的长安、硖石二镇。这种兼具特征较普遍，甚至蚕丝业最盛的湖州府，也出现像上述海盐县一样的情况，很大程度上应是受到了松江府地区棉织业的影响。同时，在松江府的上海县近郊，徐光启“劝人蚕桑”，[5]也出现了零星的蚕丝业。应该说，从总体讲松江府影响浙北地区多一些，但这种情况到了清代中后期有了很大改变。如松江府在道光年间浦南乡已有人树桑饲蚕，华亭县的顾华琳、庄镜新等种植分别种植了数千株桑树，以后不断扩散。同治十二年（1873 年），南汇县知县罗嘉杰捐廉购运桑秧，广为散给，还到嘉湖等处雇工二名栽植培剪，于是四乡效仿。尤其是受太平天国战争的影响，浙西及江宁人避难浦东，带来先进的技术与方法，再加上官吏劝勉督导，树桑饲蚕之风日益普遍。上海开埠后海外生丝市场进一步扩大，生丝贸易利益丰厚，上海地区又处于开放前沿，受经济利益的驱动，蚕桑业迅速发展起来。可以说，在浙北地区的人流、技术流及地方政府政策驱动、市场驱动的多重因素作用下，浙北地区蚕丝业经济样式也强烈影响着上海地区。

明、前清时期浙北地区与上海地区经济社会密切度较以前有了很大发展。两地经济发展样式差异较大，有一定的互补性，但总体物流贸易呈现单向性趋向，且规模不大，上海的港口价值还没有得到充分发挥。浙北地区主要作为苏州、杭州的经济腹地，其影响波及全国，影响海外。在区域经济发展中，松江又与周边苏州、太仓沿江沿海地带结成一体，从而形成了种棉纺纱织布的棉纺织专业生产基地，它和西部环太湖一带植桑缫丝织绸为特色的丝织专业区遥相呼应，共同推动着江南经济的繁荣。“在区域经济发展中，松江府与周边的苏州、太仓沿江地带结成一体，从而形成了种棉纺纱织布的棉纺织专业生产基地，它与西部环太湖流域一带植桑丝织绸为特色的丝织专业区相呼应，共同促进江南区域经济的繁荣。”[6]同时，两地社会经济关系日趋平衡。从长三角范围来看，地区内区域经济整体开发水平有了明显提高，但相对而言，浙北地区社会经济发展要高于上海地区，双方均作为苏州的经济腹地，为巩固长三角经济区在全国经济中的领先、优势地位，推进区际贸易和全国市场的形成发挥了积极的作用。

制约明清时期上海与浙北经济发展和联系进一步加强的主因是外贸经济发展的限制。可以说，广州一口贸易是两地社会经济深度发展的瓶颈。明代以降，政府发展海外贸易日趋受到限制，从而严重影响和制约了上海港内外贸易经济的发展。禁海，导致了内外贸易萎缩，并制约了其与包括浙北在内的环太湖地区社会经济联系良好势头的进一步发展。如明代“以海夷狡诈无常，迫近京师，或行窥伺，遂罢不设”。[7]多次重申海禁之令，“严禁濒海居民及守备将卒私通海外诸国”。[8]发展到清代，乾隆二十二年（1757 年），清政府的政策倾向于将贸易限制在广州一口，从而极大地制约了上海内外贸易的发展，并使海外贸易逐渐向大规模走私发展。早在明代，海上走私就十分突出，《明太祖实录》卷 231 载“缘海之民，往往私下诸番贸易香货，因诱蛮夷为盗。”清代情况也基本如此。1685 年四海关的设立，即与防范走私、增加税收有关。尽管有人认为：“事实上，在实行一口贸易的 83 年间，沿海口岸的对外贸易并未中断，只是受到了限制,其表现方式是以走私的形式出现。……在今天看来,闭关自守只能理解为一种政策倾向,而不能作为事实来认识。"[9]但不管如何,有一点是肯定的,走私贸易承担着巨大的风险,《明经世文编》卷280载明中叶后,政府对走私"重以充军处死之条",虽"尚犹结党成风,造舡出海,私相贸易",但其规模和正常发展受到了严重影响,这不仅影响了上海港的发展,同样也制约了包括浙北地区在内的环太湖地区社会经济的提速发展。

二、近代集聚为主、扩散为辅的腹地中心型区域经济关系

上海地理位置优越,天然条件突出。吴淞江流入黄浦江直达吴淞口,海口又有黄金河道的长江逆流进入四川,吴淞江作为内河通达苏州。优越的地理位置,注定要成为世界海洋一个重要通商口岸,成为中国的重要河口城市和首要的经济文化中心,其与浙北在内的环太湖地区社会经济关系深入发展,贸易大港与强大经济腹地的对接,必然引发长三角地区社会经济飞速发展,并导致近代浙北与长三角区域经济关系构架发展的大变迁,从传统的苏杭紧密型开始向上海紧密型转变,且这种趋势不可逆转。促使浙北区域经济关系构架大转变的是上海开埠及随之而来的极化作用的影响,主要表现为集聚和扩散的双重影响和作用。

佩鲁增长极理论主要针对经济发展步入成长阶段或成熟阶段的区域而言的,适合于区域产业之间基本上形成投入产出链,区域各种基础设施已基本具备,城镇体系也已基本形成或正在形成的区域。这些条件和要求在明清时期的长三角地区已经表现得非常充分。明、前清时期,包括浙北在内的长三角中心环太湖地区,市镇经济、商品经济高度发达,区域内专业化和市场分工有一定的发展,呈现出了一定的区域产业布局。区域内部以市镇为基础,联结广大农村,并与更高一级的中心市场紧密相联,其中苏州与杭州,尤其是苏州,是明前清时期长三角地区的中心城市和市场,对区域内发挥着极化作用。包括浙北在内的长三角中心地区符合增长极理论的特点,区域内城镇体系基本形成。以苏州为中心的传统长三角区域经济关系构架基于全国市场基础,是传统中国市场发展的最高层次和极点。但总体上讲,对外贸易,联接世界市场仍有着很大的局限性,有着极大的发展潜能。上海开埠及随之而来的上海新增长极的形成,正好适应了长三角地区(包括上海自身)由传统向近代的代际变迁,极大地促进了上海近代经济成长,促进了长三角区域经济整体发展水平的提高,巩固了在全国区域经济发展中的领先地位。

上海开埠,为长三角地区传统市场的近代转型和成长提供了契机。开埠后,上海凭借自身的区位优势、制度优势等,一方面在长三角地区内部,很快取代了苏州的传统龙头地位,使长三角地区传统的区域经济关系围绕自身重新布局和定位;另一方面,从全国范围看,又很快取代了广州,成为中国最大的外贸中心、制造业中心、金融中心、技术中心、商业中心,确立了全国范围内经济中心地位。上海新增长极的极化效应和集聚效应在此过程中开始有效发挥影响,推动长三角中心地区依托上海,面向世界,实现新一轮的发展。上海增长极形成前在长三角的地位并无特别之处,甚至于自身也是苏州的腹地,上海也以"小苏州"自誉,与浙北地区的经济关系是一种邻域相互渗透型关系。它依托明清时期包括浙北在内长三角中心地区商品经济发展的良好基础和上海开埠制度安排下内推外引的双重强劲增长动力的推动,成为引领包括浙北在内的整个长三角地区新的发动机,并逐渐确立其优势和龙头地位。

在一个区域内,中心城市的集聚与扩散作用是同步进行的,但在发展早期往往以集聚与吸纳作用为主。只有当中心城市达到相当实力时,其辐射与扩散作用才能明显地表现出来,中心城市的带动作用才能明显增强。近代上海与浙北及整个长三角地区经济关系发展基本上体现了这一规律。开埠后,上海新增长极形成过程中激活了各种发展机遇和发展潜能,它像巨大的磁场,促使包括浙北在内的整个长三角地区生产力发展中各种先进要素逐渐汇向上海,尤其是在20世纪初以前,集聚是主旋律,它对浙北及整个长三角地区在资金、技术、人才、资源和文化要素等方面进行了空前而普遍的集聚,这种集聚甚至达到了深刻影响浙北经济和长三角其他地区经济发展、增长的程度,并基此逐渐成为长三角地区内各种成长

要素的高地，初步确立了长三角地区的龙头地位，也为其持续带动长三角区域经济发展，持续保持增长极的极位奠定了坚实的基础。

从资源与产品角度看，仅以上海热门出口商品生丝为例，其产品主要由浙北湖州府、嘉兴府供应。上海开埠头四年，光湖州丝业中心南浔运往上海出口的辑里丝，就占上海生丝出口贸易的55%。在"湖丝"产地南浔的市头，更是茶棚酒肆纷纷话，纷纷尽是买与卖，小贾收买交大贾，大贾载入申江界。可以说，上海开埠及其他各种优势，仅仅是一种外贸出口能力和发展条件，如果离开了浙北、长三角地区乃至整个长江流域和全国的强大资源、产品支持，是很难使这种能力成为现实的。资源和产品的集聚是上海近代化和贸易经济发展和城市近代化的基础和保障；除资源、产品要素外，还必须有大量的经营人才、专业技术人才、劳动力资源和巨大的建设资金支持等。这些要素在市场的驱动下，通过对浙北、长三角地区乃至全国的集聚，逐渐得到了实现。如果说，经营人才具有全国性的话，那么，技术人才和劳动力资源则主要来源于长三角地区，尤其是浙北和苏南地区。在经营人才中，浙北、苏南的人才也有着突出贡献。仅以浙北湖州为例，据不完全统计，有顾福昌、邱仙槎、张颂贤、陈熙元、刘镛、庞芸皋、金桐、朱兆传、周昌大、梅鸿吉、邵易森、谢子楠、张佩绅、周昌炽、张静江、姚天顺、俞源元、施福隆、丁震源、陈三益、凌成记、莫觞清、蔡声白、沈子槎、汤祖兴、高敬基、章荣初、黄佐卿、钮介臣、沈联芳、陈竹坪、嵇慕陶等；从资金等方面来说，上海的近代化过程需要大量的资金，也同样是通过市场的驱动，通过对包括浙北在内的长三角地区、乃至全国范围内的资金集聚得以完成。在资本主义的产生和发展阶段，浙江省大量的经商人才和资金源源不断地流往邻近的工商大都市上海。这种省内栽树、省外开花的现象在扬名上海滩的"宁波帮"、"湖州帮"身上得到了充分的体现。在上海近代化过程中，对全国尤其是长三角地区各种要素的集聚方面，著名学者王范指出，上海的早期成功，离开了腹地资源经济的激活，以及由此而来的经济人才（特别是经纪、金融人才）济济一堂，以及稍后的资本集中这些根本的历史前提，就会成为不可理喻的事情。

作为极化作用的另一种功能即扩散效应，在早期主要局限在市场扩散效应及随之带来的生产技术进步和产业化、专业化发展方面。技术要素的提供虽最初并非始于上海，而是浙北等地基于传统技术基础上的革新，但很大程度上是由上海开埠后世界市场迅速拓展间接带动引发的。正是世界市场的拓展，为实现经济效益的最大化，才促使包括浙北在内的长三角地区基于传统基础开展技术创新。以浙北知名生丝品牌"辑里丝"为例，所谓"当辑里大经蜚声欧美之时，大约以一百零六七两之白丝摇为纯经百两，故其时货品均高，外洋甚有信仰，每年出口达一千余万元之谱。"[10]巨大的技术附加值，推动手工缫丝业的激烈竞争，从而促进了生丝生产技术的全面进步。而随着近代后期上海城市化的不断发展，功能的不断完善，特别是外贸中心、制造业中心、金融中心、技术中心、商业中心的确立，其扩散作用开始不断增强。20世纪二三十年代后，上海在资金、技术、人才、市场、观念和思想文化等等方面，向包括浙北在内的长三角地区的扩散效应日益突现和增强。

上海开埠后，在发展对外贸易中的地位和作用迅速凸现，其各种优势、市场潜能和巨大的外贸发展空间，形成强大的市场辐射能力，对包括浙北在内整个长三角地区、长江流域乃至整个中国，形成了巨大的市场驱动场，带动资源的重新整合和市场格局的重构。对浙北地区而言，上海开埠，一个直接而巨大的市场摆放在面前，需求对口，交通运输的便利性，从经营成本看，通过转口广州出口国外与通过上海进行出口贸易路缩短十分之九，再加上运河的便利运输和便宜的运输成本，使浙北经济对国内其他地区的商人中转需求，变得没有必要，浙北经济开始通过浙北商人的经营直接地与上海发生关系，并利用自身的优势逐渐在上海市场中确立了自己的地位和作用。可以说，上海开埠，既使得自明清以来积累起来的浙北地区丝绸经济发展的潜力、张力的实现成为可能，对浙北地区经济发展的传统市场格局的调整，进而深刻影响了浙北地区的市镇经济发展，带动浙北地区农业的专业化、商品化生产。伴随着上海近代化进程的不断发展，在19世纪中后期，上海已是中国的航运中心、外贸中心、金融重镇，到20世纪30年代，发展为集航运、外贸、金融、工业、信息中心为一体的多功能经济中心，其"扩散效应"也日趋显现。上海作为近代化的窗口，其近代化过程中所学到的管理经验、管理技术和资本运作等，也开始影响包括浙北地区在内的整个长三角地区，进入20世纪后这种趋势变得日渐突出。通过在浙北、长三角地区新办工厂等方式，资本、技术开始回流，有力地推动了包括浙北地区在内的整个长三角地区的近代化发展。

总体上讲，在近代制度框架下，上海增长极形成过程早期集聚效应比较突出，后期扩散效应日渐增强，集聚与扩散在整个近代化过程中是非均衡的。近代上海与浙北区域社会经济关系的主要性质是以集聚为主，扩散为辅的腹地中心型经济关系，集聚是主旋律，扩散则是随着上海增长极各种先进性要素的确立而不断趋于强化。应该说，包括浙北在内的长三角地区传统经济的强势发展是支撑上海近代化发展的强大基础和动力，长三角地区对上海的崛起发挥了重要的作用。同时，上海的开埠和发展，也为包括浙北在内的长三角地区传统强势经济能量的释放找到了广阔空间，并在近代后期，逐渐扮演了引领长三角地区近代化发展的龙头角色，对长三角地区整体的近代化发展起了很重要的作用。

三、当代扩散为主、集聚为辅的中心腹地型区域经济关系

改革开放后，包括浙北在内整个长三角地区社会经济又有了飞速发展，区域经济不断发展壮大，正如佩鲁所揭示，已是处于成熟阶段的区域。新的制度安排即浦东开发、上海开放进程的加快和"一个龙头，四个中心"建设，国际大都市地位的不断巩固和增强，形成了在现代市场经济、市场制度框架下新的成长、更加成熟的成长和基于高度发达基础上的一种成长，这种成长使得上海增长极功能得到大幅度的提升，极化功能更加突出。在经历了近代化历程和社会主义建设，尤其是改革开放历程后，近代上海与浙北集聚为主、扩散为辅的腹地中心型区域经济关系，逐渐演变为当代扩散为主、集聚为辅的中心腹地型区域经济关系。两地因近代联系的增强和地缘关系、区位关系、文化传统关系等的密切，在新制度框架如上海"一个龙头，四个中心"城市建设、长三角城市经济圈打造和一体化发展不断强化的背景下，社会经济关系日益紧密。上海作为对外开放的窗口，而浙北湖嘉两市场均是以上海为龙头的先行规划、先行发展的十四个开放城市之一，都将接轨上海，作为经济发展的基本战略。两地关系进入新的发展阶段，形成了主要是以扩散为主、集聚为辅的中心腹地型区域经济关系模式。

佩鲁认为，经济发展的主要动力是技术进步和创新，上海以"一个龙头，四个中心"建设为指导，注重自身技术进步和创新能力的提升，全面提高自身的发展水平和带动能力，在资金、人才、科技、管理经验与方法、市场、产业等等方面向包括浙北在内的长三角地区进行全面的扩散，而浙北及长三角其他地区，则主动承接上海的辐射，积极实施错位发展，围绕接轨上海调整产业结构，积极打造先进制造业基地、商贸物流基地、现代农业基地和休闲旅游度假基地等。从过程来看，这一阶段前期同样是集聚效应相对突出，特别是浦东开发初期，对包括浙北在内的整个长三角地区乃至更大范围再一次进行了全面的集聚。20世纪90年代后期开始，上海将汽车、通信信息设备、电站成套设备、石油化工和精细化工、钢铁、家用电子电器等作为第二产业的主要发展方向，众多劳动密集型产业如轻纺工业中的玩具、五金、塑料制品、灯具、皮革、棉纺、针织等将向外转移，这就使浙北地区民营企业的发展有了更好的空间，浙北地区完全可以凭借自身优势，在承接辐射方面获得先机，并大力带动农村劳动力向第二、三产业的转移。上海在新的水平和起点上的扩散作用在"世博会"、"一个龙头，四个中心"建设的引领和催化下，将对浙北地区乃至整个长三角地区产业发展与产业升级产生带动。在农业方面，作为上海的"菜篮子"的浙北地区，要应对上海对农产品要求的提高，必然加大农业产业化经营、环保力度，由此将带动浙北农业向着高效农业、生态农业、高科技农业的方向发展，提升农产品质量、技术水平和经营管理水平；在制造业方面，浙北中小企业可充分利用上海的优势条件、改善资源结构，强化核心竞争力，进而提升浙北块状经济的整体水平和竞争力；从第三产业发展来看，带动作用也不可小视。上海申博成功，将对浙北的现代服务业发展形成新的动源。仅以旅游业而言，拥有丰富旅游资源的浙北由此迎来新的发展机遇。浙北还可依托上海的中外服务产业提高自身产业服务水平，包括专业服务、会展业、金融业、运输业和旅游业等，还可大量吸引上海各类专业服务人才及研发人才，为地方经济建设服务，等等。

这一时期，上海与浙北社会经济关系的主旋律和主导发展方向是扩散，且集聚效应呈相对弱化趋势，扩散效应呈加强趋势，主要表现为不断强化的扩散为主、集聚为辅的中心腹地型区域经济关系。但上海与浙北这种关系在适用于上海与长三角其他城市，特别是副中心城市和省区比较来说，相应有些变化。区域比较范围的扩大，也会导致关系定位上的变化，更多地呈现出一种有些专家所指出的“邻域渗透型的区域经济关系”，“如上海和浙江的区域经济关系，实际上是一个资源互补，互相影响，相互渗透的关系。”[11]何以“邻域渗透型的区域经济关系”不适应于上海与浙北区域经济关系，这显然与浙北湖、嘉两市在长三角城市经济圈的定位、现实发展需要和水平相关。在长三角城市经济圈中，从经济关系属性上讲，浙北的地缘经济关系有两种形态，即“中心腹地型区域经济关系”和“邻域渗透型的区域经济关系”，前者主要是指除上海、杭州、南京等副中心城市，浙北相对这些城市，都不同程度地存在着这种关系，只是增长极自身的极化能力不同，与浙北的地缘关系、经济紧密度等不同，极化能力也有差异。如南京因地缘因素等的影响对浙北的辐射力最小，远不如上海和杭州，但对浙北来说，最主要的是上海。至于“邻域渗透型的区域经济关系”，从目前长三角地区发展现状及对浙北地区发展的影响和水平来看，除上海、杭州、南京之外的其他地区，基本可以界定这一关系范围。但苏州、宁波等正在成长中的副中心城市，伴随着杭州湾产业带建设、杭州湾跨海大桥建设和环太湖城市经济圈建设进程的加快，两者自身极化能量的相对增强，也会对浙北产生一定的极化功能，表现出一定的辐射能力，但极化影响的水平是非常有限的。

明确区域经济关系构架的性质属性，对制订正确的地区经济发展战略来说是非常重要的。应该说，浙北湖嘉两市成为地区增长中心的空间是非常有限的，一个简单的道理是，浙北是长三角的核心腹地，接受上海、杭州等的双重辐射，尤其是上海的辐射，且周边的宁波和苏州围绕环杭州湾产业带建设和环太湖城市经济圈建设也有可能上升为副中心城市，长三角地区将呈现出“超强多极”的发展态势，这给予浙北湖嘉两市成为增长极的机遇不多。因此必须科学定位，将自身定位在腹地位置上，主动承接来自各种增长极和增长带、圈的有利辐射；同时，注重确立自身的经济特色，避免受极化作用诸多不利因素的影响，更多地吸收和利用各种有利因素。浙北湖嘉两市在浙江省发展规划中定位大城市，人口在 80 到 100 万之间，比较现实的发展道路是走合作成极道路，如环太湖城市经济圈、环杭州湾城市经济圈都不失为一种路径，尤其是环太湖城市经济圈，因各城市经济水平大体相当。从产业的同构度来看，浙北与苏州等的相似度甚至还低于同上海的相似度，合作空间很大；从历史发展看，这一地区是传统的江南核心腹地，历史时期就是丝、棉等传统制造业的中心。正是环太湖地区传统制造业中心的经济强势，造就了近代上海的快速成长和发展。浙北与苏南城市合作打造环太湖先进制造业中心，一方面促成次级城市全力打造增长中心和增长极，对长三角经济发展和区域经济一体化产生强劲推力；另一方面对上海贸易中心地位的提高、外贸能力的增强，也将提供强劲的产业、产品支持，再现近代江南支撑上海发展的历史。

当前，浙北湖、嘉两市既要正确处理好与上海等的“中心腹地型区域经济关系”，接轨上海等中心城市仍然是发展的首选战略，应充分把握上海“一个龙头，四个中心”建设赋予的有利时机，要主动出击，搞好系统接轨，从承接辐射发展到全面融入，从争当配角，发展到争当配角中的主角、名角，不断提高接轨水平，努力提高接轨效益。同时，也要正确处理与周边其他城市的邻域渗透型的区域经济关系，要紧紧抓住环太湖城市经济圈建设和环杭州湾产业带、城市经济圈建设，积极融入长三角，参与长三角区域一体，努力为自身的发展赢得更广阔的发展空间。浙北湖嘉两市在长三角地区新一轮发展中充满机遇，也面临挑战。加强与以上海为龙头的长三角城市间的合作与联动发展，是推动浙北迈向“太湖时代”，走向更加开放、更加繁荣的新时代的关键。要积极总结经验，抢抓机遇，加快发展，力争成为长三角地区的经济发展“高地”，正如有学者指出的，“一是浙北地区融入上海经济圈，缩小与上海的差距，形成与上海齐平的经济高地；二是温—台—金（部分地区）构成的浙南经济高地。两大高地形成‘合龙’之势，给周边地区造成一种‘水漫式’的溢出效应，带动整个浙江经济的发展。”[12]

注释：

[1][美]黄宗智：《长江三角洲小农家庭与农村发展》，中华书局 2000 年，第 29 页。

[2]陈学文:《明清时期杭嘉湖镇史研究》,群言出版社 1993 年,第 188、189 页。

[3]同治《南浔镇志》卷二四,施国祁《吉贝居暇唱自序》。

[4]天启《海盐县图经》卷四《风土》。

[5]嘉庆《松江府志》卷六《物产》。

[6]马学强:《上海通史》卷二,上海人民出版社 1999 年,第 136 页。

[7]沈德符:《万历野获编》卷一二《吏部》。

[8]《明史》卷八一《食货志》。

[9]苏全有、王奎:《晚清经贸重心缘何由广州北移上海》,《北京工商大学学报》(社会科学版)2003 年第 3 期。

[10]彭泽益编:《中国近代手工业史资料》卷二,三联书店 1957 年,第 82 页。

[11]陈建军、姚先国:《论上海和浙江的区域经济关系——一个关于"中心—边缘"理论和"极化—扩散"效应的实证研究》,《中国工业经济》2003 年第 5 期。

[12]姚先国、倪云虎、陈建军:《上海建设国际经济、金融、贸易和航运中心与浙江经济发展》,《浙江社会科学》2003 年第 2 期。

唐代浙南丘陵地区农业生产的特色

张剑光*

摘　要:唐代浙南丘陵地区农业经济发展较快,各地因地制宜建起了一些水利工程,修筑塘、堰成了发展丘陵农业生产的重要手段,使许多荒地得到开垦,变成了高产的农田。浙南丘陵地区粮食作物以种植水稻为主,生产技术也在不断提高。此外在丘陵山地还有大量经济作物的种植,如桑、麻和茶叶成为各州经济的重要支柱,一些地方还种植漆树、水果树、竹子、甘蔗等。唐代浙南农业的发展,展现出了当时山区农业经济初步开发的真实面貌。

关键词:浙南丘陵;水利工程;粮食生产;经济作物

唐代南方经济有了较大的进步,一个极为显著的表现是农业生产的发展从平原向山地丘陵推进。魏晋南北朝时期,浙江南部丘陵地区中的相当一部分刚属于初拓时期,农业生产比较落后,人口稀少,水利工程不多,但是这种局面到唐代发生了较大的改观。尽管浙南丘陵地区的发展与浙江北部的平原地区仍有不少差距,但农业生产在更广的区域内普遍发展却是一个不争的事实。限于资料,以往对浙江南部丘陵地区农业生产发展的专文研究不多[1],即使有少量的研究文章,也不够深刻全面,因此对这一课题的继续研究显然十分有意义。

本文所指的浙江南部丘陵地区,主要指唐代浙江西道的睦州和浙江东道的婺州、衢州、处州、台州、温州。浙西道杭州和湖州以及浙东道的越州也有一些县属于丘陵地带,但为了行文方便,我们在文中不加涉及,这些地区的农业我们以后会另外进行讨论。

一、塘堰工程的兴修和土地的开垦

农田水利事业是农业发展的基础之一,农业能够得以发展与农田水利建设密切相关。尽管唐代前期的水利建设主要集中在北方,但中唐以后南方不少地区出现了水利建设的高潮。浙南丘陵地区与南方许多地区一样,也兴修了许多水利工程。

唐朝以前,浙南地区已建有一些重要水利工程,数量虽不算很多,但对农业产生了积极的影响。如婺州有白沙堰等三十六堰,在汤溪县东三十里,相传是汉代卢文台所开,“溉田千万顷。其第十九堰阔一百余丈,水分六带,灌田尤多,因名曰第一堰”。三十六堰这样大规模的工程,肯定不大可能是一次性修建而成的,而是汉代以后多次兴修的结果。处州松阳和遂昌县交界处的通济堰,梁天监年间修成,“民蒙其利”。《大清一统志》卷二三六说这个工程能溉田二十余万亩,“蓄为陂湖以备旱潦”。这是一个由拦水大坝、通济闸、石函、渠道等组成的工程,是国内保存至今最早的立交水利工程,仍然发挥着它应有的作用。此外还有如睦州分水县的长林堰,梁天监初任昉“镇本郡时令筑坝堰以蓄水”[2]。

唐代浙南丘陵地区各州兴修水利工程的数量明显比前代增多。

睦州城西南和义门外有西湖,“广袤五百四十二丈,唐刺史侯温开,中有宝华洲”。查《淳熙严州图经》卷二,侯温为睦州刺史,在唐懿宗咸通年间,方干文集中有《侯郎中新置西湖》诗。同州寿昌县东也有一名

*张剑光,上海师范大学人文与传播学院教授。

叫西湖的湖泊，离县城不远，位于彭头山西，阔二百四十步，唐昭宗景福二年县令戴筠开，“蓄新塘坂之余水，东开暗沟五百余丈”，“引湖水从东门出，溉东郭之田”[3]。桐庐县西三十里处原有个小湖泊叫孝子泉，传说董举居住在湖旁。后来董举“垒石障水以溉田。既而水涨，沙壅石，遂成圻，因名董举圻”。从这条记载来看，唐人经过简单的修筑，就可以用湖泊里的泉水灌溉农田了。《明一统志》卷四一《严州府》云：“清冷山，在桐庐县西北三十里，四面出泉，虽大旱不竭，溉田五十余顷。旧名钟山，唐改今名。”名字改在唐朝，将四面溢出的泉水归拢蓄积能溉田五十余顷的这个工程，有可能是在唐朝加以兴建的。在遂安县西南七里有马仪堰，堰东北一里左右另有新墅堰，均修筑于吴越国时期，共溉田一千七百余亩。

婺州有多个水利工程在唐后期得到了兴建。唐德宗建中年间，戴叔伦为东阳令，陆长源称赞他的政绩是“桑柘茂，堤塘修”[4]。虽不知修筑的堤塘名称为何，但作为政绩受到称赞，应该不是一个很小的工程。又《正德永康县志》卷四《名宦》云：“顾德藩，大中间领邑事，拳拳以养民为务，尝作三堰以防旱潦，高堰乃其一也。”据此可知，唐宣宗时期，永康县令顾德藩修建了高堰等三堰，其直接效果是解决了当地的旱潦问题。《浙江通志》卷五九《水利八》还谈到了东阳县的都督堰，“俗名社陂堰，长七百余丈，灌田百余顷，唐容州刺史厉文才所创。厉为都督，民感其惠，故以其官名堰。”同书还谈到了武义县的长安堰：“在县西二里湖山潭上。其下分而为三：(山)上堰、中堰、曹堰。唐光化元年乡民任留创筑，溉田万余亩。”至五代吴越国时，曹杲为婺州刺史，“即城隅浚三池，引湖水入城，以通舟楫”。忠懿王钱弘俶“嘉其功，赐池名曰涌金，立石池上”[5]。这项工程规模很大，虽不是主要为了农业而修筑，但对州城周围的农业必然产生较大的影响。

衢州城东五十里，唐开元中“堰涧成塘，溉田二百顷”。史书认为这是“风雷摧山”的缘故，估计在自然的作用下，人们又通过一些小的修筑建成了这个神塘[6]。

处州在唐代也修筑了多项水利工程。长庆元年，韦行立为处州刺史，“疏凿因殊旧”，新开了南溪[7]。南溪边上虽修建了亭台，但灌溉的作用在此后应当更加显现出来。丽水县东十五里左右有绿苗堰和好溪堰，是段成式为处州刺史时修筑。段成式为刺史在宣宗大中九年以后，两堰修筑后，能灌田数万余亩[8]。此外梁朝年间创立的通济堰，由于是用条木构筑的，所以到了冬春之际常常需要维护，唐五代之际这种维护应该是经常进行的。

沿海地区也兴修不少水利工程，如台州宁海县曾修健阳塘：“健阳塘在健跳所城外，唐僧怀玉筑堤，五百丈余。”[9]这个健阳塘从史书描述来看，应该是个海塘。

温州的水利工程似乎比台州更多，规模也大。唐德宗贞元年间，刺史路应曾经“筑堤乐成、横阳界中，二邑得上田，除水害”。韩愈为他作神道碑铭时说：“于虔洎温，厥绪既作。”对他在虔州和温州的政绩加以褒扬[10]。由于温州城西南地区“水为害”，唐武宗会昌四年，刺史韦庸开浚了会昌湖。此工程筑于州城西南三十五里，将瞿溪、雄溪和郭溪之水蓄积起来，湖分南湖、西湖。在浦口还疏浚湖道修筑了堤坝，后人称为韦公堤[11]。《明一统志》卷四八谈到韦庸时说：“庸筑堤堰，凿湖十里溉田，郡人德之，名其湖曰会昌，堤曰韦公。”说明工程的规模是相当巨大的，不但筑堤造堰，而且还疏通了十里湖道。

浙南丘陵地区的水利建设从工程规模来看，以小型工程为多。浙南丘陵地区的水利工程与浙北的宁绍和太湖周围的平原地区有较大的不同，平原地区的水利工程一般工程量很大，溉田面积很广，而山区的工程一般都是根据山区特点，凭藉地理山势，拦蓄来水，既可以解决下游的泛滥，又可以日后灌溉农田，其工程大多类似于今天的水库性质，因而唐代人建设的工程一般以筑塘修堰为主。这样的工程一方面节省了大量的劳动力，另一方面也是当时农业开发进一步深化的结果。清人认为：“金华地多高亢，惟赖塘堰以为潴蓄。然堰微塘浅，其修治开浚之功犹易为力，民间可自任之，无烦于官也，新旧《县志》所载无多。”[12]按照这种说法，金华地区的堰塘类水利工程建筑起来比较容易，规模不是很大，主要是因地制宜，因而有很多是民间兴修的工程，根本没有报告官府，史书不作记载也是十分正常的。金华地区如此，其他的一些州县其实也是相差不多，因此，实际在这些地区的水利工程数量远远不止我们见到的史书上记载的这几个。

浙南丘陵地区水利工程的建设从时间上看，以中唐后半期为多，这和太湖地区中唐以后马上就掀起的建设高潮在时间上是有所不同的，总体上说要略晚于太湖地区和明越地区。从数量上看，以睦、婺两州为多，温州其次，而衢、处、台三州数量较少，这说明当时农业生产的发展是沿着钱塘江在向南一步一步地推进。不过浙南不少工程常常修建在州或县城附近人口较为集中的地区，也就是说当时修建的工程并没有很好地向丘陵的纵深地区推进。

随着越来越多水利工程的建设，浙南山区很多荒芜土地得以开垦，河流和山涧两旁的低洼地往往能成为旱涝保收的高产地，一些丘陵山地初步得到了开发，垦地面积有了较大的增加。

在唐代人的作品中，我们可以看到当时对土地的开发和利用，如山区一些江河沿岸的冲积沙土经过开垦后成为粮田，当时称为沙田。睦州寿昌诗人李频诗云："魏驮山前一朵花，岭西更有几千家。石斑鱼鲊香冲鼻，浅水沙田饭饶牙。"[13]寿昌几千户百姓开辟了浅水沙田种稻，从诗意来看，作者将其作为家乡的特点在歌颂，说明沙田中水稻产量是比较高的。后代王祯《农书》卷十一对沙田有过详细的介绍："沙田，南方江淮间沙淤之田也。或滨大江，或峙中洲。四围芦苇骈密以护堤岸，其地常润泽，可保丰熟。"他说的虽是元代的情况，唐代可能大体上也是这个样子的。《全唐诗》卷六五一方干有《送永嘉王令之任》云："浮客若容开荻地，钓翁应免税苔田。"这儿说的荻地，大概就是和沙田相类似的芦苇密布的土地。

浙南各州山丘密布，耕地稀少，随着水利事业的发展，一些山地也开始垦挖。刘长卿有诗云："火种山田薄，星居海岛寒。"[14]丘陵上的土地虽不如平原上的耕地肥沃，但人们也开垦了不少。处州青田县西南一百五十里的南田山，"上有沃土，多稻田，岁旱也稔"，唐广德中，袁晁之乱时，乡人都避难于山中[15]，说明青田县的深山中，有很多土地已经被开垦。睦州还淳县东北四十多里的蔗山，"山分八面，水注十派"，山上开辟出平地约二顷，五代时宋齐丘在上面读书[16]。

沿海的荒地也日益开辟，成为优质的农田。温州的玉环山，一名木栖屿，《太平寰宇记》说："在海，周围五百余里，去郡二百里。上有流水，洁白如玉，因以为名。按《登真隐诀》云，郗司空先立别墅于此中。自东晋居人数百家，至今湖田见在。"此书编于北宋初年，也即统一吴越之地的第二年，所说的沿海湖田，当是从东晋开始开垦，至唐末五代一直作为农田被人们在耕种。象山县有时划入明州，有时划入台州。《象山县志》卷一四引廉布《朝宗碶碑》说自唐以来，"象山县负环海，垦山为田，终岁勤苦，而常有菜色。县治东南洋有田四百余顷，邑人生生之具，与夫岁时之征敛，取足于此。故前人经理之甚备，畎浍渠川支分脉连，上枕大湖，以资灌溉，下接潮港，以决涨溢"。说明象山的土地全是海边的山地，经过唐代及后来的开垦，成为邑人的"生生之具"。今宁海县的南田岛，唐时设立了行政机构依仁乡，说明海岛的开发已达到相当高的程度了[17]。

据上，唐代浙南丘陵地区的土地垦殖成效十分显著，土地的开发与前代相比有了明显的扩大，利用率也开始提高。丘陵地区由于土地资源有限，而且土地不如平原肥沃，所以随着人数的增加和移入，在水利兴修的基础上，河流两边的低地和一些比较平缓的丘陵及沿海地区的土地开始进行了开垦。不过这些开垦其实是刚开始起步，与后代相比，开垦精细程度和地域上的广度，都是浅层次的，才刚刚起步。

二、以水稻为主的粮食作物生产

两浙地区的水稻生产，西北起润州、南达杭州、西止江宁的太湖流域是唐五代水稻生产基地之一；浙东的水稻生产不及浙西昌盛，主要集中在越州附近，其他如温、台、处、衢诸州则不甚发达[18]。由于地处山区，浙南丘陵地区的水稻生产量当然是无法与太湖流域和越州、明州地区相比，但在众多的河谷盆地，浙南的水稻种植仍可称得上面广量大。

今天的金衢盆地是浙南最大的盆地，种植水稻的条件十分优越，唐五代人们的粮食生产以水稻最为重要。早在唐玄宗开元十九年九月，婺州永康县就上报嘉禾一茎五穗。代宗大历六年十二月，婺州又上报嘉禾有一茎九穗和一茎十二穗[19]。姑且不论这一茎数穗的真假，但告诉了我们一个事实，婺州唐代前期很多地方是种植水稻的，而且产量比较高。诗人许浑的《送从兄归隐兰溪》诗中有“野碓舂粳滑”句，可知兰溪地区以出产优质粳稻而出名。贯休和尚在《春末兰溪道中作》中说到“人担犁杷细雨歇”，明显是春末牛犁田后把土地平整要种稻的意思[20]。吴越天宝八年(915年)，婺州道士周某向钱镠献赤松涧米，钱镠“密遣张思敏按所产之地赐以紫衣金帛”。《十国春秋》卷七六谈到这件事时，说这种米是仙种，止五十区，穗重香浓。不过翻阅《新唐书》卷四一《地理志五》，得知在唐穆宗长庆贡中婺州已上贡“赤松涧米、香粳”。香粳产于兰溪等地区，而赤松涧米好像不是只有道士能生产，而是历史悠久的一种品种，以味道浓香出名。

衢州的水稻种植面积也十分广大。《全唐诗》卷七〇二张蠙《赠信安太守》云：“条章最是贫家喜，禾黍仍防别郡饥。”按照诗意理解，相邻的州县出现饥荒，粮食还得靠衢州调拨过去。同书卷六五七罗隐《寄三衢孙员外》云：“诸生徒欲恋旌旗，风高绿野苗千顷。”衢州的一些沿江平原比较开阔，秧苗绿油油连成一片。《吴越备史》卷1载衢州刺史陈儒在城南看到百姓刈获不少后，才使主司“纳稼”收赋税。他在粮食仓库看到有关官吏“振衣以避糠秕”，“怒而罚之”，对他们表示极大的不满。《弘治衢州府志》讲到常山县南五里出泉水，能溉田二百余顷，唐刺史陆仁灿在洞前刻石记述其事[21]。所溉之田，当然是稻田无疑。

睦州山区也种植水稻。方干《与桐庐郑明府》云：“莫道耕田全种秫，兼闻退食也适星。”[22]桐庐一带种植水稻是十分常见，耕田中的主要粮食作物是水稻。

温、台两州靠海的地方大多是低矮丘陵和平原，环境也有利于水稻的种植。《明一统志》卷四八《温州府》说温州是“地不宜桑而织紝工，不宜漆而器用备，不宜粟麦而粳稻足”，粮食作物不宜种粟麦，但种植水稻十分常见，所谓“粳稻足”当指产量很大。《全唐诗》卷一三二李颀《送马录事赴永嘉》诗说：“炊粳蟹螯熟，下箸鲈鱼鲜。”永嘉地区是最为重要的水稻产地。同书卷五一五朱庆余《送元处士游天台》有“空山雉雊禾苗短”句，可知天台山地区的山谷低地中是种植水稻的。李皋为温州长史时，旱饥，“州有官粟数十万斛”，遂开仓散粮于民。韩愈说当时是“悉弃仓实于民，活数十万人”[23]。虽有夸大的口气，但开仓赈济是事实。不过这里说的粟，怀疑是稻谷，不是北方的粟米。早在高宗总章二年(669年)九月十八日，括州的安固、永嘉两县遭到暴风雨袭击，“损田苗四千一百五十顷”[24]。时温州还没有建立，两县属括州。由于灾害发生时间是九月，从时间上推断受损的当是水稻。唐肃宗上元二年，李嘉祐任台州刺史，有“水田飞白鹭”句，这水田应是稻田。不过山谷间的小块土地中种植的水稻产量不是很高，唐末寒山和尚的诗中就曾说过：“土牛耕石田，未有得稻日。”[25]

处州的山丘较高，但在一些地方也有水稻种植。《葆光录》卷二云唐末武义县有人在一个大坑中收得秫百斛，可以酿酒。《明一统志》卷44《处州府》青田县南一百五十里的南田山，“上有稻田，岁旱则大熟，唐袁晁之乱，邑人多于此避难”。不过处州地区水稻种植可能还很有限。《嘉靖浙江通志》卷八《地理志第一之八》龙泉县说：“五代季农师墓，在县境。晋时兵荒，人多不知稼穑，农师导以播种，吴越王表其墓曰农师。”季农师真名叫季大蕴，吴越王派他进山传播技术，传授种植知识，可能主要是种植水稻的经验。最后季大蕴老于农，死在龙泉。因此，处州到了宋代，水稻种植情况大有改进。《宋史》卷五《太宗纪》记载至道二年(996年)“大有年。是岁，处州稻再熟。”

看来，浙南丘陵地区水稻种植十分广泛，但由于自然条件的限制，各地种植数量多少不一。大体上说，婺州平地较多，自然条件较为优越，水稻种植的面积最广，品种最为丰富，已有特色品种远扬各地，而其他各州种植数量可能略为减少。由于受资料记载的限制，今天我们已无法很好地看到当时水稻种植的具体情况，不过仍有一些资料可以进行推测。如，唐宪宗元和六年四月，“浙江东道观察使李逊奏当道台、明、温、婺四州贞元五年准诏权加官健一千五十八人，今请停罢归农。其衣粮税外所征钱米，并请蠲放，从之”[26]。很显然，政府一直是从浙东四州征收粮食的，从实际情况来看，应当是稻谷。

除水稻外，浙南地区另外还种植一些粮食作物。如有的地方继承了六朝的种植传统，播种麦子。华林甫先生认为睦州、台州及其以南地区，麦子分布非常稀疏[27]，所言确凿，不过各州仍有一定量的种植。如李郢谈到睦州桐庐县：“麦陇虚凉当水店，鲈鱼鲜美称莼羹。”[28]说明钱塘江两岸有不少地区是种麦的。

《全唐诗》卷六二六陆龟蒙《和袭美腊后送内大德从勖游天台》云："铜瓶净贮桃花雨，金策闲摇麦穗风。"所言当是台州天台山区的麦类种植。同书卷八〇六寒山《诗三百三首》谈到："麦地占他家，竹园皆我者。"天台山区确有很多地区是种麦的。这种情况一直延续到了宋代。《嘉定赤城志》卷二七《寺院》谈到临海县普济院附近，"白水隔田明，翠麦波涛动"，种植的面积还不小。又《稽神录》卷一"金华令"谈到"得一新馒头而出"；《太平广记》卷四八引《原化记》"郑册"谈到温州刺史郑册催家人"先令作蒸饼"，婺、温等地日常生活中大量出现面食，推测当地有可能种植一定数量的麦子。在这些地区麦稻是否轮作，由于缺乏资料，我们不敢轻易作出断论。

三、桑麻和茶叶为主的经济作物生产

浙南山区不仅有着适合种植经济作物的优越自然环境，而且还有着合理的气候因素，种植经济作物具有良好的条件。随着商品经济的发展，城市经济力量的辐射和各级市场的建立，手工业发展需要不少原料，浙南地区经济作物的种植遂蓬勃兴盛起来。根据现有资料，我们可以看到，在浙南农村中，种桑养蚕、种麻、种茶叶、种甘蔗、种蔬菜、种果树的现象十分普遍。

（一）桑麻种植

浙南地区虽不是丝绸麻布纺织的重点地区，而且质量在江南处于一般水平，但作为农村重要的经济支柱，种桑植麻却是十分普遍。据《唐六典》、《通典》、《元和郡县图志》等书的记载，婺州、衢州、处州和温州在唐代前期都上贡绵，虽然数量有限，但作为地方特产贡给朝廷，质量肯定是得到保证的。而睦州要上贡交梭绫和丝，说明睦州的交梭织品质量上乘。绵的原料是蚕丝，所以在这些地区种桑养蚕应该是十分普遍。中唐以后，各州继续上贡丝织品。如睦州除原来的交梭以外，还要贡文绫，婺州贡纤纩和绵，处州贡绵、小绫、纱、绢、绵绸，品种越来越多。唐德宗建中年间戴叔伦为东阳令，"桑柘茂，堤塘修"[29]，说明随着手工业技术的不断进步，对原料的需求量就越来越大，农民种植桑树的面积不断扩大。贞元时，睦州刺史独孤汜"下车数载，田畴始辟，桑柘初拱"[30]。即使未见有贡品的衢州、温州和台州，蚕桑业的发展也是令人耳目一新。

衢州开元、天宝时贡绵，之后虽不见有贡品的记载，但农村养蚕种桑大量存在。贞元十七年，刺史郑式瞻进绢五千匹、银二千两[31]。衢州银矿在唐代很著名，这里银是衢州本地出产的，想来绢也是当地所产。温州开元间也贡绵，《太平寰宇记》卷九九《江南东道十一》云："《郡国志》云永嘉为东瓯，郁林为西瓯，其地蚕一年八熟。"证明温州历来有丝织业。温州别驾豆卢荣妻母金河公主随婿居住在温州多年，宝应初，"时江东米贵，唯温州米贱，公主令人置吴绫数千匹"[32]，这些吴绫可能是温州本地生产的。永嘉人丁氏女，居象浦，"日纺绩，夜钓渔，以给母衣食"[33]。日夜纺织的不是丝绸就是苎布。至五代，吴越国的温州继续存在蚕桑生产。《全唐文》卷八九八谢鹗《朱府君墓志铭》谈到朱氏在吴越时"亲载耒耜，遍植桑麻"。不过实事求是地说，温州蚕桑业发展速度与浙北越、明、杭等州是不可同日而语的。台州出现丝纺大概要在中唐以后，唐以前很少有资料记载。唐后期曾有人说台州是"蚕殷桑柘空"[34]，看来养蚕种桑是比较普遍的。唐末主要生活在天台山区的寒山有诗云："三月蚕犹小，女人来采花。"[35]说明台州也是蚕桑区。

唐代浙江南部地区大量出产苎麻布。根据《唐六典》卷三户部郎中员外郎和卷二〇太府卿记载，浙江南部出产苎布的地区很广，其中婺、衢二州的产品列全国第五等，台、括、睦、温为第七等，几乎每个州都有土布纺织。《通鉴》卷二一四开元二十五年云："初令租庸调、租资课皆以土物输京师。"从这年开始，江南各州回造纳布，原来要输的租全部改成了土布，因而产量很大。其中婺州是全国麻织的中等发达区，上世纪60年代在新疆考古中发现了兰溪县脚布一端，布上有墨书题记："婺州____兰溪县归德乡____口招里吴德吴护两人共一端作脚布____鲍良口"[36]。英国人斯坦因在阿斯塔那古墓盗走的唐代庸调布和租布中也有婺州布。其中庸调布上墨书题记云："婺州兰溪县瑞山乡从善里姚君才庸调布一端神龙二年八月日”，租布墨书题记云：“婺州信安县显德乡梅山里祝伯亮租布一端光宅元年十一月日”[37]可知7世纪初叶，婺州兰溪县的瑞山、归德两乡有布的生产。信安县其时属婺州，但两年后划入新成立的衢州。唐朝后期，衢州白苎是有一定名气的。衢州刺史徐员外曾赠刘禹锡“缟苎”，刘禹锡很高兴，有“远放歌声分白苎”之句[38]。沿海的台州麻布纺织在浙南较为落后。《嘉定赤城志》卷三六《风土门》云：“有葛、苎、麻三种，皆织其皮为之。”这是指宋代情况，唐五代可能也是如此。同书卷二五《水》云：“孝女湖在县西三十里平野中，……唐时有汪氏女，苦节不嫁，纺织以奉其亲。”这儿纺织的应是麻布，说明宁海县是出产布匹的。有麻布出产的州，必然是大量种植了苎麻，从种种迹象来看，浙南地区的土地中有相当一部分是种植了苎麻，呈规模种植的形式，否则麻布纺织是不可能这样普遍的。

(三)茶叶种植

唐代中后期，南方的茶叶生产出现了飞跃发展的趋势。浙南的自然环境和气候条件，十分有利于茶叶生产，可以充分保证茶叶的质量，因此在许多低矮丘陵地区大面积地种植茶树。

睦州茶在唐代已相当著名。陆羽说睦州茶生桐庐县山谷。《咸淳毗陵志》卷一五《泉》云：“真珠泉，一名卓锡泉，在南岳唐裯锡和尚尝曰：‘以此泉烹桐庐茶，不也称乎！’”看来桐庐茶相当有名气。施肩吾《过桐庐场郑判官》云：“荥阳郑君游说余，偶因榷茗来桐庐。……胡商人鼻左右趋，赵妾细眉前后直。……算缗百万日不虚，吏人丛里唯簿书。”[39]说明桐庐县的制茶业十分兴旺，还吸引了大鼻子胡商前来经营。《新唐书》卷四一《地理志五》云睦州贡中有细茶，应该是一种绿散茶，可能主要是桐庐县生产的。杨华《膳夫经手钞》云：“睦州鸠坑茶，味薄，研膏绝胜霍山者。”据《太平寰宇记》鸠坑茶也是土贡品之一，是一种绿饼茶，而鸠坑茶中的研膏茶更是精品。唐五代睦州各县几乎都出产茶叶，如鸠坑茶就出在淳安县。淳安县，唐称还淳县，也称清溪、新安县。明嘉靖《淳安县志》云：“鸠坑源，在县西七十五里，其地产茶，以其水蒸之，香味倍加。”[40]清《浙江通志》卷一〇六《物产六》云：“《严陵志》淳安县鸠坑茶，以鸠坑源水蒸之，香味另加倍。……《唐志》睦州贡鸠坑茶，属今淳安县。宋朝既罢贡后，茶也不甚称。”《甫里集》卷六陆龟蒙《和茶具十咏·茶鼎》云：“曾过赪石下，又住清溪口。赪石、清溪，皆江南出茶处。”据此，清溪茶是较为有名的。

婺州是浙南的另一个重要产茶地。陆羽云：“婺州东阳县东目山，与荆州同。”东阳县产茶在唐前期就已有名。《太平广记》卷三二引《纪闻》“王贾”条云婺州参军王贾“以事到东阳，令有女病魅数年，医不能愈，令邀贾到宅，置茗馔而不敢言”。王贾为参军，在开元以前，推测东阳产茶在时间上是比较早的。许浑赞东阳茶云：“秋茶垂露细，寒菊带霜甘。”[41]清《浙江通志》卷四七《古迹九》云：“茶院，《东阳山水记》：去东阳县治东五十里，曰独山，望如城郭，中为深坞。唐宋时有司常治茶于此，设茶院。”兰溪是另一个产茶县。许浑曾谈到兰溪县的农村“山厨焙茗香”[42]，说明当地也有茶叶出产。《唐国史补》卷下云婺州名茶有东白品种的。五代毛文锡在《茶谱》中说婺州“有举岩茶，斤片方细。所出虽少，味极甘芳，煎如碧乳也”。举岩茶可能产于兰溪县。杨华《膳夫经手录》云婺州与歙州一样主要是方茶，“亦在顾渚茶品之亚列”。

台州有三个县出产茶叶。陆羽曰：“台州(始)丰县生赤城者，与歙州同。”始丰县，即后来的唐兴县，肃宗上元二年(761年)改名，赤城山在县北六里。除赤城山外，县城北面十一里的天台山也产茶。《天台记》云：“丹丘出大茗，服之羽化。”所以皎然有诗云：“丹丘羽人轻玉食，采茶饮之生羽翼。”[43]《嘉定赤城志》卷二八《寺院》云：“景福院，在县西二十五里。周显德七年建，俗呼茶院。”可见唐兴县西至越、婺州边界的山区都产茶。同书卷三六《风土门》云：“桑庄《茹芝续谱》云：天台茶有三品，紫凝为上，魏岭次之，小溪又次之。紫凝今普门也，魏岭天封也，小溪国清也。”这里的描述是北宋时的茶事，但肯定是在唐五代的基础上发展起来的。黄岩县五代时已见茶叶生产。《浙江通志》卷四六《古迹八》云：“于履宅，《台州府志》：后唐于履隐居不仕，居黄岩叶茶寮山，自号药林。”之后，黄岩茶叶生产发展较快，紫高山所产茶至宋代十分出名，《嘉定赤城志》认为“昔以为在日铸之上者也”。临海县盖竹山，在临海县南三十里，“有仙翁茶园，旧传葛元植茗于此”[44]。葛玄，三国时东吴人。关于他种植茶树之事，的确还很难说，但盖竹山在唐五代时已有茶叶生产,应该是比较可信的。

《茶经》在谈到浙南地区的茶叶等级时认为,睦州茶在浙西地区质量属中等,仅处于湖、常两州之下,婺州在浙东仅次于越州属次等,台州属浙东中等茶。由于浙西茶比浙东茶质量高,所以实际上睦州茶的质量与婺州是不相上下的。

(三)其他经济作物

浙江南部丘陵地区种植着众多的经济作物,如蔬菜的种植十分普遍。像白菜类的叶菜有:“牛肚菘,叶最大厚,味甘;紫菘,叶薄细,味少苦;白菘,似蔓菁。”马湘从永康县“又南行,时方春,见一家好菘菜”。吴越时,文穆王第二子弘僎镇永嘉,“每食不过鲍鱼、菘菜而已”[45]。唐人有诗谈南方为“桑柘绕村姜芋肥”,许浑谈到兰溪说:“移蔬通远水。”应是当时的实际情况[46]。此外还有蒜、韭、竹笋等各种蔬菜的种植,如台州贡品中有干姜。孟诜《食疗本草》卷上说:“淡竹上,甘竹次。……越有芦及箭笋,新者可食,陈者不可食。其淡竹及中田笋虽美,然发背闷脚气。”越州的笋可以食用,其他山区各州的情况可以想见,应是基本一致的。

一些地区种植制糖用的甘蔗。《本草纲目》卷三三引南齐人陶弘景的话说:“蔗出江东为胜。”当时甘蔗可能只是食用,还没有作为制糖的原料。到了唐代,随着制糖技术的传布,甘蔗用于制糖越来越广泛,农村种植的面积也越来越大。《本草纲目》引苏恭《唐本草》云沙糖“生蜀地,西戎、江东并有之,笮甘蔗汁煎成,紫色”。这里所说的“江东”,当然是包括浙南地区在内的广大地区。温州的甘蔗在唐代十分有名。《新唐书》卷四一长庆贡中温州有甘蔗,应该是当地的特产,比较出名。《全唐诗》卷三〇七吕渭《状江南·仲冬》云:“江南仲冬天,紫蔗节如鞭。”同卷樊珣《状江南·仲夏》云:“江南仲夏天,时雨下如川。卢桔垂金弹,甘蔗吐白莲。”这些都可从侧面旁证浙南一些地区甘蔗的种植情况。

浙南有数州向朝廷贡漆,台州是贡漆时间最长数量最多的一个州。《唐六典》卷三户部员外郎条中说到台州贡金漆,证明开元时台州金漆已为朝廷青睐。《嘉定赤城志》卷二〇《山》引《临海记》说黄岩县东240里东镇山“有金漆木,用涂器物,与黄金不殊。永昌元年,州司马孟诜以闻。”武则天时孟诜发现了金漆的价值,至开元间已作为地方特产上贡。《通典》云天宝间台州供金漆五升三合,似乎数量不是很大。《新唐书》卷四一谈到长庆中台州继续在进贡金漆。宋朝《元丰九域志》谈到台州供金漆30斤,数量上较唐代大增。可知,自唐五代至宋朝,台州一直在贡金漆,数量也渐渐增加。所谓金漆,其实是一种天然的树脂,《嘉定赤城志》卷三六《风土门》云:“金漆,其木似樗,延蔓成林。种法,以根之欲老者为苗,每根折为三四,长数寸许,先布于地,一年而发,则分而植之。其种欲疏不欲密,二年而成,五年而收。收时,每截竹管,锐其首,以刃先斫木寸余,入管。旧传,东镇山产之,以色黄,故曰金漆云。”所谓金漆,指漆的颜色金黄。至于上引金漆树的种植,所引资料是宋朝的,但推测唐代已是如此。《新唐书》卷四一谈到长庆时婺州也贡漆,但未见其他史书记载,估计唐五代时进贡的数量不是很大,然作为一种重要的经济作物在山区地带得到推广。

浙南果树种植品种多,地区广。主要品种有桔、柑柚、桃、柿、李、杏等。《新唐书》卷四一《地理志五》的各地贡物中,温州有柑和桔,台州有乳柑,说明两州的柑、桔类种植历史悠久。唐人认为台州是“烟林聚桔柚,云海浩波流潮”[47]。《说郛》卷七五引宋韩彦直《桔录》说:“按开宝中陈藏器《补神农本草书》,桔类则有朱柑、乳柑、黄柑、石柑、沙柑,今永嘉所产实具数品,且增多其目,但名小异耳。”开宝为宋太祖年号,为公元968至976年,离开五代很近,可以想象,唐末五代时期,温州的柑桔类水果品种肯定也是十分丰富。处州龙泉县的湖台山,在县西南八十里,“五代梁时邑人丘鼓采樵入山,忽遇澄湖桔林,杳非人间”[48]。桃、李的种植也十分常见。贯休在睦州时,寄诗给刺史冯岩说:“满郭桃李熟,卷帘风雨香。”戴叔伦在婺州兰溪,遇到了“兰溪三日桃花雨”。许浑在天台县东的东横山,“时见碧桃花”[49]。《嘉定赤城志》卷三六《风土门》谈到桃时说:“多种,以天台水南为胜,皆夏熟,惟紫桃,一名昆仑桃,以秋熟。更有名寒桃,以十月熟。又有实小如梅者,曰御爱桃,又有水蜜桃、绵桃、饼子桃。”唐人将南洋国家传过来的一些东西冠以昆仑的名称,如奴婢叫昆仑奴,茄子叫昆仑茄,因而这儿的昆仑桃想必就是唐代留传下来的名称。

浙南山区还大量种植竹子。睦州桐庐县定安乡的长乐院，唐乾符间，吴村一吴姓村民舍水竹园为院基而建造，说明睦州一些百姓家是有竹园的。婺州东阳县东五十里的天竹山，“多产修竹”[50]。《通典》天宝贡、《元和郡县图志》元和贡、《新唐书》长庆贡，谈到睦州唐宋一直贡竹簟，也就是今天的竹席子。北宋《严州旧经》和《元丰九域志》谈到每年要贡竹簟10领，说明从唐至宋，睦州地区是大量种植竹子的。衢州的贡物为簟和扇，看来也是大量产竹的地方。

四、浙南农业生产的特色

由上可知，唐代浙江南部丘陵地区承接了六朝的初步开发，农业经济向前跨出了扎实的一步。总结农业生产的发展特色，我们可以看到：

第一，浙南农业生产较快发展的迹象首先表现在农田水利上，各州都因地制宜地建起了一些水利工程，筑塘建堰成了当时发展丘陵农业生产的重要手段。山区的水利工程虽然规模比较有限，但建堰蓄水，农业灌溉的功用十分有效。而且这些水利建设很少与交通运输有关，纯粹是为了农业用水而兴修的，这说明农业生产的发展已渐渐向浙南全境渗透。当然从总体上说，浙南水利工程的数量还不是很多，灌溉的面积也有限，工程分布的地区不是很广，大多在河谷平原和丘陵的交界地区，真正丘陵纵深地区的水利工程还很难见到。

浙南越来越多的土地得到开垦，沿江、沿河和沿海的低地纷纷变成了农田，这不但说明当时的耕地面积在不断增加，同时也说明农垦技术的提高。我们还应看到，一些地区的农作物已种上了低山丘陵，这在以前是很少见到的。

第二，浙南丘陵地区粮食作物的种植以水稻为主，水稻是南方地区的主粮，在有灌溉保证的沿江沿河盆地我们看到了大片的水稻种植。水稻种植的面积，与当时平原的大小相关。浙南农业发达的一些地区，水稻种植已初具特色。陈尚君《全唐诗补编》下册《全唐诗续拾》卷四五引明州僧契此诗云：“手捏青苗种福田，低头便见水中天。六根清净方成稻，退步原来是向前。”契此虽然是以种福田作偈语来说明道理，但使我们看到明州种植水稻时是全面实行了插秧技术的，手捏秧苗在向后退，是插秧的主要动作。明州的这种技术，推测在浙南丘陵地区也得以推广，对增加水稻产量和生长时间的延长带来了较大的益处。可以作这样的推断，由于钱塘江流域平原相当广阔，而且有先进农业技术的传入，婺州是浙东道最为重要的稻米产地之一。

不过我们也必须看到，由于种植面积的限制，浙南农业主粮种植的产量还很有限。广德初，袁晁在浙东起兵，永嘉令薛万石认为当时“十日家内食尽，食尽时我亦当死，米谷荒贵”。当时的永嘉的确是“米贵斗至万钱”，薛万石只能到录事等官吏家里“求米有差”[51]。虽说是兵荒马乱时期粮食的价格有点特殊，但县令家里只有十日粮食储备本身就说明粮食供应不甚丰富，这与当时粮食的生产水平或多或少是有些关系的。

第三，浙南山区农业经济发展的一个很重要的表现是经济作物的大量种植。总体来看，桑树和苎麻的种植很有地方特色，虽然浙南的纺织品质量不是很高，但产品丰富，数量较大，说明大田种植桑树和苎麻是十分普遍的。茶叶的种植范围十分广泛，以睦州和婺州的质量较高，成为当地农业生产的重要支柱产业。此外一些地方还种植漆树、水果树、竹子、甘蔗等，与前代相比，种植品种越来越丰富，很多经济作物种植在丘陵和山地上，山区的有利条件越来越显现。

从上面这些经济现象中我们不难看到，唐代浙南丘陵地区农业的发展与前代相比，发展速度较快，尤其是到了中唐后半期，发展的增速更为明显。浙南农业呈现出了粮食作物和经济作物同时并重的发展特色，展现了山区农业经济的发展面貌。

不可否认，唐代浙南丘陵地区农业的发展其实有一定的局限。具体来说，在横向的比较上，浙南农业与同时期的太湖流域和宁绍地区相比，还有很大差距，由于人口密度较低，农作物的种植面积相对较小，粮食总产量有限,不少地区的粮食还难以满足本地的需要。除婺州粮食向外地输出外,其他各州恐无余粮运向别处。从纵向上说,农业生产发展的深度和广度也无法与宋代相比,无论是水利工程的数量和密度,还是农业生产技术的传播,都还有不少差距。从总体来看,我们认为魏晋南北朝的浙南农业生产还处在初拓时期,唐五代刚刚处于初步发展时期。

注释:

[1]笔者仅见张泽咸先生有《汉唐间浙江丘陵农业生产述略》一文,《杭州师院学报》2004年第2期。

[2]《大清一统志》卷二三一《金华府》;《明一统志》卷四四《处州府》;《大清一统志》卷二三四《严州府》。

[3]《大清一统志》卷二三四《严州府》;《浙江通志》卷一五六《名宦十一》。

[4]《全唐文》卷五一〇,陆长源《唐东阳令戴公去思颂》。

[5]《十国春秋》卷八七《曹杲传》。

[6]《明一统志》卷四三《衢州府》。

[7]《全唐诗》卷五一五,朱庆余《和处州韦使君新开南溪》。

[8]《浙江通志》卷六一《水利十》;《大清一统志》卷二三六《处州府》。

[9]《浙江通志》卷六三《海塘二》。

[10]《全唐文》卷五六二,韩愈《路公神道碑铭》。

[11]《嘉靖温州府志》卷二《山川》、卷三《名宦》。同书卷一《坛庙》谈到龚将军庙,说龚将军"韦庸浚城南湖以利民,时为郡将,被旨督视。"说明韦庸有可能是动员了部队参加修建水利工程。

[12]《浙江通志》卷五九《水利八》。

[13]《全唐诗》卷五八七《及第后还家过岘岭》。

[14]《刘随州文集》卷一《送州人孙沅自本州却归句章新营所居》。

[15]《大清一统志》卷二三六《处州府》。

[16]《嘉靖浙江通志》卷五《地理志第一之五》。

[17]符永才等:《浙江南田海岛发现唐宋遗物》,《考古》1990年第11期。

[18]华林甫:《唐代水稻生产的地理布局及其变迁初探》,《中国农史》1992年第2期。

[19]《册府元龟》卷二四《帝王部·符瑞三》;卷二五《帝王部·符瑞四》。

[20]《全唐诗》卷五二八;《禅月集》卷二二。又《全唐诗》卷六九七,韦庄《稻田》云:"绿波春浪满前陂,极目连云禾罢稏肥。"韦庄唐末曾在婺州居住,此诗可能是指婺州东阳的连片稻田。

[21]转引自《浙江通志》卷一八《山川十》。

[22]《全唐诗》卷六五二。

[23]《旧唐书》卷一三一《李皋传》;《韩昌黎集》卷二八《曹成王碑》。

[24]《旧唐书》卷三七《五行志》。

[25]《全唐诗》卷八〇六寒山《诗三百三首》。

[26]《册府元龟》卷四九一《邦计部·蠲复三》。

[27]华林甫:《唐代粟、麦生产的地域布局初探》(续),《中国农史》1990年第3期。

[28]《全唐诗》卷五九〇,李郢《友人适越路过桐庐寄题江驿》。

[29]《全唐文》卷五一〇,陆长源《唐东阳令戴公去思颂》。

[30]《全唐文》卷五三三,李观《与睦州独孤使君论朱利见书》。

[31]《册府元龟》卷一六九,《帝王部·纳贡献》。

[32]《太平广记》卷二八〇,引《广异记》"豆卢荣"条。

[33]《嘉靖温州府志》卷三《列女》。

[34]《全唐诗》卷四六九,长孙佐辅《闻韦附马使君迁拜台州》。

[35]《全唐诗》卷八〇六《诗三百三首》。

[36]新疆维吾尔自治区博物馆:《吐鲁番县阿斯塔那——哈拉合卓古墓群清理简报》,《文物》1972年第1期;王炳华:《吐鲁番出土唐代庸调布研究》,《文物》1981年第1期。

[37][日]仁井田升:《吐鲁番发见唐代庸调布和租布》,《东方学报》第11册之一,转引自王永兴师《隋唐五代经济史料汇编校注》第一编下,中华书局1987年。

[38]《刘禹锡集》卷二四《衢州徐员外使君遗以缟苎兼竹书箱因成一篇用答佳贶》。

[39]童养年辑:《全唐诗续补遗》卷六,陈尚君:《全唐诗补编》上册,中华书局1992年。

[40]转引自吴觉农主编:《茶经述评》,农业出版社1987年,第321页。

[41]《全唐诗》卷五三一《送段觉归东阳兼寄窦使君》。

[42]《全唐诗》卷五二八《村舍》。原注云:"一作《送从兄归隐兰溪》"。

[43]《全唐诗》卷八二一《饮茶歌送郑容》。

[44]《嘉定赤城志》卷一九《山》。

[45]《太平广记》卷三三,引《续仙传》之《马自然》;《吴越备史》卷四《大元帅吴越国王》。

[46]《全唐诗》卷五二,许浑《村舍》卷五四八,薛逢《题独狐处士村居》。

[47]《全唐诗》卷三一六,武元衡《送吴侍御司马赴台州》。

[48]《浙江通志》卷二一《山川十三》。

[49]《全唐诗》卷八二九,贯休《寄冯使君》;卷二四七,戴叔伦《兰溪棹歌》;《嘉定赤城志》卷二一《山》。

[50]《景定严州续志》卷七《寺观》;《明一统志》卷四二《金华府》。

[51]《太平广记》卷三三七,引《广异记》"薛万石"条。

18 世纪以降江南居民休闲娱乐生活中的消费

黄敬斌*

摘　要:普通居民的消费生活是当前中国古代经济史研究中的一个薄弱环节,本文对清代至民国时期江南普通居民,尤其是农民在休闲娱乐活动中的消费,从节庆与祭祀、神佛与淫祀信仰、出会和社戏以及日常休闲等方面,从大量地方志和笔记的记载中进行了整理,并对 18 世纪以降江南普通农民家庭在休闲娱乐方面的消费开支水平作了尝试性的量化估计。本文提出,对居民的休闲娱乐活动及活动中发生的消费,应该当作一种必要消费和必要开支来看待。

关键词:消费;江南;休闲娱乐

中国古代经济史的研究中,消费向来是一个薄弱的环节,特别是关于农民和城镇普通居民的日常生活消费的研究,仍处于起步的阶段。[1]本文作为一个关于 18 世纪以降江南居民消费生活的系列研究的一部分,将考察清代至民国年间江南居民,特别是农民在休闲娱乐生活中的消费。

一、休闲娱乐活动的性质

在传统的道德观念中,休闲娱乐活动往往具有“嬉游佚乐”、“妨碍农工”的性质而受到谴责,即使是今天人们的消费观念中,一般也还将休闲娱乐活动视为一种超出“必要”之外的“奢侈”或“享受”,但正如美国社会学家贝里所言,“娱乐活动不应理解为剩余,而是根植于人类生活普遍要求的活动,与吃、穿、住没有什么两样。……人总是要吃饭、穿衣并有个住所,但同时人也总是表达着对‘娱乐’的需要。”[2]费孝通也指出,“辛勤劳动之后,放松肌肉和神经的紧张是一种生理需要”,而且这种放松还具有集体性质,“加强了参加者之间的社会纽带”,融通了人际感情,具有社会学意义上的必要性。[3]因此,我们应当把休闲娱乐活动理解为日常生活消费的一个必要组成部分。

传统江南社会中,农、工、商各色人等,多以勤苦著称,有关的记载在地方志和笔记文集中可以说比比皆是。同时,江南居民之好游佚行乐,也是非常著名的,所谓“吴中自昔繁盛,俗尚奢靡,竞节物,好遨游,行乐及时,终岁殆无虚日。”[4]如果将娱乐当作人类生理和社会的基本需要之一来看待,这种表面上矛盾的历史现象是可以理解的,因为勤劳工作和休闲娱乐本来就并不矛盾,甚至可以说,二者之间具有某种互为前提的关系。

近世江南虽然工商业发达,但就其整体而言,还是一个农业社会,因此居民的休闲娱乐活动,除了日常的休息聊天之外,多发生在农闲时期。就私人层面而言,居民的娱乐活动无非“以啜茗饮酒,听书洗澡为乐”[5];形形色色的民间节日,是民俗文化中自然形成的休息娱乐日;民间的庙会、社火、演剧等等社区活动,则具有集体狂欢的性质。节庆和社会活动,往往与对于先祖和佛、道及其他民间神祇的信仰和崇奉联系在一起,既给普通居民提供了放松身心、加强人际交往的机会,也为他们提供了精神上的慰藉。因此,应当认为,民间信仰活动实际上也具有浓厚的休闲娱乐的性质,本文对于其中发生的消费也一并加以讨论。

* 黄敬斌,复旦大学历史学系讲师。

二、节庆与祭祀

江南的民俗节庆活动可谓丰富多彩，以苏州一带为例，正月有立春、新年、元宵，二月有百花生日，三月上巳清明，四月立夏，五月端午，七月七夕、中元，八月中秋，九月重阳，十月朔，十一月冬至，十二月送灶、除夕，[6]几乎每个月都有节庆，而这还只是就重要的节日而言。这些节日在社会学意义上，可以有多重的意义，既给勤于劳作的居民提供了放松休息、改善饮食的机会，又为亲戚邻友之间的交际联络构筑了平台，从宗法和社会组织的意义上，还形成了联系世人与祖先、神祇的桥梁，从而成为社会整合、文化维系的重要力量。

不同节日的文化内涵是不尽相同的，但就居民消费的角度来说，对于这些差别可以不予讨论，不同名目的节日下，江南居民消费的基本内容可以说大同小异。饮宴是节日活动的重要组成部分，江南平民的日常饮食总的来说相当简朴，食物丰盛、酒肉皆备的场合，一是农忙季节，一是节庆中。节日宴会的丰腆，与婚丧等礼仪事务中宴会的铺张一起，构成了江南社会“奢靡”习气的重要组成部分。节日宴会不仅限于家庭内部，而且邀集亲友，开筵设席，成为增强家庭各方面社会联系的重要途径。当然，这种较为郑重的节庆，一年之中大概不过一两回而已，一般多重新年，湖州一带道光以前“至戚贺年留饭，鱼肉果品多不过八簋，樽酒言欢，颇存古意。道光初则择日备酒，彼此相延，肴馔亦不过大六小八，悉以度岁食品杂凑而成，未甚费也。后则逐年加盛，肆筵设席，广招亲友，如举庆典。”[7]嘉定还重清明，“过清明必备圆子、鱼肉，祭祖请客，贫家略事邀请，富裕者大张筵宴，广邀亲友，谓之吃清明，又曰吃团圆。故清明节前后男女往来，络绎于途，……耗费甚大。”[8]具体的饮馔花色名目，依岁时节庆的不同，还各有特色。除为人熟知的如正月元宵、中秋月饼、端午角黍之外，苏州一带习俗，有二月二日食“撑腰糕”，清明食青团熟藕，立夏宴饮“有烧酒、酒酿、海蛳、馒头、面筋、芥菜、白笋、咸鸭蛋等”，七夕有“巧果”，重阳有重阳糕，冬至又有冬至团，腊月初八则食腊八粥，体现着江南节庆民俗的丰富之一端。

祭祀是江南民间节庆中的另一项重要内容，实际上，多数节庆也正是与对祖先或特定神灵的祭祀联系在一起的，其中祭先之仪尤为重要，节日本身的缘起，往往就是与祭祖相关的。苏州“民间祭祀分六节，曰清明、端午、七月半、十月朔、冬至、除夕……，或以夏至代端节，则农家因蚕忙，未及插田故也。”[9]另有说法称“清明、七月半、十月朔为鬼节；端午、冬至、年夜为人节”。[10]就整个社会而言，祭先之仪的奉行几乎是不可或缺的，“虽下至走卒贩夫，亦无有废之者”，逢节日，“设案于厅事，合始祖以下荐飨之，吴俗谓之过时节。”岁时祭祀的场所，有专门的宗祠的家族属于少数，“寒门单族，鲜有及之者，以故祭礼愈形简略，奉神主者惟有家堂而已”，但实际上，除了节日的祭祀之外，每月朔望，一般人家还都要“粗备香烛，一致其诚”，上元、立夏、中秋、重阳等节，以及祖先忌日乃至生日，也有设祭者，又有墓祭，“每岁举行两次，春祭在清明，重拜扫也，秋祭在十月朔，感霜露也”，所谓“祭礼简略”，也只是与理想化的儒家礼法比较而言罢了。[11]

祭先之外，对于神灵的奉祀也是节日祭祀的重要部分。江南民间的神灵体系复杂多样，居民奉祀神灵的种类和场合也非常多样，这将在下文予以讨论。就居民家庭个体在民俗节庆中祭祀的神祇来说，主要与居民日常生活息息相关、被认为职掌着宅内屋外诸般事宜。苏州居民“岁终择吉，供神轴画像佛纸，具牲醴糕果，以祀百神。门阑井厕，豚栅鸡栖皆有祭。”[12]而在这些神祇之中，地位最为重要的恐怕无过于灶神。灶神“每月受两次供奉，通常是在初一和十五。也在其他时间受到供奉”[13]，年终的送灶、接灶等俗，尤其隆重。送灶的腊月二十四日夜，称为“小年夜”，居民要“以胶牙饧、糖元宝、米粉裹豆沙馅为饵，名谢灶糰。”且“编竹为舆，中载灶马，盆中置冬青松柏，举火焚送门外，稻草寸断，和青豆俱撒屋顶，为神秣马，送灶上天。”[14]

用于祭祀的物品，不同的节令、不同的祭典有着不同的特色，除上文已引述的以外，其他如清明以青糰熟藕祭先，立夏以樱桃、青梅、�麦供神享先称“三新”，冬至糰亦为“祀先祭灶之品”。[15]这些祭品，一般情况下最终仍归于世俗的消费，节庆祭祀的花费，主要的还在香烛纸钱鞭炮等等。纸钱楮锭等微物，在江南有些地方竟已成为居民的主要营业，如太仓双凤里“市中小户”，“以冥镪为营生”[16]，亦可见其需求之广。

出游是节庆活动的另一重要组成部分，主要节庆日多有游观之俗，熟为人知的如上元观灯，清明踏青，中秋走月，重阳登高等等。不同地方因地理条件、具体风俗的不同，往往在具体的节日形成集中的出游地，如苏州黄埭镇乡民，中秋往游庙桥，重阳则登范蠡墓。[17]此外，季节性而非节庆性质的游览活动，以城镇较多而乡村则少，苏州一带居民春季的游览活动丰富多彩，清明踏青、游园之外，虎丘、山塘的花市盛极，天平山“肩舆络绎”，还有南北园看油菜花之俗。[18]松江佘山也是“自二月初八至四月初八止，游人不绝，……画船箫鼓，填溢中流，绣幰钿钗，纷纶满道”。[19]

三、崇香信，重淫祀

对于江南民间信仰的复杂性，及其社会、文化、经济等方面的分析研究，当今学术界颇多注意。江南地区自古以来就以好佛道、多淫祀而著名，清代以来这一社会取向可谓有增而无减。王健曾统计，苏州地区得到官方承认、载入“祀典”的神灵庙宇，清后期的数量比明代中叶成倍增长：明中叶吴县、长洲、常熟、昆山、吴江各县祀典神庙计 34 处，至清代后期相应的行政区内祀典神庙的数量已多达 200 处，其中吴县、长洲、元和这三个附郭县即达 121 处。[20]不在官方祀典之内的称“私祀”或“淫祀”，崇奉的往往是地方性的、“出处不经”甚至本性无德的神祇。著名者如苏州的五通神、昆山青浦一带的陈三姑，其传说中的行为事迹都近于淫邪，而仅仅因为“有异”或“为祟”，遂得到附近居民的崇奉，而竟也“时或有验”。

当然，整体而言，江南居民对佛、道二教的信仰是最为普遍的，嘉定“邑人之信仰释道二教者，乡间男女皆然，在城厢则妇女为多，其对二教之信心，并不区别其为释为道，唯知崇拜神佛而已。”[21]这一记载生动地揭示了江南民间信仰的本质，它并不要求对某一宗教或神灵的专一忠诚，而是凡属神灵，皆可膜拜，彼此也不相冲突。虽然就官方和精英阶层的认可程度而言，祀典神灵具有更为正统的地位，佛道二教也相对更易得到普遍的承认，但在普遍民众心目中，则佛道、官方祀典中的神灵与“淫祀”之间，并没有太大的差别。从消费经济的角度来看，这些信仰的性质差异当然更无足轻重，人们在崇奉佛道、淫祀方面的消费开支，其效用都是通过寄托对平安、健康、前程、乃至于来世的希望，从而获得一定的精神慰藉。

崇奉神灵的方式，就个人及家庭层次来说，主要是烧香祈祷和斋戒。持斋者“唯妇女有之，男子绝少”，其名目众多，有“蔬谷纯为淡食，谓之吃淡斋”，“终身不食动物”，称“吃常斋”，“于月之朔望及神佛诞辰茹素一日者则通谓之吃斋”[22]。持斋奉佛对于日常消费的影响是不言而喻的，它减少了居民、尤其是妇女食用肉制品的数量。烧香当以佛教寺院内最为普遍，如嘉定居民“每逢朔望或神佛诞辰，各具香烛纸镪，入寺庙内膜拜……。遇三月十九、四月初八、九月十九等日，往往于社庙诵经，有焚纸紮之船者，谓之化莲船，又称做佛会。”[23]这种烧香活动中，最主要的花费仍然是香烛、楮锭，以及捐施给寺庙的香火钱。

除了在本地寺庙烧香以外，更有远赴名山大刹烧香的，如周庄居民，“最崇香信，远则越海而至普陀，不避风波之险，外此如武当、三茅、九华、天竺等处，亦岁必至焉。”[24]苏、松、嘉、湖等地，赴杭州天竺进香的尤多，几乎成为清明前后的一种节庆风俗。进香的香客，各色皆有，“富豪之族，则买画舫，两三人为伴”，“比户小家，则数十人结伴，雇赁楼船，为首醵金之人曰香头。……船上多插小黄旗，书‘天竺进香’四字，或书‘朝山进香’字。”[25]更有举族合村，自驾船前往进香的，如吴江六都朱号一圩的居民善使船，“每至清明，合圩之人……群赴杭州天竺进香，锣鼓喧阗，争先鼓勇”[26]。道光时人记载天竺香火，“每岁二月至五月计百日，进香者无日不拥挤塞途，……大殿上一同戏场，签�三五十具，犹争待应用。人舍香钱数文，总计甚夥，夜不胜盘校，架巨秤于殿，百斤一袋，约钱十五千五百，一一扛入僧房。存下残烛，非有意置不点，实烛架不胜插也。……庙门外及照墙后各有客寓，僧所开也，共二十四房，以留香客。”[27]其盛况令人惊叹。

"淫祀"的香火之旺，绝不下于佛道寺庙。五通神庙所在的上方山，康熙年间"画船箫鼓，阗塞于石湖，焚香礼拜，络绎于西郊，一日之费不下数百金。"[28]陈三姑之祀影响所及不过三四十里间，"每岁三四月庙中香火如繁星，舣舟者至不能容，人趾相错于途，而平时以牲帛酬神者尤无算。"[29]类似的"淫祀"在江南各地都普遍存在，且一地所祀神灵往往不止一尊，如昆山、青浦交界处的周庄、金泽一带，晚清时除了陈三姑以外，又有杨爷庙、庄家圩神，往往都能影响一方。官方对于这些"邪神"是抱着禁止态度的，但它们在民间的影响力却是根深蒂固，五通神在清初曾经巡抚汤斌毁禁，然而"犹未尽绝"[30]，只是改换成了五圣、五方贤圣等等名目而出现。而对陈三姑神的毁禁则更具戏剧性，道光六年，青浦知县曾将神像"锁拿"，"纵火焚之"[31]，但显然三姑神的"气数"并未到头，至同治十一年青浦县又奉松江知府令毁杨爷庙，"并及三姑"，而因"居民逐什一者因庙祀以为利，故未几即复振。"[32]

上庙烧香这样的活动，其实质并不完全是宗教信仰行为，而是具有鲜明的休闲性质。如对于天竺进香的盛况，清人即有评论说："名为进香，实则藉游山水。六桥花柳，三竺云烟，得以纵情吟赏。故俗有借佛游春之说。"[33]明清江南士大夫之好游是著名的，一般居民闲游的劲头也毫不逊色，他们多借着节庆之机，或披着崇奉神佛的外衣，即便"村姑野老，无力出乡，仅在……(村庄)野庙中，和南膜拜，作竟日之游，亦以为了却一年心事也"[34]。因着这样的社会心理背景，特定寺庙的香信时节，往往由于香客抱着烧香和游乐的双重目的，而自发形成三教九流"四方聚集"，场面热闹的"庙会"。茅盾将清末乌镇的香市称为"农村的'狂欢节'"，"到香市来的农民一半是祈神赐福(蚕花廿四分)，一半也是预酬蚕节的辛苦劳作"，"于是'香市'中主要的节目无非是'吃'和'玩'"。[35]可以说是对江南民间宗教信仰活动的娱乐性有着深切了解的描述。

烧香之外，居民奉神的途径还有施舍和还愿。各地寺庙遗留的碑刻资料中，多有将田地施舍或以还愿的方式赠予寺庙的记载。这种赠予当然只有富有人家才有能力举行，一般的施舍和还愿，不过限于小额的钱财施予，或实物如灯油、巨烛的施予等等。这些方面的收入是神庙的主要经济来源，道光年间昭文县张墅新兴的一处"淫祀"信仰，不过半年间，香火极盛，神庙"壁贴各姓许愿纸条鳞比重叠，稽簿上登记之数已四千六百余号，每愿钱一百二十文，缴者已五百余愿，……日收香钱数千，朔望且倍蓰。"[36]周庄的庄家圩神，神庙"庙祝皆村中人轮流为之，为其获厚利也。"[37]

总的来看，江南居民在崇奉神佛方面的花费巨大，且"不惟乡里妇女为然，在士大夫亦且不能尽免。"[38]即便是贫民，"供给鬼神，虽典衣剥债不敢吝"，且多有因奉事鬼神费多而致穷者[39]。而以上所论还仅是作为居民个体单纯崇奉神佛的花费，村镇社区群体开展的出会、社戏等集体崇奉活动其一次性的花费则更为巨大。

四、出会与社戏

出会和社戏在江南居民娱乐休闲生活中占有突出地位，在很大程度上，这些活动也与特定的神灵信仰联系在一起，但是首先，它们不是居民个体的信仰崇奉行为，而是具有社区公共活动的性质；其次，如果说前述关于节日祭祀以及寺院烧香等方面的活动，其民俗和宗教信仰的色彩还较浓重的话，则出会、社戏等活动的娱乐、狂欢性质显然压倒了宗教性质。究其原因，樊树志指出："民间信仰的特点就在于，不仅关心其内容，更关心其形式。民众常常借此作为共同体的公共空间与社会生活，作为相互交往的场合与宣泄感情的渠道，至于神灵的地域性及其归属于何种宗教，已经变得不再重要，重要的是，它业已成为当地民众不可或缺的节庆活动。"[40]这与前引费孝通关于农村娱乐活动的社会意义的分析，是完全一致的。

"凡神所栖舍，具威仪箫鼓杂戏迎之曰会。优伶伎乐，粉墨绮缟，角觗鱼龙之属，缤纷陆离，靡不毕陈，香风花霭，迤逦日夕，翱翔去来，云屯鸟散，此则会之大略也"[41]，因为具有迎神、游行及比拼竞争等等内容，因此也多称迎神赛会。出会源于民间对于社神的崇拜，但明清时代江南的社会所崇奉的神灵，早已具有了多样化的特点，所谓"毁宗庙而建淫祠，黜祖祢而尊野厉"[42]，各地庙会的名目和崇奉的神祇都是五花八门，如“浙江鄞县庙会40例，名称没有重复者”[43]。在苏松太常杭嘉湖一带，在较大地域范围内具有广泛影响的庙会神祇主要有猛将、总管、东岳神等，各地也普遍都有城隍会或“解天饷”之会，而城隍对应的具体神灵在各地实际上也是不同的。

与前述由于寺庙香信而自发形成的庙会、香市不同，社会是有组织的社区公共活动，地方的势力在社会的组织中往往起着重要的作用，但绅士精英阶层在其中的参与程度则并不深入，“其所谓会首者，在城，则府州县署之书吏衙役；在乡，则地方保长及游手好闲之徒。大约稍知礼法而有身家者，不与焉”[44]。社会的举行多在农闲时，春夏之交尤其是社会大举的时期，特定的出会举行的频率，随出会的性质以及各地方习俗的不同而不同，有每年一举的，也有数年乃至十年一举的。同一地方，一年之中往往社会数举，如苏州唯亭，“社会村庄，处处有之，春社举贤圣会，秋社举猛将会……，里中清明曰祭坛会，八月朔城隍解饷会，十月朔让王解饷会。”[45]除了定期的社会活动外，也有特殊场合下的出会，如南汇“夏天小旱，游手背舁庙中神像求雨，……每至深夜，举国若狂。既雨之后，复盛设仪卫、百戏，日夜游街”[46]。

迎神赛会活动花费很大，越是经济发达的有名市镇，其迎神赛会的活动也越发的频繁而靡费越多。典型的出会活动，往往仪仗盛陈，“其前导者为清道旗，金鼓，肃静、回避两牌，与地方官吏无异。有开花面而持枪执棍者，有绊为兵卒挂刀负弓箭或作鸟枪藤牌者，有伪为六房书吏持签押簿案者；有带脚镣手靠而为重犯者，有两红衣刽子持一人赤膊背插招旗，又云斩犯者……”[47]。居民有“舍身”扮演出会游行队伍中种种角色的，其目的多是祈求神灵庇护，或因家有疾病而以此作为祷禳，以儿童为之者尤多，称“舍会”；也有“无所事事而但白袍乌帽戴花枝捧香炉徒行会中者，曰走会”[48]。这样的排场，游行街巷村落，往往延续数日。具有代表性的例子如濮院的鳌山会，“数年一举”[49]，每举则“廿四坊各装鳌山一座，每座三层，架为假山花木，嵌空玲珑，益以缯采珠玉，炫耀异常。每层以四五岁童子，扮演杂剧，或坐或立于其间。……靡费巨万，六七日始毕。”[50]仪仗之外，有的出会活动还有社区聚会饮宴的内容，或为参与出会游行的人供给酒食。

相对来说，社戏的娱神功能更要淡于娱人的功能了，江南各地演剧的风气极盛，凡民间节庆、出会烧香等活动期间，都可能同时有戏台搭建。如周庄“二三月间各乡村集名优演剧，从郡城邀至，歌值加倍，午后登场，演不过二十出，恒费至二十余金”，三月廿八东岳诞，又演戏，“四月天气炎热，或再演名班”，五月十八贤圣诞，又演戏，秋冬时节，“四方游客或擅弹词，或工评话，复绎络而至”[51]。濮院“搭台演剧多于冬间，俗因谓之冷戏，一坊然，各坊皆然，非半月兼旬不止，又谓之濮院齐。”[52]罗店以秋收后演戏，“甚有两台对峙，两班同演，名曰鸳鸯台，……甲图演罢乙图接踵而起”[53]。这种演戏的活动，多以春祈秋报、敬神为名，其形式则实为戏班在不同村庄之间巡演，“戏价数十缗至百余缗不等”[54]，费用的筹集多由乡民醵金，或富室商人捐资，其法不一，湖州双林镇还行“照田科派”之法，“虽孤寡贫乏衣食不给，亦必急切筹措”[55]。近代以来更有“花鼓戏”流行于各地乡间，“或在茶肆或在野间”，“演唱淫词”[56]，大致是更受民众欢迎的通俗戏曲，而受到士大夫的鄙视和官府的禁止，这基本上就完全是属于居民休闲娱乐的内容，而与神灵无关了。

对于普通民众来说，出会与社戏活动的花费主要有以下一些方面：仪仗、酒食的花费一般由会首负责筹集，多来自于商人、富民的捐施，如南汇的出会活动“科派列肆，虽小本营生，亦不得免”[57]，但也有由所在村社民众醵钱举办的，如湖州一带的赛会，“费以三万计，比户输纳，如偿官逋”[58]，有合村聚集饮宴之类内容的社会活动，尤以乡民醵钱为主，吴江乡间的“醵会”，“先于岁暮，人醵米五升，纳于当年会长，以供酒肴之费”。[59]出会和社戏因其节庆和娱乐性，往往在所行地区造成“四方聚集”的盛况，如上海的城隍会举行时，“桥为之圮，舟为之覆，屋为之坏者，未之殚述”，所在“舟横河塞”[60]。对于举办庆典的当地居民来说，招待远来观看出会或演戏的亲友，就成为另一方面重要的花费。南浔一带举办出会时，“镇民之姻好故旧，闻声相约，竞出游观，聚族奔驶，来就所亲，三日蚕食，瓶空囊洗”[61]，嘉定一带乡间演戏时，也是“家家邀亲约友，有力者宰猪杀羊，无力者亦多典衣质物，置备酒肴，招待来宾”[62]。此外，与节庆日一样，各家各户于出会日均有敬神或“接会”的香烛纸钱供品等方面的花费，以各种方式参与出会游行、因家人有病或为祈福而“舍身”者，还需有额外的开销。这些方面加在一起，一年数举的话，对于普通家庭而言，还是构成一定负担的。

出会与演戏的风气之盛，是清代以来江南民风好游观的另一个侧面，以敬神的名义开展的这些活动，实际上是民众藉以休闲娱乐的主要手段。赵世瑜特别指出，对于妇女来说，平时限于传统伦理教条的约束，极少有出外交游休息的机会，而在宗教外衣掩护之下的出会、社戏以及烧香等等活动，则为她们提供了参与娱乐性活动的机会。官府和部分士大夫批评烧香出会等活动弊端的一大理由即是“男女混杂，伤风败俗”，而一般下层民众对于妇女的这种游乐则视为寻常。[63]

五、茶馆、赌博及其他

以上所考察的居民休闲娱乐的途径，可以说与民俗和宗教信仰多少有所关联，其性质不出乎“借佛游春”的范畴，而且这种休闲生活多局限于特定的时日。但并不是说江南居民的日常休闲生活就仅限于家居闲坐，从消费经济的角度来看，也不能说休闲生活中无所花费。日据时期吴江的一份调查材料这样描述当地城乡居民日常休闲生活的大致情形：“本区市民，尤以工商界为甚，每于清晨即往茶肆喝茶，谈天说地，引以为乐。其余如业余之暇，约二三知己，围棋一局，以作消遣。各乡农民则于傍晚纳凉田畔，引吭高歌，或二三对唱民间歌谣以为乐。”[64]对于居民的这种日常休闲生活及其中发生的消费，仍有必要加以探究。

茶馆的兴盛是清代以来江南城乡社会一种引人注目的现象，也是江南居民日常休闲的重要空间。关于茶馆在江南的兴起，王鸿泰考证认为，晚明时江南各大城市中新开的茶馆，被当时人认为是新鲜事物，但这实际上是茶馆在这些城市中的“复兴”：早在唐宋时期，茶坊业在南京、杭州等城市中已经非常兴盛，然元代至明初，却一度彻底中断。茶馆的复兴也有一个漫长的过程，在其初期“可能只有像杭州或南京这种‘户外’活动特别发达的城市才可能发现其踪迹。”而此后逐渐发展的结果，到清代乾隆以后，茶馆在各地普遍开设，其数量往往超过酒店。[65]从清代江南地方志和笔记的片断记载来看，这种茶馆的“复兴”过程在乾隆以前实为缓慢，乾隆以后才迎来大发展的时代。如乾隆初年苏州“无业资生之人，开设茶坊，聚四方游手，闲谈游嬉……，始则寺观庙宇有之，今且遍于里巷”[66]，王鸿泰引用了乾隆初成书的《儒林外史》中马二先生在杭州城游览的描写，说明当时杭州已是遍地茶馆，有的一条街上即有三十多处，而且这些茶馆都是典型的“大众性”消费场所，“消费大概都不太高”[67]。然而，上海县乾隆中叶却仅有茶肆两家，至嘉道之间才发展到二十多家。[68]这似乎说明乾隆初年茶馆的开设主要仍集中在苏州、杭州等有风景名胜、旅游业兴盛的大城市中，还不是居民日常生活的组成部分。至19世纪，茶馆的开设迅速由城镇发展到乡村，道光间太仓璜泾镇，“自嘉庆以来，酒肆有四五十家，茶肆倍之”[69]，19世纪晚期的海宁已是“村落之有桥亭者无不遍设”[70]，民国年间江南市镇上的茶馆之多，如同里镇共有三四十家，“凡是水埠头和桥堍，总有一家茶馆”，盛泽镇的茶馆有“五步一楼、十步一阁之称，民国期间经常保持在四五十家之数”[71]。乡村茶馆的开设也相当普遍，嘉定东乡的寻常村落里，“茶馆酒肆到处而是，甚有多于杂货店者”[72]。

小田将近代江南茶馆的社会功能总结为两个方面：一为民间政治的焦点，一为闲暇生活的热点。[73]王鸿泰的分析更为深刻，他指出，明清时期城市中的酒楼和茶馆，除了提供饮食之外，其“空间本身也开始成为被消费的对象”，从而成为一种新的公共活动场所。人们对这种“空间”的消费体现在社交、资讯和娱乐三个方面，从中衍生出来的文化，“基本上是相异于传统的另一文化形态”，因此常成为“奢靡、嬉游、背德等意象的具体呈现”。而茶馆在城镇甚至乡村的普遍化，更是这种新的“非日常性生活范畴”“进一步发展而‘日常化’的结果。”[74]

茶馆在消费文化上的新鲜性质，来源于其消费方式的休闲性和娱乐性，这虽然在某种程度上背离了传统的儒家伦理对民众日常生活方式的规定，却毋庸置疑地丰富了普通居民的日常生活和闲暇空间，可以认为是18世纪以来江南平民休闲生活的一大变局。茶馆为城乡各色人群提供了一个情感和信息交往的公共空间，形成了一定的社会舆论基础。江南各地有所谓“吃讲茶”之俗，民间发生纠纷的时候“往茶肆争论曲直，以凭旁人听断，理屈者则令出茶钱，以为罚”[75]，这使得茶馆成为解决争端和传播家长里短的一个平台。而作为休闲的场所，茶馆除了提供给顾客闲坐聊天的空间以外，还提供其他方面的娱乐，如说书，嘉定“茶肆之中间有说书，十日一排，日夜开唱”[76]，盛泽称为“书码头”，“书场多由茶馆兼营，最多时有十余家、少则有三四家”[77]，此外也有唱滩簧、开赌场者，兼营这些娱乐项目的茶馆，需要有一定的规模和实力，相对而言是比较少的。

无论绅士还是平民，泡茶馆的风气都是盛行的，“清晨趋市曰吃早茶，午后曰吃晚茶，习以为常”[78]。盛泽“里人嗜茶成瘾，晨夕都要上茶馆”，同里的茶馆，有的“楼上辟有雅座，是专供镇上一些士绅、工商界、知识分子吃茶商谈交流信息之需”，普通农民则往往于上午“乘船上街采购生活用品、生产资料，办完事情总要到船埠附近的茶馆泡上一壶茶，稍事休息，碰见熟悉的亲友谈谈心，交流交流生产情况和市场行情，听听茶馆店里传播的小道新闻。”渔民也“一般早市把鱼卖掉后，男客就在茶馆里一坐，泡壶茶，歇歇脚，顺便理理线钩、修补一下渔网。”[79]三十年代的吴兴，“乡间男子除在农忙及养蚕时期外，每日生活大约须耗其半日光阴于此”，致使时人有“怠惰成性，荒废甚多”之叹。[80]

茶馆虽然在居民日常休闲中占有重要地位，但从经济方面考察，它给居民生活消费带来的负担大概并不是太重。《儒林外史》中的马二先生穷得馒头、馄饨都吃不起，却能在一天之内四五度光临茶舍，可见茶馆消费之低廉。[81]乾隆中上海的茶价，“以两文为率”，嘉道间贵者“有索价五十余文者”，当属于规格较高的文人雅集性质的茶馆[82]。当然，对于天天泡茶馆的人来说，积少成多，一年之内的开销就不在少了。

赌博也是江南居民日常休闲生活中重要的组成部分，清代江南赌风之盛，已成为一个严重的社会问题，王卫平指出，江南赌风的蔓延，从地域范围上看，“吴地各府、州、县可以说没有一块净土，……而太湖地区最为炽盛”；从参加对象看，“各个社会阶层，上至缙绅士大夫，下至平民百姓、贩夫走卒、游手无赖，不分贵贱、老幼、男女，都被卷入了赌博的漩涡”；从赌博形式看，五花八门，且“随着时代的发展而变换花样”[83]。各种类型的牌戏之外，在江南乡间影响最为深广的赌博方式是斗蟋蟀、斗鹌鹑，“秋末冬初开场斗蟋蟀，名曰秋兴，既罢则斗鹌鹑，曰冬兴”[84]。赌博在某种程度上还成为有组织的活动，有赌场的开设，“专事赌博者曰赌当，开场抽头者曰场东，赌局奔走者曰吃小”[85]。茶馆即为主要的赌博场所，有些地方的“乡镇茶坊，大半赌场也”[86]，乡村航船上，尤其长途旅行中，也往往为乘客提供赌具，如蚕桑时节太湖上贩运桑叶的船只即“往往乘间为樗蒲之戏”[87]，1930年代吴兴的乡镇间航船上，亦复然。

赌博作为一种地下经济活动，尽管受到广泛的批评，其游戏性质则相当明显，应当被视为普通民众休闲娱乐的一部分。其输赢花费，涉及的是货币本身在一定人群之间的再分配，因此输钱者所消耗的钱财不构成消费的组成部分。赌局中总体上输赢相抵，因此赌博对于全社会平均的收入与消费水平，也不构成实质影响。开设赌场者所收取的抽头等，才真正构成赌博者参与这项游戏的“成本”，但这种花费很难从总体或平均水平上加以衡量。

江南居民休闲娱乐生活的内容当然并不仅限于以上所述的部分，上引吴江第七区的调查材料中，即有乡民闲暇时演唱或对唱民歌的记载。嘉定东乡“旧时富裕农家青年，父母每为延请丝竹家教学丝竹，或延拳术名家学习拳艺，陶冶性情，锻炼身体”[88]。吴兴水乡农家儿童多擅游泳。[89]这都反映着一乡民俗之特点。

六、娱乐和祭祀活动的时代变迁及家庭年开支的估计

民间的节庆和祭祀活动、以社区为单位举行的出会、社戏等公共活动，既反映着居民闲暇生活的主要内容，也体现出社会结构和社会文化及由它们规范的人际交往的基本特征，应该说，在20世纪以前，从娱乐、信仰和人际关系的层面来看，江南民间社会生活的基本特征是稳定的。

进入民国以后，江南民间的节庆、庙会、出会和社戏等活动有明显的衰落迹象，中国经济统计研究所在吴兴的调查中发现，丝业兴盛时期的吴兴，“乡间各庙，多有酬神之举，而观戏之风各乡若狂，实为调剂生活之一种方式。……民国以后，市况日下，各庙均无力演剧矣。此外又有迎神赛会，亦为乡民寻乐之一种，……每年新春又有灯会……，四乡男女，均到镇观看，以资娱乐，但近年则久已不闻。”[90]费孝通在开弦弓村也观察到同样的状况，当地的各类社会活动，除了每年一度的“刘皇会”外，包括10年一次规模盛大的震泽镇级别的“双阳会”和每年秋收后村一级的报赛在内，“所有这些集会都已停止”[91]。乌青镇在乾隆中叶尚“极一时之盛”的三月东岳会、七月三元会等，至民国年间也都已“久废”[92]。

社会活动衰落的原因，经济因素似乎是主要的一方面。特别在旧属湖州、苏州等蚕桑业发达的地区，进入民国时代，特别是1920年代末世界经济危机发生后，由于国际市场上生丝价格惨跌，直接导致了当地农村陷入经济萧条，费孝通和中国经济统计研究所都认为，经济衰落正是导致吴兴的迎神赛会、灯会以及震泽“双阳会”停止举办的根本原因。这种分析不能说是没有道理的，也揭示了节庆社会活动的兴衰背后农村经济变迁的情形。但除此之外，还应注意到政府管制在其间所起的作用，茅盾述及乌镇“香市”衰落的缘由：“‘革命’以后，据说为的要‘破除迷信’，接连有两年不准举行‘香市’。”[93]南京国民政府对于乡村社会生活的介入显然超越了前代，在嘉定地方绅士的记载中，“出灯”、“出会”等社区公共节庆活动，都已经是民国以前的记忆，社戏的演出，入民国也已“稍衰”，花鼓戏更是“禁之较严”，无人敢于尝试了。[94]

另一方面，则一个社会近代化、乃至现代化的过程，往往是其传统民俗文化衰亡的过程。晚清以来至民国年间的江南社会，虽然从总体上来说仍属于传统社会的范畴，但现代工业文明已经开始对它产生深刻的影响，因此，在民间信仰、社会文化等方面发生潜移默化的变迁，也是可以预料的。民国时代的江南，不仅节庆、出会等民俗活动出现衰败的趋势，而且民间根深蒂固的对于神佛的信仰祭祀也开始崩塌，如时人的议论：“邑民敬神而谄鬼，遇神诞，持香跽拜，焚冥镪，积灰如阜，无所吝，识者笑之。然逆子悍妻，礼教所不能化者，闻神怒则悚惧，立起自责，有顿改前行者。……自民智日启，悖骜之民乃有敢嫚神侮鬼者，于是化导之术穷而刑狱之罪繁矣。”[95]其立论虽迂腐，但却准确地触摸到了时代变迁的脉搏。出会、社戏等传统信仰和娱乐活动的衰落，当然并不仅仅是政府压制的结果，也不仅仅是乡村经济萧条的结果，毕竟，当后世现代商业文明彻底改变了江南的社会结构、造成经济繁荣的时候，传统的民俗节庆、社会活动并没有随之兴盛，而是越发的衰败了。

具体到每一家庭在娱乐和信仰等方面每年消费的多少，因为缺乏精确可靠的材料，很难给出明确的估计。民国年间的几种农村调查，虽然涉及了农家祭祀和娱乐方面的开支，但一则因为这些方面的开支在农民家庭开支中终究不占主要地位，导致调查者和受调查者都易于疏忽；一则因为娱乐和祭祀费用的边界很不容易界定，不同的调查者对家庭开支的有关项目的处理也不尽相同，例如有的调查者单独调查了新年费用，而这种节庆费用，其内容可能包括食物、茶酒、香烛、人际应酬等各个方面，很容易与其他项目重复记录。因此，总的来说，调查的数据显然很不完整。具体数据如下表：

表1　南宋浙江地区进士分布表

调查者	调查地点及时间	调查户数	祭祀费(元)	娱乐费(元)
卜凯/金陵大学农学院	江宁淳化镇(1923)	203	0.60	—
	江宁太平门(1924)	217	2.95	—
	武进(1924)	300	1.61	—
H. Lamson	上海杨树浦(1934)	50	4.32	1.38
中国经济统计研究所	吴兴(1935)	916	1.19	—
	无锡(1936)	79	4.38	—
	嘉兴(1936)	74	3.67	—
冯紫岗	嘉兴(1935)	5113	7.05	—

续表

调查者	调查地点及时间	调查户数	祭祀费(元)	娱乐费(元)
满铁	太仓(1939)	12	—	0.25
	嘉定(1939)	13	0.52	1.58
	常熟(1939)	13	—	0.15
	松江(1940)	12	7.89	2.73
	无锡(1940)	20	1.28	0.39

资料来源：卜凯：《中国农家经济》，张履鸾译，上海商务印书馆，1936 年，第 5、538、539 页。H. D. Lamson：《工业化对于农村生活之影响》，何学尼译，载李文海主编：《民国时期社会调查丛编：乡村社会卷》，福建教育出版社，2005 年，第 253 页。中国经济统计研究所：《吴兴农村经济》，第 84 页；《无锡嘉兴蚕农经济与吴兴之比较》，民国二十八年七月油印本，第 50 页。冯紫岗：《嘉兴县农村调查》，国立浙江大学、嘉兴县政府民国二十五年(1936 年)刊行，第 207 页，表(225)。南满洲铁道株式会社上海事务所调查室：《上海特别市嘉定区农村实态调查报告书》，上海满铁调查资料第三十三编，昭和十四年十一月，附录第十四；《江苏省松江县农村实态调查报告书》，上海满铁调查资料第四十八编，昭和十五年十二月，附录第十二；《江苏省无锡县农村实态调查报告书》，上海满铁调查资料第五十编，昭和十六年二月，附录第十四。其中卜凯的数据仅为"佞佛"的费用，调查项目不全可知，其原始数据为"有此项开支农户平均数"，表中数据为根据这一原始数据以及"有此项开支农家占农户总数百分比"的数据重新计算后的结果。上海杨树浦的祭祀费数据原文名目为"祈祷"，满铁嘉定的祭祀费一栏为"年纸费"，因此可能也不完全。

此外，卜凯在江宁、武进等地对于居民过新年的费用做了专项调查，其结果如下：江宁淳化镇平均每户 12.95 元，太平门平均每户 6.88 元，武进平均每户 9.31 元。[96]

各项调查中，祭祀费的边界是较容易确定的，其主要内容是购买香烛和纸钱楮锭、烧香还愿等方面的花费。表中满铁在松江和冯紫岗在嘉兴调查的高数字有可能除了寻常祭祀的香蜡纸钱施舍等费用外，还包括家有病人时请师问卜和额外参拜庙宇的费用，这种费用每年平均至少在三四元之间，此外松江的高数字还有 1940 年通货膨胀的因素在内。因此，综合地看，估计 1930 年代江南农家每户年均的祭祀或信仰费用的支出，当在两元上下。

相对来说，娱乐费的边界就远没有这样清晰，满铁的调查并没有明确娱乐费的具体内涵。按前文所述，可以包括在娱乐消费的项目之下的，至少有出会和社戏的醵钱、上茶馆等休闲场所的开销、赌博中付给场东的抽头、庙会里购买游艺品特别是小孩玩具的开支等。满铁的调查很难说是不是包含了所有这些开支在内，不过即便这一调查是不完全的，看来 1930 年代江南农家年均的娱乐花费也不过 1 元左右，毕竟当时普遍居民的休闲方式，真正涉及金钱和物质花费的场合并不多。至于年节及社会活动时接待亲友的费用，则主要的还是饮宴费用，年节的招待筵席由于"悉以度岁食品杂凑而成，未甚费也"[97]，平时"寻常客至，费数百文，即可仓卒作主人"[98]，显然其花费一般来说要低于婚丧等场合下的宴会。

依前所述，近代以前江南乡村的迎神赛会活动比之 1930 年代既更为活跃，居民对于各类神灵的信仰也更为笃诚，因此，估计当时江南居民在祭祀活动中的开支多于 1930 年代是有充分的理由的。在娱乐方面，则一方面 1930 年代江南居民每年用于迎神赛会等活动的醵钱及活动中的招待费用当比 18 和 19 世纪为低，但另一方面，近代以来江南各地开设茶馆的普遍程度远远超过以往，普通居民将空余时间消磨在茶馆、酒肆中的情形也要普遍得多。因此，也许可以认为 18、19 世纪江南居民的娱乐花费大致与 1930 年代相埒。

注释：

[1]王家范和方行的研究在这个领域中具有开创的意义，王家范：《明清江南消费风气与消费结构描述——明清江南消费经济探测之一》，《华东师范大学学报(哲学社会科学版)》1988 年第 2 期；《明清江南消费性质与消费效果解析——明清江南消费经济探测之二》，《上海社会科学院学术季刊》1988 年第 2 期。方行：《清代江南农民的消费》，《中国经济史研究》1996 年第 3 期。

[2][美]C. 贝里著，江红译：《奢侈的概念：概念及历史的探究》，上海世纪出版集团 2005 年，第 11 页。

[3]费孝通著，戴可景译：《江村经济——中国农民的生活》，商务印书馆 2001 年，第 118～119 页。

[4]袁景澜:《吴郡岁华纪丽》,卷一,行春,江苏古籍出版社标点本1998年。

[5]朱保熙:《巴溪志》,《中国地方志集成》乡镇志专辑8,社会。

[6]参袁景澜:《吴郡岁华纪丽》、顾禄《清嘉录》等文献的记载。

[7]《双林镇志》,《中国地方志集成》乡镇志专辑22下,卷一五,风俗。

[8]《嘉定疁东志》,《上海乡镇旧志丛书》1,卷六,风俗,“过节”。

[9]张郁文:《木渎小志》,《中国地方志集成》乡镇志专辑7,卷五,风俗。

[10]顾禄:《清嘉录》,《丛书集成续编》,史部,第51册,卷三,过节。

[11]民国《吴县志》,《中国地方志集成》江苏府县志辑11、12,卷五二上,风俗一;民国《嘉定县续志》,《中国地方志集成》上海府县志辑8,卷五,风土志,风俗,“祭祀”。

[12]袁景澜:《吴郡岁华纪丽》,卷一二,“过年祀神”。

[13]费孝通著,戴可景译:《江村经济——中国农民的生活》,第96页。

[14]袁景澜:《吴郡岁华纪丽》,卷一二,“二十四日夜送灶”。

[15]参袁景澜:《吴郡岁华纪丽》、顾禄:《清嘉录》各卷。

[16]时宝臣:《双凤里志》,《中国地方志集成》乡镇志专辑9,卷一,风俗,流习。

[17]程锦熙:《黄埭志》,《中国地方志集成》乡镇志专辑7,卷二,风俗。

[18]袁景澜:《吴郡岁华纪丽》,卷三;乾隆《元和县志》,《中国地方志集成》江苏府县志辑14,卷一〇,风俗;张郁文:《木渎小志》,卷五,风俗。

[19]诸联:《明斋小识》,《笔记小说大观》第14册,卷九,春秋纪游,江苏广陵古籍刻印社影印民国上海进步书局石印本1983年。

[20]王健:《祀典、私祀与淫祀:明清以来苏州地区民间信仰考察》,《史林》2003年第1期。

[21]民国《嘉定县续志》,卷五,风土志,风俗,“信仰”。

[22]同上。

[23]同上。

[24]章腾龙、陈勰:《贞丰拟乘》,《中国地方志集成》乡镇志专辑6,卷上,风俗。

[25]袁景澜:《吴郡岁华纪丽》,卷三,“杭州进香船”。

[26]《儒林六都志》,《中国地方志集成》乡镇志专辑11,上卷,风俗。

[27]郑光祖:《醒世一斑录》,《续修四库全书》第1139～1140册,子部杂家类。杂述卷三,天竺香火。

[28]朱象贤:《闻见偶录》,《丛书集成续编》第96册。“毁禁邪神”。

[29]陶煦:《周庄镇志》,《中国地方志集成》乡镇志专辑6,卷六,杂记。

[30]诸联:《明斋小识》,卷一,五圣庙。

[31]钱泳:《履园丛话》,丛话十五,鬼神,中华书局点校本1979年。

[32]陶煦:《周庄镇志》,卷六,杂记。

[33]袁景澜:《吴郡岁华纪丽》,卷三,“杭州进香船”。

[34]章腾龙、陈勰:《贞丰拟乘》,卷上,风俗。

[35]茅盾:《香市》,《茅盾全集》第11册,散文一集,人民文学出版社1997年,第168～169页。

[36]郑光祖:《醒世一斑录》,杂述卷一,“顾氏妖兴”。

[37]陶煦:《周庄镇志》,卷六,杂记。

[38]陈应康:《月浦里志》,《中国地方志集成》乡镇志专辑4,卷四,礼俗志,风俗。

[39]郑光祖:《醒世一斑录》,杂述卷一,“谄事鬼神”。

[40]樊树志:《江南市镇的民间信仰和奢侈风尚》,《复旦学报》(社会科学版)2004年第5期。

[41]王穉登:《订正吴社编》,《四库全书存目丛书》子部241册,“会”。

[42]王穉登:《订正吴社编》序言。

[43]赵世瑜:《狂欢与日常——明清以来的庙会与民间社会》,三联书店2002年,第229页。

[44]钱泳:《履园丛话》,丛话二十一,笑柄,“出会”。

[45]沈藻采:《元和唯亭志》,《中国地方志集成》乡镇志专辑7,卷三,风俗。

[46]光绪《南汇县志》,《中国地方志集成》上海府县志辑5,卷二〇,风俗志,风俗。

[47]钱泳:《履园丛话》,丛话二十一,笑柄,"出会"。

[48]王稺登:《订正吴社编》,"走会"。

[49]杨树本:《濮院琐志》,《中国地方志集成》乡镇志专辑 21,卷六,岁时。

[50]沈廷瑞:《东畲杂记》,上海图书馆藏沈梓光绪十三年刊本。

[51]章腾龙、陈勰:《贞丰拟乘》,卷上,风俗。

[52]杨树本:《濮院琐志》,卷六,习尚。

[53]潘履祥:《罗店镇志》,《中国地方志集成》乡镇志专辑 4,卷一,风俗。

[54]赵诒翼:《信义志稿》,《中国地方志集成》乡镇志专辑 8,卷二〇,风俗物产。

[55]《双林镇志》,卷一五,风俗。

[56]光绪《南汇县志》,卷二〇,风俗志,风俗。

[57]光绪《南汇县志》,卷二〇,风俗志,风俗。

[58]汪曰桢:《南浔镇志》,《中国地方志集成》乡镇志专辑 22 下,卷二三,风俗,引清初董汉策《普劝同里修德禳灾说》。

[59]乾隆《吴江县志》,《中国地方志集成》江苏府县志专辑 19、20,卷三九,风俗二,节序。

[60]诸联:《明斋小识》,卷一〇,朝觐。

[61]汪曰桢:《南浔镇志》,卷二三,风俗,引清初董汉策《普劝同里修德禳灾说》。

[62]《嘉定疁东志》,《上海乡镇旧志丛书》1,卷六,风俗,娱乐。

[63]赵世瑜:《狂欢与日常——明清以来的庙会与民间社会》,第 259～263 页。

[64]"吴江县第七区民情调查表",吴江市档案馆,案卷号 0204—3—313,第 61 页。

[65]王鸿泰:《从消费的空间到空间的消费——明清城市中的酒楼与茶馆》,《台湾学者中国史研究论丛·生活与文化》,中国大百科全书出版社 2005 年,第 360～363 页。

[66]乾隆《长洲县志》,《中国地方志集成》江苏府县志辑 13,卷一一,风俗。

[67]王鸿泰前揭文,第 367～368 页。

[68]诸联:《明斋小识》卷一一,茶馆。

[69]施若霖:《璜泾志稿》,《中国地方志集成》乡镇志专辑 9,据民国二十九年活字本影印,卷一,风俗志,"流习"。

[70]民国《海宁州志稿》,《中国地方志集成》浙江府县志辑 22,卷四〇,杂志,风俗。

[71]《吴江文史资料》十,工商史料选辑,吴江震泽出版社 1990 年,第 4、50 页。

[72]《嘉定疁东志》,《中国地方志集成》本,"实业·商"。

[73]小田:《江南乡镇社会的近代转型》,中国商业出版社 1997 年,第四章。

[74]王鸿泰前揭文,第 372～379 页。

[75]潘履祥:《罗店镇志》,卷一,风俗。

[76]《嘉定疁东志》,《上海乡镇旧志丛书》本,卷六,风俗,娱乐。

[77]《吴江文史资料》一〇,第 4 页。

[78]民国《海宁州志稿》卷四〇,杂志,风俗。

[79]《吴江文史资料》一〇,第 4、50～51 页。

[80]中国经济统计研究所:《吴兴农村经济》,文瑞印书馆民国二十八年三月,第 133 页。

[81]吴敬梓:《儒林外史》第 14 回,转引自王鸿泰前揭文,第 367 页。

[82]诸联:《明斋小识》,卷一一,茶馆。

[83]王卫平:《清代吴地赌风述论》,《苏州大学学报》(哲学社会科学版)1993 年第 3 期。

[84]光绪《南汇县志》,卷二〇,风俗志,风俗。

[85]周郁滨:《珠里小志》,《中国地方志集成》乡镇志专辑 2,卷三,风俗。

[86]童世高:《钱门塘乡志》,《中国地方志集成》乡镇志专辑 4,卷一,风俗。

[87]叶承庆:《乡志类稿》,《风俗·习尚》,引道光初年刘鸿翱《禁桑月樗蒲文》。

[88]《嘉定疁东志》,《上海乡镇旧志丛书》1,卷六,风俗,"娱乐"。

[89]中国经济统计研究所:《吴兴农村经济》,第 134 页。

[90]同上,第 133～134 页。

[91]费孝通前揭书,第 120 页。

[92]卢学溥:《乌青镇志》,《中国地方志集成》乡镇志专辑 23,卷一九,风俗。

[93]茅盾:《香市》,《茅盾全集》11,第 169 页。

[94]《嘉定疁东志》,《上海乡镇旧志丛书》1,卷六,风俗,“娱乐”。

[95]民国《昆新两县续补合志》,《中国地方志集成》江苏府县志辑 17。卷一,风俗。

[96]卜凯:《中国农家经济》,第 5、538、539 页。同样的,原始数据为“有此项开支农户平均数”,经过了重新计算。

[97]《双林镇志》,卷一五,风俗。

[98]民国《嘉定县续志》,卷五,风土志,风俗,“筵席价”。

从宋元方志看南宋江南地区桥梁建设

张锦鹏*

摘　要：从宋元方志对南宋江南地区桥梁的记载看，虽然南宋江南地区新建的桥梁数量不多，但江南各地桥梁保有数量十分可观，且南宋时期重修、重建受损桥梁数量很多，有些桥梁甚至多次重建。新修、重建的桥梁有三个特点：一是多为石桥，二是桥梁建设的投资较大，三是建造桥梁的主体多元化。南宋江南地区重视桥梁建设，这既是南宋江南政治、经济和社会发展的需要，更是江南地方财富积累增长，有更多的地方财政和民间资本投资于交通基础设施的体现。在雄厚的社会财富支持下，南宋江南地区的桥梁建设呈现出质量型提高而非数量型增长的态势。

关键词：南宋江南；桥梁建设；质量型提高

桥梁作为交通基础设施的组成部份，是一个国家或地区交通条件改善的硬件指标之一。唐宋时期是中国古代建造桥梁的高峰时期，由于江南水资源丰富，江河众多，江南桥梁建设一直领先于其他地区。不少著述的研究成果反映了唐宋时期中国江南桥梁建筑科技成就、艺术风格，如唐寰澄的《中国科学技术史·桥梁卷》(科学出版社 2000 年)第一章概论对桥梁发展史按历史时期进行概述，其后按桥梁类型论述中，有不少篇幅论及唐宋时期江南地区石拱桥、木拱桥、浮桥等桥梁的建筑科技成就。此外，张书恒《浙江宋代桥梁研究》(《浙江省文物考古研究所所刊》建所十周年专刊 1993 年)，施小蓓《宁波地区古代桥梁类型与特点探析》(《南方文物》2007 年第 1 期)，杨云芳《浙江古代桥梁的类型和艺术风格》(《浙江林学院学报》1996 年第 2 期)等研究成果均侧重研究唐宋桥梁建造技术、桥梁类型及建筑艺术等问题。还有一些著述从江南桥梁建设与政治、军事、社会经济发展关系等方面进行探讨，如王曾瑜《宋代横跨长江的大浮桥》(《社会科学战线》1983 年第 4 期)，陈晓燕《桥通一水分东西——江南市镇上的桥梁》(《浙江档案》2006 年第 4 期)，曹家齐《唐宋时期南方地区交通研究》(华夏文艺出版社 2005 年)第五章第二节"桥梁之建造"等。综观现有研究成果，从研究内容上，对江南桥梁的研究多注重建筑史、科技史角度，从交通史发展角度的研究相对薄弱；从研究时段上，多数研究成果或通以古代来考察，或以唐宋、宋代为时段来研究，尚未有以南宋为时段来探讨江南地区桥梁建设状况及特点的研究成果。中华书局 1990 年影印本《宋元方志丛刊》收录宋元方志 40 部，这些方志中有 32 部为江南地区地方志，其中有不少方志记载了南宋时期江南各地的桥梁数量及建造维修情况。本文对《宋元方志丛刊》所收录的江南地方志进行梳理，以此认识南宋时期江南地区桥梁建设情况及特点，并对江南社会经济发展与桥梁建设的关系进行探讨。

一、从宋元方志看南宋江南的桥梁建设情况

南宋时期，宋廷定都临安(杭州)，政治经济文化中心与经济重心重合，江南地区在国家治理、社会建设、经济发展方面的主导地位日益突出。交通是人类生产实践、社会发展的基础性条件，伴随着江南政治经济和社会文化的进一步发展，对道路、桥梁、运河、津渡等交通基础设施的社会需求也急剧增长。江南是典型的"水泽之国"，大小河流纵横交通，江河湖泊星罗棋布，因此，桥梁成为沟通陆路交通的重要基础

* 张锦鹏，云南大学民族研究院研究员。

续表

资料来源	地点	南宋时新建桥梁	南宋时重建或维修的桥梁
《嘉定赤城志》	州城		平桥
	临海县	中津桥，东留贤桥，西留贤桥	中津桥，怀义桥，吉祥桥
	黄岩县	利涉桥，桂枝桥	孝友桥
	天台县		临川桥
	仙居县	庆云桥	白水桥，迎恩桥，石井桥，板桥
	宁海县	桐山西桥	桐山西桥
《无锡志》	无锡县		大市桥，胡桥（赵公桥）
《大德昌国州图志》	昌国州	市桥，晓峰桥	

此外，有《咸淳临安志》载，临安府城共有三百四十九座桥，“以上诸桥，□咸淳四年九月安抚潜说友奉朝旨修治，乃遣僚相视撤旧更新者太（大）半，余则随其缺坏，一切整葺。卑者增崇，狭者增辟，舟车往来，始无前日傴仄阻碍之患。工浩事殷，越明年十月告备。是役也，□朝廷首拨钱四十六万六千缗有奇。”[4]《云间志》也载：“绍兴乙丑，岁浚治此浦（指华亭县），于河之东建石梁四十有六，他可知，已今县治之内矼石甃甓。若架木而成者，数逾七十不可殚记。”[5]

二、南宋江南桥梁建设的特点

从表1、表2统计可知，南宋时期，新建的桥梁并不多，但对很多桥梁都进行了重修重建，或者进行局部维修，有的桥梁甚至重修或维修过多次。如庆元府府城的董孝桥，北宋天禧五年（1021年）建，后年久损毁，乾道五年（1169年）在张津的主持下重建。后因火毁，绍定元年（1228年）太守胡榘又主持重建[6]。庆元府鄞县的东津浮桥，建于唐长庆三年（823年），乾道中（1165～1173）张津、庆元（1195～1220）林大中、嘉泰元年（1201年）陈杞、嘉定四年（1211年）程准、嘉定六年程覃、嘉定十六年赵师嵒皆对桥进行重修或维修，宝庆二年（1226年）胡榘对浮桥的缆绳、木板等进行翻新，淳祐二年（1242年）陈垲又对浮桥进行了翻修[7]。台州临海县的中津桥，淳熙八年（1181年）由郡守唐仲友主持建桥，绍熙元年（1190年）江乙祖、庆元元年（1195年）周晔、庆元二年刘坦之、嘉定四年黄、嘉定六年余建皆重修之[8]；镇江金坛县的皇庆桥，旧名行香桥，淳熙中（1174～1189）甃以石，改名惠政桥，端平中（1234～1236）重建，又改名端平桥，元皇庆年间（1312～1313）再次重修此桥，故又更名为皇庆桥[9]。

南宋时期新建、重建的桥梁具有以下特点：

一是多为石桥。有不少建于隋、唐、北宋的桥为木桥，至南宋因年久或兵乱及水火之灾损毁，重建之时绝大多数建为石桥。如《咸淳毗陵志》载，其惠明桥、大市桥重建时，均建为石桥；又如《景定建康志》载，建康府城的白下桥，上元县的钱公桥，溧水县的临淮桥、通济桥、南门桥，重建时也建为石桥；重建于宝祐四年的明州第一桥高桥，乃“结洞为桥，纯以石”，另一桥“广利桥，在慈溪县德门乡新堰之上，往年有小木桥，名新堰。遇潮涨满挽船过堰，率冲桥磡甚，而桥柱为之折。宝祐五年八月，新堰成议，就两岸石磡填筑，至所立桥柱之地，跨栅铺板状如一字，盖就柱填磡。既可藉以障水，且免挽船损柱之患，遂以广利桥名之。”[10]初建于隋大业八年（612年）的无锡县大市桥，“嘉定中县令郑之悌易以石梁”[11]；余姚县的客星桥，“在县东北一十五里陈山，旧有桥，工役不至，屡成屡坏。淳熙十年僧清式始大改，作甓石，如虹袤百五十尺，翼以石栏，极为坚壮。涉六年，乃成。”[12]如建康白下桥“旧架木为之，岁久朽蠹……三衢郑君缉视事之，初窃鄙前人作计之不远，毅然欲取而更新之。未几，运石山积下筑万桩，曰：‘吾将以石易木，为千百年不朽之利。’观者且喜且骇疑。不克，就甫五阅月而桥成。长鲸卧波，飞梁驾虚，材良工坚，天造地设，虽怒涛激湍疾风甚雨，而过者如登康庄得大安稳。”[13]……由木桥向石桥过渡，使桥的坚固性更强，载重能力也大大增强，同时也减少了桥的维修费用。

二是桥梁建设的投资较大。正如《嘉定赤城志》载：“南方治一桥，费缗钱辄数十万，他郡馆舍亦辉敞相望。”[14]南宋时期南方桥梁建设投资巨大。如建康镇淮桥在开禧元年重建时，“会其费为缗钱万四千有畸，而锱铢不以累诸人也。”嘉泰四年重建建康白下桥“会其费为钱几四百万”[15]。重建于宝祐五年的明州慈溪县广利桥，“为费甚巨”，而之后修建的王家店桥，“费居广利桥之七八”[16]。天台临川桥在修建前作投资预算时，“会费五百万钱，出俸四十万，为邑先源源而应数，则充矣。”[17]其投资预算也是个不小的数目。

南宋桥梁修建投资大，这与多建石桥有关，同时也与南宋时建桥较为重视桥身装饰有关。南宋时建的桥梁，常在桥上建亭、屋，或在桥墩、栏杆上雕凿装饰，如于嘉定年间修建的绍兴府府桥，“旧以砖甃，不能坚久。守汪纲乃命更造，尽易以石阑干，华表加饰护焉。桥既宽广，翕然成市，遂为雄观。距府前百许步，曰莲华桥，修亦如之。其他以次缮完，如拜王桥、西双桥、水澄桥、大善桥、县桥、清道桥、鹅鸭桥、木瓜桥、章家桥、里木桥、皆圮毁之，甚者不止十余所，今亦焕然改于其旧云。”[18]如乾道五年十一月建康府重建镇淮、饮虹二桥，“率增其旧四之一，镇淮长十有六丈，为二亭，其南属民以诏令。饮虹长十有三丈，加屋焉。凡十有六楹，而并广三十有六尺。基以巨石，甃以厚甓，千寻之材，世守之工，必坚必良，是度是营……规模壮大，气象雄伟，隆然相望。”[19]桥身的装饰，也大大增加了桥梁的造价。

三是建造桥梁的主体多元化。桥梁的建设多为官府出资，由地方官吏主持、政府出资修建。从前面所列举的南宋时期新建、重建的桥梁来看，由地方官吏主持修建的桥梁占绝大多数，这些由官府主持修建的桥梁，或由地方政府投资，或由地方官吏募集资金建设。此外，有不少桥梁为当地富民出资修建，也有一些桥梁是民间士人和僧侣出面主持募集资金修建。《大德昌国州图志》载：“晓峰桥，去州西五里往，宋淳熙十五年西监监盐鲍谓建。”[20]余姚县的德惠桥，“在县南一十步，旧曰虹桥。崇宁五年邑人莫若鼎始创桥。大江无柱，高数丈，其傍有碑云：‘海舶过而风帆不解’，其高大可见也。建炎末，兵火遂坏。至绍兴初重建，虽稍不逮昔，尚为壮观。淳熙戊戌，王司业捐已帑新之。”[21]庆元府慈溪县的驄马桥，“建炎毁于兵。绍兴十四年，令张光重建，后复摧圮。近岁邑人募众修饰如旧。”[22]奉化县广济桥，“皇朝建隆二年僧师悟始建土桥，其后邑士徐覃易之以木。皇祐中令王泌重建，长三百尺，阔三丈，高视阔倍之，中圮。绍圣四年主簿李肃重建，久复圮。绍熙改元邑人修职郎汪伋捐已资，又新之。”该县的另一桥新妇湖桥，“皇朝绍兴二十一年建，上覆以屋，久而圮。邑人修职郎汪伋重建。”[23]宁海县的桐山西桥，“嘉祐八年县人应宗贵垒石而建，后坏。淳熙十二年民张潭仍架木为之。”[24]

三、南宋时期江南的经济社会与桥梁建设

自唐中叶以来，以长江三角洲为其核心地带的江南经济获得快速发展，区域经济的发展，必然要求交通基础设施建设的跟进，修路筑桥成为唐宋时期地方政府和民间人士积极的效力之大事。而这些地区又是水乡泽国，在星落棋布的湖泊河道之中，桥梁是沟通陆上交通的必要基础设施，建造桥梁和保障桥梁能通畅通行成为交通建设之重点。因此，在北宋以前，江南已经建造了为数众多的桥梁，有的建于北宋年间，有的建于唐朝年间，还有一些桥梁是建于隋代、六朝乃至更早的年代。反映在宋元方志中江南各地桥梁保有数量很多，这些桥梁基本上能满足南方各地人员往来交通的需要，满足商品物资在区域内和区际间流转的需要。

南宋政府偏安江南，特殊的政治格局，造就了一个新的商流、物流、信息流的运动圈——即全国各地的商品、物资、人员、信息等等各种经济资源和社会资源均向首都临安汇集，而国家政令、官员调动、物资分遣、商品流转等等又从首都流向全国各地。而这种人员、物资、信息的空间流动的频率，具有以中心点向核心区、边缘区逐渐递减的特点。作为邻近首都临安的建康、镇江、平江府、绍兴府、明州、徽州等地，自

然是与首都社会经济联系最为密切的核心区，对交通基础设施的要求也相应提高。鉴于北宋以前所建造的桥梁保有量已基本能满足沟通交通的要求，故建造新桥的任务并非十分急切，而保障桥梁正常通行则成为当务之急。这就要求桥梁一旦出现损毁，需及时重修重建。故宋元方志中记载重建和修缮桥梁的记载多于新建桥梁。而桥梁损毁后，各地多在原址重建，这也反映了交通道路具有路径依赖的特点，也就是说，一旦一条交通道路形成后，将被人们长久利用，很少有将原道路废弃重建新路的情况。在传统社会，受建筑施工技术和投资条件的限制，道路的"路径依赖"更为明显，桥梁作为沟通连接道路的基础设施，在建设之时必然也依赖于原有道路走向，这也是南宋桥梁重建数量多于新建数量之原因。

交通是一个地区社会经济发展的基础条件，交通兴、经济强，这不仅是现代社会的经验之谈，也是传统社会发展的必要条件。宋元方志记载的南宋江南桥梁建设情况，从一个侧面反映了南宋江南地区交通基础设施建设已有很大进步。交通在促进江南经济发展方面的贡献，更是不胜枚举。且不说两浙路一直是全国两税贡献最大的地区，单是商税收入也遥遥领先于其他地区，嘉泰年间(1201～1204)，仅绍兴府一个府商税租额十万五千七百六十七贯七百九十二文，递年额十万五千三百一十二贯十四文，是熙宁十年两浙路商税收入的八分之一[25]。与绍兴府毗邻的庆元府商税收入也不小，《宝庆四明志》载南宋时期庆元府商税收入为八万七千一百零四贯四百八十文，其中：都税院三万五千六百六十二贯四百七十五文，诸门引铺一万九百一十二贯五文，奉化、慈溪、定海、小溪、石碶、宝幢、澥浦七税场四万五百三十贯文[26]。各地城市经济实力不断增强，城市车马人流相攘于街道，乡村草市墟市遍地开花，商业性农业有了显著发展，商品经济大潮涌动于城市农村。南宋江南交通的发展，使城市、乡村的经济形成了有效互动，区域与区域之间的经济联系加强，国内市场向海外市场开拓。

反过来，交通的发展也深刻地受到一个国家或地区经济发展水平的制约。随着江南区域经济快速发展，社会财富积累不断增长。在强大的社会财富支持下，地方政府投资公共工程的实力大大加强，地方官员主持新修或重建桥梁之时，已经不再选择建造一次性投资成本小、维护成本高、使用期短的木桥，而多改建为一次性投资成本大、维护成本低、经久耐用的石桥，并且在建桥时，还不惜花费巨资对桥体、桥身进行精心装饰，这些耗资巨大的"表面工程"使南宋的桥梁较之前代在建筑美学上有了很大提升。

建造石桥、重视桥梁装饰，这必然耗费巨资，故时人有"南方治一桥，费缗钱辄数十万"的感慨，这无不靠强大的地方经济实力作为支撑。建康留守马祖光，不仅在宝祐四年(1256年)主持重建了镇淮桥和饮虹桥，而且相隔五年之后，在景定二年(1261年)一年之中，就主持重建了月华桥、东虹桥、西虹桥、景定桥、太平桥、鼎新桥、斗门桥、崇道桥、武卫桥、广富桥，共计十座桥。一个州府一年之内投资建造十座桥，可谓规模宏大[27]。据《宝庆四明志》载，太守胡榘在明州任职时间仅为四年(宝庆二年至绍定二年)，在其任职期间，在府城主持重建了董孝桥、千岁桥、皇封桥、开明桥、积善桥、生姜桥、盐蛤桥、萧家桥、回途桥、余庆桥、琅琊桥、做絮桥、团桥、都税院桥、张家桥、四港桥、市舶司后桥、葛家桥、洗麸桥、洞桥、泰和坊桥、隐仙桥、柴家桥、广慧桥，共计二十五座桥，其数量也十分可观。此外，胡榘主持新建了鄞县的新石桥和翻修了东津浮桥[28]。这些地方官员除了利用地方财政节余修建桥梁外，还广泛向民间募集修建桥梁的资金。由此可见，南宋时期江南地区无论是地方财政还是民间资本的积累都具有相当的实力。

唐宋时期，东南沿海地区，是商品经济最为发达的地区。商品经济的蓬勃发展，造就了财富力量逐渐崛起壮大，形成了一个颇具经济实力的富民阶层。随着财富的积累，富民阶层已经不再满足于财富的积累，而是充分利用财富力量来加强自己的社会话语权。这一愿望，在南宋时期已经十分明显地体现在各地富民积极投资修路筑桥上，修路筑桥不仅是中国传统文化所倡导"积德行善"之义举，而且通过投资兴建公共工程，能大大提升富民的个人威望和社会地位[29]。因此在南宋时期，富民成为建造桥梁的重要财富力量，从而大大推动了南方以桥梁为代表的交通基础设施的建设。

总之，从宋元方志的记载反映出，南宋时期江南各地桥梁保有数量十分庞大，纵横于城市乡村河流沟渠的众多桥梁，大大促进江南水乡的陆路交通的通达畅行，反映了在北宋以前江南地区的桥梁建设就已经有很大的成就。南宋时期，地方政府和民间人士在重修重建和修缮维护桥梁方面做出了积极的贡献，这反映了江南地区在南宋时期更为重要的区位因素，对交通基础设施的需要也大为增强，不断蓬勃发展的江南商品经济也迫切要求交通更加通畅，以保障人流、物流、信息流快速流转和运动。另一方面，交通基础设施的发展也是经济社会发展的产物，南宋江南桥梁建设十分清晰地体现出区域经济对交通基础设施建设的推动作用。自唐宋以来，江南地区成为中国经济最发达、最富庶的地区。尤其是商品经济的快速发展，为江南地区的财富增长和财富积累提供了更为广阔的空间，民间的财富增长不仅造就了富民阶层的兴起，也使地方财政收入大大增长。个人财富和社会财富的积累为桥梁等基础设施建设提供了必要的资本，投资主体的多元化体现了桥梁建设资金多孔而出，强大的财富力量支持下，南宋江南桥梁建设呈现出质量型提高态势。木桥改建为石桥，桥梁装饰成为风尚等，均是南宋桥梁建设质量型提高的表现。

注释：

[1]《嘉泰吴兴志》卷一八《桥梁》，《宋元方志丛刊》，中华书局 1990 年影印本，第 4851 页。

[2]文渊阁四库丛书《宝庆四明志》载鄞县有 35 座桥，《宋元方志丛刊》所收录的《宝庆四明志》版本载鄞县有 34 座桥。

[3]文渊阁四库丛书《会稽志·续志》载府城桥仅为 3 座，《宋元方志丛刊》所收录的《宝庆会稽续志》载府城桥 10 座。事实上，府城和各县桥远不止此数，作者仅列各地有代表性的桥梁。南宋时期绍兴府桥梁总数可参见《嘉泰会稽志》中所载。

[4]《咸淳临安志》卷二一《桥道》，《宋元方志丛刊》，第 3566 页。

[5]《云间志》卷上《桥梁》，《宋元方志丛刊》，第 13 页。

[6]《宝庆四明志》卷四《桥梁》，《宋元方志丛刊》，第 5038 页。

[7]《宝庆四明志》卷一二《鄞县志·桥梁》，第 5157 页。

[8]《嘉定赤城志》卷三《临海》，《宋元方志丛刊》，第 7302 页。

[9]《至顺镇江志》卷二《桥梁》，《宋元方志丛刊》，第 2633 页。

[10]《开庆四明续志》卷二《驿亭桥路》，《宋元方志丛刊》，第 5947、5943 页。

[11]《无锡志》卷一《津梁》，《宋元方志丛刊》，第 2197 页。

[12]《宝庆会稽续志》卷四《桥梁》，《宋元方志丛刊》，第 7136 页。

[13]《景定建康志》卷一六《桥梁》，《宋元方志丛刊》，第 1545 页。

[14]《嘉定赤城志》卷三《地里门三》，《宋元方志丛刊》，第 7300 页。

[15]《景定建康志》卷一六《桥梁》，第 1542、1545 页。

[16]《开庆四明续志》卷二《驿亭桥路》，第 5943、5944 页。

[17]《嘉定赤城志》卷三《桥梁》，第 7306 页。

[18]《宝庆会稽续志》卷四《桥梁》，第 7135 页。

[19]《景定建康志》卷一六《桥梁》，第 1541 页。

[20]《大德昌国州图志》卷四《桥梁》，《宋元方志丛刊》，第 6087 页。

[21]《嘉泰会稽志》卷一一《桥梁》，《宋元方志丛刊》，第 6920 页。

[22]《宝庆四明志》卷一六《慈溪县志·桥梁》，第 5211 页。

[23]《宝庆四明志》卷一四《奉化县志·桥梁》，第 5186 页。

[24]《嘉定赤城志》卷三《桥梁》，第 7308 页。

[25]数据来源：《嘉泰会稽志》卷五《课利》计算得出，第 6794～6795 页。

[26]《宝庆四明志》卷五《商税》，第 5053 页。

[27]《景定建康志》卷一六《桥梁》，第 1540～1551 页。

[28]《宝庆四明志》卷四《桥梁》，第 5038、5039、5140 页。

[29]参见拙作：《宋代乡村治理中政府与“富民”的博弈关系分析》，见林文勋等：《中国古代“富民”阶层研究》，云南大学出版社 2008 年，第 198～223 页。

宋初两浙东北路、两浙西南路考

顾宏义 *

摘　要：北宋初期，作为地方最高行政监察区划的"路"颇有置废、分合之异，如始置于太平兴国初年的两浙东北路、两浙西南路即为一例。对于两浙东北路、西南路的置废及其辖境等，史籍中记载甚少，且颇有错讹，由此今人相关论著亦大多语焉不详，且时有舛误之处。为此，本文主要考辨了两浙东北路、西南路的置废及其所辖区域与转运使、副使任罢情况。

关键词：北宋初期；两浙路；辖境；转运使

北宋初期，地方最高行政监察区划由"路"制逐渐替代唐之"道"制，至宋廷于至道三年(997年)诏分全国为十五路，标志"路"制的最终确立，而影响深远。在此过程中，有些"路"颇有置废、分合之异，如始置于太平兴国初年的两浙东北路、两浙西南路即为一例。对于两浙东北路、西南路的置废及其区域等，史籍中记载不多，且颇有错讹，由此今人相关论著亦大多语焉不详，且时有舛误之处。为此，本文据有关史料记载，分别对两浙东北路、西南路的置废及其所辖区域与转运使、副使任罢情况等作一考辨，以求正于方家。

一、两浙东北路、两浙西南路的置废

对于两浙东北路、两浙西南路的设置年月，史籍中有着明确的记载，即在太平兴国三年(978年)五月丙戌日："命……刑部郎中杨克让充两浙西南路转运使，宗正丞赵齐副之；祠部郎中河南刘保勲充两浙东北路转运使，右拾遗郑谦副之。"[1]《乾道临安志》卷二《廨舍》、《咸淳临安志》卷五〇《两浙转运》所载同。此后两浙东北路改为两浙路、两浙西南路改为福建路。二路改名时间，据《元丰九域志》卷九等记载，两浙西南路改福建路在雍熙二年(985年)，而两浙东北路改两浙路则未得其时。对此，今人李昌宪《中国行政区划通史(宋西夏卷)》据《长编》载太平兴国六年八月罢免两浙东北路转运使王德裔，九月接任的高冕之官衔已改为"两浙转运使"，故认为两浙东北路改名两浙路，当在王、高到罢之际。[2]而李之亮《宋代转运使司置司考述》一文更以为"两浙西南、东北二路转运司至太平兴国六年即被撤销"，即"本年两浙东北路、两浙西南路合称为两浙路，至太宗雍熙二年，两浙西南部分独立为福建路"。[3]此说不确。

其一，雍熙二年改两浙西南路为福建路，宋代文献中多有记载，除《元丰九域志》外，《淳熙三山志》卷一《叙州》、卷七《转运行司》，《方舆胜览》卷十《福州》，《记纂渊海》卷十《福州》，《古今合璧事类备要别集》卷二《福建路》以及《宋会要辑稿・方舆》卷七之一〇等所载皆同，又《宋太宗实录》亦载太平兴国九年八月"甲辰，以监察御史周渭为两浙西南路转运使"，[4]可知李之亮"太平兴国六年两浙东北路、两浙西南路合称为两浙路"的说法不能成立。

又，《长编》卷二一太平兴国五年四月"丁酉诏，应勑除及吏部注授幕职、令录、司理、判司、簿尉，自今除程给一月限，其川、峡、岭南、福建路给两月"。故有学者以为"福建路始见于此"。[5]在宋代文献中，于雍熙二年以前明确称"福建路"者仅此一见。对此，李昌宪认为"路"当是衍文，"福建"乃沿用唐"福建道"之称呼而已。[6]对于太平兴国五年四月之诏内容，《宋史・选举志五》亦有记载，即无"路"字，[7]可证李昌宪

* 顾宏义，华东师范大学古籍研究所副研究员。

的说法成立。其实《长编》卷二一载录此诏令下，李焘又注云：“淳化三年七月又下诏，与此无异，更不重出。”是太平兴国五年诏中之“路”，或因淳化三年之诏文而误衍。

其二，两浙东北路、两浙西南路是因其相对位置而得名，宋时淮南东、西路，江南东、西路，广南东、西路，荆湖南、北路等皆同，未见仅有东路而无西路的情况。同理，两浙东北路、两浙西南路的改名亦应同时或相前后，不至出现一改名而一不改名，且两浙东北路如改称两浙路，即当统摄两浙西南路，然从宋代文献上看，自太平兴国三年设置两浙东北路、两浙西南路以后，二路始终处于相等地位，并无两浙西南路附属于两浙路的记载。因而推知两浙东北路改名似亦当在雍熙二年或稍前后，由于两浙西南路改名福建路，故其径称作两浙路。至于太平兴国六年九月以后称两浙转运使而未称两浙东北路转运使，当是史官用此后习惯的名称追呼而然，如雍熙二年以前即有称“福建”者一样。

又上述于太平兴国九年八月任两浙西南路转运使的周渭，《宋史》本传载曰：

> 太平兴国二年为广南诸州转运副使，……就加监察御史。在岭南凡六年。徙知扬州，进殿中侍御史，改两浙东、西路转运使。入为盐铁判官，迁侍御史。[8]

当时两浙路并未分为东、西二路，故《宋史·周渭传》所载文字如无讹误，即此“两浙东、西路”实指两浙东北路、西南路而言。因周渭“在岭南凡六年”，故其知扬州当在太平兴国八年，而据《宋太宗实录》卷三一，周渭任两浙西南路转运使在太平兴国九年八月，故推知其任职两浙东北路转运使当在八年至九年八月间。是亦为两浙东北路未于太平兴国六年改称两浙路之一证。

此外，南宋末《咸淳毗陵志》卷一《地理一》“至道三年丁酉初分天下为十五路”，其“考异”云：“按《会要》两浙路，太平兴国中曰两浙东北路，福建路曰两浙西南路，至是年书分天下为十五路，始直书曰两浙路。”则认为直至至道三年始名两浙路，则亦不然。

二、两浙东北路、两浙西南路的辖境

两浙东北路和西南路的辖境，宋代文献中未有明确记载。李昌宪《中国行政区划通史》中指出“太平兴国三年(978年)，漳泉、吴越相继献地，并开宝八年(975年)江南所得之汀、建、剑、常、润五州及江阴军，宋初统称之为‘两浙诸州’。”至三年设置两浙东北路、西南路转运司官，“始分闽、浙诸州为两路”，其“太平兴国三年时，两浙西南路辖福、建、漳、泉、汀、剑六州”，后析泉州地置兴化军，析建州地置邵武军，故此后“两浙西南路及其后的福建路共辖上述八州军”。又曰“太平兴国时，两浙路的辖境不详”。[9]但考辨宋代相关史料，李说似颇有可商榷之处。

对于太平兴国三年漳泉、吴越相继献地，《长编》卷一九所载颇详：

> 是年四月己卯，平海节度使陈洪进献漳、泉二州地。
>
> 五月乙酉朔，吴越王钱镠献十三州、一军地。

丙戌，宋廷“命考功郎中范旻权知两浙诸州事；左赞善大夫侯陶、著作佐郎崔继宗检阅两浙诸州钱帛；刑部郎中杨克让充两浙西南路转运使，宗正丞赵齐副之；祠部郎中河南刘保勲充两浙东北路转运使，右拾遗郑骧副之；右卫将军太原侯赟按行两浙诸州军储刍茭、粮廪；左赞善大夫孟贻孙通判两浙事”。

可见两浙东北路、西南路是宋廷为有效治理陈洪进、钱镠所献的“两浙诸州”地而设置，故其辖地亦应在此范围内。除漳、泉二州地外，钱镠所献地为杭、苏、越、湖、衢、婺、台、明、温、秀、睦、福、处十三州及衣锦军，[10]显然开宝八年平江南所收的汀、建、剑、常、润五州并不在内。下面即据有关史料记载对此五州归属作一考辨。

常州原属南唐，开宝八年四月，吴越“兵围常州”，守臣“以城降”。五月壬申朔，宋廷命行营兵马都监丁德裕权知常州。[11]《咸淳毗陵志》卷一《地理一》云：“雍熙四年丁亥，诏常州属江南道。（原注：《长编》。）”又云：“但开实八年得常州，未知属何路。”至至道三年分天下为十五路，常州“方属两浙也”。案今传本《长编》中无“雍熙四年丁亥，诏常州属江南道”条。但元末《无锡县志》卷一《邑里》、《元一统志》卷七九二《常州路·建置沿革》皆明载常州于雍熙四年诏属江南道，至道三年属两浙路。此“江南道”当指江南路。又《长编》卷四〇至道二年十月已未条云：先是马亮“始通判常州，吏民有因缘亡失官钱，籍其赀犹不足，偿妻子，连逮者至数百人。亮纵去，缓与之期，不踰月，尽输所负。罗处约使江东，以亮治行闻，擢知濮州”。因宋朝转运使有察举所属州郡官员之责，故江南东路转运使罗处约以常州通判马亮“治行闻”。由是知常州于雍熙四年自两浙路改属之江南东路，至至道三年再归属两浙路。

润州所属不详，然从常州曾改属江南路上看，地处常州之西的润州似当属江南路，直至至道三年始与常州一同改属两浙路。

建州，据《舆地纪胜》云，当“国朝（宋朝）平江南，初属江南转运使，（原注：……则是南唐平，所管州郡皆隶江南转运也。）其后隶两浙南路，（原注：《图经》云在钱氏纳土之后。）寻以隶福建路。（原注：《国朝会要》在雍熙二年。）”[12]祝穆《方舆胜览》卷一一《建宁府》亦云建州“国朝初隶江南，又隶两浙南路，寻以隶福建路”。此“两浙南路”当为“两浙西南路”之误。建州自江南路改隶两浙西南路的时间，当在雍熙初。史载雍熙元年十一月，“以建州进士杨亿为秘书省正字，时年十一”。杨亿“七岁能属文，上闻其名，诏江南转运使张去华就试词艺，遣赴阙”。[13]因建州属江南路，故由江南转运使承担考校杨亿“词艺”之责。由此推知建州改属两浙西南路的时间约在雍熙元年末或二年初，故史称其“寻以隶福建路”。[14]

剑州，宋初因四川亦有州名剑州，故改名南剑州。南剑州于太平兴国间属何路，史无明文。据《宋史》卷二六五《张齐贤传》所载分析，南剑州初亦当属江南路：张齐贤“（太平兴国）六年为江南西路转运副使，冬改右补阙，加正使。……先是诸州罪人多锢送阙下，路死者十常五六。齐贤道逢南剑、建昌、虔州所送，索牒视之，率非首犯，悉伸其冤抑，因力言于朝。后凡送囚至京，请委强明吏虑问，不实则罪及原问官属，自是江南送罪人者为减大半”。而洪迈《容斋四笔》所载更详，云：

> 江左初平，太宗选张齐贤为江南西路转运使，谕以民间不便事，令一一条奏。先是诸州罪人多锢送阙下，缘路非理而死者，常十五六。齐贤至蕲州，见南剑州吏送罪人者，索得州帖视之。……江州司理院自正月至二月，经过寄禁罪人，计三百二十四人。建州民二人，本田家客户，尝于主家塘内，以锥刺得鱼一斤半，并杖脊、黥面，送阙下。齐贤上言：“乞俟至京，择官虑问，如显有负屈者，本州官吏量加惩罚。自今只令发遣正身。”……自是江南送罪人者减大半。[15]

是证太平兴国后期，建州、南剑州皆属江南路，故二州民犯罪即由江州司理院审理，而转运使张齐贤亦予以处置、审理。

汀州属之何路，史籍无载。然比照原属南唐的建、南剑二州，其亦当隶属江南路。

此外，《舆地纪胜·兴化军》云兴化军乃太平兴国四年析泉州地置，八年将军治自游洋镇“移于莆田县，为转运使杨克逊请也。初隶江南东路，（原注：《图经》。）后隶福建路。（原注：《国朝会要》在雍熙二年。）”[16]案兴化军地处福、泉二州间，与时属江南路的南剑州、汀州等地皆不相接，故不当隶属江南东路。《宋史》卷二七〇《杨克让传》云杨克让“为两浙西南路转运使。泉州民啸聚为盗，克让在福州，即率其屯兵至泉州，与王明、王文寳共讨平之。四年，徙知广州”。《长编》卷一九所载同，称群盗围攻泉州城，“时两浙西南路转运使杨克让在福州，遂率屯兵往救之”。[17]可证两浙西南路转运使驻福州，而泉州实属之，故转运使杨克让率军救泉州之急。因此，自泉州析地所置之兴化军，亦当隶属两浙西南路。《舆地纪胜》所云“隶江南东路”，或当是因唐代行政区划之江南东道而误称。

综上可知，太平兴国初，大体于原南唐之地上设江南路，而在原吴越、漳泉之地上置两浙东北路、西南路，故原属南唐的汀、建、南剑、常、润五州并不归属两浙东北、西南二路，而归诸江南路。此后常州改属两浙路，然时间不详。至于两浙东北路、西南路之辖境如何划分，今亦不详。后人以为两浙西南路即等于日后之福建路，似有不然。因为当时福建六州，汀、建、南剑三州属之江南路，仅福、泉、漳三州归于两浙西南路，辖境过小，故推测今浙南诸州当时亦应属两浙西南路。至雍熙初，江浙诸路辖境有所调整，即汀、建、南剑三州及析建州地而置的邵武军，自江南路改隶两浙西南路，并于雍熙二年中归属新设之福建路；浙南诸州划入两浙路，故雍熙四年重又将常州划归江南路。至至道三年分天下为十五路，两浙路、福建路的辖境始定，即两浙路辖杭、越、苏、常、润、秀、湖、睦、明、台、温、婺、衢、处十三州及江阴一军，福建路辖福、建、漳、泉、汀、南剑六州及兴化、邵武二军。

三、两浙东北路、两浙西南路转运使、副使考

宋初两浙东北路、西南路转运使、副使的任职情况，李之亮《宋代路分长官通考》及戴扬本《北宋转运使考述》下编《北宋转运使年表》中皆有所介绍，[18]但戴著所述稍显简单，而李著中颇有讹误，故本文即据相关史料，对太平兴国三年至雍熙二年间的两浙东北路、两浙西南路转运使、副使等任罢时间，按年考辨，缺者补之，讹者正之。

太平兴国三年（978年）

《长编》卷一九太平兴国三年五月丙戌："刑部郎中杨克让充两浙西南路转运使，宗正丞赵齐副之；祠部郎中河南刘保勳充两浙东北路转运使，右拾遗郑骧副之。"《乾道临安志》卷二《廨舍》所载人名稍异："太平兴国三年，钱氏纳土。是年五月丙戌始置转运使，以刑部郎中杨克逊充两浙西南路转运使，宗正寺丞赵齐副之，祠部郎中刘保勳充两浙东北路转运使，右拾遗郑逊副之。"《咸淳临安志》卷五〇《两浙转运》所载同《乾道临安志》。

杨克让即杨克逊，因宋人为避宋英宗的生父允让之讳，而改"让"作"逊"。[19]又《宋史》卷四二六《陈靖传》云兴化军莆田人陈靖，当陈洪进献地"称臣，豪猾有负险为乱者，靖徒步谒转运使杨克巽，陈讨贼策"。此转运使杨克巽，即首任两浙西南路转运使的杨克让，因避讳而改"让"作"巽"。《宋代路分长官通考》于两浙西南路转运使条下并列杨克让、杨克巽二人，误。

郑骧又作"郑逊"的原因不详，或因上之杨克让改作杨克逊而致误。

太平兴国四年（979年）

《宋史》卷二七六《刘保勳传》："太宗征晋阳，（刘保勳）改户部郎中，为随军转运使兼勾当北面转运事。"案《宋史》卷四《太宗本纪一》，宋太宗征北汉在太平兴国四年初。

《宋史》卷二七〇《杨克让传》：太平兴国"四年，（杨克让）徙知广州"。案《宋代路分长官通考》两浙西南路转运使条于太平兴国四年至六年间列杨克巽名者，误。

太平兴国五年（980年）

《宋会要辑稿·食货》四九之四：太平兴国"五年，又以太子左赞善大夫贾昭明为两浙西南路判官"。又《淳熙三山志》卷七《转运行司》："太平兴国三年，钱氏纳土，闽为两浙西南路，置使副，寻省，独使一员。五年始命太子左赞善大夫贾昭明为本路转运判官。（原注：无副者置。）"案《宋代路分长官通考》两浙西南路转运副使条于太平兴国五年、六年间仍列赵齐之名者，误。

太平兴国六年（981年）

《宋会要辑稿·食货》四九之五：太平兴国"六年正月十六日，分遣朝臣为京东西、江南、两浙、剑南、荆湖转运副使"，徐休复"预其选"。七月，又以魏庠为两浙西南路转运副使。九月，"诏选旧朝臣十人，复为诸路转运使"。其中膳部郎中高冕两浙路。"废诸道转运副使，并同转运使三十人并为诸州知州"。内魏庠知信州、徐休复知明州、贾昭明知南剑州。

据《宋史》卷二七六《徐休复传》：徐休复于太平兴国"六年加右补阙，充两浙东北路转运副使，移知明

州。七年秋,被召赴阙”。则知是年正月中徐休复任两浙东北路转运副使,九月改知明州。

魏庠于是年七月为两浙西南路转运副使,九月知信州。因一路如设转运副使,即不设转运判官,故贾昭明当已自两浙西南路转运判官升任转运副使,然不详何路,至此改知南剑州。

《长编》卷二二太平兴国六年八月庚午,“诏免两浙东北路转运使王德裔,仍削两任,追先所赐白金千两,坐简慢不亲事,部内不治也”。王德裔始任两浙东北路转运使之时不详。

九月间,膳部郎中高冕任两浙路转运使。此两浙路当属两浙东北路。据《长编》卷二三太平兴国七年十二月庚午记事,知此时高冕仍在两浙转运使任上。《宋史》卷二六九《高冕传》云其“宋初由膳部、都官员外郎累至膳部郎中,出知益州。雍熙二年,卒”。然不详其移知益州之时,似当在太平兴国末。

太平兴国八年(983年)

《宋史》卷三〇四《周渭传》:周渭“太平兴国二年为广南诸州转运副使,……就加监察御史。在岭南凡六年。徙知扬州,进殿中侍御史,改两浙东、西路转运使”。此“两浙东、西路”当指两浙东北路、西南路。自太平兴国二年下推六年,其知扬州当在太平兴国八年,而任两浙东北路转运使当在八年或九年初。

又《宋代路分长官通考》两浙转运使条在是年有张齐贤名,并引录《长编》卷二四太平兴国八年三月乙酉记事:“齐贤初除转运使,辞日,上面命曰:‘江左初平,民间不便事,一一条奏。’”案:此处所云张齐贤初除之转运使,乃指江南西路转运使,非两浙路。《宋代路分长官通考》所云误。

雍熙元年(984年)

《宋太宗实录》卷三一,太平兴国九年八月甲辰,“以监察御史周渭为两浙西南路转运使”。案是年十一月改元雍熙。[20]《宋史》卷三〇四《周渭传》云周渭自两浙西南路转运使“入为盐铁判官,迁侍御史”。然未详其时。《宋代路分长官通考》将周渭始任两浙转运使的时间系之雍熙二年,不确。

雍熙二年(985年)

《宋史》卷二七八《雷德骧传》:太平兴国七年,雷德骧“以公累降本曹员外郎,出知怀州。未几,复旧官。又命为两浙转运使。其子殿中丞有终亦为淮南转运使,父子同日受诏,搢绅荣之。俄迁右谏议大夫。雍熙二年,征归朝”。其始任两浙转运使之时不详。案《宋史》卷二七八《雷有终传》云雷有终“太平兴国六年迁殿中丞,知密州,徙淮南转运副使,赐绯鱼,改太常博士。时德骧主簿两浙,往往省于境上,时人荣之。雍熙中,王师北征,命为蔚州飞狐路随军转运使”。“雍熙北征”在雍熙二年。由上推知雷德骧当在太平兴国八年或雍熙元年,接周渭之任为两浙转运使,至雍熙二年离任。

是年,两浙西南路改名福建路。

注释:

[1]李焘:《续资治通鉴长编》(以下简称《长编》)第3册,卷一九“太平兴国三年五月丙戌”,中华书局1979～1995年,第428页。

[2]李昌宪:《中国行政区划通史(宋西夏卷)》,复旦大学出版社2007年,第63页。

[3]李之亮:《宋代转运使司置司考述》,《文史》2004年第1期。

[4]钱若水:《宋太宗实录》卷三一,甘肃人民出版社2005年,第54页。

[5]戴扬本:《北宋转运使考述》,上海古籍出版社2007年,第368页。

[6]《中国行政区划通史·宋西夏卷》,第78页。

[7]脱脱等:《宋史》卷一五九《选举志五·铨法下》,第11册,第3721页,中华书局点校本:“太平兴国初,选人孟峦拟宾州録事参军,诣匦诉冤,坐流海岛。自是,得远地者不敢辞。既而诏:川峡、岭南、福建注授,计程外给两月期。”

[8]《宋史》卷三〇四《周渭传》,第29册,第10056页。

[9]《中国行政区划通史·宋西夏卷》,第63页、第77～78页。

[10]《宋史》卷八五《地理志一》,第7册,第2094页。

[11]《长编》卷一六开宝八年四月癸丑、五月壬申,第2册,第338～339页。

[12]王象之:《舆地纪胜》卷一二九《建宁府》,四川大学出版社2005年,第4074页。

[13]《长编》卷二五雍熙元年十一月癸酉，第3册，第589～590页。

[14]方志如：《嘉靖建宁府志》卷一《沿革》、《嘉靖邵武府志》卷二《建置沿革》等皆云宋建州于太平兴国三年属之两浙西南路，其说实误。

[15]洪迈：《容斋随笔・四笔》卷一三《国初救弊》，上海古籍出版社1978年，762～763页。

[16]《舆地纪胜》卷一三五《兴化军》，第4245页。又明《八闽通志》卷一《地理》注引《莆阳志》云"兴化军初隶江南东路"，或源出于《舆地纪胜》。

[17]《长编》卷一九太平兴国三年冬，第3册，第438页。

[18]李之亮：《宋代路分长官通考》，巴蜀书社2003年，第780～784页；戴扬本：《北宋转运使考述》，第301～302页。

[19]陈垣：《励耘书屋丛刊》中《史讳举例》卷八，北京师范大学出版社1982年，第1467页。

[20]《宋史》卷四《太宗本纪一》，第1册，第73页。

战争环境下民众的社会生活与社会意识

——抗战时期浙江省个案研究

张根福　岳钦韬*

摘　要:战前浙江社会处于相对和平的环境,国民政府实行了一些有利于经济文化发展的政策措施,民众的社会生活有了长足的进步。抗战爆发后,社会生活的衣食住行、生产消费、疾病死亡等各方面因战争而发生了重大变化,大部分民众挣扎在生死边缘。随着战争的进展,民众的社会意识表现出错综复杂的局面:在初级形态的社会心理方面出现了"战(灾)后行为异常",如超常力量的产生、良知的显露与恶性的爆发、正常人的精神病和"精神病人"的正常等;在相对高级的"抗战意识"方面,基层民众则显得淡薄且有异化的现象,如民间的抗战意识并不普遍、许多民众没有认清抗战的性质与意义、部分民众的抗战意识与行动带有迷信、娱乐色彩等。究其原因,主要与现实环境中的种种因素密不可分,国民政府战时的一些不恰当做法,再加上传统社会心理因素的深层次作用,一定程度上压制了民众抗战意识的产生与发展。

关键词:抗日战争;浙江省;社会生活;社会心理;抗战意识

抗日战争研究是中外学界的一门"显学",成果斐然,近年来社会史理论与方法的引入则大大拓宽了这一领域的研究范畴。学界对战时社会结构、社会阶层、社会生活、社会问题与冲突、社会救济、社会心理与意识诸方面展开了初步的探讨,[1]但总体上看还显得比较薄弱,尤其是对反映广大民众在抗战时期生存状态的社会生活和折射民众精神生活过程的社会意识的研究更显不足。目前学界对战时生活的研究主要集中于抗日根据地婚姻与女性、风俗变迁的研讨[2];对社会意识的研究则主要围绕沦陷区民众的心态、抗日根据地民众的社会心理方面展开[3],其他方面的研究则近乎空白。有鉴于此,本文以抗战时期浙江省为个案,在充分发掘、利用新旧史料的基础上,借鉴社会学的相关理论及社会史、心态史的研究方法,以普通民众为研究对象,关注他们在战争环境下的社会生活实态以及民众社会意识的真实状况,以揭示战时社会生活、社会意识与抗战大局之间的互动关系,从而自另一角度展现战时社会变迁的图景。

一、战时民众的社会生活

在抗战爆发前的十年间,浙江社会处于相对和平的环境中。国民政府实行了一些有利于经济文化发展的政策措施,浙江省政府也非常注重经济建设与文化投入,浙江社会有了长足的进步。但另一方面,政府为"扩展各种各样的近代化计划","千方百计提高岁入征收的水平"[4],也给民众带来了沉重的负担。

1937年7月,日本侵华战争全面爆发,浙江社会相对和平的环境被彻底打破。残酷的战争使浙省经济遭受严重的破坏,大量耕地荒芜,工厂被毁,据《浙江省善后救济资料调查报告》,农业方面,8年中全省共计荒芜耕地280万亩,占全部耕地面积的10%;损失耕牛10万头,桑园约100万亩,蚕户蚕具约100万

* 张根福,浙江师范大学法政学院教授;岳钦韬,上海社会科学院历史研究所硕士研究生。

户。同时损失公有粮食245万石,民有粮食2500万石。工业方面,损失工业厂家293家,手工业745家,其他如碾米、酿造、面粉等业10862家,共计39,240,805,000元。交通方面,破坏公路2770公里,县道20,830公里。损失各种汽车523辆,手车9913辆,水船29,246只,汽船60只。渔业方面,损失渔船16000艘,[5]同时,大批房屋被焚,估计全省房屋毁损约在836,680间。"[6]众多民众由此失去生活的基本依恃,生活水平因为战争的发生而急剧下降。下面我们以衣、食、住、行、生产、消费、疾病、死亡等方面为例,简要介绍战时浙省民众的生活实态。

(一)衣

虽然衣料的获得"不比食的那样困难",[7]但战时农村的凋敝与产业的荒芜,使与之相关的服装业遭到空前打击,所以战时衣的问题,也随之严重起来。当时一般民众的衣服以求实用、便利、耐久和价廉为原则。男子的衣服多以土布为原料,以军用为形式;女子的衣服少有旗袍而以短装为主。夏天有许多百姓赤脚工作,冬天穿草鞋的人也不少。[8]由于种种原因,抗战中后期衣料和衣服更为匮乏,如黄岩一带的"中下人家,近三年来,女子均不穿袜,且有徒跣者。本年并有穿草鞋赴宁绍沦陷区抢运物资"。[9]沦陷区百姓衣不遮体的现象更为普遍,比如1938年已沦于敌手的德清,"全县无一大门完整之家,无一衣履全穿之人"。[10]1944年的情况也相差无几,据某人观察,当地农民"像叫花子一般,他们所著的全是破烂不堪的服装"。[11]但总体来说,衣的问题较之以下几项还不算非常严重。

(二)食

"饿着肚子不能救国",[12]食物问题是战时生活中最为重要的环节。"如果食的问题解决了,那末,战时生活问题,也就大部分解决了"。[13]浙江人多地少,粮食向来缺乏,"在平时丰收之岁,需外来接济者,年须二百万担之谱"。[14]据韩启桐统计,全省沦为战场的农田为84702000亩,灾区面积达135696000亩,两项合计为220398000亩,占全省农田总面积的97.7%。[15]在"军事第一"的原则下,米粮大部分供给军队,加之人口锐减、来源稀少[16]、灾害流行、运输困难、仓储缺乏、走私舞弊等因素,民食遂成为严重问题。在省政府的领导下,虽然实行了开山垦荒、冬耕运动、改良稻麦、计口授粮等各种方式以期缓解粮食紧张,但"仍旧不足以使浙江省的粮食自给自足",[17]各地粮荒仍较为普遍。[18]毗邻敌方的区域,粮食恐慌屡见不鲜,"许多乡村,粮食告匮,向后方购买不成,前方有存粮的乡村,为求自保,又不肯出粜"。[19]各地还不断出现严重的饥荒,其中以1940、1941年为甚。旅沪宁绍同乡救济会报告称:"浙东宁、绍两属,三数年来,变乱相寻,饥荒迭见,市无粒米,民乏余粮……昔称殷富,仅免饥寒,素号小康,难求温饱。尤以贫困之家,始则草根充食,糠秕疗饥。驯至易子而食,析骸为炊,遍地哀鸿,仅存一息"。1941年宁绍战役前,绍兴共计贫户7000余户,赤贫3万余口。"除少数绅富及经商之家外,城区十万余人,因受连年抗战粮食统制、物价高涨之苦,大都不继食,瓶缶俱空,比户连房,无不搀食杂粮,但有极贫次贫之分,已无温饱小康可数,尤可惨者,鸠形鹄面,触目于途,路毙饿莩,死亡不少"。[20]

(三)住

由于日军的频繁空袭、进犯、扫荡,住的安全基本得不到保障。所以,"除吃饱肚子以外,第二个大问题,怕就是这住的问题了"。[21]战区民众白天离家,躲避到安全地带,晚上回家睡觉——这种临时性逃难渐渐成为一种生活方式。[22]远离前线的民众,尤其是外来人口的住房问题也颇为严重。很多人只能借住民房、公共场所如祠堂、庙宇、机关、收容所之类,抑或自搭营房、篷帐、自掘地坑等方式勉强度日。如1938年大量人口流徙到金华,当地人口一下子从五万增长到二三十万。城里几乎住满,但又不可能大兴土木,故很多机关人员都寄宿于四郊农村的寺庙、祠堂里,普通人则只能借住农房。[23]家住淳安的邵梦兰回忆当时"庭院深深"的家里"住了好多人,甚至连牛栏都空出来当住宅"。[24]1942年浙赣会战后,云和成为省会,当地除了吃的用的,"住更发生极大的困难,城郭附近村落的破祠堂烂庙宇,就是省会机关办公的地方,人民的灰房毛房,也都修成职员的住所"。[25]1944年日军再度窜犯丽水、永嘉,躲避到龙泉、云和的人们发现"房子更难找了,睡露天,住厕所,宿船头的人们更多起来……在龙泉找一间房子比找一个职业或找一个老婆都困难"。[26]

(四)行

战时浙道之难,可比蜀道——交通工具稀缺,车船票价昂贵,且拥挤不堪,秩序混乱。各种危险常不期而至,除交通事故外,[27]还有日伪兵匪的巨大威胁。1942年5月金华沦陷前夕,敌机疯狂轰炸浙赣铁路,一名乘客回忆当时"响声崩裂天地,格格的机枪声不绝于耳,满载的火车一刹间化成一条火龙,烈焰腾天,上蔽天日……那些失魂落魄的难民,寻妻觅子,哭声、喊声,凄惨到了极点"。[28]战时浙省公路的总里程由1937年底的3372公里下降到1941年6月底的1940公里,营运客车也大量减少,[29]交通非常不便,许多地方的汽车隔日才有一班,或是数日才有一班,往往"候车的时间,会超过步行来回的时间"。[30]"一去二三里,抛锚四五回,下车六七次,八九十人推"[31]就是对公路旅行的调侃;轮船也是如此:鄞县去往上海的航船"往往有等了几天买不到一张统舱的",有人花了5元才买到"挤得像沙丁鱼"的统舱。船上"小孩的哭声、以及怒骂诅咒声,奏着纷乱的交响曲……这情形是有生以来没有遇到过的"。[32]

(五)生产与消费

抗战爆发后,战区各地的生产遭受严重打击。交通路线多被敌人占领、切断或侵扰,运输困难,市场大幅萎缩;加上金融萎缩、奸商操纵,农产品大多滞销跌价。如镇海海面敌舰横行,"渔船不能自由通行,近来敌人又收买大批海盗,掠劫海鲜",致使宁属各县"渔业一落千丈,收入减少三分之二,一万多捕鱼为生的渔民,生计艰困"。[33]又如江山县浮竹洋的纸业"销路阻滞,纸张已卖不起价钱,可怜他们耗了许多血汗,一担纸,仅仅换得了三张多'花纸'"。[34]但另一方面,在部分国统区和游击区,由于工厂内迁、贸易路线的调整、金融重心的转移等因素,使得这些地方的生产得到一定程度的发展。浙南的丽水、龙泉、云和、遂昌、缙云等地在战前工业几乎是一片空白。杭嘉湖和宁绍地区相继沦陷后,为适应战时之需要,浙省政府力图在浙南地区重建工业生产基地,迁入和新设的工厂、企业近百家,从而"形成了有机械、印刷、染织、造纸、医药、电力、化工、皮革、文具和粮油、木材加工等十多个门类,几千种产品的'后方工业'区。"[35]当地民众的生活质量有了一定的改善。

战时消费方面的最大问题莫过于物价的上涨(参见下表)。记者曹聚仁1939年在永嘉发现"一夜之间,物价由一元涨到一元五角并不是奇迹,同样的货物,温州的几个比金华的贵了十分之五"。[36]物价发生大变化则始于1941年的太平洋战争,日军占领上海租界后,对外贸易趋于停顿,"于是舶来品之化工原料等,一日数涨,同时,走私风盛,经济全呈畸形状态"。[37]1944年日寇再犯丽温期间,住在丽水的人逃往云和、龙泉,但他们"逃过敌人的手心,但却逃不过高物价的巨掌",[38]吃住花销都不堪重负。伴随着物价的持续上涨,法币则随之不断贬值,"在浙江平均是八百多倍"。[39]所以民众一有法币就换银元或购买商品,钱少的人买粮食、香烟,钱多的人买龙头布(白布)、金条。[40]

表1 1932～1945年永康、乐清、江山三县米粮价目表

粮种	米		谷		
县别	乐清	江山	乐清	江山	永康
单位	斤/元	石/元	斤/元	石/元	担/元
1932年	0.2～0.5	6.4	0.1～0.2	3.2	4.5
1933年	0.2～0.5	6.4	0.1～0.2	3.2	4.8
1934年	0.2～0.5	6.4	0.1～0.2	3.2	4.2
1935年	0.2～0.5	6.4	0.1～0.2	3.2	4.5
1936年	0.2～0.5	6.4	0.1～0.2	3.2	3.8
1937年	8～10	8	3～5	4	4.2
1938年	8～10	8	3～5	4	3.3
1939年	8～10	8	3～5	4	6.25

续表

粮种	米		谷		
县别	乐清	江山	乐清	江山	永康
1940 年	8～10	8	3～5	4	12.5
1941 年	12	8	6	4	50
1942 年	15	3,000	7	1,500	100
1943 年	20	800	10	400	700
1944 年	30	4,000	15	2,000	950
1945 年	40	8,000	20	4,000	5,000

资料来源：根据浙江省通志馆编：《重修浙江通志稿》第 93 册(粮政)，第 42～46 页整理。

(六)疾病与死亡

战时多种疾病困扰着民众。大批难民生活极其困难，长期的奔波劳累，风餐露宿，加之生活、卫生条件得不到保障，大大削弱了对疾病的抵抗能力，从而为其他一些疾病如皮肤病、虐疾、砂眼、胃病、脑膜炎等提供了温床。据 1942 年 10 月 26 日的《东南日报》记载，龙泉县城因大量人口的迁入，使得市区繁华异常，但“近来生意最好的却还是医院占了第一位，虽然大小医院有了十几所，时常还闹着满号之患；据闻此等光顾者中，以烂脚一项打破了空前的记录。”[41]一些难民因无法找到住处，露宿街头，许多地方变成了小街“便”巷，更加剧了疾病的流行。又如 1940 年，设在丽水的浙江第一儿童保育院先后受到麻诊、白喉、脑膜炎、痢疾等恶性传染病的侵袭，使许多来自各地的难童失去了年幼的生命。[42]据统计，1944 年，浙省流行性脑膜炎流行达 42 县，患者 3789 人，死亡 1213 人。[43]

1944 年冬，省政府所在地云和大雪，“每人门前都堆着五尺高的雪，而室内却还是有人为蚊子传染，生着疟疾，发四十度以上的高热”。省府“目见浙南人民死亡率之高，而且自身也受了疾病的痛苦，卫生设施便日以加强，但仍是杯水车薪，相差甚远”。除了少数富人能得到有效救治外，大部分穷苦民众都毫无凭借地与病魔斗争，“听由造化的决定”。[44]此外，疾病还严重影响到民众的精神状态。黄绍竑初到处属各县时，发现一般人民“除了真正抱病在身之外，其余的都是浑浑噩噩，既不能运用脑力，又不肯运用劳力，好象他们没有了人生的乐趣与欲望一般”，造成这种情形的原因不是慵懒，恰恰就是“营养不足与疾病的戕害”。[45]侵华日军在浙江实施了大规模的细菌战，以致鼠疫、霍乱、脑膜炎猖獗异常，死亡人口无算，已有大量专家学者对此作了相当深入的研究，[46]王选等人的细菌战赔偿诉讼也早已家喻户晓，此处不赘。

抗战期间，浙江省因疾病、医疗缺乏等因素造成的间接死亡人数远远高于战争的直接伤亡数。据 1945 年 9 月 18 日浙江省政府致电国民政府军政部之《抗战损失调查表》显示，全省战争死亡人数(非战时死亡人数)为 317,268 人[47]；袁成毅根据各地新编地方志及其他资料估算出了浙江省人口的损失情况：全省死亡人数为 20.2 万人，伤残 14.2 万人，合计 34.4 万人。另外，袁使用美西战争间接死亡人数与直接死亡人数 5.2:1 的比率，计算出间接死亡人数当在 100 万以上。[48]

总之，这样的战时生活根本算不上“生活”，而是生存，大部分民众都挣扎在生死边缘。诚如民众坦言：“饭还没有吃啦，那里能打日本人！”[49]因此有人大声疾呼：“战区民众生活如不加以改善，对抗战动员为一大阻碍”。[50]

二、战时民众的社会意识

社会意识是指人们的社会精神生活过程，是人们在社会实践中形成的一切意识要素和观念形态的总和。社会心理是一种自发形成的不系统、不定型、低层次的社会意识[51]，是对社会存在的比较直接的反映。本节试图通过对抗战时期民众初级的“社会心理”和相对高级的“抗战意识”的分析，以揭示战争环境下民众社会意识的真实状况。

(一)战时民众的社会心理

战争爆发后，民众的第一要务就是设法逃难，远离战区，以保证生命财产的安全。而那些没有迁移以及深陷敌区的民众不得不在战争中艰难度日。生活由常态过渡到战时并不是一件容易的事，因为在抗战之前浙江境内一直较为安定，大部分人都没有战争经验。而战争是一种强烈刺激，会引起人们明显的心理与行为反应：第一是情绪惊恐，先是震惊，接着是害怕和慌乱，并且出现认知的“空白”和智力的迟钝；第二是认知判断，确认所发生的事情；第三是外部行为，在惊恐之际，特别在认知判断之后，表现出外部行为。[52]认知判断是一个相对短暂的内心过程，因此我们仅针对情绪惊恐和外部行为两点进行分析。

一般民众不明战争局势，风声一紧，即出现恐慌。这种恐慌情绪的表达和恐慌行为的出现，又会给他人造成刺激，引发类似的情绪和行为反应。通过这一循环刺激模式，恐慌就会在某一地区迅速增强并且蔓延。如杭甬一线在“八一三”之前就已出现纷乱，竺可桢在其 8 月 7 日的日记中写到：在他的家乡绍兴东关，“店家纷纷装沙包，有钱者移向乡下”，“萧绍路车上人满，宁波人搬至杭州，杭州人搬至宁波”。[53]谣言则使民众产生对死亡的恐惧，而这种恐惧往往比死亡本身更可怖，特别是沦陷前夕，各地都恐慌到了极点。如 1937 年 11 月 7 日晚，海盐城内突然起了一个谣言，“说是敌军已在乍浦与海盐之间的一个小镇五团里登陆，于是居民恐惶万分，都从近海的东门向西直冲而下，沿途男女老小，啼哭呼号……一路上前推后挤，宛如敌军真的杀到眼前，因此挤落到河里者有之，吓死者有之”。[54]

尽管某些战役(战斗)的时间是短暂的，但它对民众心理的后效却是相当长久的、深远的，最明显的反映即为“战(灾)后行为异常”[55]，其主要表现在以下三个方面：

1. 超常力量的产生。战争的惨烈和日军的暴行，激起了爱国民众的民族主义情绪，产生了超常力量，表现出参与抗战的外部行为——壮丁从军杀敌，文人投笔从戎，学生奔走呼号——投入了与战前截然不同的战斗生活，这些事例在诸多论著及史料中都能读到，本文不赘。

2. 良知的显露与恶性的爆发。一方面，被压抑的良知可能显露，如城乡的一些士绅、商人等开设慈善堂对难民、老弱贫病者进行救济，一些行为不良者改邪归正等；另一方面，被压抑的恶性则更可能瞬间爆发——在各地沦陷前后社会控制力量减弱或者消亡之际，在大量有价值的物品的刺激下，一些民众头脑中的法律、道德观念便烟消云散，纷纷加入偷盗抢劫的队伍。杭州[56]、塘栖、瓶窑、嘉兴、嘉善[57]、平湖[58]、萧山临浦[59]、黄岩[60]、永嘉[61]等地都曾普遍出现过类似情况。虽然这些民众大都以生活必需品为劫掠目标[62]，但这种行为造成了严重的社会混乱，客观上有助于敌人的入侵。出现此类犯罪行为的原因在于——第一，对战前业已贫困的民众来说，当无法远离战区时，怎样生存下去便成为头等大事。此时，一旦外在约束消失，人们的行为会自然地偏离道德的轨道；第二，犯罪行为不但取决于犯罪倾向，而且取决于犯罪情境及其与犯罪倾向的相互作用。如果处于充满犯罪刺激的情境之中，即使是犯罪倾向较弱的人，也有可能实施犯罪行为。社会控制力量的消亡以及大量有价值的物品为盗抢行为提供了犯罪情境，而一旦犯罪由两个以上的人共同实施，那么他们之间会彼此构成行为情境和刺激，从而使犯罪圈不断地扩大。[63]

3. 正常人的精神病和“精神病人”的正常。战争给民众带来了前所未有的强烈精神刺激，使一些人产生了严重的心理问题，表现出失常的外部行为。商务印书馆金华分馆的一名经理在敌机第一次轰炸金华车站时受到惊吓，此后他“每天一清早就坐车到北山脚的村落中去，他一定要离开那村落到树林里去；这还不够，必得撑开一把伞子来在林中踱来踱去。伞子一张，他就安心了”。[64]这种精神病变在战时相当普遍，因刺激过度而死亡者更是不计其数，如杭州电厂的一名工作人员“以刺激过甚，到沪后一病不起，不及见他年光复河山之景象矣”。[65]日军侵入嘉兴王店时，当地“因受惊吓而死亡者已有数人”。[66]

随着战争的持续，民众逐步克服了原先类似“精神病人”的盲目与恐慌，积累了应变经验，渐渐适应了战时生活。绍兴、诸暨的民众认识到“危急间刹那的逃避，结果还是须落在悲哀凄惨的境遇里”，“盲目的逃避，生活是会成问题的”，因此在敌机离去后“依旧开铺子做买卖，上农场劳作，进学校读书”，“养成了各个部门不因抗战而停滞活动的习惯”。[67]前线的民众也在险境中渐渐适应，甚至有一些无视危险的意味，如富春江两岸“所有敌人步枪射程以内的地方，都有我们勤劳耐苦的老百姓在那里耕种，即使飞机在盘旋，他们也决不轻易抛弃他们的锄头”，有一个妇女说：“去年敌人向我们打了一千多炮，也并没有把我们打死”。[68]在危险的情境中常常意识不到即将到来的灭顶之灾，这也是战争过后出现的一种情绪性反应。

(二)战时民众的抗战意识

抗日战争是一场神圣的民族解放战争，在抵御外来侵略的过程中，浙江各界爱国人士以各种形式开展了救亡图存的活动。各种团体游行、街头演剧、义演义卖、捐物献金、下乡宣传、火线慰问等活动层出不穷，使浙江民众的政治觉悟有了一定程度的提高，民众的民族自尊心、自信心和自豪感得以增强，这是不可否认的历史事实。但人类社会毕竟不仅仅只有“正”的一面，总有这样或那样的“负”的一面。当时的抗战意识主要存在于中共党员、国民政府、文艺团体、青年学生、新闻工作者及其他爱国人士之中，至于下层的民众从总体上看抗战意识还比较淡薄。

1. 基层民众抗战意识淡薄与异化的几种表现

(1)民间的抗战意识并不普遍

这与民众封闭主义倾向的心理有关，也有地理、经济等因素的制约。黄绍竑指出：“抗战的烽火，虽然已燃得很高，但全省两千多万人民，能确实知道抗战的意义与战局的演变的实在是少数，尤其是抗战时期国民应尽的义务，能了解能实践的更为少数”。[69]比如江山一带“地处偏僻，交通不便，消息极感隔膜，因此我们问他们现在中国同那一国打仗，他们也不知道，这种现象比之桃花源究有什么两样？”[70]其实，当时对于作为个体的每一个国民而言，国家大事实际上也管不着，当没有战争威胁的时候，关系痛痒的终究还是现实生活。当时就有评论者阐明了这个道理：“有的以为日本法西斯强盗虽坏，但只要它不进来，就与自己没有关系……他们最关心的是自己的生活，至于民族解放、保卫国家他们只能知其当然，而不知其所以然。因为他们对于自己的生活与民族国家之间，还缺少一条桥梁”。[71]

(2)许多民众没有认清抗战的性质与意义

黄绍竑在《五十回忆》中写到：“如果一国的首都或一省的省会沦陷了，在旧的眼光看起来，好似这一国或这一省就算完了。所以当南京和杭州相继失守之后，有些人就感觉到亡省亡国之恐慌！有些人则索性继续他醉生梦死的生活而一切不理”。[72]民众对沦陷区的看法也是千奇百怪：“有的解说敌伪出没无常的战地，许多推想中是牛鬼蛇宠各色英雄的比武场，也有很多人认为是无政府无国法的所在，更有若干人以为是昏天黑地发洋财的地方”。[73]曹聚仁 1939 年来到永嘉时，发现当地民众对于战争形势有一种“直觉”，即认为“敌人是不会来的”。[74]

(3)部分民众的抗战意识与行动带有迷信、娱乐色彩

由于环境闭塞，知识匮乏，不少民众把战胜敌人的希望寄托在神灵保佑上。日军金山卫登陆之前，杭州当地就有“佛地不致糜烂的信念”，光靠这个就能支持“一部份人们的坚定”。[75]又如吴兴一带参加“红枪会”的民众这么认为：“我们每个人都有长矛大刀，也有步枪。再靠菩萨保佑，所以每仗皆胜。当日本鬼子来时，我们先叩告菩萨，吞了符咒，大家便会冲锋陷阵，鬼子兵虽然用机关枪扫射，可是中不到我们身上”[76]。由于战时民众的日常生活较为苦闷，因此一旦听说有宣传、演出时，常常抱着凑热闹、玩乐的心态来“接受教育”。1938 年初，江山县抗敌自卫委员会宣传工作队下乡演出，观众“你推我挤，闹来闹去，闹得一塌糊涂，我们便于这闹哄哄中糊里糊涂结束我们的表演”。[77]诚如《宁波商报》上一则报道所指出的那样：“一般人来听演讲，其动机绝对不是想求些智识，大半是凑热闹”。[78]

2. 导致基层民众抗战意识淡薄与异化的因素

民众抗战意识的淡薄对抗战大局构成了极大威胁，其原因与现实环境中的种种因素是密不可分的，既有传统社会心理的影响，也有国家政权的因素。

(1)传统社会心理因素

首先,平均主义和保守主义的倾向使得多数民众有着“不患寡而患不均”的心理,凡事只随大流,怯于冒尖。即使有人在抗战上奋勇当先,其他人也会用异样的目光和态度对待对方。端木蕻良的《江南风景》从侧面反映了这样一种心态:故事发生在上虞嵩坝,镇上的伍老先生一家逃难东阳时儿子不幸被日机炸死,伍老先生化悲痛为力量,回镇后便制作古代战争所使用的飞灯来打敌机。飞灯升上天后,还没“打掉”敌机,镇上就有人认为这是汉奸放的信号。“小小的嵩坝,真是整个的沸腾了”,本来一向不谈国事的人“现在对于国家兴亡也都热心起来”。最终还是汉奸论者占了上风,于是镇民就用十家连坐的方法进行调查。调查的那一天是伍老先生的“爱子死后最悲惨的一天”,“他只感到生命对于自己的多余而且陌生”。[79]

其次,功利主义倾向使部分民众仅以眼前利益为追求目标,其参加抗战的动机也常常是眼前的既得利益。台湾义勇队在金华时曾与一些壮丁谈话,有壮丁说:“家中没有饭吃啊!军队中还可以混混”。[80]壮丁们关心的是眼前如何生存下去,利益是否是现实的、是否是自己的。部分民众对未来也不敢抱有太多的奢望,倘若能在战争中幸存下来,一些人就会苟安于现状,甚至麻木不仁。淞沪会战期间,蒋梦麟在杭州看到从上海逃来的时髦小姐,“还是像以前一样谈笑,似乎根本没有发生过任何变故”。蒋感叹道:“我们中国人就有这点本领,即使身临危难,也常能处之泰然”。[81]国统区中心转移到浙东并稳定下来后,“金华丽水还开设着许多杭州气派的商店。这些,使得一部分杭州人甘心苟且偷安下去,觉得能在浙东住也不错”。[82]

第三,封闭主义倾向使得民众对外村、外乡或外部世界抱有提防和疏远的心理。如江山县抗敌自卫委员会宣传工作队到了周村后,发现“此地的土著好像对外地人有异样的看待,我们向他们买柴米菜等食用品,价格总是抬得很高”[83];而民众对血缘或地缘性的区域共同体的认同又远远高于对本区域以外的国家体系的认同。1937年沪战爆发的时候,却正是林淡秋的家乡南田县某地“丁林两族械斗最厉害的时候”。他为此陷入沉思:“怎样才能把他们落后的宗族观念变为进步的民族观念呢?怎样才能把两族的械斗变为一致对外的民族自卫战呢?”。[84]

(2)国家政权因素

除了传统的社会心理因素以外,国家政权作为最强大的外界因素,在民众抗战意识的淡薄方面也负有不可推卸的责任。

一是国民党各级政府及军队在战时应变工作上严重失职。

当危机来临时,群体领导者的正确反应能给群体带来极其重要的支持,但国民党各级政府的战争应变工作却准备不足。如绍兴“当局少有应付非常的功夫”,[85]一遭空袭,当地维持治安的军警只会用“打商店门户”、“鞭挞行人”的方法代替引导疏散[86]。在日军入侵的生死关头,军队往往无法实施有效的抵抗,多以败仗告终。而各级政府临危先撤,置民众于不顾者更是屡见不鲜。[87]一些地方政府非但未能履行疏散民众的职责,反而百般刁难。1942年5月20日,日军前锋已进抵浦江、永康,黄绍竑在离开金华时,“看见那些要疏散的人民彷徨踌躇,显露一副焦灼仓皇的神情。他们要车没有车,要船没有船,而那些货物检查的机关,对于疏散的货物,还在那里留难”。[88]部分风纪恶劣的军队也严重侵害了民众的权利,如1937年12月底,浙赣铁路完全被军队占据,竺可桢在会晤衢县站站长时,站长说:“三四天内无希望在衢上车”,另“有二十余师之杂色军队任意封船,故实无法得船”。[89]所以有一名中学生在日记里写新年展望(1941年)时,对“兵士们”的唯一期许是“不要欺侮老百姓”,[90]而不是努力杀敌!

二是各级政府的一些常规措施亦较少顾及民众利益。

习惯于高高在上的政府官员,也习惯于自上而下地命令百姓,而不习惯于去体察民情。以兵役为例,各地“急功的县府,待壮丁如囚犯,捆绑押送,亦所不免”。[91]而且大多是穷苦的、没有势力的人被拉走,哪怕那一家只有一个男丁。[92]一位老者见状,愤曰:“读杜甫《新婚别》《兵车行》《石壕吏》诸诗,其惨状真古今一例也”。[93]因此,各地民众对兵役的恐惧和抵制情形相当严重:黄岩县有壮丁“多方规避,甚至有毁伤身体或倾家荡产,以图避役者”。[94]日军方面也有相关记载:“最近浙江省之军营部,在定海所发现之土匪集团两百名，全员皆属省内壮丁”。日军见状窃喜，声称：“民众皆受长期抗战之严重打击，不能安居乐业，反战情势日紧”。[95]此外，政府政策措施的严厉，甚至与民争利，使得本已艰难的战时生活雪上加霜。而被逼无奈的民众一旦反抗，政府大都会毫不留情地采取镇压行动。如1940年嵊县发生了饥民暴动，一千多民众包围了县政府要求政府采取措施缓解饥荒，而县府却派出军警鸣枪示警，“赶走了站了半天的群众”。[96]

三是政府汲取了大量的社会资源，民众负担沉重。

战时“举凡破修道路机场，建筑国防工事，运输军粮军实，乃至征兵、征实、募债等，支出费用极为浩繁”，实际得到中央补助的款项甚少，“大部分均为地方临时筹派”。[97]除常规负担外，摊派、剥削、强夺也十分严重。比如浙省各县有一种“人民捐献及赠与”的财政收入，“既非抽税，又非募债，简直就是摊派”，“县府遂变至为怨府，距亲民爱民之道远矣!”。[98]抗战爆发后，林淡秋家乡的乡公所里专门设立了一个特务班，对乡民大敲竹杠。林淡秋感叹道：“如果光是一个村子如此，我有力量动员村人来制裁这些发国难财的吃血鬼，然而这是整个的政治问题”。[99]时人早已观察到这些负担对民众的影响——“因抗战而产生的种种捐税摊派、壮丁训练、劳动服务等莫名其妙的加到他们身上来，他们只是每天被当地的绅士、训练员、乡保长，催逼着要这样，要那样，这种摊派的理由是因为抗战，因为中国要抗战，所以他们必须负担起这些捐税，接受这种训练。这使他们对抗战起了怀疑，这是一种危机!”[100]

四是宣教动员的形式与方法存在严重不足。

宣传、教育、动员是培养民众抗战意识的有效途径。抗战爆发后，无论是官方还是民间的宣传教育力度都空前加大，但毕竟无法在短时间内覆盖到全省各地。比如记者宋子亢在富阳某地看到一个十几岁的小孩在写“拥护抗战建国纲领”，宋问他什么意思，他愕然地说：“写是写了，写点什么竟然不知道”。作者感叹：“距离省会这末近的县境乡区里，居然还有这种盲目不闻外事的民众，盲目的儿童!”[101]

政府在宣教动员的形式与方法上也出现了一些问题，宣教动员的真正主体是民众，如何动员民众参与抗战不单单是提高民众的教育水平、改变民众的思想，更要真正了解民众的心理，才能让民众接受并积极行动起来。正如默言所说：“单单唱歌演剧，告诉他们日本如何打败仗，是不关他们的痛痒的”。[102]但政府却未能有效地做到这一点，“以致民众只有抗战的情绪而无工作的表现”。[103]战时宣教动员多被官方以统制、命令的方式组织进行。这种以政治手段强制动员民众固然是抗战中不可或缺的措施，然而，强制手段的致命弱点是，如果政府的政策或方式有所偏差，使得民众的眼前利益与长远利益不能兼顾，那么民众就会对宣教动员不以为然。譬如一些地方的民众“把救亡工作看做一个替官厅的义务服役”，像这种方式“至多能做到民众信服，却无法使民众广泛动员参加抗战”。[104]而强制手段一旦超过民众的承受能力，民众便会采取反对态度。时人就已明确指出：“代替政治训练的是殴打、斥骂、高压，使民众对受训起反感，进而怀疑到抗战上去!”[105]

从上分析可知，国民政府战时一些不恰当做法一定程度上压制与扼杀了民众抗战意识的产生与发展，再加上传统社会心理因素的深层次作用，战时浙江民众抗战意识的淡薄与异化现象也就不足为奇了。因此，战时浙江社会变迁的图景并不完全是奋起抗日的激昂景象，同时也呈现出大范围的消极困顿，而奋起与困顿的并存可能更贴近于历史真实。

抗日战争时期是20世纪中国历史上一个极其特殊和关键的社会转型期。清末民初以来中国日渐澎湃、日趋成熟的国家民族意识、国家主权观念等思潮，在抵御外侮的民族解放战争中得到了空前彰显。因此，如何把“民族主义”、“现代化”等宏大议题与抗战时期中国社会心态等各方面的微观变动有机结合起来进行研究，应该是抗战社会史研究中一个尚有发展空间和学术意义的增长点。本文仅作一浅薄尝试，权当抛砖引玉。

注释：

[1]江沛、迟晓静：《国内抗战时期社会史研究的回顾与展望：1995～2006》，《抗日战争研究》2008年第2期。

[2]江沛、迟晓静:《国内抗战时期社会史研究的回顾与展望:1995～2006》,第 235～238 页。

[3]代表性著作有朱德新:《20 世纪三四十年代河南冀东保甲制度研究》,中国社会科学出版社 1994 年;潘敏:《江苏日伪基层政权研究(1937～1945)》,上海人民出版社 2006 年;岳谦厚:《战时日军对山西社会生态之破坏》,社会科学文献出版社 2008 年。代表性论文有王明钦、杨冰洁:《论中国共产党团结抗战宣传的社会心理功能》,《史学月刊》1995 年第 6 期;李金铮:《土地改革中的农民心态:以 1937～1949 年的华北乡村为中心》,《近代史研究》2006 年第 4 期;张连红:《南京大屠杀对南京市民社会心理的影响》,《江苏社会科学》2000 年第 6 期;李惠康:《论抗战时期沦陷区人民的社会心理》,《湘潭师范学院学报》2005 年第 1 期等。

[4][美]白凯著,林枫译:《长江下游地区的地租、赋税与农民的反抗斗争:1840～1950》,上海书店出版社 2005 年,第 229 页。

[5]《浙江省善后救济资料调查报告》,龙泉市档案馆,13,3,174,绪言、第 14～20 页。

[6]《浙江省善后救济资料调查报告》,第 4 页;行政院善后救济总署浙江分署编:《行政院善后救济总署浙江分署业务总报告》,1947 年印行,第 86～88 页。

[7]蒋舜年:《战时生活》,世界书局 1936 年,第 21 页。

[8]2007 年 6 月 15 日在金华对原浙江师范大学校长、中国儿童文学泰斗蒋风先生(1925 年生)的采访。

[9]黄岩县政府编:《黄岩县政年鉴》上编,第 8 页,1944 年印行。

[10]朱允坚:《铁蹄下的杭嘉湖》,贺圣遂、陈麦青编:《抗战实录之二:沦陷痛史》,复旦大学出版社 1999 年,第 532 页。

[11]罗越崖:《水乡行》,《东南日报》(丽水版)1944 年 7 月 3 日,第 4 版。

[12]宋子亢:《浙东前哨》,绍兴青抗社 1939 年,第 29 页。

[13]蒋舜年:《战时生活》,世界书局 1936 年,第 6 页。

[14]浙江省通志馆编:《重修浙江通志稿》第 92 册(粮政),浙江图书馆 1983 年誊录,第 67 页。

[15]韩启桐编:《中国对日战事损失之估计(1937～1943)》,《近代中国史料丛刊续编》第 9 辑,第 13 页,文海出版社有限公司 1974 年影印版。

[16]最初有江西、福建等邻省接济,可弥补杭嘉湖沦陷之损失,但 1940 年开始江西省为存储备荒,防止粮食外运刺激本地粮价的高涨而实行禁运,福建紧随其后。"纵然省方已交涉好了,县里仍旧封锁,并且用人民团体的名义来抵挡,所以弄得一方面快要饿死人,而另一方面的米却没人要。龙泉的米价比(福建)浦城高出三倍,可是除了龙泉人迁移就食之外,就不易吃到便宜的浦城米"。(黄绍竑:《五十回忆》,云风出版社 1945 年,第 430～431 页。)

[17]阮毅成:《阮毅成自选集》,黎明文化事业股份有限公司 1978 年,第 204 页。

[18]其他地区,如富阳:"全县的食粮只能自给四个月,余缺都是仰求邻县来补足的"。(黄源、宋子亢:《浙西行》,绍兴青抗社 1939 年,第 7 页);慈溪:"本县产米不多,每年一至青黄不接的时候,粮食就感缺乏,价格因以骤涨,二十八年新谷登场时,谷价即飞涨至每担七八元以上"。(慈溪县教育会编:《慈溪县战时乡土常识》,1940 年印行,第 107 页。)

[19]社论《加紧进行调整物产》,《东南日报》1938 年 12 月 2 日,第 1 版。

[20]《旅沪宁绍同乡临时救济会呈中央振委员会呈文》(1941 年 7 月)、《本会参事吴经伯呈振务委员会》(1941 年 8 月),中国第二历史档案馆馆藏档案,二〇七六,第 589、595 页。

[21]蒋舜年:《战时生活》,世界书局 1936 年,第 28 页。

[22]衢州城区向文波、富阳受降林镇南、平湖杨家浜姚玉珍口述,参见袁成毅、丁贤勇主编:《烽火岁月中的记忆:浙江抗日战争口述访谈》,北京图书馆出版社 2007 年,第 90、51、60 页;邵梦兰在金华期间也有同样经历——"总是早上六七点就要到山中去跑警报",参见游鑑明、黄铭明等访录:《春蚕到死丝方尽:邵梦兰女士访问纪录》,中央研究院近代史研究所 2005 年印行,第 109 页。

[23]2007 年 6 月 15 日对蒋风先生的采访。

[24]游鑑明、黄铭明等访录:《春蚕到死丝方尽:邵梦兰女士访问纪录》,中央研究院近代史研究所 2005 年印行,第 23 页。

[25]黄绍竑:《五十回忆》,第 366 页。

[26]夏阳:《敌寇又流窜浙东》,《东南日报》(丽水版)1944 年 9 月 14 日,第 4 版。

[27]《死伤三十余人丽青路覆车》,《东南日报》1938 年 11 月 30 日,第 3 版。

[28]毛承恩:《秀中转进浙赣侧写》,《秀州钟》第 18 期,1946 年;宋勤主编:《嘉兴市革命文化史料汇编》,团结出版社 1993 年,第 280 页。

[29]浙江省政府统计室编:《浙江省统计简编》,第 63 页,1943 年印行。

[30]黄绍竑:《五十回忆》,第 464 页。

[31]曹聚仁:《万里行记》,福建人民出版社 1983 年,第 48 页。

[32]佚名:《从萧山到上海》、问梅:《从绍兴到上海》,光人编:《劫后的江南》,战时出版社,出版时间不详,第 41、46～47 页。

[33]寄萍:《在海防前线的镇海》,《东南日报》1938 年 12 月 20 日,第 4 版。

[34]江山县抗敌自卫委员会:《三个月的救亡工作》(1938 年),杜东平主编:《衢州市革命文化史料汇编》,第 125 页。

[35]蔡德邻整理:《抗战时期浙江省政府迁移丽水地区及其对驻地的影响》,《浙江方志》1993 年第 3 期。

[36]曹挺岫:《大江南线》,《近代中国史料丛刊续编》第 96 辑,第 106 页。

[37]王梓良编:《浙西抗战纪略》,《近代中国史料丛刊续编》第 96 辑,第 82 页。

[38]夏阳:《敌寇又流窜浙东》,《东南日报》(丽水版)1944 年 9 月 14 日,第 4 版。

[39]黄绍竑:《五十回忆》,第 494 页。

[40]2007 年 6 月 5 日在东阳对战时驻丽水的国民政府第 32 集团军司令部文员楼绛云先生(1919 年生)的采访、6 月 15 日对蒋风先生的采访。

[41]徐淙江:《龙泉近影》,《东南日报》1942 年 10 月 26 日,第 4 版。

[42]王琅:《浙江第一儿童保育院简况》,《丽水文史资料》第 2 辑,第 78 页。

[43]浙江省财政厅:《为呈送编印国民政府年鉴财政资料祈核转由》(1945 年 3 月 7 日),浙江省档案馆,29,1,365。

[44]黄绍竑:《五十回忆》,第 451 页;阮毅成:《阮毅成自选集》,黎明文化事业股份有限公司 1978 年,第 203 页。

[45]黄绍竑:《五十回忆》,第 451 页。

[46]张世欣:《浙江省崇山村侵华日军细菌战罪行史实》,浙江教育出版社 1999 年;邱明轩:《罪证——侵华日军衢州细菌战史实》,中国三峡出版社 1999 年;丁晓强:《关于日军细菌战的调查与研究》,《浙江学刊》1997 年第 4 期;《细菌战在浙江(一)——日军细菌战研讨会扫描》,《观察与思考》1996 年第 6 期等。

[47]《本省编查户口之沿革》,浙江图书馆古籍部藏。

[48]袁成毅:《浙江抗战损失初步研究》,陕西人民出版社 2003 年,第 252～253 页。

[49]贺扬灵:《天目山南的经济战》,《民族》(于潜)第 22 期,1940 年 9 月出,第 5 页。

[50]《武康之经济调查》,《浙江建设》(战时特刊)第 3 期,1940 年 10 月出,第 145 页。

[51]表现为感觉、情绪、风尚、习惯、成见、思潮、情趣和信念等等,是人们对社会生活具体的直接的反映。社会心理具有以下多重性特征:易变性与稳定性并存,丰富性和杂乱性并存,狭隘性和广泛性并存,个体性与群体性并存,积极性与消极性并存。

[52]章志光主编:《社会心理学》,人民教育出版社 1996 年,第 502 页。

[53]竺可桢:《竺可桢全集》第 6 卷"日记",第 348 页,1937 年 8 月 7 日。

[54]黄源:《随军生活》,大众出版社 1938 年,第 42 页。

[55]参考章志光主编:《社会心理学》,人民教育出版社 1996 年,第 505～507 页。

[56]参见又须老人:《留杭六月记》(二)、(三),(伪)《潮声》(杭州)第 2 卷第 3、5 期,1943 年 3、5 月。

[57]朱允坚:《铁蹄下的杭嘉湖》,贺圣遂、陈麦青编:《抗战实录之二:沦陷痛史》,复旦大学出版社 1999 年,第 504、505、520、524 页。

[58]冯宗孟:《当湖蒙难录》,第 11～14、23 页,平湖市图书馆藏。

[59]铁沙编:《浙东烽火》,绍兴抗战建国社 1940 年,第 12 页。

[60]黄岩县政府编:《黄岩县政年鉴》下编,第 282 页,1944 年印行。

[61]叶汉龙:《永嘉沦陷目击记》(1942 年 4 月),温州市瓯海区文化局等编:《温州瓯海革命文化史料汇编》,第 153 页,1992 年印行。

[62]如 1937 年 12 月杭州发生第一次抢劫时,其顺序为"先米店,次酱园,次南货店",至下午"各典当多已被莠民捣门入内",劫后"衣服已零乱无存"。(又须老人:《留杭六月记》(二)、(三),(伪)《潮声》第 2 卷第 3、5 期。)

[63]张保平、李世虎:《犯罪心理学》,中国人民公安大学出版社 2006 年,第 123～125 页。即便是物质条件远胜抗战时代的共和国时期,历史也往往重复上演这相似的一幕幕:1976 年唐山大地震及 2008 年四川汶川大地震之后,两地都发生过灾区民众盗抢物资的事件(参见钱钢:《唐山大地震 7·28 劫难十周年祭》,解放军文艺出版社 1986 年,第 149～156 页;

李美琪:《四川甘肃等严厉打击趁灾抢劫等违法犯罪活动》,http://news.cctv.com/china/20080522/101504.shtml,央视网,2008年5月22日)。因此,我们认为,虽然此类盗抢行为不利于抗战,但这一行为与当今的犯罪情形相类似,并不具有鲜明的时代特征,战争只是为它提供了一种情境。所以说,我们不必过于责备这些民众国族意识的薄弱。

[64]曹聚仁:《采访外记采访二记》,生活·读书·新知三联书店2007年,第193页。

[65]蔡竞平:《杭州沦陷之前后》,1941年印行,第31页;盛行所著《战地血花》(大志出版社1945年)的第1页也有如下记述:宁波沦陷时"因了这时的危险,使夫人患了心悸病"。

[66]佚名:《劫后的浙江》,光人编:《劫后的江南》,战时出版社,出版时间不详,第59页。

[67]宋子亢:《浙东前哨》,绍兴青抗社1939年,第1、10页。

[68]继贤:《富春江上》,《东南日报》1938年12月6日,第4版。

[69]黄绍竑:《五十回忆》,第410~411页。

[70]江山县抗敌自卫委员会:《三个月的救亡工作》(1938年),杜东平主编:《衢州市革命文化史料汇编》,第123页。

[71]刘宇璋:《改进宣传技术》(1938年6月25日),宁波市文化局编:《宁波市革命文化史料汇编》,第566~567页,1992年印行。

[72]黄绍竑:《五十回忆》,第405页。

[73]疾风:《四明山上》,干社,第78页,1947年印行。

[74]曹挺岫:《大江南线》,《近代中国史料丛刊续编》第96辑,第107页。

[75]蔡竞平:《杭州沦陷之前后》,第19页,1941年印行。金山卫登陆后,"有敌军占领之惧,人心开始动摇"。

[76]盛行:《战地血花》,大志出版社1945年,第19页。

[77]江山县抗敌自卫委员会:《三个月的救亡工作》(1938年),杜东平主编:《衢州市革命文化史料汇编》,第108、109页。

[78]刘宇璋:《改进宣传技术》,宁波市文化局编:《宁波市革命文化史料汇编》,第568页,1992年印行。

[79]端木蕻良:《江南风景》,大时代书局1940年,第36、45、51页。

[80]《欢迎新同志参加工作》(《台湾先锋》第4期,1940年8月出版),金振林主编:《台湾义勇队在金华》,九州出版社2005年,第93页。

[81]蒋梦麟:《西潮》,世界书局1971年,第220、221页。

[82]一之:《忆杭州》,《东南日报》1938年12月24日,第4版。

[83]江山县抗敌自卫委员会:《三个月的救亡工作》(1938年),杜东平主编:《衢州市革命文化史料汇编》,第123页。

[84]林淡秋:《交响》,海燕书店1941年,第152~153页。

[85]黄源、宋子亢:《浙西行》,绍兴青抗社1939年,第1页。

[86]宋子亢:《沦陷前后的杭州》,绍兴青抗社1938年,第3页。

[87]如1937年11月6日上午日舰炮轰海盐,"县长首先离城,从东门用快步跑至西门,跳上汽船就逃","因了县长的离城……城中秩序就此大乱"(黄源:《随军生活》,大众出版社1938年,第42页);1941年4月日军进攻温属沿海各地,瑞安县长"吕律竟于十八日带队远飏","县衙内官长、科员、卫兵,如鸟兽飞走"(张棡:《张棡日记》,第596页,1941年4月19日)。

[88]黄绍竑:《五十回忆》,第374页。

[89]竺可桢:《竺可桢全集》第6卷日记,第428页,1937年12月28日。

[90]陈福熙编:《战时中学生日记》,1941年1月1日,浙江增智书局1944年,第44页。

[91]曹挺岫:大江南线,《近代中国史料丛刊续编》第96辑),第123页。

[92]武义西联乡郑明岳口述:我家因为穷得叮当响,因而被人抓去顶替别人当兵。(袁成毅、丁贤勇主编:《烽火岁月中的记忆:浙江抗日战争口述访谈》,第47页。)

[93]张棡:《张棡日记》,第565页,1939年4月18日。

[94]黄岩县政府编:《黄岩县政年鉴》,上编第7页,1944年印行。

[95]《中支那派遣军命令》(1938年8月16日),栗屋宪太郎、茶谷诚一编集解说:《日中战争对中国情报战资料》第2卷(昭和13年),现代史料出版社2000年,第21页。

[96]蒋莱:《富饶浙江的饥饿线》,《中美周刊》(上海)第1卷第43期,1940年7月。

[97]黄绍竑:《五十回忆》,第442页。

[98]黄绍竑:《五十回忆》,第449页。

[99]林淡秋:《交响》,海燕书店1941年,第34、40页。

[100]默言:《下乡宣传记》(《新路》第3期,1938年5月),温州市瓯海区文化局等编:《温州瓯海革命文化史料汇编》,1992年印行,第169页。

[101]宋子亢:《浙东前哨》,绍兴青抗社1939年,第25页。

[102]默言:《下乡宣传记》,温州市瓯海区文化局等编:《温州瓯海革命文化史料汇编》,第175页,1992年印行。

[103]亦如:《救亡运动在温州》,《浙江潮》第8期,合订本第154页,1938年4月。

[104]邵荃麟:《动员农民群众的方式问题》(《动员周刊》第1卷第9期,1938年3月出版),丽水地区文化局革命文化史料征编办公室编:《丽水地区革命(进步)文化史料汇编(1919~1949)》,第129、132页,1992年印行。

[105]默言:《下乡宣传记》,温州市瓯海区文化局等编:《温州瓯海革命文化史料汇编》,第176页,1992年印行。

杭嘉湖水乡环境与良渚文化聚落形态关系初探

黄爱梅*

摘　要:本文主要就杭嘉湖地区良渚文化聚落形态与水乡环境之关系进行探讨,主要有以下几个方面:一、分析杭嘉湖平原之于良渚文化的重要性;二、举例说明杭嘉湖地区台墩型遗址的特点;三、水在杭嘉湖平原良渚基层聚落的重要性;四、良渚聚落的布局存在多样性。通过举例分析这四个层面的问题,以得出杭嘉湖水乡环境对于良渚文化聚落分布的优势,及两者之间的关系。

关键词:水乡环境;良渚文化;聚落形态

作为一支曾经高度发展的新石器中晚期考古学文化,较之中原地区的生存环境,良渚文化分布区显示出更多江南水乡的地域性特征;而在面对新石器时代晚期气候、海平面上升等等不利因素时候,这一地区的水乡环境很可能就是良渚文化晚期衰落的重要外在原因之一。[1] 美国考古学家欧文·劳斯(I. Rouse)将聚落形态(settlement pattern)定义为"人们的文化活动和社会结构在地面上分布的方式。这种方式包含了文化、社会和生态三种系统,并提供了它们之间相互关系的记录。"[2] 因此,分析良渚文化各级聚落与环境因素的关系,可以帮助我们理解早期人类社会与自然环境紧密相关的互动模式。

关于良渚文化时期的自然环境,及自然环境变化对良渚文化的影响,学者从自然地理学、生态学或环境考古学的角度,已多有论述[3];丁金龙、高蒙河、张驰、王宁远等,对良渚文化聚落形态方面也做了不少研究工作[4]。尤其是高蒙河《长江下游考古地理》和王宁远《遥远的村居——良渚文化的聚落和居住形态》,取得不少成果。高著从地理学角度就长江下游遗址分布、聚落景观、水陆环境、生物景观、矿产资源、人群迁徙与分布等诸多方面,尽力复原全新世以来长江下游的地理环境与生态环境,恢复重建人文与自然景观,对考古时代长江下游地区文化与环境之间的互动关系做了较为全面的论述;王著则对良渚文化大量的基层聚落做了包括个案分析和宏观统计方面的研究,在对这些聚落的规模及形成过程的剖析中,论及聚落形态与环境的互动关系。

尽管如此,由于时代久远,今人已经很难完整地获得史前时代自然环境及人类文化的全部信息。譬如测量点之间的地区差异、研究方法上不同时间尺度的使用等等,都加剧了环境考古成果整体的利用难度。限于条件,现有的聚落考古成果也还不足以揭示良渚文化聚落尤其是高等级聚落的全部面貌。因此,研究自然环境与良渚文化聚落形态发展之间的关系,仍然存在不小的困难,目前应该更多地分区域进行较深入的研究。

笔者考虑,相对于较长时段内气温、降雨量、海平面等气象、地质信息的多变,自然环境各要素中,地形环境的变化要稳定得多。长江下游地区虽然存在多种地形环境,三角洲水网低地平原则是其主要特征。其中,杭嘉湖平原既是水乡特色最突出的地区,又曾经是良渚文化的中心。基于以上考虑,本文即选取杭嘉湖地区良渚文化聚落为例,尝试在前人研究的基础上,综论良渚文化聚落形态与水乡环境的关系。

良渚文化在太湖流域的分布具有非常明显的地域特征。例如周鸣、郑祥民认为环太湖三面分布的遗址连片成串地集中分布于以下四个地域:(1)良渚瓶窑—德清—临平—杭州区域;(2)斜桥—海宁—平湖一线;(3)苏州—昆山—青浦—吴江区域;(4)常州—江阴—张家港一线。[5] 今井晃树提出,良渚文化至少

* 黄爱梅,华东师范大学历史系副教授。

可以统一划分为5个区域:余杭地区、海宁地区、嘉兴地区、苏州—上海地区和常州地区。[6]王宁远总结"目前比较流行的看法,是将太湖周边的遗址分成如下几个区块":太湖以南的良渚—瓶窑区(良渚遗址群),太湖东南的嘉兴地区,太湖东部的苏南—沪西地区,太湖西北、长江以南的江阴—武进地区,太湖西岸的湖州—宜兴地区。[7]其中,良渚文化遗址分布集中的余杭、嘉兴、海宁地区,都位于太湖平原南部的杭嘉湖平原,由此可知杭嘉湖平原对于良渚文化的重要性。

杭嘉湖平原是浙江省最大的堆积平原,面积约7620(6450)平方公里。位于今浙江省北部,太湖以南,浙西丘陵以东,钱塘江口—杭州湾以北,是长江三角洲的组成部分。这一地区地势平坦,海拔多在10米以下,地面形成东、南高起而向西、北降低的以太湖为中心的浅碟形洼地。太湖沿岸最低平,海拔仅2～3米。东部钱塘江口、杭州湾沿岸的地势略高,海拔达5～6米。平原上水网稠密,现今的河网密度平均12.7千米/平方公里,为中国之冠。[8]平原表层沉积物以细颗粒泥沙(细粉沙、粘土)为主,属河流湖泊堆积物,其南缘属潮滩相沉积物,土质粗而疏松,地面缺少湖泊、水系变稀,地形相对高亢。

这块平原由长江、钱塘江的泥砂和海潮回淤泥砂堆积而成。[9]根据研究,大约在7500aBP前后,长江、钱塘江携带的泥砂在河口有规律地堆积,开始了全新世长江三角洲的发育。郑祥民指出,全新世早期,太湖之北和太湖东南存在两个大的丘状台地,一个以无锡、苏州、江阴、常熟为中心,另一个就以今杭嘉湖平原东缘的嘉兴和桐乡为中心。可知嘉兴—桐乡一带的地势自古就比较高亢,适合史前人类持续居住。从考古发现来看,这里出现了史前文化的叠置型遗址,马家浜—崧泽—良渚文化层顺次堆积。而在太湖和杭嘉湖平原的西面,全新世早期在从杭州湾至太湖的西区存在着一条规模较大的低洼带,这一区域表现为沟谷地貌,这也是全新世最早的海侵进入太湖流域的主要通道之一。[10]全新世中期,"由于太湖周围地形在径流、波潮流和风暴潮的堆积作用下不断加高"[11],使平原地区逐渐脱离海水的影响。6500aBP前,东太湖基本形成,5600aBP之前,西太湖由咸水湖变成淡水湖,太湖区封闭成为现代湖泊,碟形洼地基本形成。[12]在这个过程中,杭嘉湖地区和太湖东部地区逐渐被淤塞充填、由低洼谷地变成泻湖环境;再随着海面的下降、地下水位的降低,河流复又下切,东太湖及其以东的许多湖泊当时成为一些小型洼地沼泽[13],杭嘉湖地区低地渐渐显露,湖沼纵横分布,水网密布,水乡平原环境也正式形成。研究发现,良渚文化早期(距今5300～5000年),由于海平面下降,太湖流域大片土地出露,河流溯源侵蚀加快,以下泄为主,不易泛滥,居民纷纷迁往平原定居。[14]可以说,杭嘉湖地区的良渚文化是在水乡环境形成的过程中逐渐发展起来的。

从现有的考古资料来看,杭嘉湖平原是良渚文化分布最为密集的区域之一。西部与浙西山地丘陵的过渡地带即良渚—瓶窑地区、中东部嘉兴—桐乡—海宁—海盐—平湖一带,已发现的良渚文化遗址达150余个。[15]其中良渚—瓶窑地区被东天目山余脉分两支南北夹抱,略呈簸箕状向东敞开。以东苕溪为界,西部为低山丘陵,东部为冲积平原地貌。[16]嘉兴一线总体地势平坦,为水网平原地貌。

从马家浜文化始,为了避水,史前居民将住所安排在丘状台地地貌的中心、斜坡地貌的顶部和沟谷两侧的顶上部等地势高亢地带。[17]杭嘉湖湖荡平原形成之后,虽然史前居民选择在低地取水、渔猎、种植水稻,但为了防范洪涝的危险,他们仍然选择居住在高爽之处。良渚—瓶窑地区内天目山余脉、平原孤丘的山脚坡地,都被良渚居民充分利用。[18]例如余杭汇观山、文家山、瑶山等遗址设置于小山之上,庙前遗址即位于海拔33米的荀山东南部,此外小竹园、钵衣山、前山、横山、百亩山、石前圩、巫山、吴家埠、金霸坟等遗址都位于山脚坡地。湖州、海宁、嘉兴也有个别遗址位于矮山或台地之上。

而在自然的山脚坡地之外,人们在低地人工堆筑土墩、土台,在上面建造房屋,并不断扩大台墩面积,直至将原有多个小台墩连成较大的台墩,成为良渚时期平原居民适应水乡生活最主要的聚落建设方式。根据资料统计,杭嘉湖地区的台墩型遗址众多,即使在靠近山地的良渚—瓶窑地区,台墩型遗址也达到80%左右;嘉兴一带的台墩型遗址的比例还会更高。[19]

例如,嘉兴仙坛庙遗址,是由最初成排分布的多个方形小土台持续扩建和堆积而成,最终形成了南排土台的北扩部分叠压在北排土台之上的格局,时间从崧泽文化晚期延续到良渚文化晚期。[20]

海宁荷叶地遗址为高于周围稻田约2米的高地，面积100000平方米。土墩为人工堆筑而成，整体为圜丘形，从地表到生土可分为5层，主要由纯净的浅黄色和褐色土堆筑，在每一层的表面和边缘都有红烧土和灰烬，反映了土墩经过数次的扩大和加高，而最终才成为墓地。[21]

桐乡新地里遗址中良渚时期的堆积，“主要是一处由人工有意识地搬运土方连续堆筑、使用和扩建形成的高土台”。其中东、西两个早期土台都堆筑在第12层层面上，之间相隔30多米，后经多次扩建而合为一体。[22]

平湖庄桥坟遗址是高出周围水田约1米的土墩，发现3座良渚文化时期的土台，清理良渚文化中晚期墓葬236座，以及灰坑、沟、祭祀坑等遗迹近100处，出土各类遗物近2600件(组)，是目前发现最大的良渚文化墓地。从发掘区的地层堆积来看，最初是在生土面上堆筑若干座土台，随后土台不断向四周扩大，形成斜坡状的地层堆积和数层松软的黑灰土层。最终因这些堆积使土台相连。发现的三个土台中，1、2号土台都有打破生土的沟，估计“与堆筑土台需要土方，进而需要计算土方量有关。沟形成后，也可能作为土台初始使用阶段某种形式的界沟”。[23]

筑土堆墩并持续使用、不断扩建，这种充分适应了水乡环境的聚落建设方式，早在崧泽文化时期就已经出现。嘉兴南河浜遗址由相对高度约2米的不规则台地组成，面积2万多平方米。其崧泽时期的地层堆积，就已经显现出该遗址“经历了长期垫土加高与扩大范围的过程”。以A区为例，第12层与第9层为灰烬层，含较多的兽骨与陶片，属于生活堆积。G3～G6以及第10层下的柱洞，则是与房屋建筑有关的遗迹。第7层与第8层是一次大规模的加高、扩建。在第7层台面上，A区成为居住区，在此建有F3～F7。同时B区成为墓地，在此埋入M1～M7。F3～F7被废弃后，A区成了祭祀场所和墓地。……祭台与F2被废弃后，这里又有一次大面积的加高与扩建，其范围已至B区。在A区，形成了与祭台顶面持平的第4层，在以第4层为基础的新的台地上，A区再次成为墓地，并且在A区的中南部建起F1。[24]

与山脉余脉向平原的延伸区域相比，自然孤丘和人工土墩可供使用的面积都不可能太大，这也局限了台墩型聚落的规模。这类遗址不仅房址有限，面积不大，而且墓葬就安排在房址附近，以充分节约和最大限度地利用有限的居住土地。

以嘉兴普安桥遗址为例，这处高出地面2.5米的土墩，其遗址的主体是依托土台的良渚早期居址和墓葬。在核心部分不超过4000平方米的范围内，第一阶段(崧泽末期)为3个东西向分布的小型土台，台面中心有连续使用并原地补建的方形房屋3座，面积在25～40平方米之间。在房址的东西两侧，分布与房址共存的墓葬12座，甚至有的墓葬紧贴房屋的外墙或埋在台坡上。第二阶段(崧泽末期)，原先土台之间的低洼部分逐步被生活废弃物以及埋墓的需要填高，兴建了4座房屋、9座墓葬，其中F3西侧的两座墓分布在F3与F4土台之间较低的鞍部。第三阶段(良渚早期)，F3毁弃后的位置上新出现一建筑的残迹，1米外新筑一4米见方的小墩，以安置墓葬。第四阶段(良渚早期)土台台面遭严重破坏，但从布局看，土台中部原房址的位置仍被预留，没有墓葬埋入，估计直到良渚晚期，该遗址仍然保持早期格局。[25]

根据王宁远的研究，在良渚文化一般的基层聚落，墓葬埋设在房屋附近应是一种普遍规律。[26]水乡平原可供居栖的高爽地面较少，先民又不忍使先人坟茔遭受水患，居址与墓葬只能共处一台。在此土台之上，是基本的居住面，窖藏作用的灰坑在房屋附近，墓葬安置在房屋的周围，土墩的坡脚设计为垃圾废弃区；土台与土台之间的低地，则建有相关的灰坑、水井等附属设施。嘉兴仙坛庙遗址是在良渚晚期之前的阶段，据估算，聚落核心部分的墓地和居住区不超过6000平方米，即高墩的范围。而在土台下的低地，发现大小不一、形状亦不规整的多个灰坑，其包含物为破碎陶片、烧土块、兽骨等日常垃圾。发现水井4口，其最下层为青灰色淤泥，有罐、壶等小件器物出土。[27]桐乡新地里遗址也是如此。在早期东西两个土台之间发现有较多灰坑以及水井等与居住生活相关的遗迹。

位于水乡，与水共存，利用水，防范水，是杭嘉湖平原良渚基层聚落的又一共同特点。水乡平原水网密织，选择在低地上筑墩堆台建设居址和墓地，周边的河道就成为天然的护卫屏障。现发现的不少良渚遗址，就是孤立于河港环绕的孤墩之上。例如前述诸遗址中，仙坛庙遗址的中心为一孤立的东西向长方形高土墩，周围为水田，水田外围有后港、仙英港、庙浜、戚家浜等河港环绕。[28]新地里遗址为一处孤立的长条形高墩，平均海拔约5米。四周有中沙渚塘、圣荡漾、马新港、落家港、西浜等河流环绕。[29]普安桥遗址四周亦皆有河道港汊。此外，海宁达泽庙遗址为一近方形台地，高出四周农田2～4米，面积约18000平方米，周围有河道围绕。[30]海盐龙潭港遗址同样在土墩四周围绕着大致闭合的河道。[31]

环绕土墩四围的河港，多为自然水道，也有的是良渚居民为方便取水、排水乃至防卫的需要，主动开挖的河道，形成人工与自然共造的相对密闭的环境。如仙坛庙遗址所在的高墩，其北坡与一处断头河相连，墩东面为池塘，估计与堆墩取土有关。[32]而最为典型的当属苏州独墅湖遗址，虽不在杭嘉湖平原，但亦为水乡环境，或许可以佐证这类河港环绕的聚落格局在水乡环境的普遍。该遗址现在独墅湖底，地面上的堆积已经不存，但仍完整反映了聚落的外围结构。聚落中心近似圆形，东西50米，南北48米，面积2400平方米左右。聚落的北面有一条东西向宽约30米的主河道，三条小河平行环绕聚落，北端与主河道相连，向南后再环入独墅湖东堤岸内。第一周小河除与主河道相连处外，其余部分宽4～15米；第二周小河宽6米左右；第三周小河宽5米左右；河道之间为平地。[33]这种河道重重环绕的格局，显然就是后来淹城遗址的滥觞。王宁远认为，这些规则围绕的河道，应该是良渚人工开凿或人工改造过的自然水域。[34]

以上河港环绕型布局多见于地势平坦、水网密布地区的台墩遗址。从环太湖流域的台墩型良渚聚落形态看，当时河流与这类聚落房址的关系还有一种是穿流型。这在太湖东部的江苏吴县龙南遗址体现最为明显。龙南遗址内，房址多沿一条东北—西南向的河道对称分布。[35]但昆山的绰墩遗址，既有河流环绕，又有河道穿插其中，[36]表明良渚聚落的布局实存在多种样式，良渚居民对水乡环境有相当强的适应性。

至于杭嘉湖平原内不多的坡地型遗址，其聚落选址也往往临近河流。如余杭庙前遗址位于海拔33米的荀山东南部，海拔3米，是典型的山脚坡地地貌。在第一、二次发掘区内早期的早晚两段遗迹中均发现有河道（G2、G1），位置和走向基本相似。其中晚段房址F1为略呈西北—东南向的长方形建筑，与外侧的河道保持平行走向。在第五、六次发掘区内也发现有河道（G3、G1），其中G3是人工开挖的断头河，东边向外延伸，与自然水域相连；G1是后来对G3的拓宽和疏浚。在其北部高墩上有红烧土遗迹，当为房屋建筑的遗迹。说明该处也有房屋临水而居。[37]作为位于坡地地貌的村落，河流是从其中部穿流而过，还是在外围构成屏障，虽然由于资料的限制，尚不能下最后的结论，杭嘉湖平原良渚聚落与河港水道的密切关系，却已经不容怀疑。

濒水而居，河道是自然划分聚落单位的界线，也是往来联系的出行通道，更是日日取水用水的所在。与今日水乡村落亦有类似，杭嘉湖平原良渚聚落在河道边上设立码头、埠头，并为堤岸设立护堤。余杭卞家山遗址即留下了保存较好的河道、居址和埠头遗存。在建有房屋和灰坑的土台的南侧，濒水处发现140余个木桩，大致呈曲尺形分布。多数木桩大致呈三排东西向分布于岸边，其西端一批木桩密集成行伸展入水，宽约1米，长达10米。发掘者认为沿岸的木桩可能为房子同时的水边埠头遗址，而西部外伸的木桩，很可能就是当时的码头。土台北面东西向的河沟与南部水域相通，沟内南侧淤泥中发现东西向布列的7个木桩和1排竹编，估计是河沟使用过程中某一阶段的南岸护坡。河沟则兼有水上交通和高台排水的功能。[38]

综上所述，地势平坦，河网密布，杭嘉湖平原呈现出与我国北方平原地区完全不同的水乡环境；高墩独兀，河沟环绕，濒水而居，以船为马，杭嘉湖平原上的良渚基层聚落也显现出不同于中原早期聚落的独特景观；而聚落规模小、围绕房址安排墓葬，同样也是有别于中原早期聚落的布局特色。这不仅是聚落选址、布局、与自然环境适应关系的体现，恐怕同时也透露出良渚社会构成、人群组织途径都有可能与中原不同，其走向复杂社会的道路或即因水乡环境而特异。

注释：

[1]王开发等：《上海地区全新世植被、环境演替与古人类活动关系探讨》，《海洋地质与第四纪地质》总16卷第1期，

1996年3月;陈中原、洪雪晴等:《太湖地区环境考古》,《地理学报》第52卷第2期,1997年3月;许雪岷、刘金陵:《11000年以来太湖地区的植被与气候变化》,《古生物学报》1996年第2期;封卫青:《福泉山考古遗址孢粉组合与先人活动环境分析》,《上海地质》1994年第1期;于世永、朱诚等:《太湖流域全新世气候—海平面短期振荡事件及其对新石器文化的影响》,《地理科学》2000年第4期;张生、朱诚、张强:《太湖地区新石器时代以来文化断层的成因探讨》,《南京大学学报》(自然科学版),2002年第1期;张玉兰、宋建等:《广富林遗址考古新发现及先人生活环境探析》,《同济大学学报》2002年第12期;申洪源、朱诚等:《太湖流域地貌与环境变迁对新石器文化传承的影响》,《地理科学》第24卷第5期,2004年10月;朱诚:《对长江流域新石器时代以来环境考古研究问题的思考》,《自然科学进展》第15卷第2期,2005年2月;王书敏:《史前太湖流域社会复杂化进程初步研究》,《东南文化》2006年第3期;叶玮、李凤全等:《良渚文化期自然环境变化与人类文明发展的耦合》,《浙江师范大学学报》(自然科学版)第29卷04期,2006年4月。

[2]转引自陈淳:《文明与早期国家探源》第四章社会文化复杂化,第184～185页。

[3]见1。

[4]钱公麟:《吴江龙南遗址房址初探》,《文物》1990年第7期;丁金龙:《良渚文化居住址与墓葬》,《长江下游地区文明进程学术研讨会论文集》,上海书画出版社2004年;高蒙河:《良渚文化住居的结构形态》,《南方文物》1997年第3期;张驰:《长江中下游地区史前聚落研究》,文物出版社2003年;高蒙河:《长江下游考古地理》,复旦大学出版社2005年;王宁远:《遥远的村居——良渚文化的聚落和居住形态》,浙江摄影出版社2007年。

[5]周鸣、郑祥民:《试析环境演变对史前人类文明发展的影响——以长江三角洲南部平原良渚古文化衰变为例》,《华东师范大学学报》(自然科学版)2000年第4期。

[6][日]今井晃树著,姜宝莲、赵强译:《良渚文化的地域间关系》,《文博》2002年第1期。

[7]王宁远:《遥远的村居——良渚文化的聚落和居住形态》,浙江摄影出版社2007年,第11～12页。

[8]陈桥驿:《浙江地理简志》,第21页。

[9]陈桥驿:《浙江地理简志》第21页。(臧威霆毛必林)

[10]郑祥民:《长江三角洲及海域风尘沉积与环境》,华东师范大学出版社1999年,第157～160页;周鸿、郑祥民:《试析环境演变对史前人类文明发展的影响——以长江三角洲南部平原良渚古文化衰变为例》,《华东师范大学学报》(自然科学版)2000年第4期;严钦尚、黄山等:《杭嘉湖平原全新世沉积环境的演变》,《地理学报》1987年第1期;严钦尚、许世远:《长江三角洲现代沉积研究》,华东师范大学出版社1987年,第143～157页。

[11]陈中原、洪雪晴等:《太湖地区环境考古》,《地理学报》第52卷第2期,1997年3月。

[12]WilliamY. B. Chang、刘金陵:《11000年以来太湖的形成与演变》,《古生物学报》第35卷第2期,1996年3月;王建等:《太湖16000你来沉积环境的研究》,《古生物学报》第35卷第2期,1996年3月。

[13]申洪源、朱诚等:《太湖流域地貌与环境变迁对新石器文化传承的影响》,《地理科学》第24卷第5期,2004年10月。

[14]张立、刘树人:《浙江江余杭瓶窑、良渚地区遗址的遥感地学分析》,《考古》2002年第2期。

[15]据高蒙河:《长江下游考古地理》表11"良渚时期遗址统计"、表12"良渚时期未分期遗址统计"统计。

[16]浙江省文物考古研究所编:《良渚文化群》第22页。

[17]申洪源、朱诚等:《太湖流域地貌与环境变迁对新石器文化传承的影响》。

[18]浙江省文物考古研究所编:《良渚文化群》第22页。

[19]高蒙河:《长江下游考古地理》,第79页;王宁远:《遥远的村居——良渚文化的聚落和居住形态》,浙江摄影艺术出版社2007年,第8页。

[20]王宁远:《遥远的村居——良渚文化的聚落和居住形态》,第42页。

[21]浙江省文物考古研究所:《海宁荷叶地遗址》,嘉兴市文化局:《崧泽良渚文化在嘉兴》,浙江摄影出版社2005年;王宁远:《遥远的村居——良渚文化的聚落和居住形态》,第85页。

[22]浙江省文物考古研究所、桐乡市文物管理委员会:《浙江桐乡新地里遗址发掘简报》,《文物》2005年第11期。

[23]浙江省文物考古研究所、平湖市博物馆:《浙江平湖市庄桥坟良渚文化遗址及墓地》,《考古》2005年第7期。

[24]浙江省文物考古研究所:《浙江嘉兴南河浜遗址发掘报告》,《文物》2005年第6期。

[25]北京大学考古学系、浙江省文物考古研究所、日本上智大学联合考古队:《浙江桐乡普安桥遗址发掘简报》,《文物》1998年第4期;秦岭:《环太湖地区史前社会结构的探索》,北京大学博士学位论文,未刊;转引自王宁远:《遥远的村居——良渚文化的聚落和居住形态》,第64～71页。

[26]王宁远:《遥远的村居——良渚文化的聚落和居住形态》,第78～98页。

[27]王宁远:《遥远的村居——良渚文化的聚落和居住形态》,第40～60页。

[28]王宁远、蒋卫东、李林、沈明生:《浙江海盐仙坛庙发现崧泽文化早期到良渚文化晚期文化遗存》,《中国文物报》2004年2月4日。

[29]浙江省文物考古研究所、桐乡市文物管理委员会:《浙江桐乡新地里遗址发掘简报》,《文物》2005年第11期。

[30]浙江省文物考古研究所、海宁博物馆:《海宁达泽庙遗址的发掘》,《浙江省文物考古研究所学刊》,长征出版社1997年;王宁远:《遥远的村居——良渚文化的聚落和居住形态》,第84页。

[31]孙国平、李林、周建初等:《浙江海盐县龙潭港良渚文化墓地》,《考古》2001年第10期。

[32]王宁远:《遥远的村居——良渚文化的聚落和居住形态》,第40页。

[33]丁金龙、朱伟峰:《苏州独墅湖底发现原始村落》,《古代文明研究通讯》总第11期;丁金龙:《关于良渚聚落与居住址建筑形式及结构的探讨》,《浙江省文物考古研究所学刊》(第八辑),科学出版社2006年。

[34]王宁远:《遥远的村居——良渚文化的聚落和居住形态》,第158页。

[35]苏州市博物馆、吴江县文物管理委员会:《江苏吴江龙南新石器时代村落遗址第一、二次发掘简报》,《文物》1990年第7期;苏州市博物馆、吴江县文物管理委员会:《江苏吴江龙南新石器时代村落遗址第三、四次发掘简报》,《东南文化》1999年第3期。

[36]苏州博物馆、昆山市文物管理所、昆山市正仪镇政府:《江苏昆山绰墩遗址第一至第五次发掘简报》,《东南文化》2003年增刊。

[37]浙江省文物考古研究所:《庙前》,文物出版社2005年。

[38]国家文物局:《浙江余杭卞家山遗址》,《2003年中国重要考古发现》,文物出版社2004年。

区域人文环境与商办浙江铁路

王 逍*

摘 要:清末商办浙江铁路之所以能在"造端甚宏,收效甚鲜"的中国商办铁路史上脱颖而出,成为全国"商路之冠",与江南长三角一带良好、独特的区域人文环境因素密不可分。该企业同时运作于上海和杭州,企业的决策者大都为旅居上海的浙籍绅商,他们既深受经世致用、求真务实的浙东学术传统的濡染,又历经"兼容"、"开新"、"拼搏进取"的海派文化的洗礼,无论是商办信念还是经营方略,均显得卓尔不群。同时,由于开风气之先的江南近代文化传媒的推波助澜,致使该企业获得广泛的社会支持,精英实践与民间力量形成良性互动,并汇聚成一股巨大的历史合力,推动着浙路成为时代的弄潮儿。

关键词:商办浙江铁路;浙江铁路公司;绅商;区域人文环境

喧哗一时的清末商办铁路,大多昙花一现:"如皖路如晋路如豫路,如川汉川线鄂线仍束诸高阁,杳无续办之期,且从前已筑路基经十年风雨仍复原状,而已购材料或被窃去或竟朽蚀不堪。"[1]但浙江铁路公司却能在"造端甚宏,收效甚鲜"[2]的商办铁路史上脱颖而出,共筑路200多公里,"邮传部考核成绩,许为全国商路之冠"。[3]究竟是何种因素孕育了商办浙江铁路(以下简称浙路)的斐然之绩?有学者从经营管理层面对其进行过探讨[4],但仅限于纯经济角度,因此有必要对隐藏在经济背后的文化因素进行解读。正如经济人类学所言:"经济过程绝非冷冰冰计算的合理性,它总是沉浸在文化环境的汪洋大海中。在此文化环境中,每个人都遵守自己所属群体的规则、习俗和行为模式,并凝结出共同的社会价值目标,激励着该共同体成员对经济和社会的发展做出自己的贡献。"[5]

综观清末众多商办铁路企业,因浙路同时运作于上海和杭州,故具有其他企业无可比拟的区域人文环境。按照美国人类学家施坚雅的城市与地方体系层级理论:上海与杭州同属于长江三角洲经济大区域,但属地区性都会城市的杭州与属顶级中心大都会的上海具有某种层级上的隶属关系,又按其"客民流动策略"[6],上海必然成为浙人寻求发展、施展才能的近水楼台。浙路公司经营管理层就是这些在上海打拼的浙籍绅商或称之为浙路精英。浙沪一体的区域人文环境孕育了其卓尔不群的精神气质。在他们身上,经世致用、求真务实的浙东学术传统与"兼容""开新"、拼搏进取的海派文化融为一体;民族忧患意识与近代上海移民精神交相辉映;传统的经营方略与开拓式的经营理念相得益彰。正是这种独特的区域人文精神隐含着人们特定的价值取向、行为方式以及实践能力等。因此,较之其他商办铁路企业,浙路无论是商办信念,还是经营策略等方面都远胜一筹。同时,活跃在独特的区域人文场域中的各种文化传媒的推波助澜,使浙路获得广泛、空前的社会支持,精英实践与民间力量形成良性互动,并汇聚成一股巨大的历史合力,从内外两方面加速着浙路企业化的进程。

一、区域人文环境熔铸成坚定的商办信念

20世纪初荆棘载途的商办铁路运动,在收回利权的民族觉醒浪潮中,扮演了极为沉重的一幕。然而浙路公司虽"鸩毒在前,虎狼在侧"[7],却抗争了近十年,成为最后一家收归"国有"的商办铁路公司,也是

* 王逍,浙江师范大学国际文化与教育学院副教授。

唯一的始终在泥泞与崎岖中奋勇前行的商办铁路公司。倘若没有坚定的商办信念，浙路又怎能斐然可观？而坚定的信念又缘于浙路精英们独特的人文素质。

以总理汤寿潜为代表的浙路企业高层管理精英们，大多为具有维新思想的文化名流，他们蕴涵着深厚的吴越文化底蕴，尤其是传统士人"内圣外王"、积极入世的价值取向与浙东学术经世致用思想的相互交融，使他们具有强烈的时代使命感。他们又大多旅居风气早开的上海，目睹中西文化的激烈碰撞，面对20世纪初年国家利权丧失殆尽的严酷现实，其民族忧患意识被大大强化。这种意识已不同于19世纪建立在"华夷之辨"的文化隔膜上的民族排外情绪，而是在鸟瞰开埠后的大上海之后，从国际意识中构筑的具有理性思维的民族觉醒。理性的民族意识、浓郁的桑梓情怀以及百折不挠的近代上海移民精神，相互扭结、内化为浙籍绅商们自办浙江铁路的强大精神动力和执着的商办信念，该信念贯穿于浙路十年风雨兼程的创业史中。

汤寿潜为浙江维新思潮杰出的代表人物，号称"杭州派"，早在1890年即撰写洋洋洒洒数万言的《危言》，呼吁维新变法，其文笔如"长江大河，浩渺无际，令读者爽心豁目，开拓心胸，足以辟中朝士大夫数百年之蒙蔽。""时人以比唐甄、冯桂芬，有疏通知远之用。"[8]，他比著名的早期维新思想家郑观应早四年喊出了警世的"危言"。张謇曾精辟地将汤氏一生概括为："夙以时务致称，晚以铁路见贤"。[9]汤氏一生并非表象上的互不关联的两段，实际上"以时务致称"为"以铁路见贤"奠定了深厚的思想基础。

早在1905年美商倍次即对浙赣铁路垂涎欲滴，其时被聘为上海龙门书院院长的汤寿潜为从根本上杜绝外商的觊觎之心，率先领衔致函同在上海的较有势力的浙籍绅商严信厚、沈敦和等，力陈自办浙路的重要性："铁路一事，利益既大，即使此次勉强支吾，倘吾国久延不办，终有空穴来风之虑。……何不径援四川、江西成例，集资自办?"并表示自己决不袖手旁观。[10]汤的明确表态坚定了众多浙籍绅商自办浙路的决心。同年7月，商办浙江全省铁路公司成立于上海（后总公司设于杭州，上海设分公司），汤因"办事素来公正练达"、"乡望素著"，加之其淡泊名利（曾辞安徽青阳知县及两淮盐运使之肥缺）而被公推为总理，刘锦藻为副理。

起初汤寿潜被公推为总理时，因"铁路非其所习"，深恐难以堪当重任而力辞，但众绅商以"先生不出如苍生何"之语相恳请，他亦不忍目睹桑梓之地自办铁路却群龙无首，终于知难而上，以实现其匡时济世之志。诚如日本支南珏一郎所誉："浙江筑铁道事起，然谋延领袖才，久之得寿潜，群焉许可；寿潜亦自喜于实业上造福群氓较诸一官为烈，此英雄之用心与醉心爵秩借以肥己者大异处也。……县令也、运使也，皆非可以大造苍生之福者也。……谋设铁轨与两浙东西，此举实开旷古未有之伟典，亦两浙人士翘首跂足所企望之大要政也。"[11]

自上任伊始，他即表示要以"愚公之愚"来达到浙路商办的目的。汤任职七年以来，"不受薪金，不支公费，芒鞋徒步，忽杭忽沪者无论矣。"[12]从筹款、征地、施工、管理及经营等"无事不责之于总副理"[13]，他尤其还要不妥协地与各种破坏浙路商办的中外势力相斗争。汤在总理浙路期间，"不恤一身，为拯民，不为取位"，虽"榛棘牵衣、风波满眼"，"十面受敌、五官并废"，却率领董事会"衔哀奔走、枵腹为之"。当铁路勘线触及房屋、坟墓而遭乡民阻挠时，他动之以情、晓之以理地劝说。甚至有人密谋拆其老屋、掘其祖坟也动摇不了其办路之决心。[14]1909年为反对浙路名义上的商办，他再次高举"废约、退款，辞英国工程师以使浙路完全商办"的大旗。对于清廷的调虎离山计，他竟然公开三次"抗旨"。1910年，汤寿潜为反对主张借债筑路的盛宣怀而致电军机处：要么将盛"调离路事，以谢天下"，要么将自己革职或"悬首于蒿街"、"从先帝于天上"，"寿潜中国男子，得免俯首低眉，受罪魁祸首之教令，为幸大矣！"[15]他甚至准备入京以身殉路，在上海曾以壮士一去不复返的悲壮情怀托言郑孝胥："吾月底入都，必闯大乱，或致见杀，无所托君，愿以一诗吊我足矣！"[16]此种宁为玉碎、不为瓦全的凛然正气令清廷恼羞成怒，旋即将"狂悖已极"的汤"即行革职，不准干预路事"[17]。汤虽被革职，但其以死抗争的强硬态度，产生了轰动式效应，使浙路幸免于难。

浙路副理刘锦藻乃湖州丝商巨头刘镛之子，不仅家资殷实而且学术根基深厚，又身为内阁侍读学士，曾撰《清朝续文献通考》400卷，为人正直、沉着。秉着深厚的民族使命感和桑梓情怀，他不顾年事已高而选择与汤同舟共济、共挑浙路之重担，在总理浙路期间，汤以刚劲闻名，而刘以镇静著称，两人配合默契，相得益彰，致使浙路企业具有超群的领导素质。刘的出任，还直接导致上海势力雄厚的湖州籍丝商购股如狂。此外，还[18]有一批对浙路企业鼎力相助的文化名流、维新斗士等，或呐喊、或躬行。例如，海盐人张元济，乃著名的出版家，曾任刑部主事，总理各国事物衙门章京，因参与戊戌维新被革职，后毕生从事文化教育事业，主持商务印书馆，在浙路进程中，他时而在前列冲锋陷阵，时而在幕后为企业运筹帷幄。例如，1907年冬，他和孙廷翰等浙江代表为争浙路商办冒着危险前往北京请愿。他在担任第一届董事会的查账员期间，公私分明、一丝不苟。他甚至为浙路征地，多次亲自与英国教会反复交涉、据理力争。张元济鲜为人知的铁路生涯与其广为传播的书卷人生交相辉映。[19]再如，著名的维新人士、一代报人，钱塘人汪康年以及近代文学家、史学家，杭州人夏曾佑等也都为浙路或奔走、或呼吁。

此外，浙路精英们以其在思想文化界的影响力为基础，以亲缘、地缘、业缘为纽带，广泛寻求铁路商办的强大后盾。例如，为争取上层人士的有力支持，他们动员了王文韶、孙宝琦、葛宝华、沈家本、黄绍箕等一大批浙籍京官入股浙路，这些重量级人物不仅为浙路大股东，也是疏通朝廷的重要媒介。[20]王文韶等甚至表示"生为浙人，一息尚存，为浙计不能不为路计"[21]；他们还联络在浙沪两地的商界巨擘，使其慷慨解囊、和衷共济。例如，严信厚、虞恰卿、李厚佑等宁波帮三巨头对浙路公司的投资均在1万元以上，而湖州刘、张、邢、庞、邱五大丝商家族也争相购股。至于汤寿潜的姻亲杭州绸商蒋廷桂则投资20万元，而杭州信源金店店主胡焕第一次入股即达10万元[22]。总之，良好的区域人文环境凝聚了商界、政界及文化界的浙藉人士，成为商办浙路的中流砥柱。而以汤寿潜为代表的董事会倘若没有高度的民族忧患意识、浓郁的桑梓情怀和百折不挠的近代上海移民精神，必然难以孕育出坚定的商办信念，浙路亦势必早被摧之、毁之。

二、区域人文精神催生出现代企业经营理念

浙东学派内部尽管治学风格各异，但均强调严谨治学，熟稔国学经典。以汤寿潜为代表的浙路精英们，受浙东学术精神濡染而呈现的是一种求真务实的人生态度和脚踏实地、一丝不苟的工作作风。同时海派文化的多元性、开放性、进取精神又赋予他们前瞻性的企业理念和开拓性的经营策略。这两种文化品格相得益彰地融合在浙路企业的运作中。

首先，汤寿潜等主持制订了中国商办铁路史上唯一完善的严格、规范的公司管理章程。

自1906年浙路开工后，虽然"求一潦草章程不可得"，但他们秉着"填海之诚、移山之愚"的精神，及"实心虚心"的态度，借鉴美日等资本主义国家先进的管理经验，着手起草详细的浙路章程。汤寿潜曾亲自致函清廷驻日大臣李柳溪，请其代向日本铁道作业局调取有关铁路组织、经营管理等全套资料，奉为蓝本，[23]并以留美铁路专科生濮登青提供的情况作补充，同时还广泛征求富有企业经验的董事绅商们的意见，甚至致函江苏巡抚"章程附呈教正"[24]，草案边实施、边修改，"行之有碍而改焉，改之有碍而又改焉"[25]，正是在集思广益、反复锤炼的基础上，较详尽的《奏准商办全浙铁路有限公司章程》[26]于1907～1908年间完成，以后又进一步补充与完善。该章程乃求真务实和"兼容""开新"的产物。综观浙路章程，折射出以下几方面的现代企业经营理念：

其一，严格、民主的企业管理体制。

章程规定：每年召开一次股东大会，代表全体股民的利益，并按一人一票制选举董事会成员和查帐员；经众股东民主选举出来的董事会为公司的最高决策机构；凡涉及有关公司经营管理、发展规划等重大事件均须由董事会集体讨论并表决；每三个月在杭沪两地轮流举行一次总会，每月分别在杭沪举行三次定期会，如有必要还可召集临时会。

其二，规范、有序的行政管理制度。

章程对自总副理至普通职员的工作职责、奖惩赏罚、出勤休沐、探亲抚恤等制度、细则均有详细的明文规定。

其三,比较完善的监督机制。

浙路公司自开办之初就设有查帐人,尔后该制度愈来愈健全,成为独立于公司职权部门之外的监察机构。查帐人不仅有权审查总副理是否遵守章程及执行股东会所议决之事,而且对本公司一切业务往来、帐目簿册、出入款项、公司一切财产等有随时核查之权,公司职员有配合之义务。所有检查之物如无差错需由查帐人签名、画押存档,并将查核情况形成书面报告在股东会及董事会上宣读。该体制有利于防止滥用职权、贪污作弊等腐败行为。

其四,健全、透明的财务制度。

章程对自总理至普通职员的薪水等级作了明文规定,其中总副理、董事及查帐员的薪水均由股东大会议决。旅费章程对职员差旅费的预支、报销、补贴规定得极为详尽,甚至规定:“旅行中如遇有道路阻塞及其他意外事故不能照指定路程径赴者当照实报销”,如“因私逗留或照指定路程以外因私迂道者,所有迂道及逗留之费概行扣算”,“倘偶遇疾病不刻计日径赴者除计日给予栈费外,由董事会酌议津贴医药费”。

为避免流于形式,汤寿潜首先带头恪守公司章程:“每月考勤,有不照章办理者,不稍事瞻徇。”“一切帐目,不时查问,工料出入,营业收支,尤为注意。”“应开支则开支,应撙节则撙节,劳怨概所不计。”[27]“子弟、亲戚门生,至有佳者,经合例之股东荐保,亦必不用,曰宁矫情以防私弊。”[28]汤的楷模形象有力地强化了职员遵守章程的自觉性,也大大保证了浙路公司各项制度的有效性。

完善、严格的章程体现了浙路公司较高的企业管理水准,使浙路企业形成良性运作的机制。制度的发育源于经济组织的需要,制度的建立与健全,乃经济组织发展成熟的重要标志:“制度文化着重于管理……,管理的导向是为了提高经济活动效率,保证经济活动的合理性。”[29]与浙路形成鲜明对照,其他铁路公司则大都未兑现日后再订详细章程的承诺,致使流弊丛生、路工放任、成效低微。例如,招股不亚于浙路的川、粤两公司即为流弊丛生的典型。川路公司常年不设董事会、查帐员,股东无权过问公司的帐目及经营状况,长期“帐目繁杂,簿册凌乱”[30],存放上海用于购料、生息的三百五十万两白银仅由保管员施典章独自支配,被亏蚀、挥霍一空,八年间,川路“前后所费几一千一百三十万元,而仅完成十英里。”[31]致使广大股民血本无归,且“追讨无门”。[32]至于粤路公司的大股东均为华侨,他们常年在海外,鞭长莫及,故董事会长期以来派系林立、尔虞我诈、贪污受贿、因循苟且:“自光绪三十二年禀商部文内声明另订详细专章,乃距今四年尚未提出,丛生百弊,是其总因。”[33]粤路甚至聘在籍京官梁诚为公司总理,贿以二万四千元的年薪(恰为汤的四倍),使其“凡事悉听董事局及总工程师所为,把持播弄,不敢干预”[34],其舞弊之风愈演愈烈,自1906至1909年,粤路耗资八百万,筑路四十五公里,“其成本之巨,糜费之多,工程之延缓,实为中外铁路所仅见”[35]。反观川、粤两路的流弊,高素质的管理水准乃浙路企业成功之根本,而高素质的管理水准无疑受益于良好的江南区域人文环境。

其次,在区域人文精神的濡染下,浙路精英们将传统经营方略与开拓式经营理念相得益彰地融于企业运作中。

在上海的浙籍商帮深受“影响绵长的浙东学术氛围”中“工商皆本”和“重然诺”思想的濡染,内敛成良好的商业精神(敬业、守信、机敏等),[36]同时又兼具吃苦耐劳、勇于拼搏、敢于创新的上海移民精神。[37]独特的人文环境使他们在商业领域中英才卓荦。正如时人所誉:“浙人性机警,有胆识,具敏活之手腕,特别之眼光,其经营商业也,不墨守成规,而能临机应变,故能与票号抗衡,在南中别树一帜。”[38]

因此,他们敢于投资风险大、周期长的铁路企业,能发挥固有的经商才能,审时度势地实施了其他铁路公司无法望其项背的开拓性的经营策略:附设铁路银行、创办铁路学校、自建煤矿等,从资金周转、技术人才力量、燃料动力等方面为公司的长远发展奠定了基础,尤其是原材料的采购方面更是独辟蹊径,为避免资金的糜费,公司采取灵活的对策,尽量不要进口货。因此钢轨大部分购自汉阳铁厂,钢桥则大都购自上海，他们还对国内原材料厂家进行资本渗透，如参股盛宣怀筹划的汉冶萍煤铁矿公司等，对于必须进口的材料，则采取多国比较，择其最经济实惠者而取之，如枕木购自较便宜的日本、新加坡，机车则分购美、英、德、比利时等，巧妙地避免受外国垄断价格之操纵，[39]致使伦敦《泰晤士报》因英国不能获得优先权而颇为不满地指责汤："杭公司之主任者于采办机车事，竟登报广告，招人投标"。[40]

浙路公司这种开拓性的经营理念，在汤寿潜首倡的"东南铁路大计划"[41]中表现得淋漓尽致，达到了同时代人所未能企及的高度。汤不仅有自办全浙铁路的雄心，更有胸怀整个东南的壮志，具有跨区域合作的前瞻意识。他呼吁闽粤浙赣的绅商们："为国防计、为商业计"，"东南数省将相互提携，以期存立，尤应该以铁道贯通之"。[42]为将此宏伟蓝图付诸实践，汤还多次风尘仆仆远赴潮、汕、南洋等地演说、筹款。而其他商办铁路则各自为政，相互观望，导致"如西潼之有待洛潼，湘路之力催鄂路，彼此趑趄不前，而时机已经坐失"。[43]

可见，浙路若无良好的人文环境和开拓性的经营策略以及前瞻性的经营理念，也势必如川路、粤路般糜费低效，亦如湘路、鄂路般趑趄不前，而难以成为"商办铁路之显著者"。因为"精神文化对于人们的经济生活的派生作用虽然没有那么直接，却可以提高生产者的素质，从而转化成经济生产能量。"[44]

三、区域人文场域中精英实践与民间力量的良性互动

商办铁路荆棘载途，但浙路却能避免胎死腹中的厄运并一路风雨兼程，除了独特的人文环境赋予企业精英们优良的素质以外，蕴含于区域人文场域中的社会力量的广泛支持亦不可忽视。

浙路所依托的区域人文场域——江浙沪江南文化圈，乃人文荟萃、经济繁荣之地。作为中心大都会移民城市的上海，既是信息文化传播中心，又是江、浙两省商办铁路的起始点，因此它成为1907年浙路风潮的中心舞台。各种社会力量在此舞台上为浙路企业摇旗呐喊、鼎力相助。同为文化名流兼密友的苏路总理张謇与浙路总理汤寿潜，或在家乡函电往来、或在上海会晤商榷，互为声援，相互砥砺；其时，汇聚于上海的各省铁路公司的函电如雪片纷飞，援汤之声不绝于耳。以上海为中心及江浙其他各大中小城市，由绅、商、学各界组织的各种拒款集会此起彼伏，演说者有慷慨悲歌者、有摩拳擦掌者、有愤极泣下者。例如，有"中国第一演说家"之美誉的我国著名的教育家马相伯先生，多次在上海各种拒款集会上挥泪演说，令无数国人热血沸腾。[45]江浙沪大地各个阶层的报刊传媒竞相撰写评论文，或编辑小册子或排演时事剧，以传递信息，广造舆论，遂形成争路风潮，为浙路企业推波助澜。

同年10月中旬，浙江邬钢、汤绪两烈士殉路使风潮达到顶点。在上海以及江、浙各大中小城市，为殉路烈士召开了各种形式的隆重而又悲壮的纪念会，挽联、花环铺天盖地，印有钨钢事迹和钨钢绝命书的小册子风靡江南。上海著名的《申报》、《东方杂志》等每日向人们飞速传递着有关江浙路事的信息。维新派汪康年举办的《中外日报》、张元济举办的《外交报》，革命党人于右任创办的《民呼日报》[46]以及其他形形色色的报刊等纷纷为浙路风潮呐喊助威。当时各大中小报刊登载量最多、最醒目的是关于拒款集会和烈士殉路的信息。在邬、汤烈士之后又有所谓的范烈士、陈烈士、许烈士等殉路的消息，上海各大剧场还排演了烈士殉路的时事剧。晚清著名谴责小说家吴沃尧主编的《月月小说》还特载："浙江三烈士殉路记"，以"邬烈士呕血殉路、汤烈士绝粟殉路、范烈士断肠殉路"[47]这样刺痛人们神经的标题，渲染着烈士殉路的情景。姑且不排除人们有意无意将在风潮期间那些热心路事而又不幸突然故去的都冠以殉路烈士之现象的存在，但烈士殉路的信息经过众多形式的大众传媒的广为传播而家喻户晓，致使邬钢、汤绪等人成为维护路权的象征符号，烙刻在各阶层人们的记忆深处，撞击着人们的心灵。

在文化传媒的推波助澜下，浙路风潮在江浙沪区域激荡成牵动着每一颗国民心灵的蔚为壮观的全民性的抗争。绅商们慷慨解囊自不待言，沪杭女界亦不甘落后，从女子学堂至保姆传习所、天足会等纷纷勇购路股。一时间"杭垣舆论、街谈巷议，人人皆以不附路股为耻。"[48]从普通市民，到贩夫走卒、御者庖丁、僧尼乞丐、名伶妓女等无不尽微薄之力。甚至"老人蓄寿衣棺材费有之，孤儿寡妇挪生活储金者有

之"[49]，"举国若狂，民气之感愤，实所仅见"[50]。

浙路风潮使浙路实现了由"提倡于缙绅先生"到"响应于劳动社会"[51]的飞跃，获得普遍的社会支持。风潮中所认游资实收128万元，[52]成为日后浙路重要的补充资本，这无疑大大推动了筑路的进程。但是社会支持的意义远远不仅于此，它不仅奠定了关注、支持浙路的普遍的社会心理基础，更大大增强了浙路精英们与朝廷抗争、与洋人争利的决心与勇气。董事会表示："宁渴不饮鸩酒"[53]。1907年冬，当张元济等北上谈判代表们离开上海码头时，面对热血沸腾的送行者誓言："不达目的不生还。"[54]正是由于社会力量的鼓舞和支持，增加了汤寿潜以死抗争的勇气。当汤被革职的消息传来："浙人奔走仓皇，呼号凄惨"，江浙沪等地官绅商民纷纷为汤鸣不平，他们大声疾呼："汤留路存、汤去路亡"，杭城百姓甚至准备用暴动来回击清政府。[55]以上不仅给清廷施加了巨大的压力，使之不敢铤而走险、明目张胆地压制浙路，也大大增加了汤与清廷抗衡的决心。迫于众怒和汤等管理层的不妥协精神，盛宣怀在1911年初将沪杭甬铁路借款被迫移作开封徐州铁路借款，浙路在某种意义上争得了完全商办的胜利。也由于舆论的支持，1912年汤复任总理，率领公司在1914年初，又筑成甬曹段约78公里，[56]为日后杭甬线的贯通奠定了基础。

商办浙江铁路是中国民族工业发展史上一个文化与经济互动较为成功的案例，它所蕴涵的历史经验对当代中国如何开发人文资源、提升民族经济水准、实现现代企业制度仍具有重要的启迪意义。正如美国人类学家萨林斯在其《文化与实践理性》所言：生产实际上是某一文化逻辑的文化代码的物化过程。[57]而从经济人类学视野而言："为经济发展提供方向的，最终还有养育经济于其中的文化价值系统。经济的发展，不仅表现为一种物质资源的变动关系，而且是一种精神上的状态。它必然受到现存的、并且不断演变着的、制度化了的、文化价值标准的约束。"[58]由此可见，唯有提高管理层的人文修养，从情商、态度、有效性这三个维度来优化人力资源，以求真务实、诚信为本的文化传统与开放的社会心态相结合，逐步打破家族式经营的藩篱，克服"家族情结"，淡化血缘、亲缘色彩，提升民族忧患意识，建立现代股份制企业，同时实行区域人文资源共享，形成相互关联、相互协同、共同受益的民营企业群落效应，这才是突破我国民营企业发展瓶颈的内驱力。

注释：

[1]曾鲲化：《中国铁路史》(上)，新化曾宅，民国十三年(1924年)自版发行，第121页。

[2]谢彬：《中国铁道史》，中华书局民国十八年(1929年)十二月发行，第24页。

[3]宓汝成：《中国近代铁路史资料》，中华书局1963年，第885页。

[4]闵杰：《浙路公司的集资与经营》，《近代史研究》1987年第3期。

[5]陈庆德：《经济人类学》，人民出版社2001年，第37页。

[6][美]施坚雅主编，叶光庭等译：《中华帝国晚期的城市》，中华书局2002年，第327～662页。

[7]政协浙江萧山文史委员会编：《汤寿潜史料专集》，第181页，浙出书临(90)第59号。

[8]《汤寿潜史料专集》，第126页。

[9]《汤寿潜史料专集》，第128页。

[10]浙江省辛亥革命史研究会：《辛亥革命浙江史料选辑》，浙江人民出版社1981年，第268～268页。

[11]《汤寿潜史料专集》，第132～133页。

[12]《浙江学会之哀声》，《民呼日报》1909年6月25日。

[13]政协浙江萧山文史委员会编：《汤寿潜史料专集》，第491页。

[14]《汤寿潜史料专集》，第493页。

[15]宓汝成：《中国近代铁路史资料》，中华书局1963年，第885页。

[16]《汤寿潜史料专集》，第663页。

[17]《汤寿潜史料专集》，第491页。

[18]闵杰：《浙路公司的集资与经营》，《近代史研究》1987年第3期。

[19]王逍:《张元济与浙路商办》,《学术论坛》2001年第2期。

[20]闵杰:《浙路公司的集资与经营》,《近代史研究》1987年第3期。

[21]宓汝成:《中国近代铁路史资料》,中华书局1963年,第886页。

[22]闵杰:《浙路公司的集资与经营》,《近代史研究》1987年第3期。

[23]政协浙江萧山文史委员会编:《汤寿潜史料专集》,第568～569页。

[24]《汤寿潜史料专集》,第550页。

[25]《汤寿潜史料专集》,第492页。

[26]交通铁道部编纂委员会编:《交通史·路政编》第16册,民国24年,第115～145页。

[27]闵杰:《浙路公司的集资与经营》,《近代史研究》1987年第3期。

[28]同上。

[29]王恒富,石争:《文化经济论稿》,人民出版社1995年,第6页。

[30]戴执礼:《四川保路运动史料》,科学出版社1958年,第174页。

[31]张家傲著,杨湘年译:《中国铁道建设》,商务印书馆民国三十五年,第11页。

[32]《上海经融危机》,《东方杂志》第7期。

[33]闵杰:《浙路公司的集资与经营》,《近代史研究》1987年第3期。

[34]同上。

[35]同上。

[36]樊卫国:《论近代上海人文环境及其对企业经营的影响》,《史林》2003年第2期。

[37]同上。

[38]王孝通:《中国商业史》,商务印书馆1936年。

[39]闵杰:《浙路公司的集资与经营》,《近代史研究》1987年第3期。

[40]沈云龙:《近代中国史料丛刊续编》,第67辑,第130册,第962页,文海出版社民国55～76年。

[41]政协浙江萧山文史委员会编:《汤寿潜史料专集》,第494页。

[42]《汤寿潜史料专集》,第495页。

[43]谢彬著:《中国铁道史》,中华书局民国18年12月发行,第24页。

[44]王恒富,石争:《文化经济论稿》,人民出版社1995年,第6页。

[45]汤志均:《近代上海大事记》,辞书出版社1989年,第640页。

[46]马光仁:《上海新闻史》,复旦大学出版社1996年,第20页。

[47]吴沃尧:《浙江三烈士殉路记略》,《月月小说》第12期,光绪丁未十二月发行。

[48]宓汝成:《中国近代铁路史资料》,第876页。

[49]《汇报》,1908年2月12日。

[50]同上。

[51]宓汝成:《中国近代铁路史资料》,第838页。

[52]同4。

[53]宓汝成:《中国近代铁路史资料》,第865页。

[54]王逍:《张元济与浙路商办》,《学术论坛》2001年第2期。

[55]宓汝成:《中国近代铁路史资料》,第886页。

[56]宓汝成:《中国近代铁路史资料》,第1009页。

[57]Sahlins, M. 1976, Culture and Practical Reason. Chicago, University of Chicago Press.

[58]陈庆德:《经济人类学》,人民出版社2001年,第37页。

论孔氏南宗的宗族规制

刘小成*

摘 要:家法、族规对于宗族维持自身存在及发展异常重要,孔氏南宗非常关注家法族规的制定执行。南宗家规中影响较大的是沈杰制定的《钦定孔氏家规》,该家规是南宗纲领性的族规。同时,南宗族人从儒家的伦理规范出发,针对现实,订立具体的家族规制,并严格遵守。孔氏南宗的宗族规制与南宗族人的人格风范不但推动了孔氏南宗的发展,而且为当地的其他宗族起到了很好的示范作用,推动了当地社会的发展。

关键词:孔氏南宗;宗族规制;特色

南宋以来,孔氏南宗诗礼相承,并且以衢州为中心,在各省分徙出很多支派。孔氏南宗以《钦定孔氏家规》为纲领性家规[1],订立具体的家规并严格遵守,南宗族人的身上体现了循礼蹈义,文质彬彬的儒家人格风范。南宗的宗族规制很好地规范了族人的言谈举止,推动了宗族的发展,进而对当地的其他宗族与社会发展产生了积极的影响。

一、《钦定孔氏家规》

孔氏南宗的家规,影响较大的是明正德元年(1506年)制定的《钦定孔氏家规》,该家规由衢州知府沈杰制定,并上奏朝廷钦准刊行。家规共计七条,其内容包括了以下三个方面:

(一)关于孔氏南宗与北宗的关系处理

孔氏南渡以来,孔氏后裔分南北两派,路途迢迢。《钦定孔氏家规》中有两条涉及南宗与北宗的关系处理。

《钦定孔氏家规》第一条的内容为"遵制典",要求孔氏南宗子孙遵守朝廷制度盛典,不许觊觎衍圣公之职。这一条一开始便提到了孔洙让爵之事,并且说"即今百余年,未闻有觊觎争竞之人"。为了防止"后世两派子孙互相嫌隙,妄起争端",家规从劝勉和诫令两个方面展开,一方面"行令在衢子孙永遵制典,恪守祖风",另一方面指出"有违者以不忠不孝论,置之重典,永不叙录"。

南宋王朝先后赐封了五代孔氏南宗衍圣公,元至元十九年(1282年),"廷议寓衢者乃其宗子,召赴阙载封,归鲁奉祀,洙以庙墓在衢,不忍舍去,义让封爵于曲阜宗弟治承绪。"[2]。孔洙放弃个人的荣耀与富贵,归衢守林墓,体现了崇高的人格风范,正如元世祖所赞赏的:"宁违荣而不违亲,真圣人后也"。家规要求在衢子孙"恪守祖风",即德让之风。自然,沈杰作为政府官员,关于"遵制典"的规定,一方面是为了更好地维护孔氏家族的稳定,另一方面也是为了更好地推行教化。

"遵制典"是为了防止冲突,第七条关于"责报本"的规定则是从正面要求孔氏南宗和北宗加强往来,增进宗族的和睦。家规规定"南渡孔氏子孙,每十年一赴阙里,谒拜圣祖家庙,祭扫山林,以展木本水源时思之敬。"谒拜与祭扫之外,还要"会同南北宗谱,开保历代子孙名讳,居曲阜县者书引于前,居衢州府者书

*刘小成,衢州学院(筹)中文系讲师。本文系2007年度省社科规划重点课题"浙江文化研究工程"(07WHZT030Z)、2007年度浙江省高校人文社科重大研究项目(ZD2007015)、2007年度衢州学院(筹)科研项目(QY07ZD01)之研究成果。

引于后，庶俾流裔清白，不致泮涣分离”。南北宗谱的会同，对辨源流、睦宗族都能起到很好的作用。

孔氏族人南渡以后，一直心系曲阜，怀念北宗族人。宝祐元年(1253年)，在衢州知州孙子秀的奏请下，于菱湖新建家庙，菱湖家庙“规模宏壮，仿佛鲁旧庙”[3]。家庙建有思鲁阁，“取名思鲁，当有思念鲁地，思念故乡，思念先祖孔子林墓，思念阙里亲族之意”[4]。在家规颁布之前，孔氏南宗也经常赴曲阜会叙宗族。元天历二年(1329年)，孔涛赴曲阜“拜展林墓，惇叙宗次”[5]。明洪武二十一年(1388年)，孔思模赴阙里居月余，南还之日，衍圣公孔希学、曲阜令孔克伸各以诗赠行。孔克伸在诗中写道:“忍将别意题诗句，且把宗盟付酒卮。去去频当寄家信，秋风勿使雁来迟”，不舍之情溢于言表。宣德元年(1426年)，孔克准来到曲阜，心有所怀，于是作《鲁林怀思图》，翰林诸公如王洪、杨荣、金幼孜等人为之作《鲁林怀思诗》。杨士奇对孔克准的为人有着较高的评价，以为“推克准之心，诚由先圣之道，可谓孔氏贤子孙矣”，而且称许孔克准此举:“呜呼！孝哉！克准之用心也”[6]。家规将南宗族人赴阙里谒拜的活动制度化，对加强南北宗的交流起到了积极的影响。

南宗子孙自然如家规所讲，常赴曲阜，北宗族人亦有因为官而登南宗家庙者。如孔贞锐，其人为北宗子孙，在清朝任西安知县。他到任后，见“栋宇摧残，不胜唏嘘。督令修葺，俾为一新。复会族众为庙庭，彬彬穆穆，风气无异洙泗，遂不胜輾然焉”。念及“阙里甲第蔚起，从未有履此邑者”，于是“于政治间奉节爱之训……无论百姓安堵如故，至吾族林林，亦皆若训而无梗化者”。离任之前，他又“置田一区，补庙中夏冬二祭，俾与阙里无异”[7]。孔贞锐通过自己的努力，对清初孔氏南宗的宗族发展做出了贡献。

从以上的分析可以看出，孔氏南宗和北宗族人通过经常性的会面和会同宗谱等活动，加强了沟通和交流，使得孔氏家族更为和睦。

(二)关于孔氏南宗的宗族教化

在传统宗族的管理中，宗子、族长、家长有着很大的权威，但同时他们应当率先垂范，否则就会对宗族产生消极的影响。明正德元年(1506年)，朝廷封孔彦绳为翰林院五经博士，此后衢州翰林博士成为孔氏南宗族人的宗主。翰林院五经博士的职责在于“主家庙祭祀，看守各代圣公坟茔，统领见存子孙”，家规的第二条为“端教源”，要求五经博士“修明圣教，身先督率，躬行实践，庶不有负朝庭褒崇圣裔之盛典”。

五经博士的“身先督率”对孔氏南宗族人的言行能够起到表率的作用，然而这难以避免子孙的贤愚不一，为了更好地推行教化，家规的第三条作出了“示劝惩”的规定。家规对孔氏南宗的族学作出了明确的要求:“立塾于庙左右，平昔有学之人，以礼敦聘，充为教读，将年幼子孙旦暮训诲，习读经书，讲明义理。”通过言传身教，可以让族人晓明义理，自觉遵守儒家伦理规范。同时，家规还作出了惩恶方面的规定，对于“三五成群，赌钱饮酒，为非为恶，生事害人”等行为，“轻则以从博士家规教戒，重则移明官府，律法断问，削除家谱姓名”。

孔氏南宗历来重视祭祀活动，并且得到朝廷的支持，宋代曾赐孔氏祭田五顷。家规第六条规定祀田不得买卖，“违犯子孙不许祭祀，送官重治”。家规同时对孔氏义仓作出规定，“每岁祭祀并修庙之外，若有多余籽粒，周济本族贫难”。祭孔活动意义深远，“孔府祭孔是孔子后裔行‘孝道’，又是历代帝王行尊圣之礼的一项隆重活动”[8]。家规规定祀田不得买卖，对于祭孔活动与国家教化都有重要意义。

(三)关于异姓冒姓与隐差的问题

由于孔氏家族有豁免差徭、恩授官职等特权，所以存在异姓冒姓与隐差的问题。家规第四条“防冒姓”和第五条“严诡寄”分别对这两个问题作出了相关的规定，制定了惩治违犯者的相关措施。

孔氏家族由于自身特殊的身份，一方面得到朝廷的优待，另一方面在朝廷推行教化过程中受到特别的关注。从前边分析的七条家规可以看出，政府希望借助孔氏南宗推动地方教化，希望孔氏南宗作为一个厉行忠孝、诗礼传家的宗族典范对当地其他宗族起到积极的影响。而这七条家规也成为纲领性的孔氏南宗族规，清代沿用，并且颁布各地的南宗支派遵照执行。

二、订立具体的宗族规制

在《钦定孔氏家规》之外，孔氏南宗族人还订立了很多具体的宗族规制，这些规制散见于各支派的家谱中。现在，我们还能在（永康）山西孔村《孔氏族志》中见到山西孔村的旧谱家规[9]，在温岭孔氏[10]家谱、《四明慈水孔氏宗谱》等文献中见到孔氏的族规，其中的规定较好地体现了孔氏南宗的宗族风范。

有子曰："君子务本，本立而道生。孝悌也者，其为仁之本与！"孝悌与尊敬长辈是儒家思想的重要内涵，家规中规定："凡男子为官宦还家者，务要执礼谦卑逊顺尊敬亲族，不可倚势欺大捺小"；"弟侄对尊长之前非有命不许同坐，俱宜自称讳名，毋得含糊自道小弟小侄以失体统。"[11]

对祖先的参拜祭祀是行孝道的重要表现，也是礼的重要内容，《论语》中多次提到祭祀的问题，而且反复强调丧礼中最重要的是内心的哀伤，祭祀中重在由衷的诚敬，而不在于场面和规模的铺张。孔子说："麻冕，礼也；今也纯，俭，吾从众。"（《论语·子罕》）子游说："丧致乎哀而止。"（《论语·子张》）家规很好地体现了这一思想，"凡冠婚丧祭庆吊之礼不可废缺"，然而行礼要节俭，"祭祖父母，父母之丧者，但宜蔬食果酒，不可宰杀猪羊，广排筵食，忘哀作乐，亦不可许帖字阻客，但称家有无相款而已"。[12]

不但是祭祖，孔氏家规在其他方面也提出了节俭的要求。其一，关于女子妆奁，"士人多惧嫁资不肯养女，本宗议定止用木等妆奁，不可拨田及与牛马"[13]。溺女之风在古代浙西南一带较为盛行，不仅永康有此敝俗，衢州地区也较为普遍，如龙游"生男则育，生女则溺。不惟贫户为然，即素封之家亦多类是。揆厥乃心，不过为遣嫁计"（卢灿《申详六禁》）[14]。这种因为惧嫁资而溺女是民间敝俗，不合乎人伦情理，孔氏南宗针对现实，提出在妆奁上的节俭原则，这对改变溺女风气是有积极意义的。《四明慈水孔氏宗谱》中也有类似的规定："生女必须收养，毋得淹溺，乞养他姓之子。"[15]其二，关于穿着，"男女但可穿着布帛绸绢为美，不宜估用锦绣绫罗及戴珠翠金玉以惹贼盗"[16]。

儒家思想主张修身、齐家、治国、平天下，强调"内圣外王"，而修身是为政的基础。孔氏南宗家规非常关注个人的立身行事。《四明慈水孔氏宗谱·家训》中说："立身莫先于立品"，品有三种，"清品"、"正品"、"高品"，其中以"高品"为高。安于本分为"清品"，正直为人为"正品"，能兴族助人，施宏大功德为"高品"。"清品"始于足下，"高品"境界峻伟，置"清品"教人踏实立身，悬"高品"令人知所向往。家训中又劝告族人"存心忠厚"，提出"处世莫善于和敬"，待人要"孚以真情实意，不容一毫虚假"[17]。这些内容对于族人的修身与行事能够起到积极的作用。关于子弟的教育，强调要严明，提出"夫教子，莫善于读书"，"其他莫如教之稼穑"，"耕读之外，当视子弟之高下智愚，各授一业，令其识艰难，劳筋骨，知物理，通世务，达人情"[18]。从这里，我们可以看出孔氏族人对于读书的重视，而其所读之书又多为儒家经典，所倡导的又都是儒家人格风范，孔氏家族诗礼传家的精神于此可见。

君子以行仁明道为己任，孔氏南宗家规要求族人在兵荒马乱，灾疫流行之时，"挺身救济"，"邀劝同人，广为募赈"，如果自己贫寒，"亦须多行方便"[19]。我们可以看出南宗族人肩上的责任感与其宽广的仁爱情怀。

大家族必须有一套完整严密的管理体系，在孔氏家规中，我们可以看到作为家长的权威："诸卑幼，事无大小，不得自专，必咨禀于家长。"[20]男女婚嫁讲究门户相当，而且要"禀闻家长众议可行，然后下聘，不宜背后私自所行，倘有不相应者玷辱门风，其女婿男妇不容排筵入席"。家规还规定："倘与分序有财产不平者，但许禀闻家长剖决，不许擅事斗争，控告官府，违者族长拿治"[21]；"凡弟男子侄如有非为，所行不正或犯奸盗诈伪，忤逆父母，不须送官呈丑，但宜鸠集族人审实的确即将埋没"[22]。《四明慈水孔氏宗谱》也表现了同样的立场："果有事关重大，情理难容，许具呈祠内，祠正会同各分长秉公处分，不可偏私。倘有不服，方许经官。若不经族处而径兴词讼者，鸣鼓共攻。"[23]

孔氏族人以送官府为呈丑丢脸，规定如有争端或者族人有不法行为，由家族内部解决，族长在其中有着权威作用。乾隆年间，陈宏谋在《选举族正族约檄》中说："族长以族房之长，奉有官法，以纠察族内之子弟，名分既有一定，休戚原自相关，比之异姓之乡约保甲，自然便于觉察，易于约束。”[24]这段话很好地指出了宗族在维护地方稳定方面的优势，而孔氏南宗家规中明确了族权，这便于在族长带领下清除破坏社会的分子，在当时的历史条件下有助于维护地方治安。

三、孔氏南宗宗族规制的特色

孔氏宗族的发展及其在历史上的巨大贡献与其严密的组织形式、宗法制度是不可分的，如徐建平、章浙中所说：“孔氏宗族组织比起其他宗族，更为严密，宗法思想和制度对其家族的支配和影响更深，使得孔氏宗族在整个中国封建社会中一直绵延不断”[25]。孔氏南宗有着严密的组织形式和特色鲜明的宗族文化，宗族规制有着自身的特色，对南宗的发展与当地社会的发展都起到了不容忽视的作用。

孔氏族人具有浓厚的圣人后裔的身份意识，自觉地传承儒学，广大祖业，修身治国，为民谋福，这在南宗的家谱、家规中都有着很好的体现。《四明慈水孔氏宗谱·祠规》中规定：“早完国税为民人应尽之职，况既立圣裔户，尤宜早早输纳，不得拖欠，遗累族人，并及官长。”[26]孔贞运在《孔氏家训序》中写道：“吾孔子不云乎：‘弟子入则孝，出则弟，谨而信，泛爱众而亲仁，行有余力，则以学文。’……其在天下万世由之，则希圣之蒙养也；其在吾家子孙守之，则法祖之家常也。”[27]这些地方无不体现了南宗族人明显的“圣裔”的身份意识，这种身份意识强化了族规中的儒家伦理规范。如前所说，孔氏南宗的家规中多有存心忠厚、循礼由义、待人和敬等内容，这些内容对南宗族人无疑起到了很好的劝勉作用。

冯尔康指出：“宋代以后，家族同政权虽然仍有不协调的因素，但总的情形是政权把家族完全变为附属物，祠堂成为协助政府统治的得力工具，至清代尤甚。”[28]对于有着特殊身份的孔氏家族，朝廷自然将之作为推行教化的重要辅助手段。《钦定孔氏家规》的颁布，便出于这样的考虑。孔氏南宗在多方面推动了地方教化与社会发展，其中有两点不容忽视：其一，孔氏南宗家规本身具有示范意义，南宗族人对家规的制定与遵守堪称模范，对当地的其他宗族起到了积极的影响；其二，南宗族人的行为涉及多个方面，从政者造福一方，施教者化民成俗，未仕者亦对地方事务产生影响，他们身上体现出的君子人格对于当地的风俗与教化都起到了积极的作用。

在继承儒家伦理的同时，孔氏南宗关注现实，其思想随着时代的变迁而不断向前发展，家规的内容也多从现实出发，具有针对性，前面所说的关于女子妆奁的规定便是一个很典型的例子。

然而，受时代影响，孔氏族规中也有些条目不近人情，如“在婚姻方面，要求族中妇女必须恪守三从四德，遵从七出之规，要从一而终，等等。这样的族规家训，给孔氏家族造成了许多悲剧”[29]。温岭孔氏的家规中便有这样的内容：“妇或失夫，不宜再嫁，倘或无出，兼以家贫，不能苦守，势必改嫁，免修入谱”[30]。故孔氏女子中多有“烈女”，她们恪守族规，夫亡守节。如孙天锡妻在22岁时，丈夫去世，于是“守节抚孤，家贫，姑老奉侍不懈，生医死葬，毕协于礼，贞静端恪，不愧圣门遗教云”[31]。

注释：

[1]《孔子文化大全·孔府档案史料选》(二)。

[2]《天启衢州府志》卷九《人物志一·孔洙》。

[3]衢州市政协文史委编：《东家杂记》、《三衢孔氏家庙志》、《孔氏南宗考略》，第99页。

[4]《衢州孔氏南宗家庙志》编委会：《衢州孔氏南宗家庙志》，浙江人民出版社2001年，第24页。

[5]同上，第123页。

[6]杨士奇：《鲁林怀思图诗后序》，《东里集·文集》卷三。

[7]孔贞锐：《清顺治恭修祖庙并设祭田碑记》，《衢州孔氏南宗家庙志》，第158～159页。

[8]同4，第82页。

[9]永康山西孔村《孔氏族志》，第33～34页。

[10]温岭孔氏有三位支祖:孔延集、孔端廉、孔彦邦。其中,孔端廉于南宋初和孔端友诸人一起南渡。其家规见孔繁廉《温岭孔子后裔》一书的第五章。

[11]同 6,第 33 页。

[12]同上。

[13]同上。

[14]余绍宋:《龙游县志》(第四册),语丝出版社 1999 年,第 129 页。

[15]孔广莆:《四明慈水孔氏宗谱》卷一,1935 年木活字本,家训。

[16]同 6,第 33 页。

[17]同 14。

[18]同 14。

[19]同 14。

[20]同 14。

[21]同 6,第 33 页。

[22]同 6,第 34 页。

[23]孔广莆:《四明慈水孔氏宗谱》卷一,1935 年木活字本,祠规。

[24]贺长龄、魏源辑:《清经世文编》(中册),中华书局 1992 年,第 180 页。

[25]徐建平、章浙中:《南孔文化》,浙江大学出版社 2004 年,第 39 页。

[26]同 15。

[27]孔广沧等:《句容孔巷孔氏家谱》卷九,嘉庆元年(1796 年)刻本,家训。

[28]冯尔康:《18 世纪以来中国家族的现代转向》,上海人民出版社 2005 年,第 42 页。

[29]孔德懋主编:《孔子家族全书·家规礼仪》,辽海出版社 1999 年,第 175 页。

[30]孔繁廉:《温岭孔子后裔》,天马图书有限公司 2005 年,第 95 页。

[31]康熙《衢州府志》卷四〇《烈女·孙天锡》。

近30年来徽州祠堂研究述略

邵建东*

摘　要：本文对学术界20世纪80年代以来徽州祠堂研究的情况进行了简要的回顾和梳理，进而提出徽州祠堂研究要取得突破性进展，还需要在全面系统调查的基础上深入探讨一些细节问题，并与其他地区的祠堂进行相关比较研究，以期进一步透析徽州祠堂的特质，加深对徽州宗族社会的认识与理解。

关键词：徽州；祠堂；宗族

传统徽州是一个典型的宗族社会，宗族祠堂林立是徽州重要的社会和历史现象。20世纪80年代以来，有关徽州祠堂的研究逐渐引起中外学术界的关注，取得了丰硕成果。据不完全统计，徽州祠堂相关研究论著约有60篇（部）。现就目之所及，对徽州祠堂的研究情况加以梳理，希望能为以后的徽州宗族和中国祠堂研究提供一些参考。

国内较早开展徽州祠堂研究的学者是叶显恩和刘淼。叶显恩《明清徽州农村社会与佃仆制》（安徽人民出版社1983年）第四章专论宗族制度，探讨了徽州的封建宗族组织、祠堂、族长与族权、家谱的修撰和宗规家法、族田在宗法制中的作用。1989年，刘淼发表了《清代徽州歙县棠樾鲍氏祠产土地关系》（《学术界》1989年第3期），稍后又发表了《清代徽州祠产土地关系——以徽州歙县棠樾鲍氏、唐模许氏为中心》（《中国经济史研究》1991年第1期）和《清代徽州歙县棠樾鲍氏祠产土地关系——以徽州棠樾、新馆鲍氏为中心》（《清代区域社会经济研究》上册，中华书局1992年）。三篇文章通过考察徽商购置土地——宗祠公有地产的内部构造，探讨了徽州祠产的来源、设置、结构、租佃关系、地权形态和地租分配等问题，并将不同地域的宗族祠产关系进行比较研究。祠户产业是宗祠产业的一个单元，若干祠户单元构成宗祠共有财产整体结构。祠户既是土地占有单位，又是吸取地租、上缴田赋的基本单位。祠产地权形态主要以占有大买田（田骨）、或大小买田（田皮、田骨合一）为主，小买田（田皮）占有较少。清代徽州祠产租佃关系的主要形式是庄仆制，另外，祠产法人还与佃户签定租批，确定租佃关系。祠租形态，一般来说，祠田主要缴纳实物租，同时也有少量缴纳货币租，而宗祠房产几乎全为租金形式；劳役租则仅限于庄仆。祠产地租分配主要有三个方面：1. 缴纳田赋，2. 宗祠祭祀活动开支，3. 分粜义谷；支付手段则为祠银钱和祠租谷。此外，刘淼《传统农村社会的宗子法与祠堂祭祀制度——兼论徽州农村宗族的整合》（《中国农史》2002年第3期）一文，从“始祖”确立与祠堂制度之关系、“进主”制度与祠堂经济的关系、徽州地方社会的宗法观念与习惯做法等方面探讨了传统社会中的农村组织制度和农村宗族整合问题。

赵华富从祠堂切入对徽州农村宗族制度进行了多项研究。《论徽州宗族祠堂》（《安徽大学学报（哲学社会科学版）》1996年第2期）和《徽州宗族祠堂的几个问题》（周绍泉、赵华富主编《95国际徽州学术讨论会论文集》，安徽大学出版社1997年）两文，对徽州宗族祠堂兴起的时代、背景、祠堂的建造、社会作用等作了介绍，指出宗族祠堂的兴建强化了宗法思想和宗族观念；缓和了宗族内部矛盾，加强了宗族团结；强化了宗族管理，维护了宗族组织；巩固了宗族统治和宗族制度。《徽州宗族祠堂三论》（《安徽大学学报（哲学社会科学版）》1998年第4期）通过实地调查证明，徽州宗族祠堂（包括宗祠、支祠、男祠、女祠等）的朝向绝大数与男阳女阴、男乾女坤、男尊女卑无关，主要是受祠堂所在村落的朝向、布局、地势、环境和在村

*邵建东，金华职业技术学院副教授。

落中所处的位置所制约；徽州绝大多数宗族祠堂都忠实地执行《家礼》，男女祖先共“享祀”，建造女祠也是为了“报本”，报慈母养育教诲之恩，它既不表明“社会文明进步”和“妇女抗争与觉醒”，也不说明“封建伦理观念对妇女的束缚和压迫”的加重；庶母神主入祠堂和修建庶母祠的实质是社会和宗族重权、重钱，并没有改变庶母的社会地位。《关于徽州宗族制度的三个问题》（《安徽史学》2003 年第 2 期）通过历史文献和社会调查证明：一、明清时期徽州宗祠神龛中，始祖及以下四世祖先神主、爵德兼隆神主、有功祠祖神主“百世不迁”，其他支丁（不论长辈或晚辈）的祖先均高、曾、祖、考四世设主“五世则迁”，这与朱熹《家礼》祠堂规制的基本精神是一致的；二、徽州宗族祭祖，从时令看主要有春祭、秋祭、冬祭，从祭祀场所讲有祠祭、墓祭和家祭，许多宗族成立的“会”是各种祭祀组织，不是“会祭”；三、徽州女祠是为男女生则异室、死应异寝而建，不是专为贞节妇女而设，除少数被剥夺入祠权利者，一般妇女的神主均可以进入女祠。另外，赵氏的《歙县棠樾鲍氏宗族个案报告》（《江淮论坛》1993 年第 2 期）、《黟县南屏叶氏宗族调查研究报告》（《徽州社会科学》1994 年第 2 期）、《歙县呈坎前后罗氏宗族调查研究报告》（周绍泉、赵华富主编《95 国际徽州学术讨论会论文集》，安徽大学出版社 1997 年）、《民国西递明经胡氏宗族调查研究》（《安徽大学学报》1995 年第 4 期）等调查报告，分别就鲍、叶、罗、胡诸氏的形成、特点、祠堂和祭祖活动、族谱修纂、公有财产和家庭经济、宗族集体活动、族规家法和组织管理以及文化教育等有关宗族问题作了调查。

常建华《宋元时期徽州祠庙祭祖的形式及其变化》（《徽学（2000 年卷）》安徽大学出版社 2001 年）、《明代宗族祠庙祭祖的发展——以明代地方志资料和徽州地区为中心》（《中国社会历史评论》2000 年第 2 期）两文考察宋元明时期徽州祠庙祭祖的形式、变化和发展情况，提出宋元时期墓祠祭祖是祠祭的主要形式，而明代宗族祠庙祭祖得到长足发展。《明代墓祠祭祖述论》（《天津师范大学学报（社会科学版）》2003 年第 4 期）根据明人文集及明代族谱等文献所载徽州以及江浙的墓祠事例，指出明代嘉靖、万历年间修建墓祠较多，与同时期宗祠的普遍化以及宗族组织化是同步的，墓祠形态处于比较大的变化中，有从庵屋向祠宇转化的过程。明代墓祠是宗族祠堂形态中的一种重要形式，具有组织宗族的作用。明代墓祠祭祖形态，证明宗族制度进一步深入社会生活，进一步普及。《明代徽州宗祠的特点》（《南开学报（哲学社会科学版）》2003 年第 5 期）认为明代徽州宗族建祠祭祖的特点是宗祠的发展，即以祭祀始迁祖统宗合族。明代徽州的宗祠是以始迁祖为“宗”的宗族祠堂，不同于朱熹《家礼》设计的祭祀四代近祖的祠堂，也不同于以《家礼》祠堂之制为蓝图的家庙。《明代宗族研究》（上海人民出版社 2005 年）第二章系统论述了明代以前徽州祠庙祭祖的形式及其变化、明代徽州宗祠的发展与特点等问题。

张小平《徽州古祠堂：聚族而居柏森森》（辽宁人民出版社 2002 年）以文化大散文笔触，对徽州历史文化中的古宗式进行全景祠的文化扫描，配以全景、个景或局部景观的图片，全面展示留存着世家大族宗阀权杖的柏森森的庄严宗祠、支祠。

何兆兴《老祠堂》（人民美术出版社 2003 年）第七章着重论述了精美绝伦的徽州祠堂，并从文化地理的角度阐释了徽州祠堂众多的原因：徽州风光优美而物产并不丰富；徽商发达后回乡捐资修建祠堂为本族的福利做出贡献；修建祠堂是光宗耀祖的盛事和体现人生价值的重要途径；徽州不是兵家必争之地，历代战乱较少等。

张和敬《徽州访古》（九州出版社 2007 年）第三章以详实的资料、配以精美图片，概要介绍了徽州棠樾村祠堂、西递村敬爱堂、呈坎村罗东舒祠、龙川胡氏宗祠、潜口汪氏宗祠、大阜潘氏宗祠、北岸吴氏宗祠、祁门贞一堂等著名古祠堂。

林济《长江流域的宗族与宗族生活》（湖北教育出版社 2004 年）第三章《徽州宗族与宗族生活》论述了徽州祠庙的发展演变、祠堂会的形成、以祠堂会为基础的村落宗族结构和徽州祠庙保存历史悠久的原因等问题。

卞利《徽州的古祠堂》（《寻根》2004 年第 2 期）、潘小平《龙川胡氏宗祠》（《江淮文史》2005 年第 1 期）、王国键《徽州宗族立祠修谱活动及其文书》（《中国典籍与文化》2004 年第 3 期）、王韡《权力空间的象征——徽州的宗族、宗祠与牌坊》（《城市建筑》2006 年第 4 期）等概括性地描述了徽州的祠堂情况。

陈柯云在《明清徽州的修谱建祠活动》(《徽州社会科学》1993年第4期)中论述了明中期以后修谱建祠的普遍化问题。姚光钰《古徽祠堂建筑风格浅谈》(《古建园林技术》1998年第2期)指出,徽州祠堂建筑脱胎于地方民居,布局与民宅“三间五架”式极为相似;其平面布局大致相仿,分门厅、天井、享堂和寝殿;多以规整严谨手法,取中轴线对成布局,各进建筑由前向后逐渐增高。姚邦藻和每文《徽州古祠堂特色初探》(《黄山学院学报》2005年第1期)认为徽州古祠堂有如下特点:建构较早、数目特多;种类丰富,品种齐全,共性、个性兼备;具有中华儒学文化的化石意义,是了解中国宗族社会民间实态的最重要物态现存;在建筑学上具有特殊价值,是徽州古建三绝之一;在儒学的世俗化方面有重要作用;与族谱家谱紧密结合,严密地组构起徽州农村的宗族血缘网络,强固了中国封建宗法制度在徽州民间的统治。臧丽娜《论徽州宗祠的遗存情况与民俗文化特征》(《民俗研究》2007年第3期)考释了徽州宗祠沿革、徽州目前保存较好的36座明清宗祠的留存地点、徽州宗祠的营造民俗和民俗文化特征等问题。

李忆南《徽州女仆棠樾女祠》(《妇女研究论丛》1995年第2期)和毕民智《徽州女祠初考》(《安徽大学学报》1996第2期)讨论了徽州女祠的诞生以及女祠的建构和运作等问题,认为徽州女祠出现于明末清初,是中国封建社会末期政治松散、徽商兴盛和中国传统文化尊老爱幼思想的产物;徽州女祠以其建构形式和运作内容体现了封建社会末期女性的觉醒和社会变革时期的特点,是记载中国妇女抗争与觉醒的早期珍贵资料。

齐琨《徽州乡村祠堂礼俗音乐——古筑村和彭龙村的个案调查与研究》(中央艺术研究院2001年硕士毕业论文)通过田野调查,探讨祠堂礼俗音乐与宗族秩序、仪式、传承等关系。季欣《“礼”——徽州祠堂之“伦理”理性》(《美与时代》2006年第1期)认为徽州祠堂作为中国特有的宗法文化的载体,体现着“礼”的伦理理性精神:以血缘为纽带、以等级制度为核心、以伦理道德为本位。陈瑞《明清时期徽州宗族祠堂的控制功能》(《中国社会经济史研究》2007年第1期)以社会控制为视角,探讨明清时期徽州宗族祠堂控制功能的实现途径,并指出在明清时期的徽州社会中,宗族对族人实施控制的途径较多,但以祠堂为物质手段或关键设施对族人进行控制似乎更具特色。

洪树林《绩溪龙川胡氏宗祠的审美价值》(《徽州社会科学》1996年第4期)、《胡氏宗祠木雕构件的艺术特色》(《徽州社会科学》2002年第6期)、《“国保”古祠龙川》(《徽州社会科学》2003年4期)、徐子超《绩溪龙川祠宇牌坊文化漫话》(《安徽档案》2003年第4期)、潘小平《龙川胡氏宗祠》(《文化时空》2003年第1期)、汪嘉健和汪东欣《中国古祠一绝——龙川古祠木雕》(《工程建设与档案》2001年第1期)、志成《古祠一绝——绩溪龙川胡氏宗祠》(《安徽税务》1997年第6期)、方玉良《龙川胡氏宗祠的建筑艺术》(《规划师》1995年第1期)等文章从建筑、木雕、祠宇牌坊、审美价值等方面对胡氏宗祠进行了多角度的研究。

胡祖育和胡时宾《古黟西递祠堂楹联诠释》(《徽州师专学报》1997年第2期)考订、注释了黟县西递村祠堂门联、堂联、楹联、阶柱联数十则。张兴华《呈坎罗氏宗祠》(《黄山》1998年第4期)、曹天生《安徽泾县丁家桥丁姓宗祠碑记》(《历史档案》2000年第2期)、朱永春《黟县宏村汪氏宗祠》(《古建园林技术》2004年第3期)分别介绍了罗氏宗祠、丁姓宗祠碑记、汪氏宗祠的相关情况。

另外,冯尔康的《中国古代的宗族与祠堂》(商务印书馆国际有限公司1998年)、吴英才和郭隽杰主编的《中国的祠堂与故居》(天津人民出版社1997年)、蔡丰明和窦昌荣的《中国祠堂》(重庆出版社2003年)、罗哲文等著的《中国名祠》(百花文艺出版社2006年)、李秋香的《宗祠》(建筑工业出版社2006年)、孙建华的《漫步祖祠》(中国社会科学出版社2008年)等著作在研究全国祠堂时,都较多论及徽州的祠堂。

日本学者牧野巽著《明代同族的社祭记录之一例——关于〈休宁茗洲吴氏家记·社会记〉》(《东方学报》,东京第11册之一,1940年)通过对《社会记》的研究,分析明代徽州社的祭祀、社对非同宗者的排斥,以及族间的争讼和族内事务等问题;指出茗洲吴氏由明而清的推移,社也逐渐演化成为宗祠,而且成为一个宗族性的结合而显现出更强大、更重要的意义。清代在宗祠方面,同族的结合日益成为占有重要地位的社会风潮;同时,族谱中所反映的有关社的记载却更为少见。

韩国学者朴元熇《明清时代徽州真应庙之统宗祠转化与宗族组织》(《中国史研究》1998年第3期),

指出柳山真应庙在北宋初年与清初曾两次修建，以此为契机，前一次修庙由专祠转化为宗祠，后一次则从宗祠转化为统宗祠。

综上所述，中外学者们广泛利用方志、族谱、文书等文献资料，对徽州祠堂进行了多方面的研究，为我们全方位认识徽州祠堂提供了可能。但已有的研究大都着眼于一些较著名的祠堂，小村落的小祠堂情况如何，徽州共建有多少祠堂、现存多少、如何分类与分布，徽州祠堂与江苏、浙江、广东、福建、湖南、湖北等地的祠堂相比较有什么特点等，这些问题还有待深入探讨。因而，徽州祠堂研究要取得突破性进展，还需要进行全面系统的调查，并与其他地区的祠堂进行相关比较研究，以期进一步透析徽州祠堂的特质，加深对徽州宗族社会的认识与理解。

注释：

[1]冯尔康：《中国古代的宗族与祠堂》，商务印书馆国际有限公司 1996 年。

[2]吴英才，郭隽杰：《中国的祠堂与故居》，天津人民出版社 1997 年。

[3]蔡丰明，窦昌荣：《中国祠堂》，重庆出版社 2003 年。

[4]何兆兴：《老祠堂》，人民美术出版社 2003 年。

[5]罗哲文：《中国名祠》，[台湾]百花文艺出版社 2006 年。

[6]李秋香：《宗祠》，三联书店 2006 年。

[7]孙建华：《漫步祖祠》，中国社会科学出版社 2008。

[9]张和敬：《徽州访古》，九州出版社 2007 年。

[8]张小平：《徽州古祠堂：聚族而居柏森森》，辽宁人民出版社 2002 年。

[10]唐力行：《徽州宗族社会》，安徽人民出版社 2004 年。

[11]刘淼：《清代徽州歙县棠樾鲍氏祠产土地关系》，《学术界》1989 年第 3 期。

[12]刘淼：《清代徽州祠产土地关系——以徽州歙县棠樾鲍氏、唐模许氏为中心》，《中国经济史研究》1991 年第 1 期。

[13]刘淼：《清代徽州歙县棠樾鲍氏祠产土地关系——以徽州棠樾、新馆鲍氏为中心》，刘淼：《清代区域社会经济研究(上册)》，中华书局 1992 年。

[14]刘淼：《传统农村社会的宗子法与祠堂祭祀制度——兼论徽州农村宗族的整合》，《中国农史》2002 年第 3 期。

[15]赵华富：《徽州宗族祠堂的几个问题》，《95 年国际徽学学术研讨会论文集》，安徽大学出版社 1997 年。

[16]赵华富：《徽州宗族祠堂三论》，《安徽大学学报(哲学社会科学版)》1998 年第 4 期。

[17]赵华富：《关于徽州宗族制度的三个问题》，《安徽史学》2003 年第 2 期。

[18]赵华富：《论徽州宗族祠堂》，《安徽大学学报(哲学社会科学版)》1999 年第 2 期。

[19]赵华富：《徽州宗族族规家法》，《首届国际徽州学术讨论会文集》，黄山书社 1996 年。

[20]赵华富：《歙县呈坎前后罗氏宗族调查研究报告》，《95 年国际徽州学术讨论会论文集》，安徽大学出版社 1997 年。

[21]赵华富：《民国西递明经胡氏宗族调查研究》，《安徽大学学报》1995 年第 4 期。

[22]赵华富：《歙县棠樾鲍氏宗族个案报告》，《江淮论坛》1993 年第 2 期。

[23]赵华富：《黟县南屏叶氏宗族调查研究报告》，《徽州社会科学》1994 年第 2 期。

[24]常建华：《宋元时期徽州祠庙祭祖的形式及其变化》，《徽学》2000 年第 1 期。

[25]常建华：《明代宗族祠庙祭祖的发展——以明代地方志资料和徽州地区为中心》，《中国社会历史评论》2000 年第 2 期。

[26]常建华：《明代宗族祠庙祭祖礼制及其演变》，《南开学报》2001 年第 3 期。

[27]常建华：《明代墓祠祭祖述论》，《天津师范大学学报(社会科学版)》2003 年第 4 期。

[28]常建华：《明代徽州宗祠的特点》，《南开学报(哲学社会科学版)》2003 年第 5 期。

[29]彭超：《歙县唐模村许荫祠文书研究》，《中国社会经济史研究》1985 年第 2 期。

[30]陈柯云：《明清徽州的修谱建祠活动》，《徽州社会科学》1993 年第 4 期。

[31]姚光钰：《古徽祠堂建筑风格浅谈》，《古建园林技术》1998 年第 2 期。

[32]姚邦藻，每文：《徽州古祠堂特色初探》，《黄山学院学报》2005 年第 1 期。

[33]臧丽娜：《论徽州宗祠的遗存情况与民俗文化特征》，《民俗研究》2007 年第 3 期。

[34]卞利:《徽州的古祠堂》,《寻根》2004年第2期。
[35]王国键:《徽州宗族立祠修谱活动及其文书》,《中国典籍与文化》2004年第3期。
[36]潘小平:《徽州老祠堂》,《江淮文史》2005年第1期。
[37]王韡:《权力空间的象征——徽州的宗族、宗祠与牌坊》,《城市建筑》2006年第4期。
[38]季欣:《"礼"——徽州祠堂之"伦理"理性》,《美与时代》2006年第1期。
[39]齐琨:《徽州乡村祠堂礼俗音乐——古筑村和彭龙村的个案调查与研究》,中央艺术研究院2001年。
[40]陈瑞:《明清时期徽州宗族祠堂的控制功能》,《中国社会经济史研究》2007年第1期。
[41]毕民智:《徽州女祠初考》,《安徽大学学报》1996年第2期。
[42]李忆南:《徽州女仆棠樾女祠》,《妇女研究论丛》1995年第2期。
[43]洪树林:《绩溪龙川胡氏宗祠的审美价值》,《徽州社会科学》1996年第4期。
[44]洪树林:《论龙川胡氏宗祠的审美价值——传统观念与美的创造》,《规划师》1996年第4期。
[45]洪树林:《胡氏宗祠木雕构件的艺术特色》,《徽州社会科学》2002年第6期。
[46]洪树林:《"国保"古祠龙川》,《徽州社会科学》2003年第4期。
[47]徐子超:《绩溪龙川祠宇牌坊文化漫话》,《安徽档案》2003年第4期。
[48]潘小平:《龙川胡氏宗祠》,《文化时空》2003年第1期。
[49]汪嘉健,汪东欣:《中国古祠一绝——龙川古祠木雕》,《工程建设与档案》2001年第1期。
[50]汪嘉健,汪东欣:《龙川古祠木雕》,《建档案》2001年第6期。
[51]志成:《古祠一绝——绩溪龙川胡氏宗祠》,《安徽税务》1997年第6期。
[52]方玉良:《龙川胡氏宗祠的建筑艺术》,《规划师》1995年第1期。
[53]胡祖育,胡时宾:《古黟西递祠堂楹联诠释》,《徽州师专学报》1997年第2期。
[54]张兴华:《呈坎罗氏宗祠》,《黄山》1998年第4期。
[55]曹天生:《安徽泾县丁家桥丁姓宗祠碑记》,《历史档案》2000年第2期。
[56]朱永春:《黟县宏村汪氏宗祠》,《古建园林技术》2004年第3期。
[57][韩]朴元熇:《明清时代徽州真应庙之统宗祠转化与宗族组织——以歙县柳山方氏为中心》,《中国史研究》1998年第3期。
[58][日]牧野巽:《明代同族的社祭记录之一例——关于〈休宁茗洲吴氏家记·社会记〉》,《东方学报》1940年第3期。
[59]叶显恩:《明清徽州农村社会与佃仆制》,安徽人民出版社1983年。

后 记

2008年12月26～28日，由浙江师范大学中国历史研究所、浙江省社会科学重点研究基地浙江师范大学江南文化研究中心联合主办的“江南文化与中国社会”学术研讨会，在浙江金华浙江师范大学举行，来自全国各大高校有关研究机构的60多位专家学者参加了会议。会议共收到论文50多篇，有数十位专家学者先后作大会主题发言和小组专题发言。

本次研讨会，围绕“江南文化发展与中国社会演变”这一主题，就经济形态、社会形态、城镇文明、文化生活的发展演变和区域文化互动的相关问题展开广泛讨论。与会者从历史学、社会学、文化学、经济学等多种角度，提出各自的认识和见解，彼此进行热烈和友好的交流，既达成了不少共识，也充分了解了不同的观点，共同讨论了今后研究的重点和发展趋向。诚如有学者在会议总结发言时所指出的，近年来江南文化研究越来越引起中外学界的关注，取得了引人注目的成绩，在研究理论和方法方面，也有明显的进步。但同时也存在着如何进一步加强了跨时代、跨地域、跨学科研究的问题。要突破“江南之江南”的区域视野，重视从“中国之江南”、“世界之江南”的角度，来全面审视、认识和把握有关现象。本次研讨会应是一个契机，必将有助于推动江南文化研究的不断深入。

本辑《江南文化研究》，系选取此次研讨会的参会论文和发言稿编集而成。部分学者的文稿因已在有关刊物公开发表，不再选入；有的文稿由于篇幅过长或所论主题较泛，也只得忍痛割爱。在此，谨向有关专家学者表示歉意。感谢华东师范大学王家范教授、上海师范大学朱瑞熙教授等学界前辈对研讨会的关心和指导，感谢有关作者在文稿修订、校对过程中的全力配合，感谢浙江师范大学校领导和人文学院、社科处对我们工作的全力支持，感谢中国历史研究所、江南文化研究中心的老师和研究生们为研讨会的成功举办以及本辑文集的编辑出版所做的大量事务性工作。

编　者

2010年5月